CODE CRIMINEL,
OU
COMMENTAIRE
Sur l'Ordonnance de 1670,

CONTENANT les Regles prescrites par les anciennes & nouvelles Ordonnances pour l'Instruction des Procès Criminels. Plusieurs questions de Droit incidentes aux Matieres Criminelles. Les Réglements concernant la compétence des Juges Royaux & subalternes. Les Regles pour l'Instruction conjointe des Juges Royaux & Ecclésiastiques, & les Réglements concernant les Privileges Ecclésiastiques.

Un Commentaire particulier sur l'Ordonnance de 1731, concernant les Cas Prévôtaux, avec un Traité des Fonctions, Droits & Prérogatives des Officiers de Maréchaussée. Les Regles pour le jugement des Procès Criminels. Un Recueil des Privileges & Immunités de MM. les Officiers des Parlements, Chambre des Comptes & du Domaine, Trésoriers de France, & Officiers des Bailliages & Sénéchaussées & Sieges Présidiaux.

Enfin plusieurs Réglements sur les Cas Royaux, & les Droits concernant les Offices des Lieutenants Criminels & autres Officiers.

Par M. FRANÇOIS SERPILLON, Lieutenant Général Criminel, & Conseiller honoraire aux Bailliage, Chancellerie & Siege Présidial d'Autun.

SECONDE PARTIE.

A LYON,

Chez les FRERES PERISSE, Libraires, rue Merciere.

M. DCC. LXVII.

AVEC APPROBATIONS ET PRIVILEGE DU ROI.

CODE CRIMINEL,
OU
COMMENTAIRE
Sur l'Ordonnance de 1670.

TITRE XII.
DES SENTENCES DE PROVISION.
ARTICLE I.

Les Juges pourront, s'il y échet, adjuger à une partie quelque somme de deniers pour pourvoir aux aliments & médicaments; ce qui sera fait, sans conclusions de nos Procureurs, ou de ceux des Seigneurs.

1. LE Juge d'instruction peut seul & sans conclusions de la partie publique, décerner des provisions à l'une des parties; mais il faut 1°. qu'il y ait un rapport des blessures pour constater le délit; car c'est ce qu'il y a de plus important; 2°. qu'il y ait un décret qui détermine la qualité d'accusateur, & d'accusé: c'est pour cela que l'Ordonnance, dans l'Ordre des titres pour l'instruction, a mis celui

des décrets avant celui des provisions. Ferriere, dans son dictionnaire de pratique, au mot *prise à partie*, rapporte un Arrêt du Parlement de Paris du 20 Octobre 1714, par lequel le Juge & le Subſtitut du Procureur Fiſcal de Nogent, furent déclarés bien pris à partie, & condamnés en cinq cents livres de dommages & intérêts, parce que le Juge avoit rendu une Sentence de proviſion avant qu'il y eût décret : il faut qu'il y eût d'autres motifs de priſe à partie, car l'Ordonnance n'a rien de précis à ce ſujet. D'ailleurs, pourquoi le ſubſtitut auroit-il été condamné, puiſqu'il n'y a point de concluſions pour décerner une proviſion. La priſe à partie n'eſt pas facilement permiſe contre des Officiers, une ſimple irrégularité ne ſeroit pas écoutée ; il eſt vrai que lorſqu'il y a plainte & information reſpective, il faut régler les qualités d'accuſateur & d'accuſé, avant de pouvoir décerner une proviſion ; ſans quoi la proviſion pourroit ſe trouver décernée contre celui qui ſeroit dans la ſuite déclaré inſtigant.

2. Il n'y a que dans les grands crimes où la célérité eſt requiſe pour les décrets, afin de ne pas laiſſer échapper les Criminels ; car dans les matieres légéres, il eſt de la prudence du Juge de donner le temps à toutes les parties de préſenter leurs plaintes, afin d'éviter toutes ſurpriſes, & de connoître plus parfaitement celui qui eſt l'aggreſſeur, & qui mérite le plus d'être déclaré accuſé. Celui qui eſt le plus maltraité & le plus innocent, n'eſt pas toujours le premier à ſe plaindre, occupé de ſes bleſſures, il n'eſt pas en état de ſe pourvoir auſſi promptement que celui qui ſe ſentant coupable, croit prévenir la Juſtice en ſa faveur, en préſentant le premier ſa plainte : il faut donc dans certains cas où la célérité n'eſt pas abſolument requiſe, ſuſpendre pendant quelques jours les décrets & les proviſions pour être en état de les décerner plus ſûrement.

3. L'Ordonnance n'a fixé aucun temps au Juge pour décerner des proviſions ; ce qui pourroit faire croire qu'elles le pourroient être en tout état de cauſe : mais le titre des proviſions étant mis avant celui des recollements & confrontations, l'Ordonnance a donné à entendre qu'il ne convient pas de décerner des proviſions quand on procede à la confrontation. Le procès étant alors preſque en état d'être jugé, il ne ſeroit pas à propos de donner des proviſions à celui qui eſt prêt d'obtenir une condamnation définitive. Il eſt cependant vrai que s'il ſurvenoit d'un côté des accidents aux bleſſures de l'inſtigant, & de l'autre des incidents qui pourroient retarder le Jugement, le Juge qui n'auroit encore décerné qu'une proviſion, pourroit en accorder une ſeconde, pour ne pas laiſſer un bleſſé, ſans aliments & ſans médicaments.

4. Quoique la partie plaignante ſoit morte de ſes bleſſures, & que l'Ordonnance ne parle que des aliments, & médicaments qui ne ſont néceſſaires qu'à un vivant : on ne laiſſe pas quelquefois d'adjuger une proviſion à la veuve ou aux enfants & héritiers pour les frais funéraires, & ceux du procès. C'eſt ce que Bruneau, dans ſes obſervations, titre XIV, maxime 2, p. 112, atteſte en diſant que la veuve ou les héritiers d'un

homicidé , peuvent demander une provision contre les accusés , quoique
quelques-uns en aient fait difficulté sur ce que l'Ordonnance ne parle que des
aliments & médicaments, dont un décédé n'a pas besoin. Cet Auteur cite
pour garants de son sentiment , *Charondas*, en ses réponses , liv. 6 , chap.
89. La Loi *impensa fanetis D. de relig. & sumpt.* ; & Jovet , au mot
héritier. M. Jousse, dans son commentaire sur cet article de l'Ordonnance ,
dit aussi que dans le cas d'homicide , les provisions s'accordent quelquefois
à la veuve & aux enfants de celui qui a été tué , soit pour frais funéraires , ou pour aliments , ou même pour fournir aux frais du procès
contre l'accusé : tout cela est juste , il a été nécessaire de fournir des
aliments & des médicaments au blessé ; ils sont dus, il faut les rembourser ;
la veuve , les enfants ou héritiers , sont dans une situation assez triste
pour avoir besoin eux-mêmes de soulagement pour acquitter les frais
funéraires , & fournir à ceux du procès : il est naturel que toute cette
dépense tombe par provision sur les biens de celui qui est la cause du
décès. Il est vrai qu'un accusé dans la regle générale , n'est pas obligé
de fournir aux frais de son procès ; mais il a occasionné une procédure
qui sans provision seroit peut-être abandonnée au préjudice de la vengeance
& de l'exemple dû au public : les héritiers , sur-tout s'ils sont pauvres ,
méritent que la Justice leur fasse fournir les secours dont ils ont besoin.

5. Si par le Jugement définitif, l'accusé étoit renvoyé absous , on
ordonneroit que les provisions seroient restituées ; il seroit dit qu'elles le
seroient par les mêmes voies qu'elles auroient été adjugées ; c'est-à-dire ,
par corps : mais suivant les Auteurs, si le Jugement n'en ordonnoit pas
la restitution, elles ne pourroient être répétées. Elles ne pourroient aussi
être exigées, si la Sentence qui adjuge des dommages & intérêts ne
portoit pas que les provisions qui auroient été payées , viendroient en
diminution des dommages & intérêts. Voyez Papon , liv. 8 , des Arrêts,
titre I, Arrêt 38 ; & Lapeyrere , lettre P , n. 161 , p. 350 , où il dit
que le blessé qui a obtenu une provision, n'est pas obligé de la rendre ,
s'il succombe ; ni de l'imputer sur la condamnation, s'il gagne son procès ,
à moins qu'il ne soit ainsi ordonné.

6. Celui qui a obtenu une provision , peut, pour s'en procurer le
paiement , non-seulement faire emprisonner l'accusé , mais encore faire
saisir ses biens ; l'une des voies n'empêche pas l'autre , suivant l'article VI
de ce titre.

7. Le Juge d'Eglise , suivant Bruneau, titre XIV, n. 11 , p. 114 , ne
peut adjuger une provision d'aliments & médicaments, étant certain, dit
cet Auteur, que la question des aliments appartient au Juge royal : ainsi
que l'a remarqué Dumoulin , sur l'article XLI de l'ancienne Coutume
de Paris ; mais Dumoulin ne parle que des aliments d'une femme qui
plaide en séparation contre son mari ; par conséquent, il semble que cela
ne peut tirer à conséquence dans le cas d'une procédure criminelle , où
l'Official , comme tous autres Juges, peut décerner des provisions contre

l'Ecclésiastique son justiciable, quand il instruit seul. Du Rousseau, partie 3, chap. 9, n. 17, dit aussi que le Juge d'Eglise ne peut seul en aucun cas, adjuger une provision alimentaire pour crime ou autrement, parce que cela n'appartient qu'au Juge Laïc. L'Auteur du traité Criminel, imprimé en 1732, *in-4°.*, p. 20, dit également qu'un Juge d'Eglise qui instruit un procès contre des Ecclésiastiques, pour délit commun, ne peut adjuger même des provisions & aliments pendant le cours du procès: il n'y a, dit-il, que le Juge royal qui ait ce pouvoir, & c'est à l'Official à renvoyer, à cet égard, les parties au Juge royal; mais il y a une distinction à faire; ou les parties accusées sont justiciables de l'Official, ou elles ne le sont pas. Au premier cas, il peut prononcer des provisions, & toutes autres adjudications civiles contre les Ecclésiastiques qui sont soumis à sa Jurisdiction. Au second cas, il ne pourroit prononcer aucune provision ni réparation civile, parce que les Laïcs ne sont pas ses justiciables: c'est la distinction qui fut faite par M. l'Avocat Général Delamoignon, & par M. l'Avocat Général Gilbert, lors des Arrêts de 1690 & 1729, rapportés sur l'article XIII du titre I, n. 13: il est vrai que cette distinction ne prévoit pas le cas où les deux Juges instruisant conjointement contre un seul accusé qui est Ecclésiastique, il seroit question d'adjuger des provisions, & des dommages & intérêts; car si l'Ecclésiastique est justiciable de l'Official, il ne l'est pas moins du Juge royal, comme né sujet du Roi, & sujet à la Jurisdiction Laïque, avant d'être dans les Ordres; ainsi qu'il a été expliqué & prouvé solidement sur l'article I du titre I, n. 21. Dans le cas d'un Jugement définitif, le Juge royal ne juge qu'après l'Official dont il voit la Sentence, lorsqu'il rend la sienne: mais dans celui d'une provision, si la partie instigante présentoit à l'Official une requête pour en obtenir une contre l'accusé Ecclésiastique, il semble que suivant les principes qui viennent d'être établis, l'Official pourroit adjuger une provision, même une seconde: cependant, si la même partie présentoit aussi requête en provision au Juge royal qui ignoreroit celles qui auroient été adjugées par l'Official, il pourroit décerner aussi deux provisions, en sorte qu'il y en auroit quatre; ce qui seroit contraire à l'article III de ce titre, qui ne permet que deux provisions contre le même accusé: pour résoudre cette question, il paroit que la Jurisdiction de l'Official ne concernant que la personne des Ecclésiastiques, & non leurs biens temporels, c'est au Juge royal seul à décerner les provisions alimentaires & médicamentaires, parce qu'il est Juge du temporel des Ecclésiastiques, comme des Laïcs. Ce qui n'est pas contraire au principe qui vient d'être établi: que l'Official, quand il instruit seul, peut prononcer des adjudications civiles contre un Ecclésiastique accusé; parce qu'alors on tolere, pour abréger les procédures, qu'il en use ainsi: mais lorsque l'Official instruit conjointement avec le Juge royal, la préférence est due au Juge Laïc, qui est plus compétent pour prononcer de pareilles adjudications que l'Official, qui n'est en droit que de prononcer des peines canoniques contre les accusés; ensorte que c'est au Juge royal que les parties doivent s'adresser dans le cas d'instruction conjointe, pour obtenir des provisions contre les accusés Ecclésiastiques, avec d'autant plus de raison que s'il y avoit des complices Laïcs, l'Official ne pourroit les prononcer par la voie de solidité: ces principes sont d'ailleurs conformés au sentiment des Auteurs qui viennent d'être cités, & de plusieurs autres, qui tous disent que c'est au Juge royal à décerner les provisions.

8. Les peres, les tuteurs, & autres parents des accusés contre lesquels il y a des provisions adjugées, ne sont pas tenus de les payer, ni de représenter leurs enfants ou mineurs, parce que les crimes sont personnels; à moins qu'il n'y ait de leur faute ou imprudence, ou qu'il ne s'agisse de l'un de ces cas où les Arrêts de Réglement rendent les peres gárants de leurs enfants; ou enfin, à moins qu'ils ne les aient autorisés pour plaider. Voyez les observations sur l'article I du titre III, n. 19.

9. Les dépens faits en exécution d'une Sentence de provision, sont exécutoires par provision, suivant Imbert, liv. 3, chap. 3, n. 12, édition de 1627, p. 584: il dit que si ces dépens d'exécution n'étoient pas exé-cutoires, la Sentence seroit inutile, parce que l'on feroit plus de frais pour l'exécuter, que la provision ne monteroit; mais cette regle a changé, elle n'a plus lieu. Ce qui est cause que les Juges ne peuvent se dispenser de donner de fortes provisions, qui effectivement ne suffisent pas la plûpart du temps pour s'en procurer le paiement. L'Ordonnance, par l'article VII, ci-après, n'ayant ordonné l'exécution par provision que pour le principal; il est certain que l'appellation arrête le paiement des dépens faits en exécution d'une Sentence de provision; ainsi c'est au Juge à faire atten-tion à ces frais, lorsqu'il adjuge des provisions: il doit prévoir les frais qu'elles occasionneront; & dans cette vue, proportioner les sommes aux besoins des instigants, & aux dépens qu'il faudra faire.

10. S'il y a plusieurs parties plaignantes qui soient blessées, & qui aient besoin de médicaments & d'aliments, le Juge peut adjuger à cha-cune de ces parties instigantes une provision séparée contre le même accusé, eu égard aux blessures de chacune des parties auxquelles elles sont adjugées; ce qui ne peut se faire qu'à la vue des rapports & des preuves.

11. Du Rousseau de la Combe, partie 3, chap. 9, n. 1, p. 416, troisieme édition, dit qu'il est permis au Juge d'adjuger, soit à la partie plaignante, *soit à l'accusé*, quelque somme pour pourvoir à ses aliments & médicaments; mais c'est une erreur, car l'article II qui est le suivant, défend d'adjuger des provisions aux deux parties; l'accusé ne peut en obtenir, dès qu'il est décrété, il est présumé avoir tort. Souvent les deux parties sont blessées, mais ce n'est pas la qualité des blessures, plus ou moins considérables, qui doit déterminer le décret & la provision; c'est la qualité des preuves, c'est principalement l'aggression, parce que sans elle, il n'y auroit point eu de querelle; en un mot, c'est la qualité des preuves qui doit déterminer le Juge à décréter, & à déclarer quelle

partie tiendra lieu d'accusée ; & c'est contre celle-ci seule que les provisions peuvent être décernées. Il seroit absurde de donner à un accusé décrété une provision contre l'instigant.

12. Une Sentence de provision, quoique non exécutée pendant trois ans, ne périme pas, *favorabiles enim causa alimentorum*. Brodeau sur Louet, lettre P, n. 15, en apporte la raison : il dit que quoique l'instance principale soit sujette à péremption, l'instance de provision qui n'a rien de commun avec la principale, est terminée ; c'est-à-dire, que ce qui concerne la provision, est décidé par la Sentence qui l'a adjugée ; ainsi qu'il a été jugé par Arrêt du Parlement de Paris du 11 Décembre 1609 ; & de fait, dit encore cet Auteur, on tient pour maxime qu'une Sentence ou Arrêt provisionnel après 30 ans, passe pour définitif. Il cite Béraut, sur la Coutume de Normandie, article 522. Bruneau est de même avis, & cite plusieurs Auteurs du même sentiment.

ARTICLE II.

Ne pourront les mêmes Juges, accorder des provisions à l'une & à l'autre des parties, à peine de suspension de leurs charges, & de tous dépens, dommages & intérêts.

L'Ordonnance par ces termes, *les mêmes Juges*, a prévu que la même instance pouvoit être portée pardevant différens Juges. Il arrive effectivement quelquefois qu'une partie se pourvoit au Lieutenant Criminel, & l'autre au Juge des lieux : alors, chaque Juge se croyant compétent, décerne des provisions ; & comme chaque partie ne diligente que les témoins qu'elle croit lui être favorables, il se trouve ordinairement que les deux parties sont décrétées, & qu'elles obtiennent l'une & l'autre des provisions. Dans ce cas, il n'y a que le Parlement qui, à la vue des deux procédures, puisse décider laquelle des parties doit être déclarée instigante, & laquelle peut mettre à exécution la provision qui lui a été accordée ; c'est ce qui résulte des termes de l'article IV de ce titre, qui ne défend qu'aux Juges qui ont décerné les provisions de les surseoir ; d'où il suit que les Juges supérieurs peuvent donner des surséances aux provisions décernées par les autres Juges leurs inférieurs. Par la même raison, un Lieutenant Criminel sur l'appel de la permission d'informer, donnée par un Juge subalterne, pourroit surseoir la provision qui auroit été décernée après avoir fait apporter à son Greffe les grosses de la procédure, quoiqu'il eût connu & informé de la même querelle, l'appellation le saisiroit des deux instances. Voyez Henrys, tome 2, p. 184, édition de 1708, & ci-après le n. 3 de l'article V du titre XXVI des appellations. Il n'est défendu qu'aux Juges qui ont donné les provisions de les surseoir, donc elles peuvent l'être par un autre Juge supérieur. Voyez l'article suivant, & l'article VIII de ce titre.

ARTICLE III.

Ne pourront auffi donner qu'une feconde provifion, fi elle eft jugée néceffaire, pourvu qu'il y ait quinzaine, au moins entre la premiere & la feconde, fans qu'ils puiffent recevoir aucun émolument de l'une ni de l'autre, ni de tous les incidents qui naîtront en conféquence.

1. Il faut fuivant cet article, que la feconde provifion foit néceffaire : c'eft-à-dire, qu'il y ait une nouvelle caufe furvenue, ou qu'il foit juftifié que la premiere n'eft pas fuffifante, à caufe de la longueur & des accidents de la maladie : c'eft pourquoi il arrive fouvent que les Juges ordonnent, même d'Office, un nouveau rapport, pour s'affurer de l'état du bleffé.

2. Il y avoit dans le projet de l'Ordonnance, un article qui fixoit à trente fols les épices pour une Sentence de provifion, dans les Sieges reffortiffants aux Parlements, & à dix fols pour les autres : mais il fut retranché pour ajouter à celui-ci des défenfes de prendre aucuns droits.

ARTICLE IV.

Les Sentences de provifion ne pourront être furfifes ni jointes au procès par les Juges qui les auront données, fous pareilles peines.

1. Ces mots *par les Juges qui les auront données*, prouvent qu'un Lieutenant Criminel peut furfeoir une provifion décernée par un autre Juge fon inférieur. On trouve cependant dans Raviot, queftion 327, n. 12, tome 2, p. 645, un Arrêt du Parlement de Dijon, donné à l'Audience publique, le 29 Janvier 1695, qui fit défenfes à mon Prédéceffeur de furfeoir les Sentences de provifion : cet Arrêt fut rendu dans la caufe de Jean Efcalier, contre Jean Perreau, fous prétexte que l'article VIII de ce titre, ne parle que des Cours pour donner de pareils furfis, ce qui eft vrai ; mais il ne contient aucune exclufion pour les Officiers des Bailliages qui ont un droit de reffort fur les Juges fubalternes, au petit Criminel. A cela joint que le préfent article les y autorife, comme il vient d'être obfervé fur l'article II ; j'ai même été confirmé par Arrêt du Parlement de Dijon du 28 Juin 1732, pour un furfis que j'avois accordé dans une caufe du petit Criminel, pendante par appel pardevant moi entre Pierre Léonard Tuillier, & Antoine Chrétien.

2. Cet article de l'Ordonnance défend auffi de joindre au procès les

demandes en provision , parce qu'il est inutile de joindre une pareille demande au fond , pour y faire droit lors du Jugement qui prononce définitivement sur toutes les demandes des parties.

ARTICLE V.

Les deniers adjugés par provision ne pourront être saisis pour frais de Justice , ou quelqu'autre cause ou prétexte que ce soit ; ni consignés au Greffe , ou ailleurs , à peine de nullité des consignations , d'interdiction contre les Greffiers & leurs commis qui les auront reçus ; & pourront nonobstant les saisies & prétendues consignations , les parties condamnés être contraintes au paiement.

Cette Loi ne pouvoit prendre plus de précaution pour assurer le paiement des provisions ; l'article suivant y ajoute la contrainte par corps : il est juste que ceux qui sont par le décret annoncés Auteurs du crime, fournissent à ceux qu'ils ont blessés des secours prompts pour les soulager : ce qui ne pourroit être , si les deniers adjugés par provision pouvoient être saisis ou consignés ; ce n'est que de l'argent avancé ; tout est réparable en définitive en pareil cas.

ARTICLE VI.

Les Sentences de provision seront exécutées par saisie des biens & emprisonnements de la personne du condamné , sans donner caution.

L'Ordonnance ne pouvoit rien ordonner de plus fort pour assurer le paiement des provisions , que les précautions qu'elle a prises par cet article & par le précédent ; le cas est pressant : il s'agit de secourir un blessé souvent en danger de mort : cet article ne fait aucune différence des personnes ; les nobles, les roturiers, les gens en dignité , & tous autres, sont dans ce cas sujets à la contrainte par corps ; & quand même le Juge n'auroit pas prononcé cette contrainte par corps , elle ne laisseroit pas d'avoir lieu en vertu de cet article de l'Ordonnance , sans donner caution.

Il n'en est pas de même de la solidité, elle n'est pas de droit ; l'Ordonnance a laissé au Juge la liberté de la prononcer : ainsi quand elle n'est pas ordonnée , elle ne peut avoir lieu ; à moins que ce ne soit

dans

dans le cas où la provision seroit adjugée cumulativement pour une seule somme contre tous les accusés, sans aucune distinction ni division des portions; alors il n'y auroit pas moyen de se défendre de la solidité; il est cependant plus à propos de la prononcer pour éviter toutes contestations.

Il y a eu des Auteurs célebres qui ont soutenu que la contrainte par corps ne devoit pas avoir lieu pour le paiement des provisions. Brodeau sur Louet, lettre P, som. 27, rapporte le sentiment de M. le Président de Thou, pour soutenir cette proposition, sous prétexte que la prison note d'infamie; & que quelques dommages & intérêts qui soient adjugés, la cicatrice faite à l'honneur de l'emprisonné reste, ce qui rend l'injure irréparable; mais cet article de l'Ordonnance a proscrit cette prétention.

ARTICLE VII.

Les Sentences de provision, rendues par nos Baillis & autres Juges ressortissant nuement en nos Cours qui n'excéderont la somme de deux cents livres, celles des autres Juges royaux qui n'excéderont six vingt livres, & des Juges des Seigneurs qui n'excéderont cent livres, seront exécutées nonobstant & sans préjudice de l'appel.

1. Les Juges auroient pu abuser de leur autorité, si elle n'avoit eu des bornes; il étoit à propos de fixer suivant les degrés de dignité à chacun les sommes pour lesquelles ils peuvent prononcer des provisions exécutoires nonobstant l'appel: mais si un Juge s'est renfermé dans les limites de son pouvoir, aucune appellation, même comme d'abus, de Juge incompétent, ou autre, ne peut arrêter l'exécution de son Ordonnance; il faut un Arrêt à vu des procédures.

2. C'est une question de savoir, si par exemple un Lieutenant Criminel peut décerner une provision de deux cents livres au profit de chacun des instigants; il y a souvent plusieurs plaignants; si chacun obtenoit une provision séparée, l'accusé pourroit être chargé d'une provision de mille livres; ce qui seroit contraire à l'intention de l'Ordonnance qui semble n'avoir attribué au Juge que le pouvoir de décerner une provision telle qu'elle l'a fixée, suivant la qualité de sa Jurisdiction: il est cependant vrai qu'il faut que chaque blessé soit soulagé, qu'il ait des alimens, des médicamens, & qu'il fournisse aux frais de la procédure; ce qu'il ne pourroit faire si une provision de cent, ou même de deux cents livres, étoit divisée entre plusieurs parties plaignantes: malgré ces inconvéniens, il ne paroit pas permis au Juge de décerner dans une même procédure

plus de deux provisions qui ne peuvent excéder les sommes fixées par cet article contre un accusé ; mais s'il y en avoit plusieurs, il semble que chaque instigant pourroit en obtenir ; de façon que chaque accusé ne fût chargé que du paiement de deux cents livres, dans un Bailliage ; & ainsi des autres : les Sentences seroient rendues séparément.

3. Le blessé qui fait emprisonner l'accusé pour le paiement d'une provision, n'est pas obligé de lui fournir des aliments, suivant l'Ange, dans sa pratique criminelle, édition de 1719, p. 151, chap. 15 ; parce que ce seroit provision d'aliments contre provision d'aliments. Il n'appuie son sentiment d'aucune autorité ; ainsi il semble qu'il ne peut prévaloir à la regle qui veut que ceux qui font emprisonner pour le paiement de quelques sommes, fournissent des aliments aux prisonniers ; les provisions ne peuvent être regardées comme une peine, puisque lorsqu'elles sont décernées, les accusés ne sont pas convaincus du crime qui leur est imputé : cette provision est plus un acte Civil que Criminel : ainsi on pourroit dire que les aliments sont dus à celui qui est emprisonné en pareil cas. Voyez l'article X de la Déclaration du 6 Janvier 1680, rapportée sur l'article XXIII du titre suivant ; il ne parle que des amendes & réparations civiles au Criminel : ce qui paroît excepter le cas des aliments adjugés par provision ; & effectivement, il ne paroît pas convenable que celui qui a un besoin pressant d'aliments, & qui est blessé puisse être obligé d'en fournir à celui qui est l'Auteur de ses blessures. Ainsi le sentiment de l'Ange qui vient d'être cité, paroît plus conforme aux regles & à l'Edit de 1680 : ce seroit provision contre provision, aliments contre aliments : on ne fournit aussi point d'aliments aux impérants de lettres de grace. Voyez les observations sur l'article XXII du titre XVI, n. 2, à la fin.

ARTICLE VIII.

Ne pourront nos Cours surseoir ni défendre l'exécution des Sentences de provision, sans avoir vu les charges & informations, & le rapport des Médecins & Chirurgiens, & que le tout n'ait été communiqué à nos Procureurs Généraux, & les défenses ou surséances n'auront aucun effet à l'égard de la provision, si elles ne sont expressément ordonnées par l'Arrêt, pour lequel ne seront prises aucunes épices.

Un appellant de Sentence de provision n'est pas non recevable dans son appellation, quoiqu'il ait payé volontairement la provision ; il est censé l'avoir payée pour éviter l'injure d'une saisie ou d'un emprisonnement ; il n'est pas même absolument nécessaire de faire des réserves ni des protestations lors de la quittance, elles sont de droit.

TITRE XIII.

Des Prisons.

ARTICLE I.

*Voulons que les prisons soient sûres & disposées, en sorte que
la santé des prisonniers n'en puisse être altérée.*

1. LOrs des conférences sur les articles de ce titre, M. Pussort observa
que l'on avoit eu intention d'ordonner que les prisons ne pourroient
être qu'à raiz-de-chaussée; mais il fut dit que celles de la Conciergerie
du Palais à Paris n'y étant pas, on avoit été obligé de se servir de termes
généraux : on se seroit en cela conformé à l'article LV de l'Ordonnance
d'Orléans, qui défend à tous Hauts-Justiciers d'avoir des prisons plus basses
que le raiz-de-Chaussée.

Le réglement de la Chambre Souveraine séante à Poitiers du 15 Janvier
1689, article XLV, porte que les Seigneurs hauts Justiciers, seront
tenus d'avoir dans l'étendue de leurs Justices des prisons sûres, & où les
prisonniers puissent être gardés sans danger pour leur santé; il leur enjoint
de mettre des Géoliers ou Gardes des prisons qui sachent écrire, qui
prêtent serment en Justice, qui résident dans le lieu des prisons, & de
fournir aux prisonniers le pain nécessaire pour leur subsistance, avec la
paille pour les coucher, à peine contre les Seigneurs de demeurer déçus
de leur droit de haute Justice.

L'article XXXII du réglement du Parlement de Paris du 1 Septembre
1717, porte aussi que les Seigneurs hauts Justiciers seront tenus d'avoir
des prisons aux raiz-de-chaussée & en bon état ; sinon qu'elles seront cons-
truites & rétablies à la diligence des Procureurs du Roi, ès Sieges ou les
appellations ressortissent médiatement ou immédiatement, ou qui connoissent
des cas royaux dans l'étendue de ces Justices, dont sera délivré exécutoire
contre les Receveurs desdites Terres & Seigneuries. Ce réglement aussi bien
que l'article XXXIX de ce titre, prouve que les Juges royaux ont
inspection sur les prisons des Justices Seigneuriales de leur ressort ; c'est
ce qui fait dire à Bruneau, titre XV, max. 3, page 125, que le Juge
royal doit veiller aux prisons des Seigneurs de son ressort, & avoir l'œil
à ce qu'elles soient bonnes, sûres, bien fermées, saines, & pourvues de
Géoliers, & que les prisonniers ne soient pas maltraités ; & qu'il peut

contraindre les Seigneurs par saisie de leurs revenus à exécuter toutes ces obligations. Voyez Bacquet, des droits de Justice, chap. XVIII.

La Déclaration du Roi du 11 Juin 1724, veut que les Géoliers soient déchargés de tous prix de baux à ferme des prisons, & que par les Parlemens il soit commis à leur garde, des personnes capables, qui leur seront présentées par MM. les Procureurs Généraux.

Celle du 7 Novembre de la même année 1724, ordonne aux engagistes qui ont des prisons comprises dans leurs engagemens de les entretenir de toutes réparations, d'y pourvoir de bons & fideles Géoliers qu'ils présenteront à MM. les Procureurs Généraux, & qui seront tenus de prêter par devant le Juge des lieux le serment en tel cas requis & accoutumé, après qu'il aura été informé de leurs vie & mœurs. Cette Déclaration veut que faute par les engagistes de pourvoir les prisons de bons & fideles Géoliers, il soit pourvu à leur garde par les Cours, en la maniere prescrite par celle du 11 Juin précédent; & qu'il soit même, si besoin est, assigné aux Géoliers, tels gages qu'il appartiendra, dont le paiement sera pris par préférence sur les revenus desdits Domaines engagés.

2. Si les prisons n'étoient pas sûres, & que les prisonniers s'évadassent, les Seigneurs en seroient garants civilement. Legrand sur la coutume de Troyes, titre VII, article CXXIII, glose 2, n. 5, après avoir rapporté l'Ordonnance d'Orléans de 1560, & les coutumes qui obligent les Seigneurs à avoir des prisons sûres, dit que s'ils ne s'y conforment pas, & que, faute d'exécuter les Ordonnances, les prisonniers s'évadent, les Seigneurs en sont responsables tant au civil qu'au criminel; comme il dit qu'il a été jugé aux grands jours de Moulins le 16 Octobre 1560, par Arrêt remarqué par Papon, liv. 24, titre IV, Arrêt dernier. M. le Président Bouhier, question 52, n. 66, rapporte à ce sujet plusieurs Arrêts du Parlement de Dijon, & entre autres deux réglemens qui portent qu'en cas que les prisons ne soient pas sûres, les prisonniers seront transférés dans les prisons royales prochaines; & qu'en attendant que les Seigneurs aient pourvu à la construction, ou aux réparations, ils doivent eux-mêmes les faire transférer, à peine de tous dépens, dommages & intérêts des parties, & d'amende arbitraire suivant les Arrêts des 22 Mai 1604, & 19 Juin 1621, qui l'ont ainsi jugé en conséquence des réglemens.

Quoique les Seigneurs soient obligés d'avoir des prisons, ils ne doivent pas en abuser pour y retenir leurs justiciables ou autres, sans Ordonnance de Justice, les Arrêts ont toujours puni sévérement les Seigneurs qui ont usé de vexation & cruauté envers leurs justiciables. Bacquet, des droits de Justice en rapporte plusieurs, aussi bien que Legrand, au lieu qui vient d'être cité. Ce dernier rapporte un Arrêt rendu au Parlement de Paris le 22 Février 1578, par lequel il fut enjoint à un Gentilhomme, d'avoir des prisons séparées de son Château, en lieu propre & commode pour les Juges. Ce qui est ordonné, dit Legrand, aussi afin que les Seigneurs ne prennent occasion, sous prétexte de prison, de maltraiter les habitans;

comme fit un certain Gentilhomme du Poitou, qui par Arrêt du 21 Novembre 1558, fut privé du droit de Justice qu'il avoit, pour avoir long-temps détenu prisonnier un de ses justiciables, & usé envers lui de plusieurs cruautés pendant sa prison : la Justice fut adjugée au Roi, avec condamnation en de grosses amendes, & réparations.

Par autre Arrêt des grands jours de Clermont du 27 Mars 1665, le sieur de Monvallat fut aussi privé de son droit de Justice pendant sa vie ; pour en avoir abusé contre ses justiciables. Voyez la Jurisprudence civile de du Rousseau au mot *reconnoissance*, Brillon au mot *Juge*, n. 201, & au mot *Seigneur*, n. 54 ; il cite des Arrêts qui ont privé de leurs fiefs des Seigneurs pour avoir fait reconnoître des droits plus forts qu'ils n'étoient dus par les emphytéotes. Voyez ci-après les observations sur l'article XXV du titre XVII, n. 2, & M. le Président Bouhier, chap. 52, n. 7, où il rapporte un pareil Arrêt du Parlement de Dijon du 28 Janvier 1566, avec un autre du 24 Janvier 1559, qui, article LXX, défendit aux Seigneurs, à leurs femmes & enfants, d'assister à la tenue des jours : la même défense fut faite aux Religieux de Citeaux, & à leurs fermiers ou receveurs, par Arrêt de la même Cour du 14 Mai 1559, *ibidem*.

3. Il n'est aussi pas permis à un particulier, personne privée, d'en retenir une autre dans sa maison, comme dans une espece de prison. *Privati carceris pœnam capitis esse, ac ultimi supplicii, immo & hujus criminis reum, tanquam lasæ Majestatis reum à jure reputari. Per text. in Leg. Cod. de privatis carceribus : idcirco qui ex propria autoritate carcerem exercent, ut latrones, prædones, plagiarii, tyranni, & nefandissimi homines, & tanquam principis Majestatis violatores puniuntur ultimo supplicio.* Voyez Farinace, question 17, n. 9 & suivants, tome 1, page 4, où il traite plusieurs autres questions au même sujet.

Il n'appartient qu'au Roi & à ses Officiers, de retenir ses sujets en prison. Laurent Etsanz *de re criminali*, dans son traité imprimé à Lyon en 1738. Controv. 18, n. 69, dit, *carcer est mala mensio, locus horribilis, tortura species, similis morti, atque ipsi inferno æqualis* ; il ne faut donc pas s'étonner, si la Justice punit aussi sévérement ceux qui retiennent de leur autorité privée des particuliers dans les prisons : il y a cependant des exceptions ; les Religieux peuvent avoir des prisons, parce qu'ils ont une Juridiction de correction & de discipline. Les peres peuvent tenir leurs enfants en prison ; il y en a même qui ont prétendu que les maris y pourroient aussi retenir leurs femmes. Voyez à ce sujet les observations sur l'article VII du titre X, des décrets, n. 3 & 4.

ARTICLE II.

*Tous Concierges & Géoliers, exerceront en personnes, & non
par aucuns commis, & sauront lire & écrire ; & dans les
lieux où ils ne le savent pas, il en sera nommé d'autres,
dans six semaines ; à peine contre les Seigneurs de privation
de leurs droits.*

Les fonctions des Géoliers, renferment deux sortes de devoirs ; les uns
concernent le public, les autres concernent les particuliers : c'est du premier qui intéresse le public, que cet article a entendu parler, en exigeant
des Géoliers qu'ils sachent lire & écrire, afin qu'ils puissent par eux-
mêmes tenir les régistres, dont il sera fait mention dans les articles
suivants ; c'est pour la même raison qu'il leur est défendu par cet article
d'avoir des Commis ; afin qu'ils fassent toutes leurs fonctions en personne :
mais cela ne les empêche pas d'avoir des Guichetiers & autres qui leur
aident dans la garde, pour la sûreté des prisons ; sans néanmoins qu'ils
puissent tenir les registres, délivrer des extraits, & faire aucunes des fonctions de Géoliers concernant les mêmes registres.

ARTICLE III.

*Aucun Huissier, Sergent, Archer, ou autre Officier de Justice,
ne pourra être Greffier des Géoles, Concierge, Géolier, ni
Guichetier, à peine de cent livres d'amende envers nous, &
de punition corporelle, s'il y échet.*

L'Ordonnance ne veut pas que des Officiers de Justices & autres occupés
par leurs fonctions particulieres, se chargent de la garde des prisons, qui
exige une vigilance continuelle de jour & de nuit ; sur-tout pour la conservation des prisonniers malades. Bruneau page 128, cite la bibliotheque
des Arrêts, qui au mot *prison*, rapporte un Arrêt de la Tournelle à Paris
du 19 Mars 1665, par lequel le Géolier des prisons de Chartres, fut
condamné & exécuté à mort, pour avoir laissé mourir un Curé prisonnier,
sans l'avoir assisté ; car, dit Bruneau, il y a dol, ou il n'y en a pas ; au
premier cas il est puni comme homicide, au second cas il y a toujours une
négligence inexcusable dans sa fonction : cette négligence est une cruauté
qui ne peut être trop sévérement punie. Voyez les articles XXI, XXXVI
& XXXVII de ce titre.

ARTICLE IV.

*Enjoignons aux Géoliers de donner des gages raisonnables aux
Guichetiers & autres personnes par eux préposées à la garde
des prisonniers.*

Cet article prouve que les Géoliers ont droit de choisir ceux qui leur
sont nécessaires pour leur aider à la garde des prisons; ce qui est très
juste; puisqu'ils sont garants de ceux qu'ils ont choisis pour ces sortes
d'emplois: ils sont obligés de leur donner des gages raisonnables, afin qu'ils
n'aient aucun prétexte de commettre des exactions. L'article XIV du
règlement du Parlement de Paris du 1 Septembre 1717, porte que les
Géoliers seront tenus de nourrir leurs Guichetiers, & de leur payer à chacun
les gages accoutumés en présence des Procureurs du Roi, ou fiscaux qui
viseront les quittances desdits gages, à peine de nullité; le même article
fait défenses aux Guichetiers de faire aucune exaction, &c.

ARTICLE V.

*Il n'y aura aucun Greffier de Géole dans les prisons seigneuriales;
& il n'en sera établi aucun dans les royales.*

Lors de la rédaction de cette Ordonnance, on reconnut que les Greffiers
qui avoient été créés en titre d'Office pour toutes les prisons royales,
étoient à charge au public; c'est ce qui fit ordonner par cet article qu'il
n'en seroit plus reçu dans les Sieges où il n'y en avoit point encore d'établis:
mais comme il y en avoit déjà dans plusieurs Sieges, ils furent conservés;
& même par Edit de Juin 1684, leurs fonctions & leurs droits furent
réglés.

ARTICLE VI.

*Les Greffiers des Géoles où il y en a, ou les Géoliers &
Concierges seront tenus d'avoir un registre, relié, cotté &
paraphé par le Juge, dans tous ses feuillets qui seront séparés
en deux colomnes, pour les écrous & recommandations, &
pour les élargissements & décharges.*

Le Parlement de Paris, a fait deux réglements fort amples pour la
police des prisons, de tous les Sieges & de toutes les Jurisdictions de

son reſſort, l'un du 18 Juin 1717, & l'autre du premier Septembre ſuivant : ils ſont imprimés dans tant de livres, qu'il paroît inutile de les copier encore ici. Les autres Cours en ont auſſi fait chacune pour les priſons de ſon reſſort. Celui du Parlement de Dijon ſera rapporté ſur l'article XI de ce titre.

ARTICLE VII.

Ils auront encore un autre régiſtre cotté & paraphé auſſi par le Juge pour mettre par forme d'inventaire les papiers, hardes & meubles, deſquels le priſonnier aura été trouvé ſaiſi, & dont ſera dreſſé procès verbal par l'Huiſſier, Archer, ou Sergent, qui aura fait l'empriſonnement, qui ſera aſſiſté de deux témoins qui ſigneront avec lui ſon procès verbal ; & ſeront les papiers, hardes & meubles qui pourront ſervir à la preuve du procès, remis au Greffe ſur le champ ; & le ſurplus rendu à l'accuſé qui ſignera l'inventaire & le procès verbal ; ſinon, ſur l'un & ſur l'autre, ſera fait mention de ſon refus.

Article XXXVI, du réglement fait par la Chambre Souveraine, ſéante à Poitiers le 15 Janvier 1689 : " Seront tenus dans toutes les Juſtices „ royales & ſubalternes, trois regiſtres qui ſeront dépoſés aux Greffes „ d'icelles, dont les feuillets ſeront cottés, numérotés, & paraphés par „ le principal Officier de la Juſtice ; pour dans le premier d'iceux être „ enrégiſtrées les plaintes & informations qui ſeront faites devant leſdits „ Juges. Dans le ſecond enrégiſtrer les hardes, argent & meubles appar- „ tenant aux accuſés, ſervant à conviction, & dans le troiſieme les „ décrets, Sentences préparatoires ou définitives, qui ſeront rendues par „ leſdits Juges, ſous les peines portées par les Ordonnances.
Article XXXVII du même réglement : " Sera auſſi dépoſé entre les „ mains de chaque Géolier des priſons deſdites Juſtices, un régiſtre dont „ les feuillets ſeront cottés, numérotés, & paraphés par le Juge, dans „ lequel le Géolier ſera tenu d'écrire les écrous des priſonniers qui ſeront „ conduits dans leſdites priſons, & qui ſeront ſignés par l'Officier qui „ aura fait la capture ; ſans que ledit Géolier puiſſe laiſſer aucun blanc dans „ ledit régiſtre ; à peine de faux, & de cent livres d'amende. „
L'article II du titre IV, ordonne comme celui-ci, que les armes, meubles & hardes, ſeront remis au Greffe, dans les vingt-quatre heures s'ils peuvent ſervir à la preuve ; on y a fait des obſervations au ſujet des effets des accuſés ; mais il ſe trouve quelquefois que l'accuſé eſt un Marchand

chand qui a des voitures chargées de marchandises, des chevaux & autres effets qu'il seroit difficile d'inventorier sur le champ, lors de la capture; dans ce cas on dépose les effets dans une chambre de l'Auditoire, ou du Greffe, on est même quelquefois obligé de les laisser dans un logis avec les chevaux & voitures: on établit pour sequestre le maître du logis, & on fait le lendemain & jours suivants, l'inventaire sommaire du tout en présence de l'accusé, afin d'y examiner s'il y a quelque chose qui puisse servir à la preuve du crime: on rétablit le tout dans les balots ou caisses, sur lesquels on met le scellé; & à l'égard des chevaux il est d'usage de les faire vendre à la Place publique, pour les deniers en provenant, être déposés au Greffe.

Il est souvent nécessaire de remettre à l'accusé des habits, linges ou même une partie de son argent pour ses besoins: mais le Greffier ne le doit pas faire sans une Ordonnance & un verbal du Juge pour sa décharge: on ne lui donneroit aucuns deniers sur l'argent dont il a été trouvé saisi, s'il y avoit soupçon qu'il eût été volé. On doit même remettre suivant cet article de l'Ordonnance à l'accusé tous ses papiers, hardes & effets, qui ne peuvent servir à conviction.

ARTICLE VIII.

Les Greffiers & Géoliers ne pourront laisser aucun blanc dans leurs registres.

L'article XXXVII, du réglement de Poitiers rapporté sur l'article précédent, & l'article XIII du réglement du Parlement de Paris du 1 Septembre 1717, défendent comme celui-ci, de laisser aucun blanc dans les régistres des prisons, à peine de faux & de cent livres d'amende. Voyez l'article XXXVI de ce titre.

ARTICLE IX.

Leur défendons à peine des Galeres, de délivrer des écrous à des personnes qui ne seront pas actuellement prisonniers, & de faire des écrous ou décharges sur feuilles volantes, cahiers, ni autrement que sur le registre cotté & paraphé par le Juge.

Lors des conférences sur cet article, M. le premier Président remontra que la peine des galeres paroissoit trop forte: mais M. Pussort répondit que c'étoit une faute qui ne pouvoit être trop sévérement punie, que de laisser sortir un prisonnier; que l'on ne pouvoit dire que ce fût un crime d'imprudence que de délivrer un écrou, & certifier qu'un homme étoit prisonnier, tandis que le Géolier le laissoit vaquer. M. le premier Président repliqua qu'effectivement c'étoit une prévarication, & que l'on avoit vu souvent des prisonniers solliciter leurs Juges l'écrou à la main. M. le Président Denovion, dit aussi que cette peine des galeres ne devoit s'entendre que des prisonniers pour crimes, & non de ceux détenus pour dettes ; parce que l'on peut dans ce cas agir civilement contre le Géolier ; mais M. Pussort répondit qu'outre l'intérêt particulier de la partie, il y avoit aussi l'intérêt public qui paroissoit considérable ; & que d'ailleurs le créancier pourroit n'avoir point de connoissance que le Géolier laissât vaguer son débiteur, qui se trouvant en liberté, sans avoir payé, faisoit long-temps plaider son créancier ; que cependant on pourroit mettre dans l'article une distinction du civil & du criminel, & qu'il le proposeroit au Roi : mais il n'y fut fait aucun changement ; ensorte qu'il a lieu tant au civil qu'au criminel ; on auroit pu ajouter que dans plusieurs prisons des Sieges ou des Justices Seigneuriales, les Géoliers étant insolvables ils s'embarrasseroient peu des actions civiles qui leur seroient intentées par les créanciers dont ils laisseroient vaguer les débiteurs : il a donc fallu prononcer contre eux des peines corporelles pour les contenir, les peines civiles sont exécutées contre eux par corps.

ARTICLE X.

Leur défendons de prendre aucuns droits pour les emprisonnements, recommandations & décharges ; mais pourront seulement pour les extraits qu'ils en délivreront, recevoir ceux qui seront taxés par le Juge, & qui ne pourront excéder ; savoir, en toutes nos Cours & Justices, dix sols, & la moitié en celles des Seigneurs, sans néanmoins pouvoir augmenter ès lieux, où l'usage est de donner moins.

Quoique cet article ne prononce aucune peine en cas de contravention, il faut voir l'article XXXVI, qui y a suppléé, aussi bien que les differents réglements des Cours.

ARTICLE XI.

Les Juges régleront les droits appartenants aux Géôliers, Greffiers des géoles & Guichetiers, pour vivres, denrées, gîtes, géôlages, extraits d'élargissements ou décharges dont sera fait un tableau qui sera posé au lieu le plus apparent de la prison, & le plus exposé à la vue.

On trouve au Journal du Palais, tome 2, page 162, *in-fol.* un Arrêt rendu au Parlement de Grenoble le 3 Juin 1680, sur la question de savoir si un Géôlier est obligé de discuter le débiteur emprisonné & sa succession, avant d'agir contre le créancier pour droits de géole & nourriture : ou s'il a droit de s'adresser directement au créancier, sauf son recours contre son débiteur : il fut jugé que le Géôlier peut s'adresser au créancier pour tout ce qui lui est dû de droit de gîte & géôlage seulement. Les Géôliers n'ont d'action contre les créanciers que pour la nourriture des prisonniers, suivant qu'elle est réglée dans chaque Siege, & pour les droits de gîte & géôlage ; c'est-à-dire pour les droits de garde, entrée, & sortie, & pour le pain suivant que le tout est fixé par les réglements : mais s'ils ont fourni aux prisonniers d'autres denrées & commodités, ils ne peuvent s'adresser qu'aux prisonniers. Voyez Legrand, titre VII art. CXXIII, n. 16, partie 2, page 133, & ci-après les Déclarations de 1680, sur l'article XXIII de ce titre, avec les observations à la suite.

Le reglement du Parlement de Dijon, ne se trouvant imprimé dans aucuns livres, pas même dans le recueil des Edits enrégistrés dans cette Cour, on est souvent embarrassé dans les Sieges de cette Province au sujet de la Police des prisons : c'est ce qui nécessite de le rapporter ici en entier, avec d'autant plus de raison qu'il sera cité plusieurs fois ci-après.

Arrêt du Parlement de Dijon, servant de Réglement pour les prisons.

Du 21 Juin 1706.

„ Sur ce qui a été remontré par le Procureur Général du Roi, qu'il a
„ reçu de fréquentes plaintes contre les Géôliers de la Conciergerie du
„ Palais, des prisons royales & Seigneuriales du ressort, sur la conduite
„ qu'ils tiennent à l'égard des prisonniers, & sur les droits qu'ils en
„ exigent, la Cour a ordonné.

Article I. „ Que la Priere sera faite tous les jours matin & soir dans
„ les Chapelles desdites Conciergerie & prisons, par le plus ancien des

„ prifonniers fachant lire, à laquelle tous les autres feront tenus d'affifter,
„ auquel effet les Concierges & Géoliers fermeront toutes les chambres &
„ cachots, même celle de la prifon pendant lefdites prieres, & la Meffe qui
„ fera célébrée les jours de Fêtes & Dimanches ; comme auffi pendant les
„ Vêpres, Conférences & exhortations qui y feront faites, fans fouffrir de
„ la part defdits Concierges & Géoliers, qu'aucune perfonne vague, ou
„ fe promene dans lefdites prifons pendant lefdites Prieres, Meffes, Vêpres,
„ Conférences & exhortations. Fait expreffes inhibitions & défenfes auxdits
„ Géoliers & Concierges, & à tous cabaretiers de fournir aux prifonniers
„ aucun vivre ni boiffon avant la Priere du matin, la Meffe, & pendant
„ la célébration du Service Divin, lefdites Vêpres, Conférences, & exhor-
„ tations.
Article II. „ Fait inhibitions & défenfes auxdits Géoliers & Guicheriers
„ de faire avancer par les prifonniers aucuns deniers pour les gîtes & géo-
„ lages, même par ceux qui voudront coucher dans les lits, & où ils en
„ auroient exigé aucuns, enjoint auxdits Géoliers & Guicheriers de refti-
„ tuer ce qu'ils ont entre leurs mains au-delà de ce qui pourra leur être bien
„ & légitimement dû, fuivant le préfent réglement, à proportion des
„ jours que les prifonniers ont été détenus jufqu'alors dans lefdites prifons.
„ Leur défend expreffément de prendre ni recevoir par convention, ni
„ autrement, plus grandes fommes que celles réglées par les articles fuivants,
„ à peine de concuffion.
Article III. „ Et d'autant que lefdits prifonniers ne payant point par
„ avance pourroient long-temps fe fervir des lits fans vouloir payer, &
„ occuperoient la place d'autres qui en fouffriroient de l'incommodité,
„ permis auxdits Concierges & Géoliers trois jours après que lefdits pri-
„ fonniers feront en demeure de payer, de les priver defdits lits, & de
„ les faire paffer à la paille.
Article IV. „ Les prifonniers de la Conciergerie & des prifons royales
„ de Dijon, qui coucheront fur des lits paieront trois fols quand ils
„ coucheront feuls ; s'ils couchent deux enfemble ils paieront chacun deux
„ fols ; & en cas qu'ils couchent en plus grand nombre, ils paieront par
„ portion égale ; enforte que tous enfemble ils ne paieront que cinq fols
„ pour chaque lit en tout ; & dans les autres prifons royales de ce reffort
„ ils paieront deux fols feulement pour chaque lit, s'ils couchent feuls,
„ un fols fix deniers chacun quand ils coucheront deux, & quatre fols s'ils
„ couchent un plus grand nombre pour chaque lit ; à la charge par lefdits
„ Concierges & Géoliers, de leur fournir des draps blancs de trois en
„ trois femaines depuis Pâques jufqu'à la Touffaint, & une fois par mois
„ le refte de l'année.
Article V. „ Les prifonniers qui coucheront fur la paille tant dans les
„ cachots que dans les chambres, ne paieront aucun droit d'entrée ni de
„ fortie, & feront tenus les Concierges & Géoliers de leur changer la
„ paille les premier & quinzieme de chaque mois, de vuider & brûler

„ toute la vieille, tant des cachots que des chambres où il n'y a point de
„ lits, en remettant de la nouvelle qui sera fournie ; sans pour ce pouvoir
„ exiger aucune rétribution des prisonniers.

Article VI. „ Les Géoliers auront soin de mettre ensemble les prison-
„ niers d'honnête condition, & que chacun suivant son ancienneté, ait la
„ chambre & la place la plus commode.

Article VII. „ Fait défenses aux Géoliers & Concierges, de retenir
„ les prisonniers, leurs hardes, ni autres effets qu'ils auront apportés dans
„ lesdites prisons, sous prétexte des droits de gîte, géolage, nourriture,
„ & autres frais qui leur pourroient être dûs par lesdits prisonniers : leur
„ défend pareillement de s'approprier les habits, hardes & autres effets
„ des prisonniers condamnés à mort, ou décédés dans les prisons, ni de
„ les retenir sous même prétexte de ce qui pourroit leur être dû par lesdits
„ prisonniers condamnés à mort ou décédés : leur enjoint de les remettre
„ aux parents ou héritiers desdits prisonniers décédés ; & à leur défaut aux
„ Dames de la Charité ; à peine de restitution du quadruple de la valeur
„ desdits habits, hardes, & effets ; sauf s'il leur est dû quelque chose
„ par lesdits prisonniers condamnés ou décédés de se pourvoir par requête
„ au Juge desdites prisons.

Article VIII. „ Fait pareillement expresses inhibitions & défenses aux
„ Concierges, Géoliers, & Guichetiers, aux anciens prisonniers, & à
„ tous autres d'exiger aucune chose des nouveaux venus, sous prétexte de
„ bien-venue, festins & autres droits. Enjoint auxdits Concierges & Géoliers
„ de veiller soigneusement à ce qu'il ne soit point contrevenu auxdites
„ défenses directement ni indirectement sous quelque prétexte que ce soit ;
„ à peine d'en répondre en leur propre & privé nom, & d'être procédé
„ extraordinairement tant contre les contrevenants, que contre les Con-
„ cierges, Géoliers, & Guichetiers.

Article IX. „ Défend expressément ladite Cour, les Chambres con-
„ sultées sur ce seulement, auxdits Géoliers & Concierges de la Concier-
„ gerie du Palais, & des prisons royales de Dijon, de prendre & exiger
„ au-delà de quinze sols pour le droit d'entrée, & autant pour le droit de
„ sortie des prisonniers qui y seront constitués, lesquels voudront coucher
„ ou qui auront couché dans les lits desdites Conciergerie & prisons royales
„ de Dijon ; sans qu'il leur soit permis d'exiger aucune chose pour lesdits
„ droits d'entrée & de sortie des prisonniers couchés sur la paille, & de
„ ceux à qui par défaut ou refus desdits Géoliers de leur fournir des lits,
„ il en sera fourni par la charité, ou par leurs parents ou amis. Et à l'égard
„ des Géoliers & Concierges des autres prisons royales du ressort, ils ne
„ pourront prendre ni exiger des prisonniers de la qualité susdite, que sept
„ sols pour le droit d'entrée, & autant pour le droit de sortie. Quant aux
„ Géoliers & Concierges des prisons Seigneuriales, ils ne pourront prendre
„ que cinq sols pour chacun desdits droits, le tout à peine de concussion.

Article X. „ Les prisonniers qui seront à la pension & à la table du

„ Géolier de la Conciergerie du Palais, & desdites prisons de Dijon &
„ qui coucheront seuls dans un lit, paieront par repas douze sols six deniers
„ qui est par jour vingt-cinq sols pour tous droits d'entrée, sortie, gîte,
„ géolage, & autres généralement quelconques, & seront servis par les
„ domestiques des Géoliers ; & s'ils desirent d'avoir une chambre pour eux
„ seuls, ils paieront quinze sols de plus pour la chambre, si elle est à
„ cheminée, & dix sols, si elle n'est pas à cheminée ; à la charge par les
„ Géoliers de leur fournir des draps blancs de quinze jours en quinze jours
„ en été, & de trois en trois semaines en hiver, & chaque jour une chan-
„ delle pour chacune chambre & de l'eau : fait défenses aux Concierges
„ d'exiger & recevoir plus grandes sommes que celles ci-dessus réglées ;
„ à peine de concussion.

Article XI. „ Fait défenses auxdits Concierges & Géoliers d'injurier,
„ battre, ou maltraiter les prisonniers, sous quelque prétexte que ce soit ;
„ sauf à eux de porter leurs plaintes à la Cour & aux Juges, chacun dans
„ leur ressort, contre la conduite des prisonniers, pour y pourvoir ainsi qu'il
„ appartiendra : empêcheront aussi lesdits Concierges & Géoliers que lesdits
„ prisonniers se querellent, injurient, & battent, prennent du vin & de
„ l'eau de vie avec excès. Leur défend d'en vendre ou donner auxdits pri-
„ sonniers, non plus que d'autres denrées ou nourriture à plus haut prix
„ que celui du courant, & qui ne soient du poids, de mesure & qualité
„ requise par les Ordonnances de Police, à peine de concussion.

Article XII. „ Enjoint aux Concierges & Géoliers, de donner quittance
„ aux prisonniers des sommes qu'ils recevront d'eux, & d'en faire mention
„ sur un registre relié, autre que le registre d'écrou, & sans aucun blanc,
„ à peine de concussion.

Article XIII. „ Défend expressément auxdits Géoliers, sous les mêmes
„ peines, d'exiger, demander, ou accepter aucune chose, en quelque
„ maniere, & sous quelque prétexte que ce soit, tant des prisonniers,
„ lorsqu'ils entrent & sortent des prisons, ou montent pour l'instruction
„ & Jugement de leurs procès, que de la part de ceux qui les amenent,
„ écrouent, recommandent, ou déchargent, les viennent visiter, leur font
„ des aumônes, ou les délivrent par charité.

Article XIV. „ Fait aussi défenses auxdits Concierges & Géoliers, à
„ même peine de concussion de prendre aucun droit pour les emprisonne-
„ ments, recommandations, & décharges : mais leur sera payé ; savoir
„ au Géolier de la Conciergerie du Palais cinq sols, pour chaque extrait
„ d'écrou, recommandation faite séparément des écrous & pour différentes
„ causes ; ensemble pour chaque extrait de décharge, deux sols six deniers
„ aux Géoliers des prisons royales, tant de cette ville que du ressort, pour
„ même cause.

Article XV. „ Lesdits Géoliers n'exigeront aucun des droits ci-dessus
„ à eux attribués des prisonniers qui n'ont point de parties civiles, ou
„ qui seront délivrés des deniers de la charité ; & ne pourront lesdits Géo-

„ liers appliquer, au paiement de ce qui leur sera dû, les sommes don-
„ nées par charité pour la délivrance desdits prisonniers; à peine d'être
„ procédé contre eux extraordinairement.

Article XVI. „ Et afin que les prisonniers ne soient pas obligés d'ob-
„ tenir plusieurs Arrêts & Jugements pour leur liberté, faute de connoî-
„ tre les recommandations faites de leurs personnes; enjoint aux Huissiers
„ & Sergents, qui seront chargés de faire lesdites recommandations de
„ faire venir lesdits prisonniers entre les deux guichets, de leur signifier
„ & laisser copie desdites recommandations, parlant à leurs personnes à
„ ce qu'ils n'en ignorent: dont sera fait mention dans le registre des
„ écrous & recommandations, le tout à peine de nullité; sans que lesdits
„ Géoliers puissent prétendre, prendre, ni recevoir aucun droit pour
„ raison de ce.

Article XVII. „ Fait défenses auxdits Concierges & Géoliers de prendre
„ aucun droit de consignation, ni d'en recevoir, quand il leur seroit
„ volontairement offert des sommes qui seront consignées entre leurs
„ mains, ni en rien retenir, sous quelque prétexte que ce soit, à peine
„ de concussion, ou autre plus grande peine, s'il y échet.

Article XVIII. „ Ordonne que les prisonniers qui seront dans les
„ chambres y seront enfermés à six heures du soir, & que les portes en
„ seront ouvertes à six heures du matin, depuis la Toussaint jusqu'à
„ Pâques, & que depuis Pâques jusqu'à la Toussaint, lesdits prisonniers
„ seront renfermés à sept heures du soir, & défermés à sept heures du
„ matin.

Article XIX „ Et à l'égard des prisonniers, étant dans la cour, ils
„ seront enfermés à quatre heures du soir depuis la Toussaint jusqu'à la
„ Chandeleur, & depuis la Chandeleur jusqu'à Pâques ils seront enfermés
„ à cinq heures du soir, & leurs cachots ou chambres leur seront ouvertes
„ dans ces deux espaces de temps à sept heures du matin, & depuis Pâques
„ jusqu'à la Toussaint, ils seront enfermés à six heures du soir, & ouverts à
„ six heures du matin, & pendant tout le susdit temps ils seront renfermés
„ à midi & défermés à deux heures.

Article XX. „ Sera libre aux prisonniers de quelque qualité qu'ils
„ soient de se faire apporter, si bon leur semble, de dehors leurs vivres &
„ nécessités, sans qu'ils puissent en être empêchés par lesdits Géoliers, ni
„ obligés de les prendre d'eux. Enjoint à iceux de laisser entrer ce qui
„ sera apporté auxdits prisonniers; sauf à le visiter exactement, sans
„ pouvoir rien diminuer desdits vivres & nécessités, ni exiger pour raison
„ de ce aucune chose, à peine d'amende arbitraire, ou autre plus grande
„ peine, s'il y échet.

Article XXI. „ Fait défenses aux Géoliers & Concierges, de laisser
„ entrer dans lesdites prisons aucunes femmes ou filles suspectes, sous
„ prétexte de rendre visite aux prisonniers, auxquels elles ne pourront
„ parler en tout cas que dans la cour en présence desdits Géoliers &

„ Concierges, qui ne souffriront pas que les prisonniers les fassent entrer
„ dans leurs chambres ou cachots, si ce ne sont leurs propres femmes,
„ dont lesdits Géoliers & Concierges répondront; & où il se présenteroit
„ quelques femmes ou filles pour faire la charité aux pauvres prisonniers,
„ les Géoliers leur ouvriront les portes, les accompagneront, & assisteront
„ à la distribution desdites charités; incontinent après lesquelles ils les
„ feront retirer, sans souffrir qu'elles aient des entretiens particuliers avec
„ aucuns desdits prisonniers.

Article XXII. „ Défend pareillement auxdits Géoliers & Concierges
„ de vendre ni laisser entrer dans les prisons des viandes aux jours défendus
„ par l'Eglise; si ce n'est pour les malades, & en vertu d'Ordonnance des
„ Médecins & Chirurgiens ordinaires des prisons, & permission des Curés
„ des Paroisses.

Article XXIII. „ Fait très expresses inhibitions, & défenses aux prison-
„ niers de se quereller, injurier, maltraiter, & de faire aucune exaction
„ les uns sur les autres, à peine du cachot, & d'être aux fers, même de
„ plus grande, s'il y échet: comme aussi de jurer, ni blasphémer le Saint
„ nom de Dieu, à peine du fouet; leur enjoint à chacun d'eux en parti-
„ culier, de dénoncer ceux de leur chambre ou cachot qui auront contre-
„ venu à aucuns articles desdites défenses, & aux Géoliers & Guichetiers
„ d'y tenir la main, de s'en enquérir soigneusement, & d'en donner avis
„ aux Commissaires visiteurs desdites prisons, ou Gens du Roi.

Article XXIV. „ Enjoint aux Géoliers & Concierges de conduire in-
„ cessamment les personnes charitables qui voudront faire des charités,
„ au lieu où sera posé un tronc fort, & bien ferré, fermant à trois clefs,
„ dont l'une sera remise au Greffe de la Chambre pour la Conciergerie
„ du Palais, ou de la Jurisdiction pour les prisons royales de Dijon &
„ du ressort, la seconde au Curé de la Paroisse dans laquelle sont situées
„ les prisons, & la troisieme à la Trésoriere de la Charité; pour être
„ lesdits troncs ouverts en présence du Curé & de ladite Trésoriere, &
„ les deniers qui s'y trouveront être distribués aux pauvres prisonniers,
„ sans que les Géoliers, Concierges, leurs femmes, enfants, ou do-
„ mestiques les puissent recevoir, ni s'en charger en tout ou en partie,
„ & en cas que les personnes charitables voulussent elles-mêmes distribuer
„ leurs aumônes aux prisonniers, elles le pourront faire en présence des-
„ dits Géoliers & Concierges; incontinent après lesquelles distributions, elles
„ se retireront, sans pouvoir parler en particulier à aucun desdits prison-
„ niers, comme dit est en l'article ci-dessus. Ordonne que les quêtes
„ accoutumées être faites dans les Eglises de Dijon, pour les prisonniers
„ les jours de Fêtes solemnelles de l'année, se feront par les prisonniers
„ de la Conciergerie du Palais, & des prisons royales de ladite ville
„ chacun à leur tour, à commencer par les plus anciens, sans qu'il soit
„ loisible aux Géoliers de les choisir à leur volonté. Défend auxdits Géo-
„ liers, leurs femmes, enfants & domestiques, d'exiger des prisonniers

„ qui

„ qui feront lefdites quêtes, demander, ni accepter d'eux, chofe quel-
„ conque fur le produit defdites quêtes, & aux Sergents de la Mairie
„ qui font prépofés pour les conduire, d'entrer aux cabarets & caves
„ avec lefdits prifonniers, pour boire & manger avec eux, & d'exiger
„ aucune rétribution pour raifon de leur affiftance; à peine de punition
„ exemplaire.

„ Article XXV. „ Défend auxdits Concierges & Géoliers, de permettre
„ ou fouffrir qu'aucunes perfonnes de quelque qualité qu'elles foient, &
„ fous quelque prétexte que ce puiffe être, même de donner & diftribuer
„ des aumônes & charités, de communiquer avec les prifonniers renfermés
„ dans les cachots ou autres accufés, leur baillent ou reçoivent d'eux
„ aucunes miffives ou billets. Comme auffi défend aux Concierges &
„ Géoliers de prendre & recevoir aucune chofe des prifonniers renfermés
„ dans les cachots ou mis aux fers pour les mettre hors defdits cachots
„ & délivrer defdits fers, quand même il leur feroit volontairement
„ offert; à peine d'y être pourvu.

„ Article XXVI. „ Enjoint auxdits Concierges & Géoliers, de vifiter
„ exactement du moins une fois par jour les prifonniers enfermés dans les
„ cachots; & quand ils en trouveront quelques-uns malades, ils en avertiront
„ auffitôt les Médecins & Chirurgiens defdites prifons, pour reconnoître
„ la qualité & état de leur maladie, enfemble le Prêtre ou Chapelain def-
„ fervant lefdites prifons, pour les pourvoir de tous fecours fpirituels &
„ temporels néceffaires; & en cas que leurs maladies fe trouvent fufpectes
„ d'infection, ou contagion, ils en avertiront les Commiffaires vifiteurs def-
„ dites prifons, ou les Gens du Roi pour y être pourvu, ainfi que de
„ raifon.

„ Article XXVII. „ Ordonne auxdits Géoliers & Concierges, d'avoir &
„ tenir un régiftre relié, réglé par haut & bas, & dont la page fera féparée
„ en deux, par une ligne, pour écrire d'un côté les écrous & recomman-
„ dations, & de l'autre côté les décharges, dont les feuillets feront cottés
„ & chiffrés par premier & dernier par les Juges: dans lequel régiftre
„ lefdits écrous, recommandations, & décharges feront écrites par les
„ Concierges & Géoliers de fuite & fans laiffer aucun blanc, à peine
„ de faux.

„ Article XXVIII. „ Les Géoliers écroueront, de leurs mains, ou fe-
„ ront écrouer de la main des Huiffiers, Sergents, ou Archers fur leurs
„ régiftres les Prifonniers, à l'inftant de leurs emprifonnements, & feront en
„ outre faire mention dans leurs écrous, des jours & heures que lefdits
„ Prifonniers entreront dans les prifons, & qu'ils feront figner par les
„ Huiffiers, Sergents, ou autres Officiers de juftice qui auront amené
„ les Prifonniers, à peine de faux; & même de répondre folidement à
„ leurs propres & privés noms des dommages & intérêts, tant des Pri-
„ fonniers que de tous autres qui y pourroient avoir intérêt. Et il en
„ fera ufé de même à l'égard des recommandations & décharges.

Article XXIX. ,, A côté de chaque écrou & recommandations feront
,, mis les enrégiftrements & décharges datées & fignées defdits Of-
,, ficiers faifant mention fommaire des Arrêts, Sentences, & Ordonnances
,, & autres actes en vertu defquels les Prifonniers auront été élargis, pour y
,, avoir recours quand befoin fera. Le tout à peine de faux, & des
,, dommages & intérêts des parties.

Article XXX. ,, Et d'autant qu'il eft difficile d'avoir des preuves des
,, exactions commifes par les Géoliers & Concierges, ordonne que la
,, preuve fera acquife & complette conformément à l'art. XXXVII du tit.
,, XIII de l'Ordonnance de 1670, par fix témoins au plus, de faits finguliers
,, & féparés, quoique intéreffés, lefquels feront preuve fuffifante pour
,, la punition des Géoliers.

Article XXXI. ,, Enjoint aux Géoliers & Concierges de mettre hors
,, des prifons les prifonniers pour crimes, dans les cas portés par l'Or-
,, donnance de 1670, incontinent après la prononciation des arrêts, con-
,, formément à l'article XXIX du titre XIII de ladite Ordonnance.

Article XXXII. ,, Défendons aux Géoliers & Concierges de nourrir
,, aucuns cochons, pigeons volailles, & autres animaux qui caufent
,, de l'infection dans les prifons ; fauf à eux d'y avoir & d'y nourrir des
,, chiens pour la garde des prifons.

Article XXXIII. ,, feront les prifons vues & vifitées par les Juges chacun
,, en droit foi, conformément aux anciennes ordonnances, du moins de
,, quinzaine en quinzaine.

Article XXXIV. ,, Et pour faire ceffer les abus commis dans la dif-
,, tribution du charbon que donnent aux Prifonniers de la Conciergerie
,, du Palais & des prifons royales de Dijon les Adminiftrateurs de l'Hô-
,, pital général de ladite ville ; ordonne que la fourniture dudit charbon
,, fera faite entre les mains de Mr. Etienne Chefne l'aîné, Avocat,
,, qui prend foin defdites prifons, lequel de fon confentement s'en char-
,, gera, & d'en faire la diftribution tous les jours en hiver aux pauvres
,, prifonniers : défend aux Géoliers, Guichetiers, leurs femmes, enfants
,, & domeftiques, d'y apporter aucun empêchement, ni de retrancher
,, aux pauvres prifonniers aucune portion dudit charbon, ni de celui qui
,, pourroit leur être donné par charité, fous quelque prétexte que ce foit,
,, à peine de punition exemplaire, & d'être expulfés des prifons.

Article XXXV. ,, Permet aux Intendants & Adminiftrateurs dudit
,, Hôpital général, qui eft tenu de fournir la paille néceffaire aux
,, prifonniers defdites deux prifons, lefquels couchent dans les cachots &
,, fur la paille, d'en faire la fourniture entre les mains dudit Avocat,
,, Chefne l'aîné, auffi fuivant fon confentement; lequel s'en chargera,
,, & de la diftribuer aux pauvres prifonniers, même de faire changer la
,, paille dans les temps ordonnés par l'article V du préfent Arrêt.

Article XXXVI. ,, Ordonne aux Boulangers chargés de la fourniture
,, du pain aux prifonniers des prifons de cette ville, & des autres prifons

„ royales de ce reſſort, de n'en donner que de bonne qualité, meilleur
„ que celui qu'ils vendent au tau ordinaire des Officiers de police,
„ attendu l'augmentation du prix qui leur en eſt payé ; à peine d'être
„ pour la premiere fois amendé arbitrairement, & de plus grande peine
„ en cas de récidive : leur enjoint de ne diſtribuer que du pain raſſis,
„ cuit la veille, au poids des Ordonnances, & d'en faire eux-mêmes la
„ diſtribution, ou par leurs apprentis, de deux jours en deux jours aux
„ priſonniers, ſans les faire paſſer par les mains des Géoliers, Guiche-
„ tiers, leurs femmes, enfants & domeſtiques, auxquels la Cour fait
„ défenſes de s'en charger, ni d'acheter du pain des priſonniers, à peine
„ d'être ſévérement punis ; & afin que la diſtribution du pain ſoit faire
„ avec Juſtice, & ſans excès, les Géoliers délivreront aux Boulangers la
„ veille de chaque diſtribution, un rôle des priſonniers nourris aux frais
„ du Domaine du Roi : ils marqueront l'augmentation ou diminution du
„ nombre des priſonniers : permet à toutes perſonnes charitables, fréquen-
„ tant les priſons, de veiller à ce qu'il n'y ſoit fait fraude.
Article XXXVII. „ Ordonne que pardevant Commiſſaire de la Cour,
„ il ſera procédé en préſence dudit Avocat Cheſne, à l'inventaire des
„ meubles, linges & ornements des chapelles des deux priſons de cette
„ ville, dont les Géoliers ſe chargeront, & feront la repréſentation à
„ toutes injonctions qui leur en ſeront faites ; duquel inventaire dont la
„ minute ſera dépoſée au Greffe de la Cour, ſera délivré extrait, tant
„ audit Avocat Cheſne, qu'aux Géoliers.
Article XXXVIII. „ Et afin que le préſent Arrêt ſoit connu à chacun,
„ ordonne qu'il ſera lu en la Chapelle de la Conciergerie & des priſons
„ royales de ce reſſort, tous les premiers Dimanches de chacun mois, en pré-
„ ſence deſdits Géoliers & des priſonniers, qu'il ſera affiché aux portes deſ-
„ dites Chapelles, dans les cours & dans les endroits de ladite Conciergerie,
„ & deſdites priſons les plus éclairés & les plus expoſés à la vue, tant
„ deſdits priſonniers que de ceux qui y fréquentent ; auquel effet, copies
„ imprimées en ſeront envoyées dans leſdites priſons, à la diligence du
„ Procureur Général du Roi : fait défenſes aux priſonniers & à toutes
„ autres perſonnes de quelque qualité & condition qu'elles ſoient, d'arra-
„ cher ou effacer leſdites affiches, ſous peine du fouet pour la premiere
„ fois, & de plus grande en cas de récidive : ordonne auxdits Géoliers
„ de renouveller leſdites affiches auxdits lieux déſignés de ſix mois en ſix
„ mois ; ſavoir, les premiers jours de Janvier & de Juillet de chacune
„ année ; & au Procureur Général, & à ſes ſubſtituts, de tenir la main
„ à l'exécution de tout le contenu au préſent Réglement : fait à Dijon
„ le 21 Juin 1706. „ Signé GUYTON.
Par Arrêt du même Parlement du 29 Novembre 1747, la Cour a
ordonné aux Créanciers de fournir à l'avenir à chacun de ceux qu'ils
retiennent dans les priſons pour dettes, quarante deniers par jour pour
leur nourriture, juſqu'au 1 Septembre, alors prochain ; paſſe lequel temps

ils ne paieront que trente deniers par jour, si autrement par ladite Cour il n'est ordonné ; & seront tenus les Créanciers de consigner un mois par avance. Par autre Arrêt de la même Cour du 12 Septembre 1758, il a été réglé par provision qu'il seroit fourni aux prisonniers Civils, quarante deniers par jour, jusqu'à ce qu'il en ait été autrement ordonné.

ARTICLE XII.

Les recommandations des prisonniers seront nulles, si elles ne leur sont signifiées, parlant à leurs personnes, & copies baillées, dont sera fait mention dans le procès verbal de l'Huissier qui fera la recommandation.

Au sujet des recommandations, on peut voir l'article XIX du Réglement du Parlement de Paris du 1 Septembre 1717. Les articles XXVII, XXVIII & XXIX de celui de Dijon, qui est copié sur l'article précédent & la Déclaration du Roi de 1680, qui est dans Bornier, & ci-après sur l'article XXIII de ce titre.

Ferriere, dans son Dictionnaire de pratique, au mot *recommandation*, dit que plusieurs croient qu'un homme emprisonné pour crime ne peut être recommandé pour cause civile. Bornier, sur l'article suivant, cite des Auteurs du même sentiment : Ferriere soutient que rien ne doit arrêter le cours de la Justice criminelle, que ce seroit abuser du dépôt de la Justice, que de conserver civilement dans ses liens celui qui n'auroit pu y être mis qu'avec les précautions prescrites par les Réglements : il rapporte cependant un Arrêt rendu au Parlement de Paris le 26 Septembre 1714, contre Beaumont, qui a jugé le contraire ; mais Beaumont étoit si peu favorable, que l'on ne crut pas lui faire injustice en le retenant en prison, en vertu de cet Arrêt qui parut nouveau & rigoureux. Brillon, au mot *emprisonnement*, rapporte le même Arrêt, n. 15, avec le fait & les moyens ; & il finit en disant que celui qui est emprisonné en vertu d'une lettre de cachet, ne peut être recommandé ; & effectivement, ce n'est pas la regle. Le traité des matieres criminelles, imprimé en 1732, *in-4°*. p. 116, rapporte un autre Arrêt du 28 Février 1727, rendu à la Tournelle de Paris, par lequel il fut jugé qu'un accusé ayant été emprisonné en vertu d'un décret de prise de corps, & ensuite renvoyé absous par Arrêt définitif, seroit mis hors des prisons, parce qu'il n'avoit pu être recommandé pour autre cause pendant le procès : il en seroit autrement, si l'emprisonnement pour dettes avoit été fait avant l'écrou fait en vertu du décret de prise de corps, parce que le débiteur étant déjà prisonnier, on ne peut faire perdre au créancier son gage. Du Rousseau, partie 3, chap. 10, n. 8, & chap. 1, n. 21, partie 1, rapporte le même

Arrêt de 1727, & dit de même que suivant la Jurisprudence du Parlement de Paris, on n'admet point de recommandation pour cause pécuniaire contre un accusé qui a été renvoyé absous ; & que dans la crainte qu'en sortant de prison, un créancier ne le fasse réintégrer, le Jugement ou Arrêt ajoute ; lorsqu'il l'a demandé, qu'il sera conduit dans sa maison par un Huissier. Voyez ci-après les observations sur l'article XVIII du titre XVI des lettres de grace : il est vrai que l'article XXIX de ce titre porte que ceux qui seront condamnés à des peines pécuniaires, pourront les consigner entre les mains des Greffiers, moyennant quoi ils seront élargis, *s'ils ne sont détenus pour autres causes*. Mais les Cours décident que cela ne concerne que les cas où les prisonniers sont accusés d'autres crimes ; c'est-à-dire, pour d'autres causes criminelles : on trouve même encore dans Brillon, au mot *recommandation*, un Arrêt du Parlement de Paris du 10 Septembre 1715, qui a jugé que les recommandations faites sur un emprisonnement nul, étoient aussi nulles.

Ceux qui ont fait recommander un débiteur, doivent solidairement avec le créancier qui a fait faire l'emprisonnement, la nourriture du prisonnier, suivant l'article XXIII de ce titre.

ARTICLE XIII.

Les écrous & recommandations feront mention des Arrêts & autres actes, en vertu desquels ils seront faits, du nom, surnom & qualité du prisonnier, de ceux de la partie qui les fera faire, comme aussi du domicile qui sera par lui élu, au lieu où la prison est située, sous pareille peine de nullité ; & ne pourra être fait qu'un écrou, encore qu'il y ait plusieurs causes de l'emprisonnement.

Les Réglements ont depuis l'Ordonnance ajouté différentes formalités à cet article. Voyez l'article VI de l'Edit de Juin 1684, concernant les Greffiers des géoles, l'article XIX du Réglement fait par le Parlement de Paris, le 1 Septembre 1717, & l'article XVI du Réglement du Parlement de Dijon de 1706, copié sur l'article XI de ce titre.

Cet article XIII de l'Ordonnance prouve, comme il a déjà été observé sur l'article XIII du titre X, qu'en écrouant un accusé, il n'est pas nécessaire de lui donner copie du décret de prise de corps contre lui décerné ; mais seulement d'en faire mention, & d'élire domicile au lieu de l'emprisonnement.

ARTICLE XIV.

*Défendons à tous Géoliers, Greffiers & Guichetiers, & à l'an-
cien des prisonniers, appellé doyen ou prévôt, sous prétexte
de bien venue de rien prendre en argent ou vivres, quand
même il seroit volontairement offert, ni de cacher leurs
hardes, ou les maltraiter, ou excéder, à peine de punition
exemplaire.*

Les Réglemens ont renouvellé les mêmes défenses, mais elles sont mal
exécutées, faute par les Officiers de police des prisons, de les visiter
exactement.

Il est bon d'observer que cet article & plusieurs autres en parlant des
Greffiers, confusément avec les Géoliers & Guichetiers, entendent parler
des Greffiers des géoles créés en titre d'Office dans plusieurs prisons, &
dont il a été fait mention sur l'article V de ce titre ; ensorte que
cela ne concerne pas les Greffiers des Jurisdictions ; l'article suivant l'explique clairement.

ARTICLE XV.

*Le Géolier ou Greffier de la géole, sera tenu de porter incessam-
ment, & dans les vingt-quatre heures au plus tard à nos
Procureurs, ou à ceux des Seigneurs, copie des écrous ou
recommandations qui seront faites pour crimes.*

Il est intéressant que les parties publiques aient connoissance des empri-
sonnemens pour crimes, tant pour pourvoir à la nourriture des prisonniers, que pour les faire interroger.

ARTICLE XVI.

Défendons aux Géoliers & Guichetiers de permettre la communi-
cation de quelque personne que ce soit, avec les prisonniers
détenus pour crimes, avant leurs interrogatoires, & même
après, s'il n'est ainsi ordonné par le Juge.

Les Géoliers, comme l'observe Lange dans sa pratique, liv. 2, chap.
10, ne doivent pas laisser entrer dans les Prisons, sur-tout certains
Prêtres intrigants, qui s'érigent en conseils des Prisonniers, pour empêcher que l'on ne découvre la vérité. On peut en dire autant de quelques
Médecins & autres, qui sous de faux prétextes s'introduisent dans les
Prisons, pour suggérer aux accusés des systêmes faux, qui ne font qu'embarrasser les procédures, obscurcir la vérité, & procurer l'impunité. Les
Géoliers doivent encore prendre garde qu'il ne soit apporté aux accusés
de crimes graves, des écritoires, encre & papier; parce qu'il ne leur est
pas permis d'écrire, sans la permission du Juge : le Géolier ne doit pas
suivant l'article IX, du titre XIV, & celui-ci, souffrir que les accusés, parlent à personne, sur-tout avant l'interrogatoire sinon en sa présence & avec la
permission du Juge. Voyez à ce sujet l'article X, du réglement du Parlement
de Paris, du dernier Septembre 1717 : l'article XXIV, de celui du Parlement
de Dijon rapporté sur l'article XI, de ce titre, & l'article XXXVI, ci-après,
qui prononce les peines contre les Géoliers en cas de contravention. Et
l'article XVII, qui est le suivant *hic.*

Il ne faut pas que les Géoliers s'imaginent que parce qu'ils ont leur
domicile dans les prisons, on ne puisse les emprisonner en cas de contravention à l'Ordonnance & aux Réglemens : le Juge peut leur faire mettre
les fers, même dans leurs prisons, les faire transférer dans d'autres, &
mettre à leurs frais des gardes en leur lieu & place; on les condamne en
des amendes, même en des punitions corporelles, suivant l'exigence
des cas.

ARTICLE XVII.

Ne sera permise aucune communication aux prisonniers enfer-
més dans les cachots, ni souffert qu'il leur soit donné aucunes
lettres ou billets.

Le précédent article parle des Prisonniers qui ne sont pas aux cachots,
& auxquels le Juge peut permettre, après le premier interrogatoire, de
communiquer avec ceux qui les viennent voir; mais celui-ci défend ab-

solument toute communication avec les accusés qui sont dans les cachots, sans même laisser aux Juges la liberté de le permettre après le premier interrogatoire. Ce qui ne s'exécute cependant pas toujours à la rigueur ; car, à moins qu'il ne s'agisse d'un crime très-grave & le plus atroce, les Juges refusent rarement la permission après les réponses ; mais ce doit toujours être en présence du Géolier suivant les réglements.

Legrand, sur la Coutume de Troies, titre VII, article CXXIII, partie 2, n. 15, observe que l'Ordonnance de 1603, article VII, porte qu'aucun Prisonnier n'aura écritoire, ni papier, & que le Géolier aura soin d'y prendre garde ; & cependant que la Cour permet quelquefois aux Prisonniers même pour crimes, de prendre conseil ; ce qui ayant, dit Legrand, été permis à un Prisonnier, après avoir communiqué avec son Avocat qui trouva son affaire mauvaise, & lui conseilla de sortir, s'il trouvoit la porte ouverte ; ce que le Prisonnier ayant exécuté, il fut repris, & dit qu'il ne l'avoit fait que par le conseil de l'Avocat qui l'avoua ; ce qui fit qu'il ne fut pas puni de son évasion ; parce qu'il avoit pris conseil de l'autorité de la Cour, & qu'il n'avoit fait aucune effraction ni violence.

ARTICLE XVIII.

Ne pourront aussi les prisonniers être tirés des cachots, s'il n'est ainsi ordonné par le Juge ; auquel cas ils le seront incessamment, & sans user de remise par les Géoliers & Guichetiers, ni prendre & recevoir aucuns droits ou salaires, encore même qu'ils leur fussent volontairement offerts.

De même que les Géoliers ne doivent pas mettre les Prisonniers aux cachots, sans la permission du Juge, il ne leur est pas aussi permis de les en sortir, s'il ne l'ordonne ; parce que le cachot étant un commencement de peine, c'est au Juge à décider si les accusés y doivent être renfermés, ou s'ils en doivent être tirés, soit, parce que les preuves ont diminué, soit pour cause de maladie. Les Procureurs du Roi, n'ont même pas aussi la permission d'y faire mettre un accusé ; il faut que le Juge du crime, ou le Juge de Police, en cas de contravention aux Réglements, l'ordonne.

ARTICLE XIX.

Défendons aux Géoliers de laisser vaguer les prisonniers pour dettes ou pour crimes, sur peine des Galeres, ni de les mettre dans les cachots, ou leur attacher les fers aux pieds, s'il n'est ainsi ordonné par mandement signé du Juge: à peine de punition exemplaire.

Suivant cet article & les précédents, c'est au Juge seul que l'Ordonnance s'en rapporte pour tout ce qui concerne les accusés, parce qu'elle regarde les cachots & les fers, comme une premiere peine considérable.

ARTICLE XX.

Les hommes prisonniers, & les femmes, seront mis dans des chambres séparées.

Le Géolier qui n'exécuteroit pas exactement cet article, seroit garant des événements; un Géolier qui abuse de sa prisonniere, est puni capitalement. Lapeyrere dans les décisions, lettre G. n. 22; Gui-Pape, question 448, n. 3; Dargentré article XLII glose 3, n. 2; Jul. Clar. liv. 5, n. 24, au mot *fornicario*. Le Brun dans sa Pratique criminelle, liv. 2, chap. des Prisons, & autres Auteurs attestent cette Jurisprudence.

Un Juge qui abuseroit d'une femme ou d'une fille emprisonnée de son autorité, seroit à plus forte raison puni plus sévérement que le Géolier ne le seroit en pareil cas; mais il faudroit une preuve bien complette & différente de celle que l'on exigeroit contre un Géolier ou un Guichetier présumés auteurs de la grossesse, à moins qu'il n'y ait des preuves qu'un autre en seroit coupable. Cependant s'il n'y avoit que cette présomption sans autre preuve de familiarité, ou assiduité, cela ne suffiroit que pour condamner un Géolier aux dommages & intérêts, avec une amende; un pareil délit ne peut être commis par un autre que par la négligence du Géolier à faire observer l'Ordonnance & les réglements qui défendent de laisser les hommes & les femmes ensemble. Voyez les articles VI & VII du réglement du Parlement de Paris du premier Septembre 1717, l'article XXI de celui du Parlement de Dijon qui est copié sur l'article XI de ce titre, & *Boerius* décision 317.

ARTICLE XXI.

Enjoignons aux Géoliers & Guichetiers de visiter les prisonniers enfermés dans les cachots au moins une fois par chacun jour, & de donner avis à nos Procureurs & à ceux des Seigneurs, de ceux qui seront malades, pour être visités par les Médecins & Chirurgiens ordinaires des prisons, s'il y en a, sinon par ceux qui seront nommés par le Juge, pour être, s'il est besoin, transférés dans les Chambres; & après leur convalescence, seront transférés dans les cachots.

L'humanité exige que des pauvres Prisonniers enfermés dans des cachots soient visités souvent par les Géoliers. Ce sont des gens ordinairement si cruels, qu'ils négligent à cet égard leur devoir. Mais la Justice les punit sévèrement, lorsqu'ils en sont convaincus. Il y a eu des arrêts qui les ont condamnés à mort; cette peine fut prononcée par un arrêt du Parlement de Paris du 19 Mars 1665 contre le Géolier de Chartres, qui fut pendu pour avoir laissé mourir dans un cachot un Curé sans secours; ainsi qu'il a été expliqué sur l'article III de ce titre.

Le Juge de Police des Prisons est aussi obligé, tant par Religion, que par le devoir de sa Charge, de visiter souvent les Prisonniers, soit pour écouter leurs plaintes, soit pour veiller à ce qu'ils aient tous les secours spirituels & temporels, & que les réglements soient bien exécutés. Les gens du Roi n'y sont pas moins obligés, suivant les Ordonnances & les réglements. Voyez l'article XXXIII de celui du Parlement de Paris, du premier Septembre 1717, & l'article XXIII de celui du Parlement de Dijon, copié sur l'article XI de ce titre.

Il n'est pas d'usage de faire mettre les femmes au cachot, & encore moins de leur mettre les fers.

ARTICLE XXII.

Les Géoliers & Guichetiers ne pourront recevoir des prisonniers aucune avance pour leur nourriture, gîte & géolage; & seront tenus de donner quittance de tout ce qui sera payé.

L'article XII du réglement du Parlement de Paris, du premier Septembre 1717, fait les mêmes défenses, aussi-bien que l'article II, de celui du Parlement Dijon, copié sur l'article XI de ce titre. Cet article de l'Ordonnance & plusieurs autres, ne prononcent point de peines en cas de contravention, mais l'article XXXVI ci-après y a pourvu.

ARTICLE XXIII.

Les créanciers qui auront fait arrêter ou recommander leurs débiteurs, seront tenus de leur fournir la nourriture, suivant la taxe qui en sera faite par le Juge, & contraints solidairement; sauf leur recours entr'eux: ce que nous voulons avoir lieu à l'égard des prisonniers pour crimes, qui après le Jugement, ne seront détenus que pour intérêts civils. Sera néanmoins délivré exécutoire aux créanciers & à la partie civile, pour être remboursés sur les biens du prisonnier par préférence à tous créanciers.

Il est depuis l'Ordonnance intervenu une Déclaration du Roi qui a fait beaucoup de changement sur cet article & autres de ce titre, ce qui rend nécessaire de la rapporter en entier.

Déclaration du Roi, concernant les prisons.

Du 6 Janvier 1680.

Article I. „ Défendons à tous Huissiers & autres Officiers, d'emprisonner
„ aucuns de nos sujets pour dettes, de quelque qualité & nature qu'elles
„ soient, sans consigner entre les mains du Greffier de la Géole ou du
„ Géolier, la somme nécessaire pour la nourriture du Prisonnier pendant
„ un mois, suivant les réglements qui en ont été ou pourront être faits
„ par les Juges des lieux; à peine d'interdiction.
Article II. „ Leur défendons sur même peine, de recommander aucun
„ Prisonnier, sans consigner pareille somme, en cas toutefois qu'elle n'ait
„ été consignée par celui qui aura fait emprisonner, ou par ceux qui
„ auront précédemment fait recommander le Prisonnier.
Article III. „ Faisons pareilles défenses, aux Greffiers des Prisons &
„ aux Géoliers, de recevoir aucun Prisonnier pour dettes ni aucune recom-
„ mandation, que les sommes mentionnées aux articles précédents ne leur
„ aient été délivrées; à peine d'être contraints en leur nom de les payer
„ aux prisonniers, comme s'ils les avoient reçues; sauf leur recours contre
„ les créanciers; & se chargeront les Greffiers & Géoliers desdites sommes,
„ sur un régistre particulier qu'ils tiendront à cet effet; lesquelles sommes
„ ils remettront tous les deux jours entre les mains des prisonniers, pour
„ être employées à l'achat des aliments nécessaires pour leur nourriture,
„ ainsi qu'ils aviseront.

Article IV. ,, Enjoignons fur pareille peine aux Huissiers & autres
,, Officiers qui feront les emprisonnements & les recommandations, d'aver-
,, tir ceux à la requête defquels ils feront faits, de continuer à payer par
,, chacun mois pareille fomme par avance, duquel avertissement & du
,, paiement de la fomme, ils feront mention dans le Procès-verbal d'em-
,, prisonnement, ou dans l'acte de recommandation.

Article V. ,, Après l'expiration des premiers quinze jours du mois pour
,, lequel la fomme néceffaire aux aliments du prifonnier n'aura point été
,, payée, les Confeillers de nos Cours, commis pour la vifite des prifons,
,, ou les Juges des lieux, ordonneront l'élargiffement du prifonnier, fur
,, fa fimple requifition, fans autre procédure, en rapportant le certificat
,, du Greffier de la Géole, que la fomme pour la continuation des
,, aliments n'a point été payée, & qu'il ne lui reffe aucun fonds
,, entre les mains pour lefdits aliments ; pourvu, & non autrement,
,, que les caufes de l'emprifonnement n'excedent pas la fomme de deux
,, mille livres : & en cas que la fomme foit plus grande, le prifonnier
,, fe pourvoira par requête dans les Cours & Sieges, fur laquelle les Cours
,, ou Juges prononceront fon élargiffement, & dans l'un & l'autre cas,
,, mention fera faite du certificat, dans l'Ordonnance de décharge,
,, Sentence, ou Arrêt d'élargiffement.

Article VI. ,, Le prifonnier qui aura une fois été élargi faute de
,, payer les fommes neceffaires pour les aliments, ne pourra être une
,, feconde fois emprifonné ou recommandé à la requête des mêmes
,, Créanciers, pour les mêmes caufes, qu'en payant par eux les aliments
,, par avance pour fix mois ; finon qu'il en foit autrement ordonné par
,, Jugement contradictoire.

Article VII. ,, Enjoignons aux Greffiers des prifons & aux Géoliers
,, de délivrer gratuitement les certificats de la ceffation du paiement, à
,, la premiere requifition qui leur en fera faite par les prifonniers ; comme
,, auffi de délivrer les quittances des paiements, en payant par les créan-
,, ciers cinq fols feulement pour chaque quittance, de quelle fomme
,, qu'elle puiffe être, fans que les Greffiers & Géoliers, puiffent exiger
,, plus grands droits, ni retenir aucune fomme fur celles qui feront confi-
,, gnées pour les aliments des prifonniers.

Article VIII. ,, Seront tenus les Greffiers ou Géoliers, de rendre compte
,, des fommes confignées entre leurs mains pour les aliments, toutefois
,, qu'ils en feront requis par les prifonniers, ou ceux qui les auront payées,
,, & en cas de décès ou d'élargiffement du prifonnier, de rendre compte
,, de ce qui reffera à ceux qui les auront avancées.

Article IX. ,, Les fommes confignées, feront rendues aux créanciers,
,, un mois après la confignation, en cas que le prifonnier déclare fur
,, le régiftre qui fera tenu par les Greffiers ou Géoliers, qu'il n'entend
,, recevoir de fes créanciers aucuns deniers pour aliments. Pourra néan-
,, moins le prifonnier révoquer dans la fuite la déclaration par lui faite,

„ & demander ses aliments par une seule sommation qu'il sera tenu de
„ faire à ses créanciers au domicile élu par l'écrou, dont mention sera
„ faite sur le registre : & en cas de refus ou de demeure de la part des
„ créanciers, il sera pourvu à son élargissement ; ainsi qu'il est porté
„ par les articles précédents.

Article X. „ Ceux qui auront été condamnés en matiere criminelle,
„ en des amendes envers nous, ou envers les Seigneurs Hauts-Justiciers, en
„ des dommages & intérêts, & réparations civiles envers les parties
„ civiles, seront mis hors des prisons, en la maniere ci-devant prescrite,
„ faute de fournir des aliments par le receveur des amendes, Hauts-Jus-
„ ticiers & parties civiles, chacun à leur égard, huit jours après la som-
„ mation qui leur en sera faite à personnes ou domiciles ; & à cet effet,
„ seront tenus lesdits receveurs des amendes, Seigneurs Hauts-Justiciers &
„ parties civiles, d'élire domicile en la maison d'un Procureur de la
„ Jurisdiction où l'appel ressortit, dont sera fait mention par la pronon-
„ ciation ou signification des Sentences aux accusés. Et à faute d'élire
„ domicile, il sera pourvu à leur élargissement par les Juges des lieux
„ où ils seront détenus. Si donnons en mandement, &c. „

L'article XXIX de ce titre, concerne aussi le cas expliqué par le dernier
article de cette Déclaration du Roi.

Par Arrêt du Parlement de Paris du 1 Juillet 1681, il a été dit que
la consignation des deniers pour aliments des prisonniers, sera faite par
les Huissiers, Sergents & Archers, nonobstant le refus que les prisonniers
pourroient faire de recevoir leurs aliments ; à moins qu'ils ne le déclarent par acte passé pardevant Notaire du lieu où l'emprisonnement sera
fait, à peine contre les Huissiers ou Sergents, d'interdiction pendant six
mois, pour la premiere contravention, & de plus grande peine, en cas
de récidive.

Les sommes qui doivent être consignées pour aliments des prisonniers,
doivent être réglées tous les ans par le Juge qui a la police des prisons,
ainsi qu'il est prescrit par l'article XXIX du Réglement du Parlement
de Paris, du 1 Septembre 1717. Le Parlement de Dijon en a fait un
le 29 Novembre 1747, qui regle à trente deniers par jour ; mais comme
cette somme modique ne suffiroit pas en certaines années, à cause de la
cherté du grain, pour avoir une livre de pain ; chaque Juge est maître
pour les prisons de son ressort, de régler une fois par an, ou même
plusieurs fois, suivant l'article XI de ce titre, le taux du pain à proportion du prix courant ; en sorte que chaque prisonnier ait par jour deux
livres de bon pain : les prisonniers qui n'ont que ce secours pour vivre,
ne peuvent être réduits à moins.

Suivant cet article XXIII de l'Ordonnance, les créanciers n'ont d'action
pour le recouvrement des aliments qu'ils ont fournis à leurs débiteurs, que
sur leurs biens, & non sur leurs personnes ; ils ne peuvent pour cette
cause les retenir en prison. Conformément à ces principes, le Parlement

de Dijon le 27 Juin 1705, rendit Arrêt qui décida que quoique les créanciers fournissent involontairement les aliments à leurs débiteurs, ils ne sont pas en droit de les retenir en prison, pour en être remboursés : ce qui est aussi conforme à l'article VI de l'Ordonnance d'Henri II, du mois de Mars 1549, rapportée par Guénois; livre 9, titre IV, tome 2, p. 815, n. 26. Voyez l'article XXX de ce titre.

ARTICLE XXIV.

Sur deux sommations faites à différents jours aux créanciers qui seront en demeure de fournir la nourriture aux prison-niers, & trois jours après la derniere, le Juge pourra ordonner son élargissement, partie présente, ou duement appellée.

Il y avoit trop d'inconvénient & de délai dans cet article, un prisonnier pouvoit rester huit jours sans aliments ; d'ailleurs, la plupart n'avoient pas de quoi faire faire les sommations ; c'est ce qui fit rendre la Décla-ration du Roi de 1680, rapportée sur l'article précédent qui a pourvu à tout.

ARTICLE XXV.

Les prisonniers pour crimes ne pourront prétendre d'être nourris par la partie civile ; & leur sera fourni par le Géolier, du pain, de l'eau & de la paille, suivant les Réglements.

1. Les prisonniers pour crimes doivent être nourris aux dépens du Roi ou des Seigneurs, parce que les parties civiles ne sont pas intéressées à la peine : le corps d'un accusé est à la Justice ; mais si après le Jugement il ne s'agit plus que du paiement des aumônes, amendes, ou intérêts civils, c'est aux parties qui en ont obtenu l'adjudication à fournir des aliments, puisque la Justice est satisfaite ; ce qui est conforme à l'article X de la Déclaration de 1680, rapportée, article XXIII de ce titre.

Le sieur Martenne, Bourgeois à Saulieu, poursuivit sa femme & le nommé Thibaut, pour vol & recélé ; Thibaut décrété de prise de corps, fut emprisonné ; il obtint Arrêt sur requête le 16 Avril 1737, par lequel le Parlement de Dijon condamna Martenne à lui fournir des aliments. Opposition qui fut plaidée à l'Audience publique du 22 Juin suivant, & le lendemain, 23, sur un délibéré, Arrêt qui ayant égard à l'opposition mit les parties au même état qu'elles étoient avant l'Arrêt sur requête, & renvoya Martenne de la demande en aliments avec dépens.

2. Les Evêques sont tenus de fournir les aliments aux accusés Ecclésiastiques, détenus par Ordonnance de leurs Officiaux. Le sieur Thomas Verriere, Curé de Trochere, décrété & prisonnier à requête du Promoteur de Langres, se plaignit au Parlement de Dijon que depuis long-temps, on ne lui fournissoit point d'aliments. Par Arrêt du 2 Décembre 1709, exécutoire lui fut décerné contre le Promoteur pour les aliments échus, & il fut condamné à les consigner pour l'avenir. M. l'Evêque de Langres, opposant, disoit que les Evêques n'avoient point de fisc ; que les Officiaux ne pouvoient prononcer ni confiscation, ni amende ; & que d'ailleurs, l'accusé avoit de quoi se nourrir : malgré ces moyens, il y eut Arrêt qui condamna l'Evêque de Langres à fournir les aliments au Curé. Raviot qui rapporte cet Arrêt, dit que les aliments furent réglés à quatre sols par jour, à cause de la cherté du pain, & que l'Arrêt eut pour motif que si les Evêques n'ont ni fisc ni territoire de Jurisdiction ni profits de Justice, ils tiennent par concession de nos Rois l'exercice de la Justice ; que c'est moins par rapport aux droits utiles que le Roi & les Seigneurs sont obligés de poursuivre la punition des crimes, que parce que c'est un devoir essentiellement attaché à la Justice, de fournir aux frais des procédures criminelles ; que les Evêques tenant leur Justice contentieuse comme un écoulement & une émanation de la Justice & autorité royale, ils sont obligés de la faire exercer suivant l'Ordre judiciaire, sur-tout en matiere criminelle : il cite Févret, traité de l'abus, liv. 4, chap. 3, n. 34.

Fileau, *in-fol.* partie 4, question 139, tome 2, p. 287, cite plusieurs Arrêts & autorités conformes aux mêmes maximes, tant à l'égard des Evêques que des Seigneurs ; & Brillon, au mot *clerc*, n. 8, rapporte un Arrêt du Parlement de Bordeaux du 18 Août 1535, par lequel il fut jugé que la dépense faite par un Clerc en prison, & les frais pour le conduire à son Juge, devoient être pris sur son bien, ou sur ceux de l'Evêque : il cite Papon, titre VI, liv. 24, n. 1. Nous pratiquons encore à présent le même usage, les Evêques sont tenus de fournir aux frais des procès Criminels qui sont instruits par leurs Officiaux, même à ceux de la conduite des Ecclésiastiques jugés dans leurs Officialités, & qu'il faut transférer aux Juges supérieurs, Ecclésiastiques ou Laïcs.

ARTICLE XXVI.

Celui qui sera commis par notre Procureur ou ceux des Seigneurs, pour fournir le pain des prisonniers, sera remboursé sur le fond des amendes, s'il est suffisant : sinon sur le revenu de nos Domaines ; & où notre Domaine se trouvera engagé, les engagistes y seront contraints ; & ailleurs, les Seigneurs Hauts-Justiciers, même les Receveurs de nos Domaines, ceux des engagistes & des Hauts-Justiciers, respectivement, nonobstant oppositions ou appellations, prétendu manque de fonds, & paiements faits par avance, & toutes saisies ; sauf à être pourvu de fonds aux Receveurs sur l'année suivante, & à faire déduction aux Fermiers sur le prix de leurs baux.

Voyez l'article VI de ce titre, les articles XXVIII & XXIX du Réglement fait par le Parlement de Paris le 1 Septembre 1717 ; & l'article XXXVI du Réglement de Dijon, copié sur l'article XI avec les Déclarations du Roi, rapportées sur l'article VI du titre I, n. 2, & sur l'article I de ce titre.

ARTICLE XXVII.

Les Géoliers ne pourront vendre de la viande aux prisonniers aux jours qui sont défendus par l'Eglise, ni permettre qu'il leur en soit apporté de dehors, même à ceux de la Religion prétendue réformée, si ce n'est en cas de maladie, & par Ordonnance de Médecin.

Cet Article n'exige pas que le Juge soit consulté, ni qu'il donne permission pour donner de la viande aux prisonniers les jours défendus par l'Eglise ; mais l'article XXII du Réglement du Parlement de Dijon, rapporté sur l'article XI de ce titre, outre l'Ordonnance du Médecin, exige encore la permission des Curés. Les Géoliers ne doivent pas favoriser le libertinage & l'irréligion de ceux qui, sans besoin pressant, voudroient contrevenir aux défenses portées par cet article ; & quoiqu'il ne prononce point de peine, l'article XXXVI ci-après, y a pourvu.

ARTICLE

ARTICLE XXVIII.

Les prisonniers qui ne seront enfermés dans les cachots, pourront faire apporter du dehors les vivres, bois, charbons, & toutes choses nécessaires, sans être contraints d'en prendre des Géoliers, Cabaretiers, & autres ; pourra néanmoins ce qui leur sera apporté être visité, sans être diminué ni gâté.

1. Les prisonniers enfermés dans les cachots, sont réduits à ne pouvoir parler à personne, & à ne pouvoir faire apporter aucune chose pour les secourir ; l'énormité des crimes dont ils sont accusés les réduit à ce triste état ; mais cela ne doit pas s'entendre de ceux qui sont enfermés dans les cachots par Ordonnance du Juge de la Police des prisons, pour contravention aux Réglements.

2. Cet article permet à ceux qui ne sont pas dans les cachots, de faire apporter de leurs maisons, ou d'ailleurs tout ce qui leur est nécessaire pour leur nourriture, chauffage, & autres besoins, même des lits & autres meubles, ou effets : les anciennes Ordonnances le permettoient aussi, même à ceux qui étoient enfermés dans les cachots ; mais lors des conférences sur cet article, M. Talon remontra qu'ils en devoient être exceptés, ce qui fit retrancher la permission générale, dans la crainte que dans les vivres apportés du dehors, on n'y mit du poison : les visites que les Géoliers pourroient faire des vivres n'étant pas suffisantes pour parer à cet inconvénient, ce fut le seul motif qui fit faire ce retranchement : cependant l'article XX, du Réglement du Parlement de Dijon, rapporté sur l'article XI de ce titre, ne fait aucune exception.

L'article XIV du chapitre 21 de l'Ordonnance de 1535, porte : " Si ,, aucun veut avoir un lit de sa maison, avoir le pourra, en cas que le ,, Géolier n'aura de quoi emplir la place ; & de ce en sera fait requête ,, à la Cour ou aux Juges, pour y avoir égard selon la qualité de la ,, personne, & les cas dont il sera chargé. ,,

ARTICLE XXIX.

Tous Greffiers, même de nos Cours, & ceux des Seigneurs, seront tenus de prononcer aux accusés les Arrêts, Sentences & Jugements d'absolution, ou d'élargissement le même jour qu'ils auront été rendus ; & s'il n'y a point d'appel par nos Procureurs ou ceux des Seigneurs dans les vingt-quatre heures, mettre les accusés hors des prisons, & l'écrire sur le registre de la géole : comme aussi ceux qui n'auront été condamnés qu'en des peines & réparations pécuniaires, en consignant ès mains du Greffier les sommes adjugées pour amendes, aumônes, & intérêts civils ; sans que faute de paiement des épices, ou d'avoir levé les Arrêts, Sentences & Jugements, les prononciations ou les élargissements puissent être différés ; à peine contre le Greffier d'interdiction, de trois cents livres d'amende, dépens, dommages & intérêts des parties : ne pourront néanmoins les prisonniers être élargis, s'ils sont détenus pour autres causes.

1. Cet article a été formé sur le Réglement du Parlement de Paris du 10 Juillet 1665, qui par ses articles XV & XVI, contenoit les mêmes dispositions ; l'article XXXIII de ce titre, fait les mêmes défenses de retarder les élargissements.

L'Edit de Janvier 1685, touchant l'administration de la Justice au Châtelet de Paris, par ses articles XXIX & XXX, porte aussi les mêmes défenses, & y ajoute plusieurs autres formalités, de même que l'article XXVII du Réglement fait par le Parlement de Paris le 1 Septembre 1717 ; aussi-bien que l'article X de la Déclaration du Roi du 6 Janvier 1680, rapportée sur l'article XXIII de ce titre. L'article XVII du Réglement du Parlement de Dijon, rapporté ci-devant sur l'article XI, défend de même de rien retenir sur les deniers consignés. Du Rousseau de la Combe, cinquieme édition, p. 474, rapporte en entier le Réglement du Parlement de Paris du 27 Octobre 1678, qui oblige les Greffiers de prononcer aux prisonniers les Jugements dans vingt-quatre heures, tant les préparatoires que définitifs, quoiqu'ils n'aient pas été levés par les parties.

2. Les intérêts civils en matiere criminelle, ont plusieurs priviléges, suivant Muyart de Vouglans, dans ses Institutes imprimées en 1737, partie 8, chap. 2, p. 423 : 1°. ils sont ordinairement prononcés par corps ; 2°. celui qui y est condamné ne peut être reçu à la cession de biens ;

3°. pour le paiement, on retient en prison le condamné, quoique le Jugement l'ait condamné au banniſſement; 4°. les intérêts civils ne peuvent être ſaiſis par les créanciers de celui au profit duquel ils ont été prononcés. Muyart à cet égard, fonde ſon ſentiment ſur celui de Soëfve, tome 2, centurie 2, chap. 17. Le Journal des Audiences, tome 2, liv. 3, chap. 14, & Baſnage, ſur la Coutume de Normandie, article CXLIII; 5°. les intérêts civils adjugés à une veuve, peuvent être par elle conſervés ſans aucune diminution, quand même elle paſſeroit à de ſecondes nôces, ou qu'elle renonceroit à la communauté; elle peut en diſpoſer, parce qu'elle ne les a pas à titre de gain, mais à titre d'indemnité: par la même raiſon, celui qui reçoit une réparation civile, ne fait pas un acte d'héritier; 6°. celui qui eſt condamné aux intérêts civils, ne peut les compenſer avec d'autres dettes, ſuivant Mornac, ſur la Loi derniere, Cod. *de hæred. vel. ort. vend.* Delaville, dans ſon Dictionnaire d'Arrêts, au mot *réparation*, dit auſſi que l'on ne peut faire compenſation d'une réparation civile, avec des arrérages de rentes, dûs par celui qui a obtenu la réparation civile; ainſi qu'il a été jugé par Arrêt du 15 Mars 1664, à la premiere des enquêtes; 7°. les intérêts civils ſont préférés à l'amende envers le Roi, qui n'eſt due que du jour de la prononciation du Jugement; au lieu que les intérêts civils remontent au jour du délit, ainſi qu'il ſera prouvé ſur l'article XXIX du titre XVII des contumaces, n. 6; il paroît qu'il en doit être de même de l'aumône.

On peut auſſi voir Deniſard, aux mots *compenſations & réparations civiles*, où il prouve que la compenſation dans ce cas n'a pas lieu, que les réparations civiles ne ſont pas ſaiſiſſables; qu'en ſucceſſion, l'action paſſe aux proches parens, quand même ils ne ſeroient pas héritiers; qu'elles ſont toujours prononcées par corps, même contre les femmes mariées, & que la ceſſion de biens n'a pas lieu à cet égard, pour rejeter la compenſation; il cite des Arrêts du Parlement de Paris de 1664, 1718 & 1739.

3. Soit que l'accuſé conſigne les adjudications pécuniaires, ou qu'il interjette appel, il ne peut être élargi avant que la partie publique ait eu communication du Jugement, afin qu'elle puiſſe s'y oppoſer ou appeller auſſi, conformément à cet article XXIX de l'Ordonnance qui lui donne pour cela vingt-quatre heures. L'Edit de Janvier 1685, ſervant de Réglement pour le Châtelet de Paris, qui vient d'être cité, porte: article XXX, que lorſqu'il ſera intervenu une Sentence, portant élargiſſement ou abſolution, elle ſera prononcée ſur le champ au Procureur du Roi & aux accuſés, ſi elle eſt rendue à la charge de l'appel; & que ſi le Procureur du Roi n'en appelle pas, le Greffier ira dans la matinée mettre le priſonnier en liberté, & décharger le regiſtre. Voyez les obſervations ſur l'article XXI du titre XXV, n. 3: il y a encore eu Arrêt du Parlement de Paris du 18 Juillet 1684, qui a ordonné que les Sentences d'abſolution ou élargiſſement, ſeront montrées au Procureur du Roi du Bailliage du Palais, avant de les prononcer aux parties.

F 2

Il faut cependant observer que la partie publique ne peut appeller d'une Sentence qui est conforme à ses conclusions, ou qui ne prononce pas des peines plus séveres, parce qu'une partie civile ou publique ne peut se plaindre quand elle a obtenu tout, ou plus qu'elle ne demandoit : il n'y a dans ce cas que M. le Procureur Général qui pourroit appeller *à minima.*

ARTICLE XXX.

Ne pourront les Géoliers & Greffiers des géoles, Guichetiers, Cabaretiers, ou autres, empêcher l'élargissement des prisonniers, pour frais de nourriture, gîte, géolage, ou aucune autre dépense.

1. Les avances faites par les Géoliers, aussi-bien que leurs droits de gîte & géolage n'ont pas plus de privileges que les dettes ordinaires ; ils n'ont qu'une simple action pour s'en procurer le remboursement : il en est de même des aliments fournis au prisonnier par le créancier, sinon qu'il a un privilege de préférence sur ses biens à l'exclusion de tous autres créanciers, suivant l'article XXIII de ce titre, de même que les Boulangers ; parce que la nourriture légitime & raisonnable a de droit un privilege particulier sur les biens de celui auquel elle a été fournie, sur-tout dans le cas présent où les créanciers fournissent cette nourriture comme forcés ; ce qui les rend plus favorables que tous autres créanciers.

L'article II de l'édit de Juin 1684, défend comme celui ci aux Géoliers, de retenir les prisonniers & de retarder leur élargissement faute de paiement de leurs droits. *Idem*, l'article XXVI du réglement du Parlement de Paris, du premier Septembre 1717, qui porte qu'ils seront tenus de se contenter d'une obligation pour se pourvoir sur leurs biens seulement. L'article VII du réglement du Parlement de Dijon, copié sur l'article XI de ce titre, contient la même disposition. On peut encore voir à ce sujet, Legrand sur la Coutume de Troies titre VII, glose II, article CXXIII, n. 2 ; & Brillon, au mot *Géolier*, tome 3, page 488, où il rapporte plusieurs arrêts qui ont aussi défendu aux Géoliers, de retenir aucune chose sur les sommes consignées pour les aliments, sous prétexte de leurs droits.

2. Plusieurs Auteurs ont prétendu que la cession de biens a lieu contre les Géoliers pour le paiement de leurs droits de gîte & géolage. Voyez les observations sur l'article VII, titre XXV, n. 13.

3. Boutaric, à la suite de son commentaire sur cette Ordonnance page 345, rapporte un Arrêt du Parlement de Paris, du 22 Septembre 1694, lors duquel un Substitut de Monsieur le Procureur Général, ayant remontré, que malgré le présent article, & les réglements, il se trouvoit plusieurs prisonniers arrêtés pour frais de nourriture, gîte, géolage, & autres

dépenses. La Cour ordonna que par provision , tous les prisonniers qui seroient arrêtés dans les prisons de Paris, de quelque qualité qu'ils fussent , pour frais, nourriture, gîte , & géolage & autres dépenses seulement , seroient élargis , & que les Greffiers de la géole & Géoliers y seroient contraints par corps; sauf à eux à se faire passer par lesdits prisonniers , des Actes sous signatures privées , ou pardevant Notaires , à leur choix, portant obligation de leur payer à volonté ce qui leur seroit dû ; & en cas de refus & de désobéissance de la part des Greffiers & Géoliers , qu'il seroit pourvu à la liberté des prisonniers par les Conseillers de la Cour , commis pour la visite des prisons, dont les Ordonnances seroient exécutées, nonobstant oppositions ou appellations.

Bruneau , titre XV , page 120 , cite Bardet tome 1 , livre 3 , chapitre 18 , qui rapporte un Arrêt du 12 Décembre 1628, par lequel il a aussi été décidé , que les Géoliers ne peuvent retenir un prisonnier pour gîte & géolage , & qu'ils doivent se contenter des obligations des prisonniers , sans les pouvoir faire payer aux créanciers qui ont fait faire les emprisonnements. C'est suivant ces maximes que l'article XXVI du réglement du Parlement de Paris du 1 Septembre 1717, défend aux Géoliers d'exiger autre chose que des obligations : mais comme il dit seulement , que des Géoliers ne pourront retenir les hardes des prisonniers pour ce qui leur est dû ; il y en a qui ont prétendu que lorsque les prisonniers ont des effets & meubles autres que leurs habits & vêtements, ils étoient saisissants sur les effets & meubles étant dans leurs prisons ; & que par conséquent ils pouvoient les retenir, l'Ordonnance ni les Réglements ne le défendant pas. L'article VII du Parlement de Dijon rapporté ci-devant sur l'article XI paroit plus général. Il défend de retenir les hardes , habits *& autres effets* , ce qui paroit comprendre tous les effets mobiliers , comme lits, tapisseries , armoires, commodes, linges & autres effets & meubles que les prisonniers auroient pu faire apporter dans les prisons , & sur lesquels comme meubles superflus , il paroit que les Géoliers pourroient prétendre un privilege; car, comme dit Legrand, sur la coutume de Troies, article CXXIII , glose 1, titre VII , n. 22; quoique les prisonniers, suivant l'Ordonnance , ne puissent être retenus pour gîte & géolage , leurs meubles & effets peuvent être retenus pour leurs aliments, comme il s'observe , selon le même Auteur, dans tous les Tribunaux; usage attesté par Jul. Clar., liv. 5. *Sententiarum*, question 62 , n. 3 , & Gui-Pape, question 448; parce que les prisonniers pour dettes , ou pour crimes , ne peuvent demander que ce que le Roi ou leurs créanciers leur doivent; dont n'ayant pas voulu se contenter, & ayant demandé d'autres aliments aux Géoliers , ils ne peuvent en refuser le paiement. Legrand y apporte une exception , qui est , que cela ne doit avoir lieu que lorsque les prisonniers ont eu la liberté de se nourrir eux-mêmes , & non pas lorsqu'ils ont été obligés malgré eux, de prendre leurs aliments par les mains des Géoliers; arg. L. *Si fidejussor parag. Si necessaria D. qui satisf. cog.*

Mais cela ne doit être entendu, que lorsque la dépense est modérée &
proportionnée aux qualités & facultés des prisonniers.

Il est certain que la faveur des aliments fournis modérément à un
prisonnier qui ne peut être nourri convenablement, avec les deniers du
Roi ou des créanciers, donne à un Géolier, un privilege sur les meubles
que le prisonnier a fait apporter dans la prison : il paroît qu'il n'y a
que ses hardes & habits qui puissent être exceptés ; on peut même dire
qu'il est de l'avantage des prisonniers que cela se pratique ainsi ; parce
que si les Géoliers ne pouvoient avoir aucune sûreté sur les meubles des
prisonniers de certaine condition, ils leur refuseroient toutes sortes d'avances :
un prisonnier qui se trouveroit dans des prisons éloignées de son domicile,
demeureroit sans secours avec des marchandises ou autres effets qu'il ne
pourroit aisément commercer ; au lieu que le Géolier, les regardant
comme des gages de ce qu'il avance légitimement, il tire d'embarras
le prisonnier, qui après son élargissement, trouve plus facilement le moyen
de vendre, ou de s'acquitter autrement. L'Ordonnance, ni les réglements,
n'ont rien de contraire à ces maximes ; & même, l'article XXXIII de ce
titre, paroît les autoriser ; puisqu'il défend aux Géoliers de retenir sur les
deniers consignés seulement, leurs droits de gîte, géolage & autres dépenses.
Ce qui semble permettre de retenir leur dépense sur toute autre chose que
sur les deniers consignés pour aliments. Le présent article XXX, ne
défendant aussi autre chose, sinon de retenir la personne du prisonnier
pour sa dépense, il décide tacitement, que les meubles & effets, peuvent
être retenus pour cette même dépense.

ARTICLE XXXI.

Les prisonniers détenus pour dettes seront élargis du consentement
des parties qui les auront fait arrêter ou recommander, passé
pardevant Notaire, qui sera signifié au Géolier ou Gréffier
des géoles, sans qu'il soit besoin d'obtenir aucun Jugement.

M. JOUSSE, sur cet article, prétend que le consentement du créancier
donné sur le registre, ou signifié par sommation ne suffiroit pas au Géolier
pour faire élargir le prisonnier ; à moins qu'il ne fût suivi d'une Ordonnance
du Juge ; cet article de l'Ordonnance, exige effectivement un Acte pardevant Notaire, contenant le consentement du créancier ; mais on ne suit
pas cette disposition à la rigueur, quoique les articles XVIII du réglement du Parlement de Paris, de 1717, & XXIX de celui du Parlement de
Dijon, exigent aussi qu'il soit fait mention sur le registre des Jugements ou
Actes, en vertu desquels les élargissements seront faits ; ce qui suppose qu'il
faut des Actes ou Jugements. Les Géoliers se trouvent suffisamment déchargés,

lorsqu'ils ont un consentement par écrit, signé par le créancier ou par son Procureur qu'ils connoissent aussi-bien que l'Huissier qui signifie le consentement.

ARTICLE XXXII.

Le même sera observé à l'égard de ceux qui auront consigné ès mains du Géolier ou Greffier de la géole les sommes pour lesquelles ils seront détenus : voulons qu'ils soient mis hors des prisons, sans qu'il soit besoin de le faire ordonner.

1. L'Article XXIX de ce titre, ordonne la même chose ; ainsi, on peut voir les observations qui y ont été faites. Dans le projet de l'Ordonnance on avoit inséré que le conseing seroit signifié au créancier, & que, 24 heures après la signification, le prisonnier seroit élargi. Mais cette formalité fut retranchée, sur ce que Monsieur le premier Président observa que lorsque le prisonnier a consigné, la signification du conseing devient inutile, l'usage étant d'ouvrir les prisons à un prisonnier au moment qu'il fait cesser la cause de sa détention par une actuelle consignation. M. Pussort répondit, qu'il pourroit y avoir de l'inconvénient à faire une consignation, sans en avertir la partie ; parce que l'argent pourroit y demeurer long-temps entre les mains du Greffier de la géole, si le créancier n'en étoit pas averti. Mais M. Talon soutint, comme le premier Président, qu'un prisonnier devoit être élargi aussi-tôt qu'il avoit consigné, sans attendre aucune signification ; sans quoi, un créancier malin pourroit susciter des recommandations ; & que cependant il croyoit qu'il falloit qu'après l'élargissement, la consignation fût signifiée dans les 24 heures, tant pour sûreté du créancier, que du prisonnier qui pourroit être réintégré. Malgré ces observations, la faveur des élargissements fit que l'article fut rédigé sans aucune formalité que le conseing : on n'écouta même pas une autre raison de l'insolvabilité du Géolier, qui cependant se trouve assez ordinairement dans plusieurs Sieges Il est vrai que quand les prisons appartiennent à des Seigneurs ou à des engagistes qui doivent suivant les Arrêts rapportés sur l'article I de ce titre, avoir de bons & solvables Géoliers, ils en seroient garants en cas d'insolvabilité.

2. Cet article ne parle pas des frais de capture, emprisonnement & autres qui sont faits contre le débiteur. La question est de savoir s'il est aussi obligé de les consigner avec le principal exigible par corps. Mais comme il a été observé sur l'article VI, du titre XII, au sujet des Sentences de provision, en matiere criminelle, n. 3, on ne pourroit empêcher que le prisonnier ne fût élargi, quoiqu'il ne consignât pas les frais ; à moins qu'il ne fût pas question de dépens liquidés par une Sentence, ou taxés en

regle , & qu'ils fussent prononcés par corps , même pour ceux d'exécution.
3. L'article VIII de l'édit de Juin 1684, a renouvellé les défenses portées par cet article aux Géoliers ; de prendre des droits pour les consignations faites par les prisonniers : cet édit est copié sur l'article V de ce titre ; ils ne peuvent exiger des droits que pour l'extrait , à raison de 5 sols, encore faut-il que le prisonnier veuille le lever ; car on ne peut l'y forcer, il n'en a pas besoin, puisqu'il doit être élargi sur le champ , après la consignation du principal ; s'il en leve un extrait ; c'est pour avoir une quittance de la somme qu'il a payée : il pourroit s'en tenir au verbal qui reste sur le registre. Voyez l'article suivant.

ARTICLE XXXIII.

Ne pourront les Greffiers des géoles & les géoliers de nos prisons & de celles des Seigneurs , prendre , ni recevoir aucuns droits de consignation ; encore qu'ils leur fussent volontairement offerts , & les deniers consignés seront délivrés entiérement aux parties , sans en rien retenir sous prétexte de droit de recette , de consignation ou de garde , ou pour épices , frais & expédition des Jugements , nourriture , gîte , géolage , & autre dépense des prisonniers , à peine de concussion.

Rien ne peut retarder l'élargissement d'un prisonnier qui consigne entre les mains du Géolier , les sommes principales pour lesquelles il a été emprisonné , les articles XXIII XXIX & XXXII de ce titre , & celui ci , n'ont eu pour objet , que d'établir solidement cette maxime, de même que tous les réglements faits en conséquence.

ARTICLE XXXIV.

Enjoignons aux Lieutenants Criminels & à tous autres Juges, d'observer & faire observer les Réglements ci-dessus ; leur défendons d'ordonner aucun élargissement , sinon en la forme par nous prescrite , à peine d'interdiction & de tous dépens, dommages & intérêts des parties.

C'est principalement aux Lieutenants Criminels , que l'Ordonnance confie la police des prisons. Plusieurs arrêts de réglement , avant & depuis cette Ordonnance , leur ont confirmé ce droit , quelques autres l'avoient attribué aux Lieutenans Civils ; mais ce n'étoit que pour faire la taxe du pain ,
l'institution

l'inſtitution & deſtitution des Géoliers & autres actes civils. Le bris des priſons avoit occaſionné pluſieurs conteſtations, quelques Arrêts compris dans le droit de Police qu'ils attribuoient au Lieutenant Civil ; mais comme c'eſt un crime, ils n'avoient que le droit d'en dreſſer Procès-verbal pour être joint au principal procès criminel, comme un incident qui ne peut être inſtruit ni jugé ſéparément. Les Lieutenants civils ne peuvent connoître du criminel, à peine de nullité ; à moins qu'il ne ſoit incident & *inſéparable* du civil, ſuivant les édits rapportés ſur l'article I, du titre I, n. 18 ; il ſeroit irrégulier de pourſuivre un accuſé pour bris des priſons dans un tribunal civil ; cet accuſé étant en même temps pourſuivi pour un autre crime au tribunal criminel. C'eſt une maxime indubitable, que toutes les accuſations qui ſurviennent contre les mêmes accuſés, doivent être jointes : le Juge ſaiſi de la première accuſation, eſt compétent ſeul pour connoître de toutes celles qui ſurviennent incidemment.

L'article XXXI du réglement fait par le Parlement de Paris le premier Septembre 1717, explique clairement en quoi conſiſte la police des priſons ; il n'y comprend que la réception des Géoliers & le droit de parapher & cotter les régiſtres ; il attribue ce droit aux Lieutenants généraux, & à leur défaut aux Lieutenants criminels, ce qui exclut les Lieutenants particuliers d'en connoître, quand les Lieutenants criminels ſont préſents. Suivant ce réglement, le bris des priſons n'eſt pas regardé comme dépendant de la police.

Il eſt inutile de s'arrêter aux Arrêts & réglements rendus à ce ſujet ; parce que Sa Majeſté vient de rendre une déclaration qui fait un réglement général pour tout le Royaume.

Déclaration du Roi, concernant la police des priſons.

Du 6 Février 1753.

" LOUIS, par la grace de Dieu, Roi de France & de Navarre, à
„ tous ceux qui ces préſentes lettres verront, ſalut. Nous avons été informés,
„ qu'il s'eſt élevé depuis quelque temps des conflits entre les Lieutenants
„ généraux & les Lieutenants criminels des Sieges Royaux inférieurs ſur
„ la queſtion de ſavoir auxquels de ces Officiers devoit appartenir la Police
„ des priſons dans les villes de leur réſidence. Par le compte qui nous en
„ a été rendu, nous avons reconnu que l'uſage où les Lieutenants criminels
„ de quelques-uns deſdits Sieges ſe ſont maintenus de connoître de la Police
„ des priſons n'étoit fondé que ſur les termes de l'article XXXIV, du titre
„ XIII de l'Ordonnance de 1670, qui en chargeant les Juges royaux de
„ l'exécution des réglements contenus dans les articles précédents, déſigne
„ les Lieutenants criminels avant les autres Officiers. D'un autre côté,
„ nous avons conſidéré que les Offices de Lieutenants généraux, ayant

G

„ été créés avant ceux des Lieutenants criminels, & la police des prisons
„ faisant ordinairement partie des fonctions attribuées aux Lieutenants
„ généraux, ils n'avoient pu en être dépouillés, que par une loi expresse ;
„ que d'ailleurs les prisons servant à renfermer non-seulement ceux qui
„ ont été décrétés par les Lieutenants criminels ; mais encore ceux qui
„ sont détenus pour des condamnations civiles, dont la connoissance appar-
„ tient aux Lieutenants Généraux ; il ne convenoit pas, que des Officiers
„ *qui ne sont établis que pour instruire & juger les affaires criminelles*, eussent
„ inspection sur des prisonniers, dont les causes & les procès, ne sont
„ pas soumis à leur jurisdiction. Ces considérations nous ont porté à
„ ordonner, ainsi que notre conseil l'a décidé dans des occasions semblables,
„ que la police des prisons, appartiendra au Lieutenant Général de
„ chaque Siege ; ce qui n'empêchera pas néanmoins que les Lieutenants
„ criminels & autres Officiers n'aient une inspection particuliere sur les
„ prisonniers qui sont détenus dans les prisons, en vertu des décrets par eux
„ décernés, & par là nous renfermerons chacun desdits Officiers, *dans les*
„ *bornes de leurs fonctions*, & nous parviendrons à établir l'uniformité sur
„ ce sujet dans les tribunaux de même nature & qualité. A ces Causes
„ & autres à ce nous mouvant, de l'avis de notre Conseil & de notre certaine
„ science, pleine puissance, & autorité royale, nous avons par ces présentes,
„ signées de notre main, dit, déclaré & ordonné ; disons, déclarons &
„ ordonnons, voulons & nous plaît que la police générale des prisons,
„ appartienne aux Lieutenants Généraux des Sénéchaussées & Bailliages
„ royaux, & autres premiers Juges des autres jurisdictions ordinaires du
„ ressort de nos Cours, chacun en ce qui concerne les prisons dépen-
„ dantes de leur jurisdiction, sous quelque dénomination qu'ils aient été
„ créés, soit de Lieutenant Général, Civil, de Sénéchal, de robe longue,
„ Jugemage, ou autre : & ce, privativement aux Lieutenants criminels
„ ou de police auxdits Sieges, même aux Officiers de nos Chambres des
„ Comptes, ou Cours des Aides, des Élections, Greniers à Sel, & autres
„ jurisdictions. En conséquence, voulons que la réception des Géoliers,
„ celle des Greffiers des prisons, où il y en a d'établis, les paraphes
„ des régistres que lesdits Greffiers & Géoliers sont obligés de tenir,
„ suivant l'Ordonnance, & la taxe des aliments des prisonniers, appar-
„ tiennent au Lieutenant Général, Jugemage, ou autre premier Officier,
„ privativement au Lieutenant criminel ; & à défaut desdits Lieutenants
„ Généraux ou autres premiers Juges, les mêmes fonctions, seront faites &
„ remplies par les Lieutenants criminels ou autres Officiers de chaque juris-
„ diction dont dépendent lesdites prisons, à commencer par le plus ancien sui-
„ vant l'ordre du tableau. N'entendons néanmoins interdire aux Lieutenants
„ criminels, de Police, & autres Juges, la visite particuliere des prison-
„ niers, dont les causes ou procès sont résidents par devant eux, ni pareille-
„ ment le droit d'empêcher la communication desdits prisonniers avec d'autres
„ personnes, ou de leur donner un conseil, ou de statuer sur leur liberté

„ provisoire ou définitive. Le tout suivant & dans les cas portés par
„ les Ordonnances. Si donnons, &c.

Le Roi a donné pour l'un des motifs de sa déclaration sa volonté
d'établir l'uniformité dans tous les tribunaux à l'égard de la police des
prisons ; il faut donc oublier tous les anciens réglements, tout ce qui a
précédé cette nouvelle loi est devenu inutile, & est abrogé. Cette déclaration est la seule à présent en vigueur. La police des prisons de tous les
Sieges, appartient aux Lieutenants Généraux civils. Mais cette déclaration
explique clairement en quoi consiste la police des prisons. Elle veut que
la réception des Géoliers, celle des Greffiers des prisons où il y en a
a , le paraphe de leurs régistres, & la taxe des aliments des prisonniers,
appartiennent au Lieutenant Général. Rien de si juste ; tous ces Actes sont
civils. Ce ne sont donc que les fonctions civiles , comme les Actes dont on
vient de parler & l'exécution civile des réglements qui dépendent de la
police des prisons. Il ne faut pas confondre le droit de police avec celui
de justice ; on en fait une grande différence dans tous les tribunaux ;
plusieurs Juges ont droit d'exercer la police, sans avoir celui de Justice,
ce principe est incontestable. Il faut donc convenir que quoique les Lieutenants civils aient dans les prisons la police, ils n'y ont pas le droit de
Justice criminelle , & par conséquent qu'ils ne sont pas compétents
pour connoître des crimes & délits qui peuvent y être commis. Un
prisonnier peut voler les effets d'un autre prisonnier, ou du Concierge ;
celui-ci peut voler ceux des prisonniers ; ils peuvent les uns & les autres
commettre d'autres crimes dans les prisons ; s'il y a plainte à informer de
la part du Procureur du Roi ou d'une partie civile , ce n'est plus un
fait de police, c'est un fait de Justice. Il est vrai que si le cas n'est pas
grave, le Juge de police peut prévenir les plaintes, & même mettre au
cachot, ou condamner à une amende le délinquant par forme de police,
après en avoir dressé un verbal attesté par quelques témoins ;
mais si les parties en veulent faire une instance criminelle, ce n'est plus
un fait de Police ; le Lieutenant criminel qui est Juge de toutes les
matieres criminelles dans tout son ressort, dont les prisons sont
partie, est seul compétent pour connoître de tous les crimes & délits
dans les prisons comme ailleurs, à l'exclusion du Lieutenant Général
civil, auquel la connoissance en est interdite par une infinité d'édits ; à
peine de nullité, &c. C'est ce qui a été expliqué par M. Jousse dans
son commentaire criminel, à la tête duquel il nous a donné cette savante
idée de la Justice, page 47. Cet auteur qu'il a écrit après la déclaration
de 1753, dit, que quoique la police des prisons, appartienne aux Lieutenants généraux, cependant le bris des prisons, l'évasion des prisonniers,
& les crimes par eux commis dans les prisons, sont de la compétence des
Lieutenants criminels, & sur l'article I, du titre I, n. 3 , page 2. Il
répete que les Lieutenants civils n'ont pas la connoissance des délits qui
sont commis dans les prisons, quoiqu'ils y aient le droit de police.

Tous les réglemens qui ont été rendus entre les Lieutenants civils &
les Lieutenants criminels au fait des prisons, ont exactement distingué
la police, du droit de justice. Nous en avons un du Parlement de Paris,
du 28 Mars 1609, rendu entre le Lieutenant Général & le Lieutenant
criminel de Laon ; il porte que les Géoliers, seront institués par le
Lieutenant Général ; mais que si les Guichetiers ou quelques prisonniers étoient prévenus de quelques crimes, le procès sera fait par
le Lieutenant criminel qui pourra dans ce cas destituer les Géoliers.
Ce réglement, qui se trouve dans Fileau, *in fol.* partie I, titre IV,
chapitre XX, page 190, distingue clairement le droit de police, de
celui de justice criminelle. Ce réglement se trouve encore dans les loix
criminelles, tome 2, page 112.

Un autre Arrêt aussi du Parlement de Paris du 25 Juin 1659, servant
de réglement entre les Officiers du Présidial de Chaumont en Bassigny,
porte de même, que la police des prisons appartiendra au Lieutenant
Général ; mais que s'il s'y commet quelques délits, la connoissance en
appartiendra au Lieutenant criminel, qui pourra même destituer les
Géoliers & Guichetiers, par la Sentence qu'il rendra.

Henrys, tome 2, titre *des Offices*, liv. 2, question 34, édition de 1708,
rapporte le réglement fait par la même Cour, pour le Présidial de
Lyon, page 179. Ce réglement porte aussi, que s'il arrive rixe entre
les prisonniers, ce sera le Lieutenant criminel qui en connoîtra. *Idem*,
article VII du réglement du Présidial de Tours, copié ci après. Voyez
l'article XI, de la déclaration du Roi concernant les mendiants, du 18
Juillet 1724, il veut que le Lieutenant de police, ne puisse connoître du
crime de mendicité, si les mendiants sont accusés d'autres crimes. Cette loi
établir le principe ci-dessus, que la police ne doit pas être confondue avec
le droit de justice.

Lors d'un Arrêt rendu encore par le Parlement de Paris, le 2 Decembre
1737, au sujet d'un conflit de jurisdiction entre les Officiers du présidial, & le
Prévôt royal d'Orléans, M. le Procureur Général, observa que quoiqu'un crime soit un cas ordinaire, s'il est commis dans les prisons, le Prévôt royal n'en
peut connoître ; & sur ses conclusions, l'Arrêt, au lieu de renvoyer au Lieutenant Général qui avoit la police dans les prisons, renvoya la connoissance
du crime au Lieutenant criminel. Il s'agissoit d'un prisonnier qui s'étoit
pendu dans les prisons, où il étoit détenu en vertu d'un décret du Prévôt
Royal, qui cependant fut dépouillé ; & le renvoi en fut fait au Lieutenant
criminel. Parce que de droit, tous crimes sont de sa compétence dans les
prisons, comme ailleurs. Cet Arrêt de 1737, est dans le recueil de M.
Jousse, tome 3, page 545.

On ne trouvera aucun Arrêt qui ait jugé le contraire, parce que les Edits
ont interdit aux Lieutenants civils, la connoissance de toutes les matieres criminelles. Il faut donc en conclure, que la déclaration de 1753, en attri-
buant aux Lieutenants Généraux la police dans les prisons, ne peut jamais

„ être cenſé leur y avoir auſſi attribué la juſtice criminelle. Et ce qui le „ prouve ſans réplique , c'eſt que cette déclaration a eu la précaution d'expliquer la nature des Actes , dans leſquels conſiſteroit la police des priſons , l'inſtitution des Géoliers , le paraphe des régiſtres , la taxe des aliments , &c. Elle n'auroit certainement pas fait ce détail, ſi elle n'avoit pas voulu donner des bornes à la police des priſons. En effet ſi cette Loi avoit voulu établir les Lieutenants Généraux , ſeuls Juges de tout ce qui concerne les priſons ; loin d'entrer dans aucun détail, & de les reſtreindre à la police , elle auroit dit en deux mots, qu'elle leur attribuoit toute juriſdiction civile & criminelle dans les priſons , tout auroit été dit. Aucun autre Juge n'auroit eu droit ni inſpection dans les priſons. Mais , dès que le droit des Lieutenants généraux eſt reſtreint à la police ſeulement , il ſuit par la regle des incluſions , qu'ils n'y ont pas le droit d'exercer la juſtice criminelle. On ne croit pas qu'une perſonne raiſonnable puiſſe conteſter ces principes.

Nous avons un Edit de Novembre 1554 , qui diſtingue parfaitement en fait de police , les fonctions des Lieutenants civils , & celles des Lieutenants criminels. L'article XIV , porte *que le réglement de police, demeurera à l'autorité du Lieutenant civil , & la contravention au Lieutenant criminel.* Le droit de faire des réglements de police , eſt de la juriſdiction civile ; mais la contravention à ces réglements de police , eſt de la juriſdiction criminelle. L'exécution de cet ancien Edit , eſt encore ſi exactement ſuivie , que dans ces derniers temps de maladie épidémique ſur les beſtiaux , les Cours ont ſouvent renvoyé dans les Sieges pour y faire des réglements particuliers ; nous en avons fait par ordre du Parlement de Dijon ; le Lieutenant Général y a préſidé ; mais j'ai connu de toutes les contraventions , & le Lieutenant Général a ſigné tous les jugements rendus ſur mon inſtruction & en mon nom , ſans aucune réclamation. En ſorte que comme il a été déjà obſervé , les réglements , & enſuite la déclaration de 1753 , n'ont entendu parler que de la police civile , bien différente de l'exercice de la juſtice criminelle , qui ne peut jamais appartenir aux Lieutenants civils. C'eſt un des motifs de la déclaration de 1753 , qui porte que l'intention du Roi , eſt de renfermer chaque Officier dans ſes fonctions. Ce qui veut dire l'un dans les matieres civiles , & l'autre dans les criminelles. S'il n'y avoit qu'un ſeul Juge dans les priſons , il ſeroit inutile de donner des bornes à ſa juriſdiction.

Enfin pour prouver que non-ſeulement les anciens Arrêts ont décidé la queſtion dont il s'agit en faveur des Lieutenants criminels , mais que les nouveaux réglements intervenus depuis la déclaration de 1753 , ont continué de leur conſerver dans les priſons , l'exercice de la juſtice criminelle. Il ſuffit de rapporter un Arrêt du conſeil du 14 Janvier 1754 , qui vient d'être rendu entre le Lieutenant Général , le Lieutenant criminel , & autres Officiers du Préſidial de Semur en Auxois.

Article XI. " La police des priſons , appartiendra au Lieutenant Général

„ du Bailliage, à l'exclusion du Lieutenant criminel, conformément à la
„ déclaration du 10 Février 1753, qui sera exécutée en tout son con-
„ tenu : & en conséquence, il fera seul les paraphes de tous les
„ régistres des prisons.
    Article XII « Dans tous les cas où il écherra de faire une pourfuite
„ criminelle, pour bris de prisons *ou autres crimes* qui avoient été commis
„ dans les prisons, l'instruction & la connoissance desdits procès criminels,
„ continuera d'appartenir au Lieutenant criminel, à l'exclusion du Lieu-
„ tenant Général. „

    Cet Arrêt n'a pas besoin de commentaire, il distingue parfaitement
le droit de police d'avec celui de justice criminelle ; il explique les cas
qui font de la compétence du Lieutenant Géneral, & ceux qui font de
celle du Lieutenant criminel ; il est postérieur à la déclaration de 1753.
Le Roi dans son Conseil, vient de l'interpréter par son Arrêt. Il ne
peut donc plus y avoir d'équivoque, ni de contestation à faire naître sur
les termes de cette nouvelle déclaration qui est notre derniere loi & qui
par conséquent abrogé tous les Arrêts précédents. Il n'est plus permis
d'en faire usage ; aucune possession contraire, ne peut être objectée. La
Déclaration de 1753 porte expressément que Sa Majesté a voulu établir
une uniformité dans tous les Sieges. Il n'y a donc plus d'autre loi en
vigueur, que celle qu'il a plu au Roi vouloir servir de regle dans
tous les Sieges. Cette regle d'ailleurs est conforme à l'usage de tout le
royaume ; plusieurs Maires, en Bourgogne & ailleurs, ont l'exercice de
la police dans les villes où il y a différentes Justices Seigneuriales : ils
condamnent à l'amende & autres peines, pour contravention à la police ;
mais s'il y a des excès ou des crimes commis, comme des vols,
ou autres, les parties font en droit de porter leurs plaintes au Juge
criminel qui exerce la Jurisdiction ordinaire, & alors le Juge de police,
n'en peut plus connoître. Voyez au sujet des prisons, les observations sur
l'article XXXV, du réglement de notre Présidial d'Autun, qui est à
la fin de ce Code.

ARTICLE XXXV.

*Nos Procureurs & ceux des Seigneurs, feront tenus vifiter
les prisons une fois chaque femaine, pour y recevoir les
plaintes des prisonniers.*

    Les Juges, & sur-tout les parties publiques, ne peuvent être trop
exactes à visiter les prisonniers qui font souvent exposés à la brutalité
des Géoliers qui les maltraitent, ou qui négligent de leur faire donner
les secours spirituels & temporels dont ils ont besoin. Quand l'Ordonnance ne contiendroit pas à cet égard, des Ordres auffi précis, la
religion & l'humanité l'exigeroient.

ARTICLE XXXVI.

Les Greffiers des géoles, Géôliers & Guichetiers, seront tenus d'exécuter nôtre présent Réglement, à peine contre les Greffiers d'interdiction, & de trois cents livres d'amende, moitié envers nous, & moitié aux nécessités des prisonniers, & de plus grande, s'il y échet ; & contre les Géôliers & Guichetiers de destitution, de trois cents livres d'amende, applicable comme dessus, & de punition corporelle.

Plusieurs articles de ce titre, ne prononçoient aucune peine en cas de contravention ; c'est pourquoi celui-ci y a pourvu, en laissant les Juges maîtres de prononcer les peines, suivant l'exigence des cas, même des punitions corporelles; ce qui peut s'étendre jusqu'au dernier supplice. Comme cela arriva au sujet du Géôlier de Chartres, qui fut pendu pour avoir laissé par sa négligence mourir sans secours, un curé prisonnier, dans les cachots. Voyez la Bibliotheque des Arrêts, au mot *prisons.* L'Arrêt qui le condamna, fut rendu au Parlement de Paris, le 19 Mars 1665. Voyez l'article suivant.

ARTICLE XXXVII.

Enjoignons aux Juges d'informer des exactions, excès, violences, mauvais traitements & contraventions à notre présent Réglement, qui seront commises par les Greffiers des géoles, les Géôliers & Guichetiers dont la preuve sera complette, s'il y a six témoins, quoiqu'ils déposent chacun des faits singuliers, & séparés, & qu'ils y soient intéressés.

Lors des conférences sur cet article, M. le Premier Président observa, que le Parlement de Paris, avoit fixé le nombre des témoins contre les Géôliers à dix ; qu'il étoit bon de ne se pas rendre difficile aux plaintes des prisonniers; mais qu'il étoit juste de ne pas abandonner les Géôliers à la malice des prisonniers, dont la qualité rend le témoignage suspect. Mais M. Pussort, ayant répondu, que les exactions & les violences des Géôliers étoient si fréquentes, que l'on ne pouvoit les dissimuler ; & qu'ils les commettoient avec d'autant plus de liberté, qu'ils connoissoient la difficulté de les en convaincre ; l'article resta tel qu'il avoit été rédigé.

Malgré la sévérité de l'Ordonnance, il est notoire que plusieurs Géoliers, ne laiſſent pas de continuer leurs exactions, & mauvais traitements, impunément, ſur-tout dans les priſons des petits Sieges, & dans les priſons Seigneuriales, où n'y ayant ordinairement qu'un ou deux priſonniers, ils peuvent tout entreprendre, ſans craindre d'en être convaincus.

Il eſt vrai que les dépoſitions des priſonniers contre les Géoliers, qu'ils déteſtent ordinairement, ſont ſuſpectes. *Cæteri teſtes ex carceratis erant, & ſic non integra fidei, maximè contra commentarienſem, cujus æmuli ſiunt, quia ex debito Officii, tenetur eos ſub cuſtodia detinere, & ob id, omnibus morem gerere, atque placere non poteſt.* Mathieu Etſanz dans ſon nouveau traité *de re criminali* imprimé à Lyon en 1732, controverſe 18 n. 56; ces réflexions ſont juſtes. Mais l'Ordonnance ayant légitimé dans ce cas les témoins priſonniers, pourvu qu'ils ſoient au nombre de ſix, c'eſt une loi à laquelle les Juges ſont obligés de ſe conformer. Voyez l'article XXX du réglement du Parlement de Dijon, rapporté ſur l'article XI, de ce titre.

ARTICLE XXXVIII.

Les priſonniers mis dans des priſons empruntées, ſeront inceſſament transférés.

Il n'eſt pas permis de garder des priſonniers pendant long-temps dans des priſons, autres que celles de la Juriſdiction où s'inſtruit leur procés. Ce qui eſt conforme à l'article X, du titre II, qui porte, qu'à l'inſtant de la capture, l'accuſé ſera conduit dans les priſons du lieu, s'il y en a, ſinon aux plus prochaines dans les 24 heures.

ARTICLE XXXIX.

Les baux à ferme des priſons ſeigneuriales, ſeront faits en préſence de nos Juges, chacun dans leur reſſort, & ils en taxeront la redevance annuelle, qui ne pourra être excédée par les Seigneurs, ni affermée à d'autres; à peine de décheoir entiérement de leur Haute-Juſtice.

Cet article prouve encore le droit & l'inſpection que les Officiers des Bailliages & Sénéchauſſées ont ſur les priſons Seigneuriales de leur reſſort, ils ſont en droit de veiller à ce que les priſons ſoient ſûres, ſaines, & en bon état; ainſi qu'il a été prouvé ſur l'article I de ce titre; ils doivent

encore

encore tenir la main, à ce que les réglements y soient bien exécutés, qu'il y ait de bons & fideles Géoliers, & que la taxe qu'ils font dans leurs Sieges pour les aliments des prisonniers, ne soit pas excédée, c'est-à-dire, plus forte que celle des Sieges royaux, dans les prisons des justices subalternes de leurs ressorts.

Quant aux baux à ferme des prisons, dont parle cet article, il n'est plus permis d'en faire, soit pour les prisons royales, soit pour les Seigneuriales, depuis les déclarations du Roi des 11 Juin & 7 Novembre 1724, rapportées sur l'article I de ce titre, n. 1.

TITRE XIV.

Des Interrogatoires.

ARTICLE I.

*Les prisonniers pour crimes seront interrogés incessamment, &
les interrogatoires commencés au plus tard dans les vingt-
quatre heures, après leur emprisonnement ; à peine de tous
dépens, dommages & intérêts contre le Juge qui doit faire
l'interrogatoire ; & à faute par lui d'y satisfaire, il y sera
procédé par un autre Officier, suivant l'Ordre du Tableau.*

1. LEs interrogatoires doivent être faits au moment de la capture &
emprisonnement, si cela se peut, pour ne pas laisser à l'accusé,
le temps de méditer des systêmes pour éluder la vérité : il est d'expérience, que les premiers interrogatoires sont les plus avantageux, ils
produisent des réponses moins préparées. Les interrogatoires sont les actes
les plus difficiles de la procédure ; les Juges les plus habiles, se trouvent
souvent embarrassés. M. Jousse, dans un préambule ou préliminaire sur
ce titre, nous a donné à ce sujet des observations très-judicieuses. La
première chose à considérer, c'est la qualité de l'accusé ; un homme du
commun, doit être interrogé autrement que celui qui est d'une condition
plus distinguée, on doit avoir pour lui plus d'égards. Celui qui
paroît résolu & ferme, doit l'être différemment du timide ; l'intrépidité est souvent la marque d'un mauvais sujet. Un accusé qui a l'air
fourbe & rusé, exige plus de précaution & d'activité en l'interrogeant,
qu'un homme simple & sans déguisement. Le fourbe doit être fatigué,
aussi-bien que l'intrépide, par plusieurs interrogatoires, pour tâcher de les
réduire à échapper quelques verités.

Le Juge ne doit pas témoigner être en colere, ni paroître trop fami-
lier avec l'accusé ; il doit interroger avec assurance & fermeté, & en
même temps avec dignité, & cependant avec modération. Il ne faut pas
rédiger les interrogatoires, suivant l'ordre des faits ; parce que l'accusé
dans cette maniere d'interroger, peut plus facilement se soutenir
dans ses mensonges, sans se contredire ; un Juge habile intervertit l'ordre,
en faisant l'interrogatoire sur un indice, & tout de suite sur d'autres faits
différents & éloignés ; & ainsi d'un indice à un autre, pour venir au
premier ; ce qui fait ordinairement échapper à l'accusé, des vérités qui

prouvent ces contradictions, en l'interrogeant ainſi par circuit. Il convient
ſouvent de pluſieurs circonſtances qu'il avoit deſſein de déſavouer.

Les interrogatoires doivent être clairs & ſans équivoque ; on ne doit pas
demander ſi un tel fait n'eſt pas vrai, c'eſt une Amphibologie, à laquelle
l'accuſé pourroit répondre oui ou non, ſans ſe compromettre, il faut
éviter les ruſes, ou interrogatoires captieux ; ils ſeroient paroître de la
paſſion de la part du Juge ; cette voie ne convient pas à ſa dignité. Il
eſt vrai qu'il peut uſer d'adreſſe ; mais il faut que l'artifice ſoit innocent,
& ſur-tout exempt de menſonge : il ne faut pas auſſi alarmer l'accuſé
par des ménaces, ou le ſurprendre par de fauſſes eſpérances. Il ne faut
pas l'interroger comme s'il étoit convaincu.

Le Juge ne doit pas promettre l'impunité. Non-ſeulement ce ſeroit
faire une promeſſe qu'il ne pourroit tenir ; mais ce ſeroit encore une voie
indigne de ſon caractere, & qui mériteroit punition, n'étant pas permis
d'uſer d'une pareille ſurpriſe ; il ne peut même promettre que la peine
ſera modérée.

En interrogeant un accuſé, il faut lui laiſſer dire tout ce qu'il veut,
ſans l'interrompre, ni le contredire, & faire, autant que l'on peut, rédiger
le tout par écrit. Le Juge doit dicter ſon interrogatoire, à haute voix,
afin que l'accuſé ait le temps de faire réflexion à ſa réponſe ; car comme
font quelques-uns, d'adreſſer la parole à l'accuſé, & de lui demander
ſa réponſe ſur le champ, pour enſuite faire écrire la demande & la réponſe,
il y auroit de la ſurpriſe, qui mettroit l'accuſé en droit de ſe rétracter,
lorſque le Juge en ſeroit à dicter ſa réponſe. Le Juge doit dicter clairement l'interrogatoire, le faire comprendre à l'accuſé, & attendre avec
patience ſa réponſe.

Les plus habiles ont toujours les yeux ſur l'accuſé, & ils obſervent avec
attention tous ſes mouvements. S'il pleure, s'il ſoupire, s'il tremble, & pâlit ;
ils lui en demandent la raiſon. Enfin s'il a tout dénié dans ſon premier
interrogatoire, il faut lui en faire un autre le lendemain ou quelques
jours après, & s'il perſiſte à tout dénier, il faut l'interroger d'une
maniere plus circonſtanciée, en lui objectant les indices qui ſont prouvés,
pour lui faire connoître la fauſſeté évidente de ſes réponſes, & après avoir
raſſemblé tous les indices & toutes les preuves, les réunir, afin de lui
faire voir que ſon obſtination à dénier des faits prouvés, découvre la fauſſeté
de ſes réponſes.

2 L'article XXXIX du réglement de la Chambre Souveraine, ſéante à
Poitiers, du 15 Janvier 1689, porte comme celui-ci, que les Juges vaqueront
dans les 24 heures dans l'auditoire, aux interrogatoires des accuſés, ſans
que les parties civiles, ou leurs procureurs, puiſſent y être préſents,
ni y aſſiſter ; ni que les Juges puiſſent obliger les accuſés d'avancer les
frais des interrogatoires ; à peine de concuſſion. Effectivement le Juge ne peut
procéder aux interrogatoires dans ſon Hôtel, ſuivant l'article IV de ce titre,
& même ſuivant un Arrêt du Parlement de Paris du 22 Août 1709, qui

H 2

fit défenses au Juge Royal de Calais, de procéder à aucun interrogatoire de l'accusé, sinon en conséquence d'un décret auparavant décerné, ou que l'accusé n'ait été pris en flagrant délit ; auquel cas il peut l'interroger hors le lieu où se rend la justice.

3. Si le Lieutenant criminel ou autre Juge, négligeoit de faire l'interrogatoire dans les 24 heures, l'Officier qui le suit n'auroit pas besoin de constater le refus, ou la négligence, elle est prouvée par le défaut de cet Acte. Ainsi il seroit en droit, sans aucune autre formalité, d'y procéder ; après les 24 heures. On observera à ce sujet, que l'Ordonnance se sert du terme *commencer*, parce qu'il peut arriver que les interrogatoires durent plusieurs jours, & même qu'il y ait plusieurs accusés emprisonnés pour le même crime, ainsi il suffit de commencer les interrogatoires de l'un dans les 24 heures, sauf à les continuer ou à en faire de nouveaux, les jours suivants à tous les accusés.

4. L'Ordonnance de 1498 rapportée par Guénois liv. 9, titre 1, paragraphe 21, tome 2, page 788, porte, article CX, que les procès criminels, s'instruiront le plus secrettement que faire se pourra, sans y appeller le Géolier, les Sergents, Clercs ni autres qui n'auront serment en justice. L'article VI. de ce titre s'est expliqué plus clairement ; car il veut que lors des interrogatoires, le Juge ne soit assisté que de son Greffier. Ce qui cependant peut avoir des inconvéniens ; car il y a des accusés si violents, que le Juge ne seroit pas en sûreté, s'il n'avoit point de main forte ; sur-tout si l'on suivoit le sentiment de plusieurs Auteurs, qui croient qu'il n'est pas permis de faire mettre les fers aux pieds à un accusé, avant de l'interroger ; afin qu'il ne puisse dire qu'il n'étoit pas libre lors de ses réponses. Mais l'usage est contraire ; aucune Ordonnance ne prescrit de faire ôter les fers aux accusés pour les interroger.

ARTICLE II.

Le Juge sera tenu de vaquer en personne à l'interrogatoire qui ne pourra en aucun cas être fait par le Greffier, à peine de nullité & d'interdiction contre le Juge & le Greffier, & de cinq cents livres d'amende envers nous contre chacun d'eux, dont ils ne pourront être déchargés.

Les interrogatoires doivent absolument être faits par le Juge ; j'en ai vu casser au Parlement de Dijon, parce qu'il fut prouvé que le Greffier de l'Officialité de la même ville, en avoit fait une partie, pendant un moment que le Juge s'étoit absenté ; quoiqu'il fût revenu pour le finir, & que la lecture du tout eût été faite à l'accusé qui y avoit persisté, sans protestations, en présence du Juge.

Il a été observé sur l'article précédent, qu'il n'est pas permis au Juge, d'uſer de ruſe pour tirer la vérité de la bouche d'un accuſé qu'il croit coupable , & qu'il connoît pour un criminel qui échappera à la peine qu'il mérite ſi l'on ſuit les regles ordinaires. Lebrun dans ſon procès criminel liv. 2 , chapitre du déclinatoire, à la fin parle de ce cas, & dit qu'il y a des Juges qui font empriſonner dans la même chambre un homme affidé ayant les fers aux pieds, que cet homme fait confidence de pluſieurs crimes à l'accuſé, auquel il fait prêter de grands ſerments qu'il ne révélera pas le ſecret ; ce qui engage le vrai criminel , gagné par la confidence que lui a fait l'homme affidé, de lui découvrir ſon ſecret, & qu'enſuite cet homme lui étant confronté, on peut condamner l'accuſé à la queſtion. Mais Lebrun qui applaudit à cette ruſe, & qui en propoſe encore d'autres , ne ſeroit pas à préſent écouté favora-blement. Le Juge doit faire ſes efforts pour tirer la vérité de la bouche des accuſés , il doit avoir un grand zele pour la punition des crimes ; mais il ſe compromet toujours , lorſqu'il s'écarte des regles ordinaires. Il peut cependant uſer d'adreſſe , comme celle dont parle Brillon au mot *procédure*, n. 55 ; un homme avoit été tué d'un coup de piſtolet par un gaucher, ce qui ſe reconnoiſſoit parce que la platine du piſto-let trouvé ſur la place, étoit à gauche ; le Juge en interrogeant l'accuſé, laiſſa tomber ſon gand, l'accuſé auſſi-tôt le ramaſſa de la main gauche, cette fineſſe eſt innocente, mais elle ne me paroît pas devoir produire un grand effet. Il m'eſt arrivé d'interroger un accuſé , que j'avois tout lieu de croire qu'il déguiſoit ſon nom. Après avoir fini , dans le temps qu'il ſortoit de la chambre , je l'appellai par le véritable nom ſous lequel le coupable étoit déſigné, il répondit ſur le champ , en revenant à moi , & me demandant ce que je voulois. Et enſuite s'appercevant de la ruſe, il fut ſi troublé , qu'il en demeura confus. Je lui fis à ce ſujet de nouveaux interrogatoires, il fut fort embarraſſé , & cependant il perſiſta à dire , que le nom duquel je l'avois appellé n'étoit pas le ſien.

Boutaric , ſur l'article VI de ce titre , n'approuve aucune ruſe ni adreſſe ; car il dit que les Juges ſont dans l'erreur, lorſqu'ils croient qu'il leur eſt permis d'uſer de toutes ſortes de voies pour arracher la vérité de la bouche d'un accuſé ; mais qu'il n'y a qu'un faux zele, & un zele indiſcret, qui puiſſe leur faire paſſer les bornes preſcrites par l'Ordonnance. Il dit avoir vu depuis peu blâmer publiquement la conduite de deux Magiſtrats , dont l'un avoit interrogé l'accuſé ſur des faits , qui à la la vérité conduiſoient à la preuve du crime, mais qui n'étoient connus que de lui ſeul, & dont il n'étoit fait aucune mention dans les infor-mations, ni dans les mémoires du Procureur du Roi. Et l'autre Juge par une adreſſe captieuſe, avoit ſoutenu à l'accuſé, qu'un de ſes complices avoit avoué le crime pour l'induire à faire un aveu ſemblable. Boutaric a raiſon de blâmer ces deux ruſes, la derniere ſur-tout, étoit une ſurpriſe fondée ſur un menſonge plus répréhenſible dans un Juge que dans toute autre perſonne , principalement dans une occaſion auſſi ſérieuſe.

Ceux qui promettent aux accusés l'impunité, pour prix de l'aveu qu'ils feront de leur crime, font les plus blâmables; parce que suivant nos meilleurs Auteurs, on ne peut dans ce cas condamner un accusé, sans injustice, s'il n'y a pas indépendamment de sa confession, des preuves concluantes. Le Juge qui hazarde une pareille promesse, n'est pas maître de tenir sa parole; il n'y a que le Roi qui puisse autoriser une semblable action, comme cela est arrivé quelquefois dans des cas où il s'agissoit de crimes de la derniere importance. M. Favre, dans son Code, liv. 7, titre XXV, définition 8, page 896, prétend que dans certains cas, le Juge peut hazarder la promesse d'impunité. *Cum bonus Judex modis omnibus curare debeat, ut facti veritas habeatur, interdum ei permittendum est, ut reo sub ea conditione, si ingenuè fatebitur, promittat impunitatem. Quo facto, atque exortâ ita rei confessione, non eâ minus, sed mitius tamen ad condemnationem veniendum erit. Sed ita si in ea confessione reus ex intervallo perstiterit. Alloqui certum est posse illum resilire, & quidem impunè; id est ita ut nec propter ejusmodi variationem, alia si indicia nulla sint, quæstioni subjiciendus sit, non magis quam si nunquam confessus fuisset. Qua quanquam ita sunt, cavere tamen Judex debet, quantum facere potest, ut ab hoc consilio abstineat, nec per dolum vel cuniculos boni viri officium implere videatur. Ita Senatus* 1595. Voyez au même sujet une observation du même Auteur sur l'article XI du titre 1, n. 19, où il prétend que dans le cas où il s'agit de fausse monnoie. Le Juge peut promettre l'impunité à celui qui indique ses complices. Mais il veut que le Juge en demande la permission au Prince.

2. Toutes les fois que dans une procédure il survient de nouvelles charges, soit par des dépositions de nouveaux témoins, soit par la confession des complices, il faut réitérer les interrogatoires; parce que l'on ne peut juger un accusé sur des charges sur lesquelles il n'a pas été interrogé. Il ne seroit même pas régulier de faire la confrontation des témoins, ou celle des accusés les uns aux autres, avant de les avoir interrogés sur toutes les charges; ainsi qu'il a été jugé par Arrêt de la Tournelle à Paris, du 24 Mai 1712, rapporté au Journal des audiences. Bruneau, titre XVII, max. 9, page 139, dit que ce seroit ôter aux accusés indirectement, le moyen de se défendre. Il cite à ce sujet Quintilien, & Dulub, liv. 12, titre I, chapitres XI & XII.

ARTICLE III.

*Nos Procureurs, ceux des Seigneurs, & les parties civiles,
pourront donner des mémoires au Juge pour interroger l'accusé, tant sur les faits portés par l'information, qu'autres,
pour s'en servir ainsi qu'il avisera.*

Cet Article permet aux parties publiques & aux parties civiles, de
donner au Juge des mémoires pour interroger l'accusé, tant sur les faits
de l'information *qu'autres*. Mais il a ajouté que le Juge s'en servira
comme il avisera. Ce qui le rend maître d'en faire usage ou non. Si
une partie civile inséroit dans ses mémoires des faits étrangers auxquels
elle n'auroit aucun intérêt, elle contreviendroit aux regles qui ont été
expliquées sur l'article I, du titre 3, n. 1. Le Juge pourroit cependant
pour le bien public interroger l'accusé sur ces faits étrangers ; ces mémoires
seroient regardés comme une dénonciation qui autoriseroit la partie publique
à faire les poursuites par une procédure séparée, pour venger les crimes dénon-
cés, par la même raison, un Juge, peut d'Office interroger l'accusé sans
mémoires sur des faits concernant un autre crime, dont il auroit eu
avis ; sur-tout si l'accusé étoit mal famé.

Il est d'usage de ne recevoir les mémoires dont parle cet article, que sur
du papier timbré & signés comme les plaintes ; tant parce qu'autrement
on ne pourroit les viser dans les actes de la procédure & le Jugement,
que parce qu'ils peuvent tirer à grande conséquence ; comme il vient
d'être observé. Et qu'ils pourroient être désavoués.

ARTICLE IV.

*Il sera procédé à l'interrogatoire au lieu où se rend la Justice,
dans la Chambre du Conseil ou de la géole : défendons aux
Juges de les faire dans leurs maisons.*

1. Cet article souffre deux exceptions, celle de l'accusé pris en flagrant
délit, & arrêté à la clameur publique ; l'autre quand le Juge se trouve
dans le lieu où se fait la capture, si c'est dans son ressort. Il y en a même
une troisieme, qui est, quand l'accusé est malade dans sa maison ou ailleurs :
La nécessité d'avoir promptement ses réponses, autorise le Juge à s'y
transporter pour les recevoir. Il y a aussi d'autres cas où la regle de
cet article n'auroit pas lieu. C'est celui d'une Religieuse décrétée d'ajournement personnel qui pourroit être entendue dans le parloir de son cou-

vent. *Idem* du cas où un Juge s'est transporté sur les lieux, pour faire la confrontation des témoins ; s'il survenoit de nouvelles charges, il pourroit encore interroger l'accusé dans son logis. On trouve au Journal des audiences, un Arrêt du Parlement de Paris, du 12 Mars 1712, qui a permis de faire des confrontations en campagne dans une auberge, ce qui décide également le cas des interrogatoires, puisque les confrontations ne peuvent aussi être faites à l'hôtel du Juge, ainsi qu'il va être expliqué au nombre suivant.

2. Cet article de l'Ordonnance, ne parlant que des interrogatoires, il paroît que les informations, recollements & confrontations, pourroient être faits dans l'Hôtel du Juge. Il est cependant certain que les confrontations ne peuvent être faites que dans l'auditoire, au Greffe, ou dans les prisons ; car l'Ordonnance de 1536, pour la Bretagne, article XV, porte que les confrontations seront faites dans les prisons fermées, & l'article XII, du titre XV ci après, veut que l'accusé soit en prison pendant la confrontation ; ce qui donne bien à entendre qu'elle ne sera pas faite dans la maison du Juge.

Il n'en est pas de même des informations. Aucune Ordonnance n'a défendu aux Juges, de les faire dans leurs maisons. Cependant Muyart de Vouglans, dans ses Instituts imprimées en 1757, page 120, partie 4, chapitre I, rapporte un Arrêt du Parlement de Paris, du 10 Juin 1711, par lequel il a été enjoint au Lieutenant criminel de Blois, lorsqu'il procédera aux interrogatoires & à toutes les instructions qu'il écherra faire en la ville de Blois ; de les faire dans le lieu où se tient la Jurisdiction du Bailliage de Blois ; sans pouvoir à l'avenir faire aucun interrogatoire ou autre instruction criminelle dans sa maison, sauf toutefois en cas de maladie des témoins ou des accusés, étant en décret d'ajournement personnel, ou de soit ouï, de pouvoir par ledit Juge, se transporter au lieu où ils sont malades, pour faire ladite instruction ; & sans rien innover à l'égard des accusés prisonniers, en cas qu'il soit d'usage de procéder aux instructions contr'eux en la chambre de la Géole, & sans préjudice aussi, en cas du flagrant délit, d'interroger les accusés dans le lieu où ils auront été arrêtés, ou autre lieu convenable. Comme aussi dans le cas d'exoine, à l'égard de ceux qui sont en décret de prise de corps.

Cet Arrêt rendu pour le Présidial de Blois, peut l'avoir été sur des motifs particuliers ; nous n'avons aucune Ordonnance, qui ait fait aux Juges ordinaires une obligation de procéder aux informations & aux recollements dans leurs maisons. Et même cette Ordonnance de 1670, n'exigeant l'instruction dans les auditoires que pour les interrogatoires & confrontations ; elle permet tacitement de faire le reste de l'instruction ailleurs. L'article XXIX du réglement général de la Chambre Souveraine séante à Poitiers, du 15 Janvier 1689 ne l'exige aussi que pour les interrogatoires. Lange dans sa Pratique criminelle, à la fin du chapitre 12, rapporte un Arrêt du
Parlement

Parlement d'Aix, du 6 Janvier 1677, qui a déclaré nuls, des recollements & confrontations faits en la maison du Juge ; mais il ajoute qu'il
semble que les recollements, même ceux qui valent confrontation,
peuvent y être faits, parce que ce font de simples instructions qui se font
en l'absence de l'accusé ; & il croit encore qu'il n'y a point de nullité
pour les confrontations qui sont faites en conséquence d'un décret d'a-
journement personnel, si l'accusé veut bien aller en la maison du Juge ;
& effectivement, nous n'avons à l'égard des confrontations que l'article
XII, du titre XV, qui porte que les accusés seront en prison pendant la
confrontation. Ce qui ne concernant que les décrétés de prise de corps,
il suit que les décrétés d'ajournement personnel ou de soit ouï, pourroient
être confrontés aux témoins dans la maison du Juge ; il faut une Loi
prohibitive & expresse pour former une nullité : il est cependant
vrai que l'usage est de faire dans l'auditoire, dans les prisons, ou aux
Greffes, toutes sortes de confrontation : mais pour le surplus de l'instruction, il n'y a que l'Arrêt de 1711, concernant le Bailliage de Blois, qui
doit être regardé comme un usage particulier qui ne peut faire Loi dans les
autres Sièges. Il se trouve en entier dans le traité Criminel de Du Rousseau,
cinquieme édition, p. 349. Voyez le Réglement pour le Duché pairié de
Richelieu, du 21 Avril 1679, au Journal des Audiences, tome 4, p. 50 :
il porte que les interrogatoires, recollements, confrontations & répéti-
tions d'Officiers, seront faits en la Chambre du Conseil. Voyez encore
l'article V, du titre XV, n. 2.

Il faut cependant convenir que mes Prédécesseurs & les Juges des Justices inférieures qui s'exercent à Autun, étoient aussi dans l'usage de faire
les informations dans les Auditoires ; ce qui m'obligea de présenter requête
au Parlement de Dijon, dans laquelle j'exposai les moyens & raisons qui
viennent d'être détaillées pour prouver que toute l'instruction pouvoit être
faite dans la maison du Juge ; à la reserve des interrogatoires & confrontations ; je ne pus cependant obtenir qu'un premier Arrêt qui ordonna
que ma requête seroit communiquée au plus ancien Officier de notre
Siege, qui m'ayant été favorable, la Cour par un second Arrêt du 31
Mars 1730, m'autorisa à procéder en mon hôtel, à l'audition des témoins,
à leur recollement, & à toutes autres instructions des procès criminels ;
excepté les interrogatoires & confrontations auxquels je serois tenu de
vaquer au lieu où se rend la Justice ; & ce nonobstant tous usages à ce
contraires : mais les autres Juges de la ville ne s'exposent pas à user du
même droit dans la crainte de faire des procédures irrégulieres & contraires
à un usage fort ancien qui paroît avoir pris sa source dans la Déclaration
du Roi du 22 Avril 1636, qui, article X, porte : " Ne pourront les
„ Prévôts de Maréchaussée, travailler à l'instruction des procès que dans
„ les prisons, & non dans leurs logis. „

Brillon, tome 4, p. 489, n. 24, rapporte un Arrêt du 7 Juin 1673,
qui a jugé qu'une information faite ailleurs que dans l'Officialité, n'étoit

pas abusive ; si les Officiaux qui n'ont point de territoire, peuvent informer hors de leur prétoire, à plus forte raison, les Juges Laïcs qui en ont
un certain, peuvent faire l'instruction criminelle dans toute l'étendue de
leurs Justices. On trouve au Journal des Audiences, tome 6, p. 164, un
Arrêt du 31 Décembre 1711, qui a défendu de faire les recollemens
dans les maisons ; & *ibidem*, p. 184. Autre Arrêt du 12 Mars 1712, qui
a jugé que toute la procédure peut être faite dans une hôtellerie, en cas
de transport du Juge.

Dans le ressort du Parlement de Paris, il n'y a que les informations
qui puissent être faites dans les maisons des Juges : suivant l'article XVII
du Réglement général, fait par cette Cour le 10 Juillet 1665, qui porte
que tous Juges seront tenus de faire toutes expéditions dans le Siege, à
l'Audience, ou Chambre du Conseil, sans pouvoir exercer aucun acte de
Jurisdiction dans leurs maisons, sinon pour les élections de tuteurs & curateurs, avis de parents, partages, enquêtes, *informations*, interrogatoires
en matiere civile, compulsoires, reddition de comptes, rapports de visi-
tations, appréciations, extraits, collations, comparaisons de seings &
écritures, vérifications d'icelles, réceptions de cautions, taxes de dépens
& liquidations de dommages & intérêts. Ce Réglement quoiqu'antérieur
à l'Ordonnance, est encore exécuté ; car M. Jousse qui le rapporte,
tome 1, de son recueil d'Edits, p. 624, cite plusieurs Arrêts rendus en
exécution du même article XVII ; savoir, un du 23 Juillet 1676, contre
les Officiers de Mazarin. Un Réglement de 1714, pour Pontchartrin,
un autre du 25 Février 1683, pour la Connétablie ; & un autre du 21
Avril 1679, pour Richelieu. Cet Auteur en a omis deux plus récents
de 1740 & de 1752, qui seront rapportés sur l'article V du titre XV,
n. 2 ; parce qu'ils ont cassé des recollemens faits dans les maisons des
Juges : il suit de toutes ces autorités que dans le ressort du Parlement
de Paris, il n'y a que les informations qui puissent être faites hors les
auditoires, & que tout le reste de l'instruction criminelle ne peut être fait
dans les maisons des Juges ; il y a cependant souvent des incidents au
sujet desquels ils dressent à leur hôtel des verbaux & autres actes.

3. Par Arrêt du Parlement de Paris du 28 Avril 1673, il a été enjoint
à tous Seigneurs d'avoir des auditoires pour rendre la Justice, avec
défenses à leurs Officiers de la rendre sous les porches des Eglises, dans
les cimetieres ou dans les cabarets, à peine d'interdiction. Journal des
Audiences, liv. 7, chap. 5, tome 3, p. 538.

4. Le Juge d'Eglise, lors des interrogatoires d'un accusé Ecclésiastique,
a la parole, lorsqu'il instruit conjointement avec le Juge royal ; mais il
n'a pas droit de dicter les verbaux ou préambules des actes du Juge
Laïc. Voyez les observations sur l'article XIII, du titre I, n. 15.

5. Un Ecclésiastique accusé de fait de chasse, doit être interrogé par
le Juge d'Eglise & un Juge Laïc, parce que ce délit est une contravention aux Ordonnances qui forment un cas privilégié ; mais dans ce cas,

ce n'est pas le Lieutenant Criminel qui doit être appellé à l'interrogatoire. On trouve dans les Loix Criminelles, tome 2, p. 293, un Arrêt
du Conseil du 6 Mars 1703, rendu sur la requête des Agents Généraux du Clergé, sur ce que le Lieutenant Général de la Table de Marbre
de Bordeaux, refusoit de se transporter à l'Officialité, & avoit même
rendu plusieurs Ordonnances portant que l'accusé Ecclésiastique par lui
décrété, se rendroit au Siege de la Table de Marbre pour être interrogé ;
& qu'à cet effet, l'Official seroit appellé : en conséquence, il avoit interrogé seul l'accusé. Les Agents Généraux remontrerent que le Lieutenant
Général diroit en vain qu'il étoit Juge d'appel, puisque les Lieutenants
Criminels qui le sont aussi, sont obligés de se transporter dans les Officialités, suivant les Déclarations de 1678 & 1684 ; l'Arrêt du Conseil
ordonna que le Lieutenant Général de la Table de Marbre, ou autre
Officier du Siege, suivant l'ordre du tableau, seroit tenu de se transporter
en l'auditoire de l'Officialité, pour procéder conjointement avec l'Official
à l'instruction du procès de l'Ecclésiastique accusé, sans avoir égard aux
procédures faites auparavant sans Official, qui furent déclarées nulles : on
trouve cependant dans Lapeyrere, lettre C, n. 12, p. 42, au mot *chasse*,
un Arrêt du 17 Juin 1713, qui a jugé que les Officiers de la Table de
Marbre, peuvent condamner un Ecclésiastique à une amende de cent livres,
pour fait de chasse, sans appeller l'Official. Apparamment qu'il n'avoit
pas demandé son renvoi, & qu'il n'avoit pas été revendiqué. Voyez sur
l'article XIII du titre I, n. 14.

6. Si le Juge royal, quoique invité par sommation signifiée à son Greffe,
négligeoit de se transporter dans l'Officialité pour interroger un accusé
Ecclésiastique, l'Official ne seroit pas en droit de passer outre, & d'instruire seul : tout ce qu'il feroit sans le Juge royal, seroit nul, suivant
l'Arrêt du Conseil de 1703, qui vient d'être rapporté au nombre précédent : on en trouve un pareil du Parlement de Paris du 4 Juin 1707,
dans le Journal des Audiences. M. Jousse sur l'article XXXVIII de l'Edit
de 1695, p. 295, observe que cette instruction est tellement conjointe,
que si depuis le renvoi, ou après avoir appellé le Juge royal, l'Official
informe, ou fait quelqu'autre procédure sans le Juge royal ; tout ce qu'il
a fait, & qui s'en est ensuivi, est nul ; ainsi qu'il a été jugé par Arrêt
du Parlement de Paris du 31 Janvier 1702, & par autres des 12 Janvier
1704, 20 Décembre 1710, & 18 Décembre 1723. Cet Auteur ajoute
qu'il en seroit de même de la procédure qui seroit faite par le Juge royal,
sans l'assistance de l'Official, depuis le renvoi : suivant l'Edit de 1678,
& l'Arrêt du Parlement de Paris du 31 Janvier 1702. Une partie de
ces Arrêts se trouve dans le Journal des Audiences, ainsi dans le cas
de refus de l'un des Juges, il faut se pourvoir à la Cour pour faire faire
des injonctions au Juge qui refuse, ou en faire commettre un autre.

7. L'instruction conjointe ne concerne que l'accusé Ecclésiastique ; le
Juge royal doit seul faire les interrogatoires des accusés Laïcs, s'il y en

a dans la même procédure ; mais s'ils chargent l'Ecclésiastique dans leurs réponses, même s'ils le déchargent, ils doivent être recollés par les deux Juges sur leurs interrogatoires ; parce que dans ce cas, le Laïc accusé sert de témoin pour ou contre l'Ecclésiastique accusé : ils doivent même lorsqu'ils sont à charge, aussi être confrontés les uns aux autres par les deux Juges ; ce qui auroit lieu, quand même les interrogatoires auroient été faits dans l'une des Jurisdictions, avant que l'un des Juges eût été appellé.

8. Le Juge royal doit, comme il vient d'être observé, interroger seul l'accusé Laïc, parce que l'Official n'a aucune Jurisdiction sur lui ; il est même en droit de refuser de comparoître pardevant lui, pour ce qui regarde les interrogatoires ; mais il ne peut refuser de comparoître pardevant les deux Juges pour être recollé dans ses réponses, parce que le recollement est absolument nécessaire au Juge d'Eglise pour reconnoître si dans les réponses de l'accusé Laïc, il y a des charges contre son accusé Ecclésiastique ; & si le Juge d'Eglise trouve qu'il y a charge ou décharge, il est en droit d'en demander un extrait qui ne peut lui être refusé aux frais du Promoteur ou de la partie civile, s'il y en a une ; il peut même encore requérir que l'accusé Laïc soit de nouveau interrogé par le Juge royal, pour ensuite être pareillement recollé & confronté par les deux Juges, s'il y échet.

Ces principes sont si certains que par Arrêt du Parlement de Paris du 14 Janvier 1713, rapporté au tome 6 du Journal des Audiences, p. 301, il a été jugé que l'Official peut assister à l'interrogatoire d'un accusé Laïc, subi pardevant le Juge royal seul, d'où l'on conclut que l'Official a droit de prendre communication de toute la procédure faite séparément dans la Jurisdiction Laïque, afin de connoître s'il y a quelque charge ou décharge au sujet de l'accusé Ecclésiastique : toutes ces maximes furent établies solidement par M. Talon, dans ses conclusions, au sujet de deux Ecclésiastiques accusés ; elles se trouvent dans les causes célebres, tome 9, p. 395. Voyez encore au sujet de l'instruction conjointe les observations sur l'article XIII du titre I, n. 7, & suivants.

ARTICLE V.

Pourront néanmoins les accusés pris en flagrant délit, être interrogés dans le premier lieu qui se trouvera le plus commode.

Il y a encore plusieurs autres cas où les accusés peuvent être interrogés hors l'auditoire, ils sont expliqués sur l'article précédent, n. 1 & 2.

ARTICLE VI.

Encore qu'il y ait plusieurs accusés, ils seront interrogés séparément, sans assistance de personne, que du Juge & du Greffier.

L'Ordonnance prend toutes sortes de précautions pour que les réponses des accusés soient secrettes ; elle ne veut pas qu'ils aient communication avec aucun parent, amis ou Conseil, avant d'être interrogés, elle veut qu'ils le soient séparément, & sans que personne y puisse être présent que le Greffier, parce qu'il n'est pas possible de s'en passer. Tout cela, afin que l'on ne puisse leur donner de mauvais conseils pour forger des systêmes contraires à la vérité, & qu'ils n'aient pas connoissance des réponses les uns des autres : c'est la raison pourquoi elle veut encore que les interrogatoires soient faits promptement : les Juges de leur côté, prennent encore d'autres précautions pour découvrir plus facilement la vérité. Ils commencent ordinairement par interroger les enfants, les filles ou les femmes les premieres, dans l'espérance qu'ils seront plus sinceres, & moins subtils pour déguiser la vérité.

Quoique cet article exige qu'il n'y ait que le Juge & le Greffier, il arrive souvent que le Juge ne se croyant pas en sûreté avec de certains accusés violents, ne laisse pas de faire rester dans la chambre, le Géolier, ou quelques Cavaliers, pendant les interrogatoires, ainsi qu'il a été expliqué sur l'article I de ce titre, n. 4 ; ils peuvent même faire mettre aux accusés des menotes aux mains, malgré le sentiment de ceux qui pensent le contraire, par les raisons expliquées sur l'article I de ce titre, n. 4 ; le Juge ne doit rien risquer.

ARTICLE VII.

L'accusé prêtera serment avant d'être interrogé ; & en sera fait mention, à peine de nullité.

Il y eut, lors des conférences sur cet article, une savante dissertation sur la question de savoir s'il étoit à propos d'exiger des accusés le serment de répondre vérité. Les uns de Messieurs les Commissaires remontrerent que l'on vouloit faire une Loi de ce qui n'avoit jusqu'alors été qu'un usage, qu'il n'étoit pas à présumer que la Religion du serment pût porter un accusé à déclarer des faits capables de lui faire perdre la vie ; que les Docteurs formoient à ce sujet un espece de combat entre les deux plus saintes obligations ; savoir, le droit naturel qui oblige l'homme à conserver sa vie, & la Religion du serment qui l'engage & le nécessite de dire la vérité : que l'Ordonnance de 1539, article CXLVII, ne parloit pas du serment des accusés, & que les autres Ordonnances n'en faisoient aussi aucune mention ; que le sentiment de plusieurs grands Magistrats y étoit opposé ; que les Romains ne l'avoient pas pratiqué au Criminel ; & que pour monter à l'origine, les Athéniens n'exigeoient pas aussi le serment des accusés ; qu'à l'égard de l'Allemagne & de l'Empire, les Ordonnances n'en font aucune mention ; ensorte que l'usage contraire n'étant établi ni par le Droit Civil, ni même par le Droit Canon, & étant opposé aux Loix de toutes les nations ; & d'ailleurs, étant notoire qu'il ne sert jamais à découvrir la vérité ; il ne falloit pas faire une Loi de ce qui ne l'avoit jamais été pour réduire un accusé au parjure.

D'autres de Messieurs les Commissaires répondirent qu'il n'est permis en aucun cas de faire un mal, pour qu'il en arrive un plus grand bien ; que la Loi naturelle se trouvant combattue par celle du Christianisme, elle lui doit incontestablement céder, n'étant pas douteux que la mort ne soit préférable à un péché mortel ; que s'il étoit permis de faire un faux serment pour sauver sa vie, on croiroit aussi qu'il seroit permis pour sauver son honneur & son bien ; que l'usage du serment étoit très ancien, qu'il étoit si essentiel, que l'omission annulloit l'interrogatoire, & qu'il se trouvoit des consciences timorées que la crainte du parjure pourroit engager à dire la vérité ; que malgré le sentiment de quelques nouveaux casuistes, les Chrétiens doivent dire la vérité en toutes occasions ; que quoique l'obligation de conserver sa vie, soit de droit naturel, & même que la Religion y oblige, cela doit s'entendre par des moyens justes, & non par le secours du mensonge & de l'imposture, qu'il étoit constant qu'en Espagne, en Italie, & autres nations de l'Europe, on faisoit prêter le serment aux accusés, & que la même chose se pratiquoit en France depuis plus d'un siecle : ces observations & autres qui se trouvent plus au long détaillées dans le procès verbal qui en fut dressé, produisirent pour la premiere fois une Loi précise pour l'obligation du serment des accusés lors de leurs réponses. M. Talon observa aussi qu'il auroit été périlleux d'abroger un pareil usage, parce que ç'auroit été approuver les opinions scandaleuses & erronées de quelques Casuistes qui permettent de mentir en conscience : il est cependant notoire qu'effectivement, il y a presque autant de parjure dans cette occasion que de serment ; mais on ne peut punir l'accusé pour un pareil faux serment, de même que l'on ne punit pas un témoin qui dénie ou cele ce qui peut tourner à sa propre infamie : c'est le cas de dire que les parjures de l'accusé & du témoin, *habent Deum solum ultorem.*

ARTICLE VIII.

*Les accusés, de quelque qualité qu'ils soient, seront tenus de
répondre par leur bouche, sans le ministere de Conseil qui ne
pourra leur être donné, même après la confrontation, nonobstant tous usages contraires que nous abrogeons, si ce n'est
pour crime de péculat, concussion, banqueroute frauduleuse,
vol de commis ou associés en matiere de finance ou de ban-
que, fausseté de pieces, supposition de part, & autres crimes,
où il s'agira de l'état des personnes ; à l'égard desquels les
Juges pourront ordonner, si la matiere le requiert, que les
accusés après l'interrogatoire, communiqueront avec leur conseil ou leurs commis : laissons à la Religion des Juges d'examiner avant le Jugement, s'il n'y a point de nullité dans la
procédure.*

1. Chez les Romains, & même en France, avant l'Ordonnance de
1539, un accusé se défendoit par Avocat, même dans les plus grands
crimes ; mais on a trouvé qu'il étoit plus à propos d'obliger les accusés
de se défendre par leurs bouches ; c'est-à-dire, par eux-mêmes, & sans
aucun mémoire ou instruction à la main ; parce que ce mémoire pourroit
leur avoir été donné ou dicté pour obscurcir la vérité par des subtilités
& chicanes que les conseils pourroient inventer.

Lors des conférences sur cet article, M. le premier Président observa
que l'on accordoit aux accusés plus en certains cas que l'usage d'alors ne
le permettoit ; & que dans d'autres, on leur ôtoit ce que les Juges jusqu'alors leur avoient conservé ; que dans l'usage on ne permettoit en
aucun cas communication avec un conseil, qu'après la confrontation ; que
le conseil quelquefois ne leur sert que pour tirer les procès en longueur,
& faire échapper les Criminels des mains de la Justice ; que d'un autre
côté, si des conseils avoient sauvé des coupables, il pourroit arriver
que faute de conseils, des innocents périroient ; que le conseil est de droit
naturel plus ancien que toutes les Loix humaines ; qu'à la vérité, il ne
falloit pas l'accorder aux accusés, quand il n'est question que d'un simple
fait ou d'une action pour laquelle l'accusé n'a qu'à dénier ou avouer ;
mais que quand il y a beaucoup de procédure, & un grand nombre de
faits qui demandent une longue discussion, on ne pouvoit ôter ce secours
à l'accusé, quand même il ne seroit pas accablé de sa disgrace ; qu'il n'y
avoit point de différence entre la communication avec un commis & avec
un conseil, parce que les commis pouvoient consulter ; que par conséquent

il étoit bon de défendre de donner un conseil, si la qualité de la matiere ne le requiert pas, mais que l'on ne pouvoit déterminer tous les cas où les Juges doivent l'accorder, parce que la malice n'a point de bornes, qu'il se pourroit rencontrer des cas où l'accusé auroit plus besoin de conseil que dans ceux qui sont détaillés dans l'article, &c.

M. Pussort répondit que l'expérience faisoit connoître que le conseil se croyoit permis de procurer par toutes sortes de voies l'impunité, qu'il étoit vrai que chez les Romains, & en France, avant 1539, l'accusé se défendoit par Avocats dans les plus grands crimes; mais que l'on n'a jamais mieux reconnu le désordre que le conseil produisoit que dans la Chambre de Justice, où les plus grands procès n'ont été jugés que quand les accusés ont bien voulu en courir les risques; qu'il y a, à la vérité, des procès qui sont partie Civils, partie Criminels, comme le péculat, concussion & autres, où il est nécessaire que l'accusé communique avec ses commis; mais qu'il y en a d'autres où la communication seroit dangereuse, comme dans les cas prévôtaux, où il n'est question que de savoir si un accusé a fait un vol, ou un meurtre; & que les conseils sont féconds pour faire trouver des nullités, & faire naître des incidents; ce qui fait que pourvu que l'accusé puisse fournir aux frais, les expédients ne manquent pas.

Toutes ces réflexions & autres, qu'il seroit trop long de détailler, ne purent procurer aucun changement dans l'article, sinon que l'on y ajouta le crime de supposition de part, avec ces mots, *& autres crimes, où il s'agira de l'état des personnes.*

Voyez l'article CLXII de l'Ordonnance de 1539; il est conforme à celui-ci.

2. Cet article n'accorde un conseil aux accusés, que dans le cas dont il fait mention, & autres semblables; mais ce n'est qu'après l'interrogatoire, & même le Juge peut le refuser en toutes sortes de cas; tout est laissé à sa prudence, le Parlement de Paris accorde un conseil à ceux qui sont accusés de vol à l'Audience.

3. Lors des conférences sur cet article, il fut encore observé que les accusés avoient besoin de conseil, sur-tout pour examiner les nullités de la procédure; mais on répondit que par les derniers termes de l'article on y avoit pourvu, en laissant à la Religion des Juges à examiner s'il y avoit des nullités, personne ne les pouvant mieux connoître qu'eux, & que même les parents pourroient en faire des observations, & faire voir par requête les nullités: effectivement, il est constant que les parents d'un accusé présent & prisonnier, peuvent malgré lui, faire observer les nullités, ou qu'il s'est trompé dans ses réponses, qu'il n'a avoué le crime que par erreur; mais il faut que la cause de l'erreur soit justifiée, & cette cause qui est ordinairement fondée sur la surprise, la crainte ou le défaut d'intelligence peut être justifiée, non-seulement par l'accusé lui-même, mais encore par les peres & meres & ses parents, malgré lui. Voyez à ce sujet

les

les inſtitutes de Muyart de Vouglans, imprimées en 1757, partie 6, chap. 4, n. 6, p. 340 & 367; & Balde, ſur la Loi derniere, au Code de probat.

4. Les derniers termes de cet article de l'Ordonnance qui laiſſent aux Juges à examiner les nullités avant le Jugement, ont fait croire que le Juge d'inſtruction ne peut ſeul annuller une partie, des actes de ſa procédure qu'il reconnoît vicieuſe & irréguliere. Ce droit appartient aux Juges aſſemblés pour rendre le Jugement définitif; ils ſont alors maîtres de déclarer nul ce qui eſt contre les regles preſcrites par l'Ordonnance, le Juge d'inſtruction en convoquant la compagnie pour juger, l'a miſe dans le cas de voir ſi la procédure ſur laquelle elle doit opiner, eſt en état de recevoir un Jugement; elle a intérêt d'en rendre un régulier, & d'ailleurs, l'objet de l'Ordonnance a été de ſuppléer au défaut de lumieres de l'accuſé qui n'eſt pas en état de connoître les nullités qui ſe pourroient trouver dans la procedure; mais avant le Jugement & dans le cours de l'inſtruction; il ſemble que le Juge qui y procede, peut ſeul déclarer nuls les actes qui pechent par quelque défaut de formalité, ſuivant l'article XIV, du titre VI, des informations qui ne parle pour cela que d'un Juge ſeul. Voyez cependant les obſervations ſur le même article XIV; il faut aſſembler la compagnie.

5. Quand un Juge eſt tombé dans une faute, il y a de ſa part de la prudence de la reconnoître & de la réparer; on ne peut dire qu'il ſe réforme lui-même, lorſqu'il annulle ce qu'il a fait, puiſqu'il y eſt expreſſément autoriſé par l'article XIV, du titre VI; il eſt plus à propos qu'il le faſſe lui-même, que de s'expoſer à voir annuller en cauſe d'appel, & à plus grands frais tout ce qu'il a fait; car après le jugement, le Juge ſupérieur étant ſaiſi par une aſſignation ſur l'appel, il ne ſeroit plus en droit d'y pourvoir; ainſi qu'il a été jugé par Arrêt du Parlement de Paris du 7 Decembre 1726, rapporté par Du Rouſſeau, dans ſa Juriſprudence canonique, au mot *Official*, n. 3, p. 8.

6. Le Juge peut non-ſeulement annuller ſa procédure de l'avis de ſa compagnie pendant l'inſtruction, ou en voyant le procès pour le juger; mais il peut encore déclarer nulle celle qui a été faite dans une autre Juriſdiction, lorſqu'il eſt obligé de la continuer ou de la joindre à la ſienne, & même s'il la continuoit ſans en réparer les nullités, il en deviendroit garant, ſuivant qu'il a été jugé par pluſieurs Arrêts rapportés ſur l'article XIV, du titre VI des informations, n. 3.

7. Si un Lieutenant Criminel étoit appellé par l'Official pour continuer une procédure dans laquelle il reconnoîtroit des nullités, il ſe trouveroit fort embarraſſé: le Juge royal ne peut ſeul, ni avec ſa compagnie, caſſer la procédure du Juge d'Egliſe; mais il pourroit inviter l'Official de le faire lui-même, & de réparer les vices dont elle ſeroit infectée, comme il en a le droit en aſſemblant des gradués; ainſi qu'il vient d'être expliqué aux nombres précédents; & ſi l'Official refuſoit de le faire, le Lieutenant

Criminel pour ne pas devenir garant des nullités d'une procédure qu'il continueroit, & pour ne pas risquer la sienne, n'auroit point d'autre parti à prendre que d'ordonner que le Procureur du Roi se pourvoiroit à la Cour, & que jusqu'à ce, il seroit sursis à toute instruction.

M. l'Avocat général Talon, lors de ses conclusions, à l'occasion de deux Ecclésiastiques dont l'histoire est rapportée dans les causes célèbres, tome 9, p. 369, observa en 1727, que si l'Official a fait imprudemment quelque faute, il faut suivre l'usage qui est de lui laisser comme aux autres Juges le pouvoir de la réparer; sans quoi les Juges seroient obligés de cesser l'instruction de leurs procédures; les crimes demeureroient impunis, & les preuves dépériroient. Si un Juge continuoit une procédure irréguliere, il ajouteroit des actes inutiles à des actes vicieux, & multiplieroit les frais qui tomberoient sur lui.

Quand la Cour annulle une procédure, & qu'elle ne laisse subsister qu'une partie des dépositions, le Juge qui la recommence, doit décerner de nouveau les décrets. Voyez Du Rousseau, cinquieme édition, p. 20.

ARTICLE IX.

Pourront les Juges après l'interrogatoire, permettre aux accusés de conférer avec qui bon leur semblera, si le crime n'est pas capital.

L'article XVI, du titre XIII, des prisons, défend aux Géoliers de permettre la communication de quelque personne que ce soit avec les prisonniers, avant leurs interrogatoires, & même après, s'il n'est ainsi ordonné par le Juge; & le présent article défend aux accusés toute communication, si le crime est capital; mais il laisse au Juge la faculté de leur permettre de conférer avec quelqu'un, si le crime n'est pas capital: on peut concilier ces deux articles par rapport aux termes différens dont ils se servent; celui-ci parle de *conférer*; ce qui peut s'entendre d'un Avocat au Conseil, avec lequel le prisonnier auroit conféré au sujet du crime dont il est accusé; au lieu que l'autre article se sert du terme *communiquer*; ce qui peut s'entendre des parents & amis avec lesquels l'accusé communiqueroit de ses affaires particulieres, & domestiques après l'interrogatoire. Dans tous les cas, c'est au Juge à permettre aux accusés de conférer ou communiquer avec d'autres, pourvu que le crime ne soit pas capital.

ARTICLE X.

Les hardes, meubles, & pieces servant à la preuve, seront représentés à l'accusé lors de son interrogatoire, & les papiers & écritures paraphés par le Juge & l'accusé ; sinon sera fait mention de la cause de son refus, & sera l'interrogatoire continué sur les faits & inductions résultantes des hardes, meubles, & pieces ; & l'accusé sera tenu d'y répondre sur le champ, sans qu'il lui en soit donné aucune autre communication, si ce n'est ès cas mentionnés en l'article VIII, ci-dessus : après néanmoins que l'interrogatoire aura été achevé.

1. L'article XXXI de l'Ordonnance de 1737, concernant le faux principal, porte que lors de l'interrogatoire de l'accusé, les pieces prétendues fausses, comme aussi les pieces servant à conviction qui seront actuellement au Greffe, lui seront représentées ; & par lui paraphées, s'il peut ou veut le faire, sinon qu'il en sera fait mention ; & qu'en cas d'omission de ladite représentation & paraphe, il y sera suppléé par un nouveau interrogatoire ; à peine de nullité du Jugement qui seroit intervenu, sans avoir réparé ladite omission. Suivant cette Ordonnance, en tout état de cause, cette représentation peut être faite, même dans les interrogatoires d'Office ; mais il est plus régulier de la faire lors des premiers interrogatoires, avec d'autant plus de raison qu'elle est quelquefois nécessaire lors des confrontations, quoique faite dans les interrogatoires.

Pour l'instruction & vérification des pieces. Voyez le titre III de la même Ordonnance de 1737.

Arrêt du Parlement de Paris, concernant la représentation des pieces à l'accusé, du 20 Avril 1717. Louis, &c. La Cour déclare la procédure nulle, ordonne qu'à la requête du Procureur Général, poursuite & diligence de son substitut en la Sénéchaussée de Riom, le procès sera de nouveau fait à Noël Dubois de Nerville, par le Lieutenant Criminel audit Siege : enjoint au Lieutenant Criminel de Cusset, en procédant à l'instruction des procès Criminels, lorsqu'il écherra de dresser procès verbal des pieces servant à conviction ; de faire une exacte description de l'état d'icelles en présence des parties civiles, s'il y en a ; sinon du Substitut du Procureur Général du Roi, & de les parapher & faire parapher par iceux en la forme prescrite par l'Ordonnance.

2°. De faire déclarer précisément aux témoins lors de leurs dépositions, s'ils sont parents, alliés ou serviteurs des parties, & n'insérer pareillement dans le corps des dépositions, aucunes interlignes ni interrogatoire fait au témoin.

3°. Lorsque le témoin représentera quelques pieces servant à conviction, de les parapher & faire parapher par icelui, de n'insérer aucune entreligne dans les interrogatoires, & de signer & faire signer les renvois par les accusés. *Nota*, quand un témoin ou un accusé parle d'un effet qui lui est représenté, il faut le faire parapher ; & à cet effet, si c'est *v. g.* un couteau, on fait comme le pratiquerent MM. les Commissaires dans la procédure de l'infâme Damiens, ils firent joindre & cacheter sur le manche du couteau, une demie feuille de papier timbré, sur lequel ils firent mettre les paraphes ; & en le représentant aux témoins lors de leurs dépositions, s'ils le reconnoissoient ; ils faisoient écrire ces mots : *& a le témoin paraphé ledit couteau sur une bande de papier, ayant été par nous ci-devant paraphé.* Si le témoin ne sait pas signer, on fait mention dans sa déposition qu'il n'a pas paraphé, parce qu'il ne sait pas signer : le paraphe n'étant autre chose que la signature.

4°. De représenter aux répondants les pieces servant à conviction, lesquelles seront par lui paraphées, & par le Juge, si elles ne l'ont déjà été.

5°. Si l'accusé refuse absolument de répondre aux interrogatoires qui lui seront faits, ledit Juge sera tenu de signer & faire signer par ledit accusé son procès verbal, sinon de faire mention de son refus ; & ne pourra être accordé audit accusé un plus long délai pour répondre, que celui de vingt-quatre heures.

6°. Enjoint pareillement audit Lieutenant Criminel de Cusset, d'approuver toutes les ratures qui se trouveront dans les procédures par lui faites, comme aussi de représenter à l'accusé les pieces de comparaison qui seront fournies ou par la partie civile, ou par le Substitut du Procureur Général du Roi, pour ledit accusé en convenir ou les contester ; & s'il en convient être paraphées par lui & par le Juge qui en ordonnera la réception ; & si lesdites pieces sont contestées par l'accusé, ou s'il refuse d'en convenir, ledit Juge en dressera procès verbal pour pourvoir après qu'il aura été communiqué au substitut du Procureur Général, & à la partie civile, s'il y en a, sur la réception ou rejet desdites pieces de comparaison : lors duquel procès verbal de contestation, lesdites pieces de comparaison seront paraphées comme dessus est dit ; duquel paraphe sera fait mention audit procès verbal, ou de la raison pour laquelle l'accusé ne les sauroit parapher.

7°. Ensemble de donner à chacun Expert les pieces de comparaison, & celles qui doivent être vérifiées séparément, pour lesdites pieces être vues par eux, & examinées à loisir ; le tout sous les peines portées par l'Ordonnance : fait en Parlement le 20 Avril 1717. *Signé* PORTAIL PERRAND. Journal des Audiences, tome 6, partie 2, liv. 7, chap. 35, p. 443 : l'Ordonnance de 1737, titre III, a fait des changements à ces regles.

2. L'Article XLI de l'Ordonnance du faux principal de 1737, ordonne

la même chose pour les pièces que l'accusé peut lui-même représenter lors de ses réponses ; l'article XLII permet de les représenter lors des confrontations, & veut qu'elles soient jointes au procès ; ce qui prouve l'erreur de ceux qui croient que l'on ne peut joindre au procès des pieces représentées par l'accusé, que lors du Jugement, sous prétexte que ce n'est qu'alors qu'il peut être admis à ses faits justificatifs.

3. Cet article de l'Ordonnance ne prononce pas la nulliré en cas d'o-mission de représenter à l'accusé les pieces & effets servant à conviction ; mais l'article XXXI du titre I, de celle de 1737, qui vient d'être citée au n. 1, la prononce à l'égard du Jugement seulement.

Outre les hardes & effets dont parle cet article de l'Ordonnance, & appartenant à l'accusé, il peut y avoir encore des armes, bâtons, ou autres instruments trouvés sur la place où le crime a été commis ; ils doivent également être représentés à l'accusé lors de ses interrogatoires ; il en est de même de toutes les pieces de conviction, trouvées dans sa maison ou ailleurs.

4. On peut obliger un accusé décrété d'ajournement personnel ou de soit ouï, à élire domicile dans le lieu de la Jurisdiction, lors de ses réponses ; afin que s'il est ordonné qu'il répondra de nouveau, ou qu'il soit nécessaire de lui faire signifier quelques actes, on puisse s'adresser à ce domicile élu : c'est la disposition de l'article XXIII de l'Ordonnance de 1539, citée dans les Loix criminelles, tome 1, p. 310, où l'Auteur, parag. 6, chap. 25, observe que tout ce qu'une partie qui n'est pas en prison, est obligée de faire, quand elle comparoît en personne ; c'est d'élire domicile dans le lieu où le procès est pendant. J'ai vu des accusés qui m'ont refusé de faire cette élection de domicile, quoiqu'ils le pussent ayant des connoissances, même des parents dans la ville ; sur ce refus, avant de signer leurs réponses, je les ai menacés de les assigner d'Office à un jour fixe pour subir de nouveaux interrogatoires, à peine d'être leur décret converti en un autre plus fort ; alors ils ont obéi.

ARTICLE XI.

*Si l'accusé n'entend pas la Langue Françoise, l'interprete ordi-
naire, ou s'il n'y en a point, celui qui sera nommé d'Office
par le Juge, après avoir prêté serment, expliquera à l'accusé
les interrogatoires qui lui seront faits par le Juge, & au
Juge les réponses de l'accusé; & sera le tout écrit en Langue
Françoise, signé par le Juge, l'interprete & l'accusé: sinon
mention sera faite de son refus de signer.*

Cet article ne parle que du serment de l'interprete, parce que l'article
VII de ce titre a parlé de celui de l'accusé; ainsi ils doivent tous deux
prêter serment en présence l'un de l'autre dans tous les actes de la procédure.

2. Lors des conférences sur cet article, M. le premier Président observa,
qu'il y a des François d'une Province qui n'entendent pas le langage
de ceux d'une autre Province du Royaume; qu'un bas-Breton n'entend pas le françois, tel que le parlent les Parisiens, & qu'il étoit
nécessaire de l'expliquer. Sur ces observations on changea les termes du
projet de cet article qui portoit: *si l'accusé est étranger & n'entend pas la
langue françoise*, on retrancha le mot, *étranger*, en sorte qu'il suffit de
ne pas entendre la langue françoise, telle que le Juge la parle; pour
qu'il soit besoin d'interprete, sans s'embarrasser si l'accusé est regnicole,
ou non.

Le Juge est présumé entendre & parler bon françois, mais les témoins
peuvent avoir un jargon ou langage particulier que l'accusé n'entendroit
pas. L'intention de l'Ordonnance, est que l'accusé puisse se faire entendre
au Juge & aux témoins, & que ceux-ci puissent entendre l'accusé; dès
que les uns ne peuvent comprendre le langage des autres, il faut un
interprete, on ne condamne pas un accusé sans l'entendre, & sans qu'il
puisse comprendre les cas qui lui sont imputés, & faire entendre ses moyens
de justification, tant aux témoins qu'aux Juges.

Lorsque le Juge se transporte dans les prisons pour interroger un
accusé, & qu'il n'entend pas ce que cet accusé lui dit, ni qu'il ne
peut en être entendu, il dresse son procès-verbal de ce qui s'est passé
dans cette occasion, & s'il s'apperçoit qu'il y a de la malice, il communique son procès-verbal à la partie publique, qui requiert qu'il soit sommai-
rement informé du fait, comme cela se pratique à l'égard des muets ou
sourds aussi soupçonnés d'affectation & de malice, & dont il sera parlé
sur l'article I, titre XVIII.

3. Si le Juge se trouve obligé de nommer d'office un interprete, les

interrogatoires sont faits à l'ordinaire, sinon que le Juge les fait à l'accusé en présence de l'interprete, qui en confere avec l'accusé, & rend ensuite au Juge sa réponse. *Interrogé, &c. l'interprete après avoir conféré avec l'accusé, a répondu, &c. Idem.* Dans les confrontations & autres procédures, l'interprete & l'accusé signent tous les Actes; car cet article suppose que l'interprete fait signer. Cependant on est souvent obligé de se contenter d'un qui ne le fait pas; on n'est pas toujours dans le cas de choisir. Celui qui est nommé interprete est payé sur le domaine du Roi, à raison de quatre livres par jour, suivant l'Arrêt du Conseil, du 23 Janvier 1742, rapporté sur l'article XIII, du titre VI; & lorsqu'il y a partie civile, les interpretes sont taxés comme des témoins, ou plus, à l'arbitrage du Juge. Car cet Arrêt du Conseil, ne concerne que les frais qui sont à la charge du domaine.

Tous les Auteurs recommandent aux Juges de nommer, autant qu'il est possible, des interpretes d'une probité reconnue: parce qu'il dépend d'eux, de rendre aux Juges les réponses des accusés telles qu'ils les reçoivent, ou de les altérer. Ils doivent agir sans déguisement, sans y rien mettre du leur, & sans suggérer des moyens de déguiser la vérité. Ce seroit une prévarication de la part d'un interprete, s'il donnoit à l'accusé des conseils, ou s'il en prenoit en ville, pour lui suggérer des subtilités capables d'embarrasser la procédure, & de procurer l'impunité.

4. Lorsque des témoins n'entendent aussi pas la langue françoise; qu'ils ne peuvent être entendus, ni comprendre ce que le Juge leur dit, il devient nécessaire de trouver encore un interprete, quoique l'Ordonnance ne parle que de ceux des accusés. Par Arrêt du Parlement de Paris du 20 Mars 1696, il fut enjoint au Lieutenant criminel de Dunkerque, de nommer d'office, dans ce cas un interprete aux témoins; de faire prêter serment, tant à l'interprete qu'au témoin & à l'accusé dans chaque Acte, de les faire signer, & du tout faire mention, à peine de nullité, & d'interdiction.

5. L'Article I, du titre XVIII, porte que si l'accusé est muet ou sourd, il lui sera nommé un curateur qui saura lire & écrire. L'article III du titre XXII, veut aussi que les curateurs nommés aux cadavres, sachent lire & écrire; & celui-ci, comme il vient d'être observé au n. 3, suppose aussi que l'interprete saura lire & écrire. Mais comme il est plus facile de trouver des curateurs que des interpretes; l'Ordonnance n'a pas cru en devoir faire une obligation précise, à l'égard des interpretes, dont on manqueroit souvent, si on étoit obligé d'en avoir des litérés. Il peut même s'en trouver qui sauroient lire & écrire; mais qui ne seroient pas aussi-bien famés que d'autres, qui, quoiqu'i litérés, mériteroient la préférence. Quand l'Ordonnance a voulu que le Juge fît mention du refus de signer de la part de l'interprete, elle a entendu parler de celui qui refuse de signer, parce qu'il ne le fait pas.

6. Dans les Sentences & Jugements, il ne doit pas être fait mention

du nom de l'interprete ; on se contente d'y insérer que l'accusé en a eu un. Lors des interrogatoires d'office, l'accusé étant assis sur la sellette, l'interprete, découvert & debout, est à côté de l'accusé, avec lequel il confere, afin de rendre fidélement aux Juges, les réponses de l'accusé. Voyez l'article XXIII de ce titre & l'article V du titre XVIII.

ARTICLE XII.

Ne sera fait aucune rature ni interligne dans la minute de l'interrogatoire, & si l'accusé y fait aucun changement, il en sera fait mention dans la suite de l'interrogatoire.

Mêmes observations que sur l'article XII du titre VI, qui contient la même disposition pour les informations, il n'y en a aucun qui parle à cet égard des confrontations, recollements, & autres Actes ; mais ce sont les mêmes régles.

ARTICLE XIII.

L'interrogatoire sera lu à l'accusé à la fin de chaque séance, paraphé en toutes ses pages, & signé par le Juge & par l'accusé, s'il veut ou sait signer ; sinon sera fait mention de son refus, le tout à peine de nullité & de tous dépens, dommages & intéréts contre le Juge.

1. Cet article ne parle pas de la signature du Greffier pour les interrogatoires ; ainsi l'on ne pourroit en faire un moyen de nullité, s'il ne les avoit pas signés ; d'ailleurs le Greffier signant après le Juge, celui-ci n'en seroit pas garant ; l'article XIII, du titre XV, n'exige pas aussi la signature du Greffier dans les confrontations ; & cependant l'article IX du titre VI, exige expressément sa signature à la fin des dépositions. Ainsi, comme l'a observé M. Jousse sur le même article IX, du titre VI, cette formalité de la signature du Greffier n'est nécessaire que pour les dépositions, & non pour les interrogatoires, recollements & confrontations, à l'égard desquels l'Ordonnance n'exige pas cette formalité ; cet Auteur ajoute que cela a été ainsi jugé par Arrêt du Parlement de Paris, sur l'appel d'une Sentence du Bailliage de Beauvais ou d'Amiens, & qu'au Chatelet de Paris, le Greffier ne signe ni les interrogatoires des accusés, ni les recollements, ni les confrontations.

2. L'Ordonnance a prévu qu'il pourroit arriver que l'interrogatoire ne seroit pas fini dans une séance ; elle veut qu'à la fin de chacune, les
formalités

formalités soient toutes observées , comme si l'Acte étoit parfait & achevé. On ne laisse pas de mettre la seconde & même la troisieme & autres séances , à la suite de la premiere sur le même cahier ; pourvu qu'elles soient consécutives , faites de jour à autre sans interruption , toutes ces séances ne sont regardées que comme un seul & même interrogatoire.

ARTICLE XIV.

Les Commissaires de notre Châtelet de Paris , pourront interroger pour la premiere fois les accusés pris en flagrant délit , les domestiques accusés par leurs maîtres , & ceux contre lesquels il y aura décret d'ajournement personnel seulement.

L'article III , du titre III , des plaintes regle , comme celui-ci les fonctions des Commissaires au Châtelet de Paris ; mais depuis l'Ordonnance , il est intervenu tant d'Arrêts de réglements à ce sujet , que pour en avoir une parfaite connoissance , il faut recourir à un traité concernant les fonctions , droits & privileges des Commissaires enquêteurs & examinateurs , qui vient d'être donné au public en 1759 , par M. Jousse , Conseiller au Présidial d'Orléans. Il suffit de nommer l'Auteur , pour prouver le mérite de l'ouvrage.

ARTICLE XV.

L'interrogatoire pourra être réïtéré toutes les fois que le cas le requerra , & chacun interrogatoire mis en un cahier séparé.

1. L'Ordonnance laisse aux Juges la liberté de faire autant d'interrogatoires qu'ils le croient nécessaire ; afin que s'ils ont oublié quelques faits importants dans les premiers , ou s'il survient de nouvelles charges par de nouvelles informations , par les réponses des complices , ou autrement , le Juge puisse éclaircir la vérité , ou du moins faire pour y parvenir tous les interrogatoires nécessaires.

2. Si les nouvelles charges survenues depuis les premiers interrogatoires concernoient une nouvelle accusation d'un autre crime. Il faudroit décerner un nouveau décret contre l'accusé , avant de l'interroger sur ce nouveau crime. On a même coutume de recommander sur le registre des écrous l'accusé à chaque décret. Il est défendu de juger un accusé au sujet d'un crime sur lequel il n'a pas été décrété & interrogé , & même la reserve du cas de flagrant délit ; on ne doit pas interroger l'accusé qu'il n'ait été décrété ; ainsi qu'il a été expliqué sur l'article II , du titre X , des décrets , n. I.

Lorsque la partie civile, ou la partie publique croient qu'il est néces-
faire de faire subir à l'accusé de nouveaux interrogatoires, elles doivent
présenter requête & en obtenir la permission; à moins que le Juge ne
l'ordonne d'office; & en ce cas il faut faire signifier cette Ordonnance
à l'accusé, s'il n'est pas décrété de prise de corps, avec assignation,
pour subir ces nouveaux interrogatoires, dans les mêmes délais que la
première assignation. Il ne dépend pas du caprice de l'instigant, de faire
à chaque instant répondre l'accusé.

S'il survient de nouvelles charges, il faut, comme il a déjà été
observé, interroger de nouveau l'accusé; c'est ce qui résulte de cet
article qui permet à cet effet de réitérer les interrogatoires. Et c'est ce
qui a été jugé par différents Arrêts, & entr'autres par celui du Parlement de Paris du 24 Mai 1712, & par un autre de la même Cour,
du 9 Janvier 1743, qui sur l'appel du Procureur du Roi de Bourges,
enjoignit au Lieutenant criminel, lorsqu'il seroit survenu de nouvelles
charges, d'interroger les accusés sur les faits qui en résulteroient; il y
a encore un Arrêt de la même Cour du 14 Août 1736, qui a cassé la
procédure du Juge de la ville d'Eu, concernant un accusé qui avoit été
pris en flagrant délit, & qui fut sur le champ interrogé; mais il ne l'avoit
pas été de nouveau après l'information qui avoit été faite ensuite, ce
qui étoit irrégulier.

3. Si l'accusé a été mal interrogé en premiere instance, on peut ordonner en cause d'appel qu'il sera interrogé de nouveau; ainsi qu'il a été
jugé le 15 Janvier 1717, à la Tournelle, du Parlement de Dijon, au
rapport de M. Jeannin: la Cour en voyant le procès de François Gilquin,
Tanneur à Autun, instigant, ordonna que Léonard, maître, accusé
décrété d'ajournement personnel, se rendroit à Dijon pour répondre à de
nouveaux interrogatoires: le Juge des lieux en premiere instance, l'avoit
mal interrogé.

A R T I C L E   X V I.

*Défendons à nos Juges & à ceux des Seigneurs, de prendre,
recevoir, ni se faire avancer aucune chose par les prisonniers
pour leurs interrogatoires, ou pour aucun autre droit par
eux prétendu; sauf à se faire payer de leurs droits par
la partie civile, s'il y en a.*

Les frais ne peuvent, en aucun cas, être exigés des accusés avant la
condamnation: l'article XXXVI de l'Ordonnance de Moulins, défend à
tous Juges, Greffiers, & autres Officiers, tant des Cours que des Sieges
ordinaires, sur peine de restitution du quadruple, de recevoir par les

mains des prisonniers ou autres pour eux, aucuns frais pour la confection
des procès Criminels. Voyez les notes sur l'article XVI du titre XXV,
n. 3.

On pourroit induire des termes de cette Ordonnance qu'à l'exception
des interrogatoires, il est permis aux Juges de recevoir des accusés des
droits & vacations pour les autres actes de la procédure: mais l'article
XVI du titre XXV y a pourvu; car il défend de décerner des exécutoires
pour frais & droits des Officiers, même contre les parties civiles: ce qui
à plus forte raison est défendu contre les accusés.

ARTICLE XVII.

*Les interrogatoires seront incessamment communiqués à nos
Procureurs ou à ceux des Seigneurs, pour prendre droit par
eux, ou requérir ce qu'ils aviseront.*

C'est par la communication qui est faite des interrogatoires à la partie
publique qu'elle peut prendre droit sur les réponses, si la matiere est
legere; c'est-à-dire, si le crime ne mérite plus ni peine afflictive, ni
infamante: mais si le cas lui paroît grave, elle conclut au Réglement
extraordinaire de recollement & confrontation; car dans ce dernier cas,
quand même l'accusé auroit avoué tous les chefs d'accusation qui lui sont
imputés, il ne faudroit pas moins une instruction complette à l'extraordinaire, ainsi qu'il sera expliqué sur l'article I, du titre suivant.

ARTICLE XVIII.

*Sera aussi donné communication des interrogatoires à la partie
civile en toutes sortes de crimes.*

M. Jousse sur cet article, prétend que l'accusé peut aussi avoir communication des interrogatoires par lui subis, parce que cet acte est de
son fait; il appuie son sentiment sur un Arrêt du 12 Mars 1712, &
sur le Réglement du Parlement de Paris du 3 Septembre 1667, qui
porte effectivement, article XXXVIII, que les procès Criminels ne seront
pas communiqués en premiere instance, ni en cause d'appel, soit à l'accusé, soit à la partie civile, *mais seulement les interrogatoires*; & cependant
qu'en cas d'appel de la Sentence qui ne portera condamnation de
peine afflictive, bannissement ou blâme, le procès sera communiqué aux
parties, pour fournir leurs griefs ou moyens de nullité & réponses: ce
Réglement antérieur à notre Ordonnance, ne peut prévaloir à une Loi

auffi précife que cet article & le précédent qui ne permettent la communication des interrogatoires qu'à la partie publique & à la partie civile ; ce qui exclut l'accufé d'en prendre auffi communication : c'eft fuivant ces principes que le Parlement de Dijon par l'article XV d'un Réglement du 11 Décembre 1747, a fait expreffes défenfes aux Greffiers de délivrer aux accufés extrait de leurs réponfes, à peine d'interdiction ; il ne fait aucune diftinction du petit & du grand Criminel.

ARTICLE XIX.

L'accufé de crime auquel il n'écherra peine afflictive, pourra prendre droit par les charges, après avoir fubi l'interrogatoire.

1. Les accufés de crimes qui ne méritent pas des peines afflictives, peuvent prendre droit fur les charges pour éviter une plus ample inftruction ; mais comme il y en a qui ne conçoivent la force de ces termes, *prendre droit fur les charges* : il eft de la prudence du Juge de leur faire entendre, que c'eft fe rapporter à la dépofition des témoins qui ont été entendus, & fe départir de tous moyens de reproches contr'eux ; quand les accufés ont entendu cette explication, il s'en trouve très peu qui veuillent prendre droit fur les charges : il eft vrai que Baffet, liv. 6, titre XIII, chap. 1, prétend que l'accufé peut en revenir & rétracter dans la fuite fa Déclaration : ce fentiment paroît jufte, & même fondé fur cet article de l'Ordonnance qui fe fert du terme *pourra* ; & qui n'ajoute pas que l'accufé ne pourra fe rétracter de fa Déclaration, s'il a pris droit fur les charges : il ne faut point de furprife, fur-tout en matiere criminelle.

2. On ne demande pas ordinairement aux décrétés de prife de corps, s'ils veulent prendre droit fur les charges, parce que la nature de leur décret prouve qu'ils ne font pas dans le cas de cet article qui ne parle que de ceux qui font accufés de crimes qui ne méritent pas peine afflictive ; il n'y a cependant pas d'irrégularité de leur faire cette demande, parce que les preuves ont pu diminuer par les réponfes ou autrement, & le décret n'eft pas toujours une preuve de la qualité du crime.

3. Cet article de l'Ordonnance ne parle que des crimes auxquels il n'échet point de peine afflictive ; d'où l'on pourroit conclure que ceux qui font accufés de crimes, pour lefquels il peut échoir peine infamante, peuvent prendre droit fur les charges pour éviter une inftruction à l'extraordinaire par recollement & confrontation ; mais plufieurs Arrêts qui feront rapportés fur l'article I, du titre XV, ont décidé qu'il falloit une inftruction complette à l'extraordinaire, pour pouvoir prononcer une peine infamante, de même qu'une peine afflictive.

4. M. Jousse, dans son commentaire sur cet article, prétend que quand l'accusé a pris droit sur les charges, & que malgré sa Déclaration, il n'y a pas été admis, il ne doit pas les frais du recollement & de la confrontation, quoiqu'il succombe ; ce qui est juste lorsqu'il ne peut y échoir ni peine afflictive, ni infamante. Voyez cependant les observations sur l'article suivant.

5. *Non auditur perire volens.* On n'écoute pas un accusé qui dans ses réponses, se charge lui-même d'un crime, ou qui s'obstine à vouloir prendre droit sur les preuves dans le cas où il y va de sa vie ; on présume que c'est l'effet du désespoir ou de la foiblesse d'esprit ; mais cela n'a lieu que lorsque celui qui s'accuse lui-même n'a contre lui que son aveu ou sa confession ; car si cet aveu se trouve accompagné de présomptions violentes & de preuves considérables qui cependant n'auroient pas le dernier dégré d'évidence, l'aveu de l'accusé donneroit aux preuves la perfection nécessaire pour prononcer plus sûrement le Jugement de condamnation : en effet, si les confessions & aveux des accusés ne devoient faire aucune foi, les Ordonnances n'auroient pas pris tant de précautions pour régler les formalités des interrogatoires. L'article V, du titre XXV, prouve bien clairement cette vérité, puisque dans l'Ordre des preuves, il met les premières, celles qui résultent des réponses des accusés.

Il n'en est pas de même à l'égard d'un tiers, la confession des accusés ne peut lui nuire même civilement, comme il a été jugé par Arrêt du 30 Août 1641, rapporté par Henrys, tome 1, liv. 4, chap. 6, question 84, un homme condamné à mort déclara dans le temps de son exécution qu'il avoit contraint par force le propriétaire d'un héritage, de le lui vendre moyennant douze cents livres, qu'il avoit déclaré avoir reçu, quoiqu'il n'eût rien payé, les héritiers du vendeur poursuivirent celui qui avoit acquis le même héritage du condamné ; mais par l'Arrêt de 1641, ils furent déboutés de leur demande.

ARTICLE XX.

*Si nos Procureurs ou ceux des Seigneurs, & la partie civile,
sont reçus à prendre droit par l'interrogatoire, & l'accusé
par les charges, la partie civile pourra donner sa requête
contenant ses demandes, & l'accusé ses réponses, dans le
délai qui sera ordonné; passé lequel temps, sera procédé au
Jugement; encore que les requêtes ou les réponses n'aient été
fournies.*

Il est rare que la partie publique, la partie civile, & l'accusé, prennent
tous en même temps, droit sur les charges de la procédure : cela se
trouve cependant quelquefois, & alors l'instruction criminelle cesse,
pourvu que le crime dont il s'agit ne mérite pas peine afflictive ou infamante, comme il a été observé sur l'article précédent ; dans ce cas, le
recollement & la confrontation deviennent absolument nécessaires.

ARTICLE XXI.

*Si pardevant les premiers Juges, les conclusions de nos Pro-
cureurs ou de ceux des Seigneurs ; & en nos Cours, les
Sentences dont est appel, ou les conclusions de nos Procureurs Généraux, portent condamnation de peine afflictive,
les accusés seront interrogés sur la sellette.*

1. Il ne suffiroit pas suivant cet article, que les conclusions tendissent à
peine infamante, pour exiger que l'accusé fût mis sur la sellette ; il faut
qu'elles soient à peine afflictive ; c'est une distinction à laquelle les Juges
doivent faire beaucoup d'attention pour ne pas faire imprudemment subir
par provision une espece de déshonneur qui accompagne cette formalité
humiliante de la sellette. La Déclaration du Roi du 13 Avril 1703, qui
sera copiée sur le nombre 15 de cet article, prouve aussi que la peine
seulement infamante ne donne pas lieu à faire mettre l'accusé sur la
sellette.

2. Pour se conformer exactement à la disposition de cet article de
l'Ordonnance, il faut savoir bien distinguer les peines afflictives de celles
qui ne sont qu'infamantes ; les premieres sont celles qui affligent le corps
ou la liberté, & les peines qui ne sont qu'infamantes sont celles qui
sans affliger le corps ou la liberté du condamné, attaquent son honneur

en le rendant infame. Loiseau, dans son traité des Offices, liv. 1, chap. 13,
n. 40, dit qu'il y a deux sortes d'infamie, l'une *infamia juris*, qui
est la vraie infamie de droit ; l'autre, *infamia facti*, qui n'existe que dans
l'opinion des hommes, *& proprie dicitur probrum & dedecus*, ce que nous
appellons *ignominie*.

En France, nul n'est infame, *ipso facto* ; c'est une regle générale que
tout ce qui avoit lieu, *ipso facto, vel ipso jure*, chez les Romains,
requiert chez nous une Sentence déclarative ; c'est-à-dire, une condamnation expresse à une peine ; suivant ces principes, il faut examiner
quelles sont les peines afflictives ; & ensuite expliquer quelles sont celles
que nous regardons comme peines infamantes.

Les peines énoncées dans l'article VI du titre XXVI des appellations,
sont certainement afflictives ; savoir, les peines corporelles, celles des
galeres, de bannissement à perpétuité, & d'amende honorable.

3. La question avec la réserve des preuves, se trouve dans l'article
XIII, du titre XXV, la seconde dans l'ordre des peines, & avant celle
des galeres perpétuelles, parce que la condamnation aux galeres assure la
vie, au lieu que la question avec la réserve des preuves, peut avoir
trait à la mort ; d'ailleurs, on peut obtenir des lettres de rappel des
galeres, au lieu que la condamnation à la question prononcée par Arrêt
ou Jugement en dernier ressort, est exécutée sur le champ, sans aucune
espérance de grace ; cependant il est certain que la question ne doit pas
être regardée comme une peine ; & si l'Ordonnance l'a comprise dans
l'Ordre des peines par l'article XIII, du titre XXV, avant les galeres
perpétuelles, ce n'a été que pour fixer les opinions, & distinguer les avis
des Juges les plus doux, de ceux qui seroient regardés comme plus séveres :
malgré ces raisons, la question ne devant être ordonnée que lorsque le
crime est capital, & pouvant avoir trait à la mort, il est d'usage dans
plusieurs Cours, de faire asseoir l'accusé sur la sellette, lorsque la Sentence d'appel a prononcé la question avec la réserve des preuves, ou
que les conclusions y tendent. Voyez les observations sur l'article XIII du
titre XXV, n. 1.

Quant à la question sans réserve des preuves, le même article XIII, du
titre XXV, la met encore avant la peine des galeres à temps, du fouet,
& de l'amende honorable, qui sont des peines afflictives ; on a beau dire
que la question n'est pas une peine ; elle afflige le corps, plusieurs accusés
y ont succombé, & en sont morts ; ainsi il paroît que dans les deux cas
de question avec réserve, ou sans réserve des preuves, l'accusé doit être
mis sur la sellette, si les conclusions y tendent, ou si la Sentence d'appel
y a condamné : il y a cependant des Cours qui en exceptent celle qui
est sans réserve. Voyez article I, titre XIX, n. 20.

4. Les galeres perpétuelles ou à temps, sont sans contredit des peines
afflictives, sur-tout depuis la Déclaration du Roi du 4 Mars 1724, qui
veut que tous ceux qui sont condamnés aux galeres, soient flétris des trois

lettres, G. A. L; ainsi si les conclusions tendent aux galeres perpétuelles, ou à temps, l'accusé doit être sur la sellette lors des interrogatoires d'Office.

5. Le bannissement perpétuel est aussi regardé comme une peine afflictive, même le bannissement à temps, suivant l'article XXII de l'Edit de Crémieu du 19 Juin 1536, qui porte que les appellants de Sentences de torture, bannissement, ou autre peine afflictive, seront conduits aux Parlements; l'article XI, du titre XXVI, ci-après, ne fait aussi aucune distinction du bannissement perpétuel, ou à temps; il n'y a que l'article VI, du même titre XXVI, qui veut que si la Sentence du premier Juge porte condamnation de bannissement à perpétuité, l'appel en soit forcé; ce qui décide tacitement qu'il n'en est pas de même du bannissement à temps, qui par conséquent n'étant pas regardé suivant cette nouvelle Ordonnance, comme une peine afflictive, il paroît que lorsque les conclusions ne tendent qu'à la peine du bannissement à temps, l'accusé ne doit pas être mis sur la sellette; c'est ainsi que le pratique le Parlement de Dijon, suivant une délibération de la Tournelle du 13 Juillet 1705, M. le Procureur Général ayant conclu contre Dame Anne de Messey, à un bannissement de trois ans; il fut dit qu'elle ne seroit pas entendue sur la sellette, mais seulement derriere le Barreau; elle avoit été accusée de faux, & décrétée de prise de corps; cependant la Sentence ne la condamnoit qu'à une amende. M. le Procureur Général étoit appellant, *à minima*; il avoit d'abord conclu à une amende plus forte, & ensuite par de nouvelles conclusions à un bannissement à temps; il y a des Cours & des Tribunaux où l'usage est contraire. M. Jousse sur l'article XIX du titre X, des décrets, dit que suivant les anciens Edits qui viennent d'être cités, on ne peut s'empêcher de regarder le bannissement à temps, comme une peine afflictive; & que conformément à ces Ordonnances dans son Siege, on entend sur la sellette les accusés dans le cas où les conclusions sont au bannissement à temps; c'est effectivement la Jurisprudence du Parlement de Paris. La délibération de 1705, est rapportée dans les notes de Me. Menelet, célebre Avocat de Dijon, sur le titre XIV, *des interrogatoires*.

6. Le fouet avec la flétrissure est sans contredit aussi une peine afflictive qui exige que l'accusé soit sur la sellette lorsque les conclusions y tendent; ce qui auroit lieu, quand même les conclusions ne seroient qu'à la peine du fouet, sans flétrissure. Jul. Clar. *Sententiarum*, question 70, n. 2, dit: *sed quæro numquid pæna fustigationis sit capitalis? respondeo quòd non; & est communis opinio*; & aux notes: *adde quod licet non sit capitalis, est tamen corporalis; & adeo grandis & gravis, propter gravem quam infert infamiam; cum nonnisi pro turpibus & infamatoriis delictis irrogari soleat; ut æquiparetur morti*; il cite Menoch, *de arbitr. judic.* question 80, n. 40, & 41; & Farinace, question 19, n. 29, où cet Auteur célebre dit: *pæna fustigationis non solùm corporales sunt, sed etiam propter gravem quam inferunt infamiam*

infamiam æquiparantur morti & in caufis ubi de illis agitur procurator non admittitur, juxta L. penult. parag. an crimen D. de publico judicio ; quod eft manifeftum fignum eas effe graviores relegatione : cette peine du fouet eft effectivement encore parmi nous regardée fi fort comme afflictive, que l'Ordonnance la place, article XIII, du titre XXV, avant l'amende honorable & le banniffement à temps. Voyez les obfervations fur le même article XIII, du titre XXV, n. 21 & 23.

7. L'amende honorable eft la cinquieme dans l'Ordre des peines afflictives, énoncées dans l'article XIII, du titre des Sentences ; mais il y a plufieurs fortes d'amendes honorables ; celle dont entend parler l'Ordonnance, eft faite à Dieu, au Roi, & à Juftice, nud en chemife, la corde au col, par un condamné qui eft conduit en cet état à la porte d'une Eglife ou devant un Auditoire : elle eft fouvent prononcée avec la peine de mort, des galeres, & autres ; mais quelquefois cette peine eft prononcée feule. Loifeau, traité des Offices, liv. 1, chap. 13, n. 57, dit que l'amende honorable emporte infamie, & perte d'honneur ; elle eft appellée honorable en confidération de celui auquel l'amende eft faite pour réparation de fon honneur offenfé : cependant, continue le même Auteur, comme les réparations font quelquefois ordonnées être faites en la maifon du Juge, en préfence de quelques perfonnes, ou en la Chambre du Confeil, ou en pleine Audience, quelquefois débout ou à genoux, quelquefois nud en chemife avec la torche en main, & la corde au col, & même avec la conduite de l'Exécuteur de la Haute-Juftice ; je fuis, dit encore Loifeau, de l'opinion de Coquille, fur l'article XV, de la Coutume de Nevers, qui ne regarde comme vraies amendes honorables & infamantes que celles qui font faites avec des circonftances & marques ignominieufes ; car quant aux autres, ce ne font que des Déclarations ou fatisfactions d'honneur ordonnées pour réparer celui du plaignant, & non pour diminuer celui de l'accufé, fi ce n'eft que la Sentence contînt le mot, *amende honorable* ; car fuivant le même Auteur, c'eft de ce terme que réfulte l'infamie, parce que la vraie amende honorable eft celle qui fe fait à la Juftice, de laquelle feule doit être entendue l'Ordonnance de 1542, qui veut que l'appel de l'amende honorable foit relevée à la Cour : notre nouvelle Ordonnance porte la même chofe, article XI, du titre XXVI, des appellations : il eft donc certain qu'il n'y a de vraie amende honorable que celle qui eft faite à Dieu & à Juftice ; par conféquent, lorfque les conclufions tendent à cette peine, l'accufé doit être interrogé fur la fellette.

On appelle cette amende honorable, *in figuris*, parce qu'elle eft accompagnée de toutes les marques d'ignominie & d'infamie ; à la différence de l'amende honorable, *feche*. Il fera parlé de l'une & de l'autre fur l'article XXII, du titre XXV, n. 1 & 2.

8. Pendu fous les aiffelles, peine qui eft ordinairement prononcée contre des impuberes, complices de grands crimes ; elle eft regardée comme

afflictive, puisqu'elle peut causer la mort quand elle est ordonnée pour plus d'une heure. Le frere de Cartouche y mourut, quoiqu'il eût une planche sous les pieds, il étoit condamné à y rester pendant deux heures. Brillon, au mot *peine*, n. 34, rapporte un Arrêt de 1683, qui condamna aussi un enfant âgé de neuf ans, à être pendu par dessous les bras pendant une heure seulement; il dit que le frere de Cartouche étoit âgé de quinze à seize ans, & qu'après la premiere heure, on lui mit un escabeau sous les pieds : il date cette exécution du 30 Juillet 1722.

9. La peine d'avoir la langue percée ou coupée, les oreilles fendues, ou autres pareilles mutilations de membre, est aussi afflictive, & par conséquent du nombre de celles qui exigent que les accusés soient interrogés sur la sellette, lorsque la partie publique y a conclu.

10. Le carcan & le pilori sont aussi des peines afflictives dont l'appel est forcé; ainsi qu'il sera expliqué sur l'article XIII, du titre XXV; par conséquent c'est un des cas où l'accusé doit être sur la sellette.

11. Il en est de même de la dégradation de noblesse dont l'appel est forcé, & qui est regardée comme une peine afflictive; elle est même censée une espece de mort civile, de laquelle elle ne differe que parce qu'elle n'emporte pas confiscation de biens, lorsqu'elle est prononcée seule. Voyez les observations sur l'article XVI, du titre XVII, n. 21.

12. La condamnation de la mémoire est regardée comme peine capitale. La Déclaration du Roi du 14 Mai 1724, la compare au bannissement à perpétuité, en ce qu'elle veut que les relaps soient condamnés au bannissement, s'ils ne décedent pas de la maladie, lors de laquelle ils auront refusé les Sacrements, & que s'ils meurent, leur mémoire soit condamnée avec confiscation de biens. L'Auteur du livre des Loix criminelles, chap. 25, p. 295, dit que les condamnations qui se prononcent contre les cadavres pour les faire traîner sur la claie, doivent être confirmées avant d'être exécutées; que cependant cela est difficile à cause de l'inconvénient qu'il y auroit à garder un cadavre; par exemple, à Lyon, éloigné de cent lieues du Parlement; ce qui lui fait présumer que c'est par cette raison que la peine d'être traîné sur la claie, prononcée contre les relaps par les Déclarations de 1686 & 1715, a été retranchée par l'article IX, de celle du 14 Mai 1724; enfin le même Auteur prétend que la condamnation de la mémoire que le même article IX laisse subsister, ne peut être exécutée sans être confirmée par Arrêt; ce qui est contraire à la disposition de l'article IV, du titre XXII, qui laisse au curateur la liberté d'interjeter appel de la Sentence qui condamne la mémoire, ou de n'en pas appeller : option qu'il auroit été inutile de donner, si l'appel en étoit forcé.

13. La peine d'être authentiquée qui est ordinairement prononcée contre les femmes convaincues d'adultere, que l'on condamne à être tondues & enfermées dans un Monastere, est regardée comme une peine afflictive; & par conséquent, l'appel en étant forcé, l'accusée doit être sur la sellette.

si les conclusions de la partie publique tendent à cette peine ; c'est l'usage du Parlement de Paris, attesté par M. Jousse sur l'article XIX, du titre X des décrets, p. 202. Voyez les observations sur l'article XI, du titre I, n. 27.

La réclusion dans une maison de force dont il est parlé dans les Déclarations du Roi des 29 Avril 1687, 4 Mars & 18 Juillet 1724, a été prononcée contre les femmes pour tenir lieu des galeres ou des bannissements perpétuels hors du Royaume, qui sont des peines auxquelles les femmes ne peuvent être condamnées ; ce qui pourroit persuader qu'elles devroient produire le même effet, soit par rapport à la confiscation, soit par rapport à l'infamie : cependant comme cette peine se trouve comprise par la Déclaration du Roi du 26 Juillet 1713, dans le nombre de celles que le Lieutenant de Police peut prononcer sans recollement ni confrontation & à l'Audience, il paroît que cette peine de reclusion n'emporte ni infamie, ni confiscation, quand elle est prononcée seulement pour libertinage de femmes & de filles ; c'est-à-dire, hors les cas où elle tient lieu des galeres ou du bannissement que l'on prononce contre les hommes. M. le Président Bouhier, chap. 55, n. 86, tome 2, p. 152, dit qu'il faut tenir pour certain que dans les bonnes régles, & suivant la Jurisprudence du Parlement de Dijon, la femme adultere condamnée à une prison perpétuelle, confisque ses biens, parce qu'elle est morte civilement.

Le blâme est une peine infamante seulement. Voyez l'article XIII du titre XXV, n. 27.

La prison est regardée comme peine, lorsqu'elle est ordonnée conformément aux Edits des duels ; & cependant elle n'emporte pas note d'infamie, à moins que ce ne soit une prison perpétuelle qui retranche pour toujours de la société le condamné, d'où il suit qu'il est mort civilement, & par une seconde conséquence, que ses biens sont confisqués ; ainsi lorsque les conclusions tendent à une condamnation de prisons pour un temps, l'accusé ne doit pas être interrogé sur la sellette : au lieu que si elles tendent à une prison perpétuelle qui est regardée comme une peine afflictive, l'accusé, suivant cet article de l'Ordonnance, doit être sur la sellette lors des interrogatoires d'Office ; & si la peine étoit prononcée par le Jugement, l'appel en seroit forcé, n'y ayant pas lieu de douter que la prison perpétuelle est une vraie peine afflictive qui doit avoir le même effet que le bannissement perpétuel hors du Royaume ; elle afflige la liberté pour toujours.

14. Si la partie publique ne prenoit des conclusions à peine afflictive que contre l'un des accusés, il seroit le seul mis sur la sellette ; les termes dont se sert cet article de l'Ordonnance, ne sont pas équivoques ; ils ne parlent que de ceux contre lesquels personnellement il y a des conclusions à peine afflictive.

Brillon, au mot *contumace*, rapporte un Arrêt du Parlement de Paris du 3 Septembre 1556, rendu contre un Gentilhomme qui pour n'avoir

pas voulu s'asseoir sur la sellette après avoir été sommé de se
faire, fut à l'instant condamné à être battu de verges par trois différents tours des galleries de la Conciergerie : il cite Papon, titre X,
liv. 24, n. 19; on n'en useroit pas à présent avec la même sévérité. Voyez
amende honorable, au mot *sellette*. Brillon, tome 6, p. 112, rapporte que
M. de Grammont demanda de n'être pas interrogé sur la sellette, nue,
mais qu'elle fût couverte d'un carreau, comme pour le Maréchal de
Biron; il fut arrêté qu'elle seroit couverte de tapisserie le 8 Avril 1693.

Il y a des Cours qui, suivant que l'observe M. Jousse sur cet article,
ne font pas rédiger par écrit les réponses d'Offices, sinon dans le cas
où l'accusé en avouant son crime, rend la preuve complette, ou lorsqu'il
propose de nouveaux faits justificatifs; cependant les articles XII, XIII
& XXII de ce titre, supposent bien que toutes sortes d'interrogatoires
feront rédigés par écrit; il est vrai que cet interrogatoire d'Office doit
être sommaire, à moins qu'il n'arrive quelque changement par les confessions des accusés, ou par des requisitions que les Juges peuvent faire
à celui qui préside pour faire interroger les accusés sur des faits qui leur
paroîtroient avoir été omis dans les précédentes réponses. Voyez les
observations sur l'article XXII de ce titre.

15. Les interrogatoires derriere le Barreau font ceux qui font faits aux
accusés contre lesquels la partie publique n'a point pris de conclusions à
peine afflictive; ils font debout, & découverts derriere la barre qui ferme
le barreau ou parquet de la Chambre; mais comme il y a des cas où
ces interrogatoires font nécessaires, & d'autres où ils ne le font pas; &
que d'ailleurs, une Déclaration de 1703, qui nous doit servir de regle
dans cette occasion, n'est pas exécutée d'une maniere uniforme dans toutes
les Cours & Jurisdictions, il est important de la rapporter en entier pour
pouvoir ensuite faire sur cette Loi quelques observations.

Déclaration du Roi concernant les interrogatoires derriere le Barreau.

Du 13 Avril 1703.

" LOUIS, &c. Nous avons ordonné par notre Déclaration du 12
„ Janvier 1681, qu'en tous les procès criminels qui se poursuivront
„ pardevant les Juges des Seigneurs, ou les Juges royaux subalternes,
„ ou dans nos Cours, qui auroient été réglés à l'extraordinaire, & instruits
„ par recollement & confrontation, les accusés seroient entendus par leur
„ bouche dans la Chambre du Conseil derriere le Barreau, lorsqu'il n'y
„ aura pas de conclusions à peine afflictive. Ce que nous aurions princi-
„ palement ordonné pour remédier à un abus qui s'étoit glissé dans notre
„ Parlement de Grenoble & dans les Sieges de son ressort, de ne pas

,, entendre les accusés lorsqu'il n'y avoit point de condamnation des pre-
,, miers Juges ou des conclusions à peines afflictives. Ayant depuis été
,, informé que le même abus s'est introduit dans quelques autres de nos
,, Cours, & dans les Jurisdictions en dépendantes ; ce qui auroit donné
,, lieu à plusieurs instances en cassation en notre Conseil contre différents
,, Arrêts par lesquels sur le fondement d'un usage aussi abusif, ou sous
,, prétexte que notre Déclaration de 1681 ne regardoit que le Parlement
,, de Grenoble & les Sieges de son ressort, on auroit condamné des accu-
,, sés, sans les entendre. Et comme rien n'est si contraire à notre inten-
,, tion, & même à l'esprit de notre Ordonnance de 1670 qui n'a jamais
,, été de priver les accusés dans aucun cas du droit naturel qu'ils ont
,, de se défendre par leur bouche, ni d'ôter aux Juges les moyens qu'ils
,, ont de s'éclaircir par ces voies, des circonstances des actions qui se
,, poursuivent extraordinairement ; nous avons résolu de remédier à
,, ce désordre, par une Déclaration générale qui soit exécutée dans
,, tout notre Royaume. A ces Causes & autres à ce nous mouvant de
,, notre certaine science, pleine puissance & autorité royale nous avons
,, dit, déclaré, & ordonné ; disons, déclarons, & ordonnons par ces pré-
,, sentes signées de notre main, voulons & nous plaît, que notre Dé-
,, claration du 12 Janvier 1681 soit exécutée suivant sa forme & teneur
,, dans tout notre Royaume, & en conséquence en expliquant & inter-
,, prétant, en tant que de besoin seroit, l'article XXI, du titre XIV, de
,, notre Ordonnance 1670 ; qu'en tous les procès qui se poursuivront
,, soit pardevant les Juges des Seigneurs, ou pardevant les Juges royaux
,, subalternes, ou dans nos Cours, & qui auront été réglés à l'extraordi-
,, naire & instruits par recollement & confrontation, les accusés *seront en-*
,, *tendus* par leur bouche, dans la Chambre du Conseil, derriere le Bar-
,, reau, lorsqu'il n'y aura pas des conclusions ou condamnations à peines
,, afflictives. Ce faisant avons abrogé & abrogeons tous usages à ce con-
,, traires. Ledit article XXI, du titre XIV, de notre Ordonnance de 1670,
,, sortant au surplus son plein & entier effet. Si donnons en mandement, &c. ,,
Donné à Versailles, le 13 Avril 1703.

La Déclaration de 12 Janvier 1681 énoncée dans celle de 1703 est
conçue dans les mêmes termes ; ni l'une ni l'autre ne prononce en cas
de contravention la nullité, aussi bien que le présent article XXI, de
l'Ordonnance criminelle. Cependant l'Auteur du Traité Criminel imprimé en 1732, page 19, & Du Rousseau partie 3, chap. 23, n. 11, rapportent un Arrêt du 20 Septembre 1731, par lequel une Sentence du
Châtelet de Paris a été déclarée nulle faute par le Lieutenant Criminel
d'avoir fait subir le dernier interrogatoire aux accusés derriere le Barreau dans
un procès où les conclusions ne tendoient à aucune peine afflictive, &
faute d'avoir instruit la contumace contre les accusés qui ne s'étoient pas
présentés lors du Jugement pour être interrogés. Le même Arrêt condamne le Lieutenant Criminel à rendre les épices, & à payer à la partie

Civile le coût de la sentence, avec les frais de la translation de l'un des accusés qui s'étoit rendu prisonnier à la Conciergerie du Palais & qu'il falloit transférer au Châtelet. L'Arrêt lui enjoignit d'observer la disposition de la Déclaration du 13 Avril 1703 ; ce faisant ordonna que les interrogatoires seroient faits dans les cas & en la maniere y énoncée, & que lorsque les accusés ne se représenteroient pas lors du Jugement du procès, pour subir le dernier interrogatoire derriere le barreau, il seroit tenu d'instruire la contumace en la maniere accoutumée ; avant de procéder au Jugement du procès.

Bruneau dans ses observations imprimées en 1715, tit. XXVII, n. 17, p. 259, rapporte un autre Arrêt de la même Cour du 15 Juillet 1708, qui cassa pareillement une Sentence où les formalités, prescrites par la Déclaration de 1703, n'avoient pas été observées. Tous les Auteurs disent que c'est la Jurisprudence du Parlement de Paris ; ainsi qu'il paroît par plusieurs autres Arrêts qui se trouvent au Journal des Audiences , & entre autres par un du 12 Mars 1712, tom. 6, p. 184. Ainsi dans le ressort de cette Cour , il faut assigner extraordinairement les accusés , ou leur faire sommation de se trouver à un jour fixe & tous autres jours suivants pour répondre derriere le Barreau lors du Jugement ; mais cela n'a lieu qu'à l'égard des décrétés de soit oui ou d'ajournement personnel, & lorsqu'il y a eu recollement & confrontation, & s'ils ne comparent pas , il faut suivant ces Arrêts du Parlement de Paris instruire contre les défaillants la contumace : on dit suivant ces Arrêts ; car la Déclaration du Roi de 1703 n'exige pas cette formalité expressément. Il est vrai qu'elle porte en termes impératifs que les accusés *seront* entendus derriere le barreau.

Mais c'est une autre question de savoir quelle espece de contumace doit dans ce cas être instruite contre les défaillants ; les Arrêts du Parlement de Paris se sont contentés d'ordonner que la contumace seroit instruite à la maniere accoutumée. Nous avons deux sortes de contumace. L'article X , du titre XVII, porte que si l'accusé qui a pour prison la suite du Conseil, le lieu de la Jurisdiction , ou les chemins, ne se représente pas, il sera assigné pour un seul proclamat à la porte de l'Auditoire. Il est de principe & Messieurs les Commissaires lors de la lecture du même article X, du titre XVII, l'observèrent, que lorsqu'un accusé a obéi à Justice, & qu'il a une fois été interrogé on ne doit plus instruire contre lui la grande contumace ; mais seulement le proclamer à la porte de l'Auditoire. Il est même à observer que Messieurs les Commissaires entendoient parler des décrétés de prise de corps qui sont bien moins favorables que ceux qui ne sont décrétés que d'ajournement personnel, ou de soit oui. La différence des décrets prouve celle des accusations ; par conséquent si l'Ordonnance se contente d'un seul proclamat contre les décrétés de prise de corps qui ont été élargis à la charge de se représenter, & qui cependant ne se représentent pas après en avoir été requis ; on doit à plus forte raison se contenter d'une pareille contumace contre ceux qui n'ont été décrétés que d'un décret plus léger, & qui se persuadent que l'interrogatoire derriere le Barreau, ayant été ordonné en leur faveur, ils peuvent y renoncer, & ne pas comparoître; sans pour cela désobéir à Justice. Il paroît donc qu'il seroit injuste d'instruire contr'eux une grande contumace par perquisition de leurs personnes, saisie & annotation de leurs biens, & par un cri public comme contre des accusés de crimes graves qui n'ont pas été interrogés. Il semble au contraire qu'il suffit de les proclamer une seule fois à la porte de l'Auditoire, suivant l'article X, du titre XVII, sur lequel on peut voir les observations importantes qui prouvent les principes dont on vient de parler.

C'est dans ce sens que le Parlement de Dijon a entendu la Déclaration de 1703. Cette Cour fit une Délibération les Chambres Assemblées le 29 Novembre 1715, portant que M. le Procureur Général a remontré que la Déclaration du Roi de 1703 ordonnoit, que dans tous les procès qui auroient été instruits par recollement & confrontation les accusés seroient entendus derriere le Barreau, lorsqu'il n'y auroit point de conclusions à peine afflictive, & ce pour ne pas priver les accusés du secours qu'ils pourroient tirer en se défendant par leur bouche, ni ôter aux Juges les moyens de s'éclaircir. Sur quoi il fut délibéré & arrêté que dans tous les cas où l'accusé a droit d'être entendu en la Chambre du Conseil derriere le Barreau conformément à la Déclaration du Roi du 13 Avril 1703, & qu'il aura été assigné pour procéder à la Cour sur l'appel, ou y aura constitué Procureur, on se contentera, après la visitation du procès, & avant l'ouverture des opinions de le faire appeller à cri public à la premiere entrée & principale porte du Palais par un Huissier qui rapportera la comparution ou le défaut de l'accusé, dont le Greffier sera tenu de faire mention, tant sur le Registre, que dans l'Arrêt qui interviendra sur le procès criminel.

Cet Arrêt en forme de Délibération fut rendu pour fixer l'usage du Parlement de Dijon dont deux Chambres exigeoient que les décrétés d'ajournement personnel fussent assignés pour répondre derriere le Barreau, & l'autre Chambre se contentoit, sans assignation, de les faire appeller sur le perron du Palais; la Déclaration de 1703 exige la même formalité dans toutes les Cours & Jurisdictions, ainsi la même loi devant avoir dans le ressort d'une Cour la même forme d'exécution, nous nous contentons dans tous les Sieges du ressort du Parlement de Dijon de faire assigner extraordinairement les accusés pour subir les interrogatoires derriere le Barreau; s'ils s'y trouvent; on les entend, & s'ils ne se présentent ni à la porte de l'Auditoire, ni dans les Salles, l'Huissier rapporte qu'il les a appellés & ne les a pas trouvés, on en fait mention dans le vu des pieces; on opine & on rend le Jugement par défaut. L'article X, du titre XVII, ni la Délibération du Parlement de Dijon, n'assujettissent pas l'Huissier à se faire assister de records, ni même d'en dresser un exploit. Il semble cependant que dans le cas de l'article X, du titre XVII, il faut

un exploit recordé & en forme ; parce que c'est un proclamat & cri public ;
mais dans le cas de la Déclaration de 1703, il suffit d'appeller l'accusé,
c'est l'usage de la Bourgogne, depuis trente-huit ans d'exercice je n'en ai
point suivi d'autre, & aucune de mes procédures n'a été critiquée. D'ailleurs il y auroit un grand inconvénient à ordonner une contumace dont
l'instruction exige environ un mois. Des Juges voient un procès pendant
plusieurs jours, dans l'espérance que les accusés comparoîtront, s'il en
manque un seul sur la fin du sémestre, ou si l'on ne fait pas une exacte
diligence, le sémestre change ; d'autres Juges seroient obligés de voir de
nouveau tout le procès. L'inconvénient seroit presque égal, quand même
les Juges ne changeroient pas. On se rappelle difficilement ce que l'on a
lu un mois auparavant.

La Déclaration de 1703 a été rendue principalement en faveur des
accusés qui ne peuvent être privés du droit naturel qu'ils ont d'être entendus & de se défendre par leur bouche en présence de tous leurs Juges.
Mais il semble qu'ils sont les maîtres de se départir de ce droit, en se
contentant de ce qu'ils ont répondu pardevant le Juge d'instruction. Ces
interrogatoires d'office les exposent à de grands frais & à des longs voyages, lorsqu'il s'agit d'aller répondre dans les Cours, & souvent dans des
cas assez légers relativement à ceux qui ne sont décrétés que de soit ouï,
quoique l'instruction ait été faite par recollement & confrontation. Il est
vrai que la loi a aussi pour objet les Juges qui se font un scrupule de
juger des accusés sans les avoir vus, & sans les entendre. Il y a même
quelquefois encore la nécessité de confronter les accusés les uns aux autres
lorsque quelques-uns dans leurs interrogatoires d'office chargent les autres.
Ces motifs & autres sont à la vérité pressants pour forcer tous les décrétés de se présenter pour subir les interrogatoires d'office ; mais il faut convenir que cela dépend de la qualité & de l'importance de la matiere,
souvent quoique le procès ait été réglé à l'extraordinaire il se trouve plusieurs décrétés de soit ouï, ou même d'ajournements personnels qui sont
si peu chargés, que c'est leur faire injustice que de les contraindre à faire
de grands frais de voyage, de séjour, & d'absence de leur patrie pour
subir des interrogatoires qui la plupart du temps n'opérent pas un plus
grand effet que leurs premieres réponses.

Quant à la contumace dans le cas de défaut, outre les moyens ci-devant
détaillés pour prononcer qu'il n'y a pas lieu à l'instruire avec toutes les
formalités ordinaires, on peut encore citer l'art. I, du titre XVII, qui
porte que si le décret de prise de corps ne peut être exécuté contre l'accusé, il en sera fait perquisition ; ce n'est pas là le cas d'un accusé décrété d'ajournement personnel, & qui a obéi à Justice : l'article X, du même
titre qui a déjà été cité n'exige qu'un simple proclamat dans un cas bien
plus fort, puisqu'il parle d'un décrété de prise de corps. L'article XXIV,
du même titre XVII, porte que si l'accusé s'évade des prisons, depuis
son interrogatoire, il ne sera ni ajourné, ni proclamé à cri public. Messieurs
les

les Commiſſaires, lors de la lecture de ces différents articles, convinrent que
les accuſés qui après leurs réponſes s'évadent, ou refuſent de ſe repréſenter, ne doivent pas être proclamés ; ces principes prouvent de plus en
plus que dans le cas dont il s'agit, il ne faut ni proclamât à cri public
ni inſtruction d'une contumace entiere, telle qu'elle eſt inſtruite contre
un décrété de priſe de corps qui n'a pas répondu ; c'eſt ce qui fait dire
à M. Jouſſe ſur l'article XII du titre XV, des recollemens, que ſi l'accuſé a déjà été interrogé, & qu'il ne comparoiſſe pas ſur l'aſſignation
qui lui a été donnée, il faudra ſuivre ce qui eſt porté par l'article X du
titre XVII, qui ne parle que d'un ſimple proclamat à la porte de l'Auditoire : cependant l'uſage du Parlement de Paris eſt prouvé par un Arrêt
du 23 Mars 1757, rendu dans le procès de l'infame Damiens. Cet Arrêt
ordonne que pluſieurs particuliers qui avoient été élargis à la charge de
ſe repréſenter, ſeront tenus de comparoître aux pieds de la Cour le lendemain 24 pour le Jugement de leur procès ; ſinon à faute de ce faire, à
huit heures du matin & jours ſuivants, qu'ils ſeront pris au corps, & amenés priſonniers en la Conciergerie ; & que où ils ne pourroient être pris
au corps, après perquiſition faite de leurs perſonnes, ils ſeront aſſignés
par un ſeul proclamat, leurs biens ſaiſis & annotés, & à iceux établi Commiſſaires juſqu'à ce qu'ils aient obéi, ſuivant l'Ordonnance. L'Arrêt leur
fur ſignifié le même jour, ils ſe repréſenterent comme le Parlement de
Paris rend Arrêt à ce ſujet ; il ſemble qu'il ſeroit mieux de préſenter
requête au Juge pour faire ordonner que l'accuſé ſe repréſenteroit au jour
indiqué & ſuivants, aux peines de droit en cas de déſobéiſſance, afin que
l'accuſé n'ait aucun prétexte de déſobéir.

ARTICLE XXII.

*L'interrogatoire prêté ſur la ſellette pardevant le Juge des lieux,
ſera envoyé en nos Cours, avec le procès, quand il y aura
appel, à peine de cent livres d'amende contre le Greffier.*

La diſpoſition de cet article paroît aſſez inutile au moyen des autres
articles du titre des appellations, qui veulent que toutes les pieces de la
procédure dont l'interrogatoire d'Office fait partie, ſoient envoyés aux Cours
avec les accuſés, tant dans le cas où l'appel eſt forcé, que dans ceux où
les parties ſont appellantes. Le procès ne peut être diviſé ; il faut que la
procédure ſoit complette lorſqu'elle eſt envoyée au Greffe des Juges d'appel. Tout ce qui en peut réſulter, c'eſt que cet article condamne clairement l'uſage des tribunaux dont il vient d'être parlé ſur l'article précédent n. 14, ſavoir de ne pas rédiger par écrit les interrogatoires d'Office,
puiſqu'il faut les envoyer avec le reſte du procès,

ARTICLE XXIII.

*Les curateurs & les interpretes seront interrogés derriere le
Barreau; encore que les conclusions & la Sentence portent
peine afflictive contre l'accusé.*

Cet article parle des Curateurs qui, suivant le titre XXII, sont donnés
dans les cas où il s'agit de faire le procès à un cadavre ou à la mémoire
d'un défunt; il parle aussi des interpretes qui sont donnés aux accusés &
aux témoins qui n'entendent pas la langue françoise, suivant l'article XI
de ce titre.

TITRE XV.

Des Recollements & Confrontations.

ARTICLE I.

Si l'accusation mérite d'être instruite, le Juge ordonnera que les témoins ouïs ès informations, & autres qui pourront être ouïs de nouveau, seront recollés en leurs dépositions, & si besoin est confrontés à l'accusé; & pour cet effet, assignés dans un délai compétent, suivant la distance des lieux, la qualité de la personne & de la matiere.

1. CEt article n'explique pas, quelle est l'accusation qui mérite d'être instruite par recollement & confrontation ; mais l'article IX de ce titre semble y avoir pourvu, en ordonnant que celles qui méritent peine afflictive seront dans ce cas ; les Arrêts & Réglements y ont aussi compris les cas où il peut échoir peine infamante. Par Arrêts du Parlement de Paris des 14 Mai 1717, & 6 Octobre 1722, rapportés au Journal des Audiences, défenses ont été faites à tous Juges de prononcer des peines afflictives ou infamantes, qu'après une instruction par recollement & confrontation. Brillon au mot *procédure* n. 172, tom. 5, p. 541 ; rapporte un autre Arrêt de la même Cour du 6 Août de la même année 1722, qui défend aussi aux Officiers de la Rochelle de prononcer aucune peine afflictive ou infamante lorsque les procès n'auront pas été instruits par information, interrogatoires, recollement, & confrontation. Il en avoit été rendu un autre encore au Parlement de Paris le 13 Mai 1709, qui a décidé la même chose contre le Lieutenant Criminel de Rouane. Voyez cependant les observations sur l'article VII du titre XXV, n. 3, à la fin.

2. Il est rare que l'on condamne un accusé à une peine afflictive, s'il n'a été décrété que d'ajournement personnel ; on le décrete auparavant de prise de corps, si les preuves ont augmenté, ou si le Juge d'instruction prévoit qu'il peut y échoir une pareille peine, & même les Juges assemblés prennent souvent ce parti avant de juger, argument tiré de l'article XIX du titre X des décrets qui défend de décerner des décrets de prise de corps contre des domiciliés ; si ce n'est pour crime qui mérite peine afflictive ou infamante. Voyez les observations sur l'article XIX, qui vient d'être cité. M. Jousse m'a cependant observé à ce sujet qu'il

avoit vu plufieurs fois condamner à des peines afflictives ou infamantes fur de fimples décrets d'ajournement perfonnel. Mais l'ufage contraire paroît bien fondé ; parce qu'avant de prononcer une pareille condamnation, il eft important de s'affurer de la perfonne de l'accufé. Ce ne feroit cependant pas une nullité, fi l'on avoit contrevenu à cet ufage. L'Ordonnance n'ayant aucune difpofition expreffe à ce fujet.

3. Dans les Bailliages & autres Juftices fujettes à l'appel, il ne faut que le Juge d'inftruction pour rendre un jugement de recollement & confrontation. L'Arrêt du Confeil du 6 Mars 1681, fervant de Réglement pour la Sénéchauffée du Puy en Velay, porte que les recollements & confrontations pourront être ordonnés par le Lieutenant Criminel feul, dans les caufes de la Juftice ordinaire, à la forme d'un précédent Arrêt du 4 Juillet 1679 : la même chofe a été décidée par l'Edit de Février 1705, fervant de Réglement pour le Préfidial d'Ypres. L'article XXXVII de cet Edit, porte que le Lieutenant Criminel répondra feul les requêtes, décernera les décrets, rendra les Sentences de recollement & confrontation, & pourra rapporter tous les Procès Criminels. Plufieurs autres Arrêts de Réglements ont également décidé ces droits en faveur des Lieutenants Criminels : le droit dont il s'agit de décréter, & de rendre les Jugements préparatoires feuls à l'ordinaire, eft encore fondé fur l'article X du titre XXV, qui n'exige le nombre de trois Juges que pour rendre les Jugements définitifs ; il y a lieu d'être furpris que M. Jouffe fi verfé dans cette matiere, ait obfervé fur cet article, p. 292, que le Jugement à l'extraordinaire doit être rendu par trois Juges, fi le Jugement eft à la charge de l'appel : cela eft contraire aux autorités qu'il cite, puifqu'elles ne parlent que du dernier reffort : ce qui décide tacitement que les Lieutenants Criminels peuvent les rendre feuls à l'ordinaire, comme une infinité de Réglements l'ont décidé ; d'ailleurs, c'eft l'ufage de tous les Tribunaux du Royaume que le Juge d'inftruction rende feul ces Jugements à l'ordinaire ; il feroit ennuyeux de rapporter les Réglements pour réfuter cette erreur.

4. Les témoins qui ont dépofé ne rien favoir des faits contenus dans la plainte, ou qui ont dit être parents de l'une des parties au dégré de l'Ordonnance, ne doivent être ni recollés, ni confrontés. Suivant un Arrêt du Parlement de Paris du 21 Mars 1702, cet Arrêt a été rendu contre le Lieutenant Civil & Criminel de Châtillon-fur-Marne, auquel la Cour enjoignit auffi-bien qu'au Greffier de rendre les fommes par eux reçues pour les recollements & confrontations des témoins qui avoient déclaré n'avoir aucune connoiffance des faits de la plainte & de ceux qui avoient déclaré être parents au dégré de l'Ordonnance : il y a apparence que cet Officier avoit fait dans cette occafion un grand abus de la liberté que les Juges ont d'entendre les témoins qui font affignés à requête des parties, foit pour dépofer, foit pour être recollés, lorfqu'il y a Jugement qui le permet ; car un Juge qui fans affectation ni aucun efprit d'intérêt

auroit recollé, même confronté deux ou trois témoins dont la déposition ne seroit pas à charge, ne mériteroit pas un pareil affront. Voyez les observations sur l'article XI du titre X, des décrets, n. 3.

Quant aux témoins qui ont déclaré être parents, il paroît effectivement inutile de les recoller dans le ressort du Parlement de Paris, où leurs dépositions ne peuvent faire aucune foi, ni pour, ni contre ; mais nous en usons autrement en Bourgogne, les parents font foi comme les autres témoins dans les cas qui ont été expliqués sur l'article V, du titre VI des informations, n. 4 ; ainsi nous recollons tous les témoins que la partie a fait assigner, quoiqu'ils aient déposé ne rien savoir, ou qu'ils étoient parents au degré de l'Ordonnance, & si par le recollement leur déposition paroît inutile, nous ne les confrontons pas.

A l'égard de la confrontation, il est très irrégulier de confronter à un accusé des témoins qui dans leurs dépositions, on dit ne rien savoir : & qui y ont persisté dans leurs recollements : cet article de l'Ordonnance n'a ajouté ces mots, *si besoin est*, que pour donner à entendre qu'il y a des témoins qu'il n'est pas besoin de confronter, comme ceux qui ont déposé ne rien savoir, ou ceux qui ont déposé à la décharge de l'accusé : on ne doit confronter que ceux qui le chargent.

Anciennement, lorsque les témoins avoient déposé pardevant un Commissaire, Conseiller d'un Parlement, on prétendoit qu'ils ne devoient pas être recollés. Larocheflavin, liv. 4, titre III, au mot *témoin*, p. 283, rapporte une délibération du Parlement de Toulouse, du 21 Janvier 1539, par laquelle les Chambres assemblées, il fut dit : que les inquisitions qui ne seroient pas faites par les Conseillers de la Cour, seroient résumées : mais Graverole, sur cette délibération, observe que suivant l'Ordonnance de 1670, les témoins doivent être indispensablement recollés, même ceux entendus par les Conseillers des Cours souveraines : c'est pour abolir l'ancien usage que l'article IV de ce titre, porte que les témoins seront recollés, quand même ils auroient été entendus par les Conseillers des Cours.

Plusieurs témoins sont confrontables, quoiqu'ils ne nomment pas l'accusé dans leurs dépositions ; il y en a qui ne servent qu'à constater le corps du délit, d'autres le bruit public seulement, d'autres déposent de quelques circonstances importantes qui, réunies aux autres dépositions, se trouvent faire charge indirectement contre l'accusé ; un témoin déposera avoir trouvé auprès du cadavre un pistolet, une épée, un couteau, &c : il ne dira pas que l'instrument qu'il a trouvé, appartient à l'accusé, mais un autre témoin déposera qu'il le reconnoît pour être celui de l'accusé : ces deux témoins joints ensemble déposent des faits qui chargent beaucoup l'accusé, il est donc nécessaire de les confronter l'un & l'autre, quoique l'un ne parle pas de l'accusé dans sa déposition, si peu qu'il y ait apparence que la confrontation pourra éclaircir quelques-uns des faits, elle devient nécessaire, si ce n'est pour la charge, ce peut être pour la décharge, l'accusé peut à la confrontation, tirer du témoin des aveux en sa faveur, de même qu'il en peut résulter des faits qui tendent à sa conviction. M. Favre, dans son Code, liv. 4, titre XV, définition 28, est d'un avis bien contraire à ceux qui croient qu'il ne faut pas recoller tous les témoins : *Sæpe accidit ut auditi testes ab alio quàm à Judice repetantur, nec tamen reo committantur, quod pragmatici confrontari dicunt ; repetendi sunt etiam qui committi non possunt, cùm fieri possit ut repetitâ testatione reum vel onerent magis, vel exonerent ; sed neque desunt qui putent committendos esse etiam eos quorum testatio nihil probet, vel ob hoc ipsum, ut difficilius scire reus possit à quibus testibus urgeatur : ita enim fit ut difficilior quoque & periculosior ei futura sit subornatio.*

Il est vrai que cet Auteur ajoute, *alio tamen jure utimur quod ad postremum hoc attinet, ne inanibus sumptibus litigatores vexentur :* mais aux notes, n. 3, il dit encore : *Sic Joannes Imbert insignis apud Gallos Pragmaticus, libro 4, institutionum forensium ; illud sane constat eos quoque testes qui nonnisi de famâ deponunt objiciendos esse, & committendos reo ; non solùm ut possit eos faciliùs reprobare, & confessionem aliquam ab iis extorquere, sed etiam quod facile possit evenire, ut qui de famâ tantùm deposuit, aliud quid adjiciat quod reum graviùs onerare possit, ita Senatus 1614.*

Si, suivant ce célèbre Auteur, on doit confronter les témoins qui n'ont déposé que du bruit public, il en faut conclure qu'il y a peu de témoins qui ne soient confrontables, & dont la confrontation ne puisse servir pour ou contre, à charge ou à décharge : le recollement sur-tout paroît absolument nécessaire ; un témoin peut s'être trompé en déclarant qu'il étoit parent de l'une des parties ; pourquoi donc rejeter sa déposition, & refuser de recevoir son recollement, où il peut avoir occasion de corriger son erreur. Lors de la déposition, la plupart des témoins, sur-tout les gens de campagne, se trouvent embarrassés de s'expliquer sur la question de parenté qu'ils n'ont pas prévue, au lieu qu'au recollement, ils ont eu le temps de s'en informer dans leur famille, & de s'en expliquer avec certitude ; en sorte qu'en défendant aux Juges de recoller les témoins qui se sont dit parents, on risque souvent de perdre des dépositions importantes.

5. Plusieurs Arrêts qui ont été rapportés au nombre premier de cet article, défendent d'ordonner le recollement & la confrontation dans les matières où il ne peut écheoir aucune peine afflictive ou infamante ; mais cela ne s'observe pas toujours à la rigueur : il se trouve des accusations qui sans avoir trait à quelque peine afflictive ou infamante, sont si intéressantes, que ce seroit une injustice de refuser le recollement & la confrontation ; les parties ont souvent présenté avec succès des requêtes aux Cours pour obtenir des instructions & réglemens à l'extraordinaire, quoiqu'il ne fût question que de réparations civiles ; elles ont exposé que les témoins à la confrontation seroient forcés de convenir des reproches qu'il seroit fort difficile de prouver sans leur aveu ; qu'ils obligeroient d'autres témoins à convenir aussi de plusieurs faits, qui, en éclaircissant la vérité,

mettroient les Juges plus en état de décider sainement. Parce qu'il ne sera question que des biens & de la fortune d'un accusé ; il sera privé du moyen le plus naturel pour sa défense ; si le secours du recollement & de la confrontation lui est refusé, on lui refusera à plus forte raison celui des faits justificatifs : il faut que le bien de cet accusé soit ravi, même en Justice, sans qu'il lui soit permis de se défendre ? On doit donc convenir que quoiqu'il ne puisse y écheoir peine afflictive ou infamante, il peut souvent y avoir lieu d'ordonner le recollement & la confrontation ; tout dépend des circonstances, de la qualité de l'accusation, & de celle des parties.

Il est vrai que le Juge doit éviter les occasions de multiplier les frais, & sur-tout d'être soupçonné d'avidité ; mais aussi il ne doit rien refuser de ce qui peut tendre à la découverte de la vérité ; c'est à sa prudence que l'Ordonnance a laissé à examiner si l'accusation mérite une instruction à l'extraordinaire ; ainsi quand la qualité de l'accusé & l'importance de la matiere paroissent l'exiger, il ne doit pas la refuser ; il ne fait en cela que se conformer à l'Ordonnance.

Par Arrêt du Parlement de Dijon, rendu à l'Audience publique de la Tournelle, le 23 Juin 1685, dans la cause de Nicolas Cottin, appellant d'un appointement rendu par le Lieutenant Criminel de Châtillon, la Cour évoqua le principal, le condamna en cinq livres d'amende & aux dépens ; & faisant droit sur les conclusions de M. l'Avocat Général, fit défenses à tous Juges du ressort, de procéder par recollement & confrontation des témoins, *dans les matieres légeres, & de peu de conséquence* ; ce Réglement est très-juste, souvent les accusés ne cherchent qu'à fatiguer en frais leurs parties : ils demandent le Réglement à l'extraordinaire dans les plus petites accusations ; mais dès que la matiere ne paroît pas légere, c'est un secours que l'on ne peut refuser aux accusés, quoique le cas ne soit pas de ceux qui peuvent mériter peine afflictive ou infamante, les accusés doivent toujours être écoutés favorablement, lorsqu'il ne paroît de leur part aucune passion ni envie de chicaner ; c'est l'intention & l'esprit de l'Ordonnance qui n'a rien voulu déterminer à ce sujet ; les chefs d'accusation, la qualité de l'accusé, l'importance de l'objet, & autres circonstances, rendent la matiere légere ou de conséquence.

Le Parlement de Bordeaux interprete cet article de l'Ordonnance bien différemment de celui de Paris, qui défend d'ordonner le recollement & confrontation, à moins qu'il n'y ait lieu à une peine afflictive ou infamante : suivant les Arrêts qui viennent d'être rapportés au nombre premier de cet article. Celui de Bordeaux, au contraire, suivant Lapeyrere, lettre D, n. 46, défend aux Juges de son ressort, d'adjuger des dommages & intérêts au dessus de trente livres, sans Réglement à l'extraordinaire ; il dit que la Cour ne peut en prononcer dans le même cas, que jusqu'à cinq cents livres, & il rapporte pour preuve de cette Jurisprudence, deux Arrêts, dont le dernier est du 9 Mars 1697.

Françoise Petitjean étant morte, Louis & Gabriel Petitjean, ses freres, prétendirent que l'on avoit spolié son hoirie : Chirouse, mari de la défunte, fut sur l'information décrété de soit ouï : les Petitjean, parties civiles, après les réponses du mari, requierent eux-mêmes la civilisation, à cause de la qualité de l'accusé ; mais le mari croyant qu'il pourroit détruire les charges à la confrontation, plus facilement que par la voie de la civilisation qui avoit été ordonnée, se départit du Jugement de civilisation, & requit que le procès fût continué par recollement & confrontation : le Châtelain royal de Châlons-sur-Saône, l'ordonna : les Petitjean appellerent de cette Sentence qui fut réformée au Bailliage : Chirouse, mari, en appella, & soutint qu'il lui étoit permis de renoncer au bénéfice, résultant de sa qualité de mari, qui exigeoit la civilisation, parce qu'il lui seroit avantageux de faire expliquer les témoins à la confrontation, & d'écarter les charges plus facilement que par une contr'enquête négative : il n'offroit pas même d'avancer les frais du recollement & confrontation : cependant, par Arrêt du Parlement de Dijon du 8 Mars 1747, qui est imprimé dans le recueil des Edits & Arrêts du Parlement de Dijon, tome 10, p. 39, aux additions, l'appellation fut mise à néant avec dépens : la Sentence du Prévôt royal fut confirmée ; ce qui prouve que ceux qui demandent la confrontation, sont reçus favorablement, quoiqu'il n'y écheoit pas peine afflictive ou infamante ; mais il faut que le Juge ordonne toujours que les accusés qui le requierent, en avanceront les frais, afin de ne pas ouvrir la porte aux chicanes : & faute par eux de consigner les sommes réglées par le Juge dans un bref délai aussi réglé, ils en doivent être déboutés après une simple sommation.

6. Lorsque l'instigant a acquiescé au recollement & à la confrontation demandés par l'accusé, il ne peut révoquer son consentement, & se plaindre du Jugement qui l'a ordonné, sous prétexte que l'affaire ne méritoit pas d'être instruite extraordinairement : c'est ce qui a été jugé à l'Audience de la Tournelle, du Parlement de Dijon, du 4 Avril 1753, sur la plaidoirie de l'Avocat Marçeau, pour Denise Duvernoi de Lucenai, l'Evêque, & Sébastien Bonneau, son fils, contre le Curé du même lieu, & sa sœur, appellants : ils se plaignoient d'une diffamation publique : les accusés demanderent le recollement & la confrontation : dans le commencement, le Curé & sa sœur soutinrent que l'instance devoit être jugée dans l'état où elle étoit, mais ayant dans la suite consenti à l'instruction extraordinaire sous deux conditions : 1°. que les accusés en avanceroient les frais ; 2°. qu'ils le seroient dans un bref délai, le consentement fut accepté sans condition, ce qui détermina le Curé & sa sœur à le révoquer, cependant le Juge ordonna le recollement & la confrontation des témoins qui seroient diligentés à requête du Procureur d'Office, & par les accusés, en avançant les frais : appel, la Sentence fut confirmée par l'Arrêt de 1753 ; alors les témoins doivent être diligentés à requête de la partie publique, auquel effet l'accusé doit consigner au Greffe une somme réglée par le Juge : sauf à recouvrer, s'il y échet.

7. Cet

7. Cet article de l'Ordonnance, porte que le Juge ordonnera que les témoins ouïs, & ceux qui pourront l'être dans la suite, seront recollés; & si besoin est, confrontés. Mais si après le Jugement, il y avoit nouvelle plainte pour un autre délit contre le même accusé; & en conséquence, une nouvelle information, il faudroit un nouveau Jugement qui ordonneroit le recollement & la confrontation de ces nouveaux témoins. Du Rousseau de la Combe, partie 3, chap. 13, n. 1, dit que par Arrêt de la Tournelle du Parlement de Paris, du 9 Janvier 1743, il a été défendu au Lieutenant Criminel de Bourges, de procéder au recollement des témoins, qu'au préalable il n'y ait eu un Réglement à l'extraordinaire. Dans le cas de cet Arrêt, il y avoit eu un Réglement de recollement & confrontation; mais étant survenu ensuite de nouvelles charges sur un plus amplement informé, le Lieutenant Criminel de Bourges avoit cru qu'il pouvoit recoller & confronter les témoins entendus sur le plus amplement informé, sans rendre un nouveau Réglement à l'extraordinaire: l'Arrêt cassa cette nouvelle procédure du recollement & confrontation.

8. C'est dans le temps du Réglement à l'extraordinaire, que le Juge doit examiner si sa procédure est réguliere, & corriger les nullités qui peuvent s'y trouver, ainsi qu'il a été expliqué sur l'article VIII du titre XIV, n. 4, & suivants.

9. Larocheflavin, dans son recueil d'Arrêts notables, liv. 4, titre IV, Arrêt 1, au mot *témoin*, p. 284, rapporte un Arrêt du Parlement de Toulouse, du 24 Mai 1662, qui fit défenses à tous Officiers de faire des confrontations aux accusés, si les témoins déclarent au recollement ne pas les reconnoître, à peine de suspension de leurs charges: tout cela dépend des circonstances, & de la prudence du Juge; ainsi qu'il vient d'être observé au nombre 4; mais il ne doit pas en abuser: il doit sur-tout éviter le soupçon de faire de la procédure dans la seule vue de son intérêt particulier, sans cependant oublier des confrontations qui pourroient être utiles à charge ou décharge, & qu'il faudroit, en cause d'appel, comme cela arrive souvent, faire à grands frais à cause des voyages des témoins, & des droits plus forts à la Cour.

10. Les témoins qui ne déposent que contre un *quidam*, doivent être confrontés, s'il y a un accusé prisonnier ou présent; parce qu'ils peuvent à la confrontation le reconnoître, ou s'expliquer avec lui sur des circonstances qui peuvent rappeller aux témoins que c'est l'accusé présent qui a commis le crime dont ils ont parlé dans leurs dépositions.

11. L'Ordonnance de 1670 n'a fixé aucun délai entre la déposition, le recollement & la confrontation; mais l'article CLIII, de l'Ordonnance de 1539, porte que lorsque le témoin persistera dans son recollement, à ce qui sert à la charge de l'accusé, il lui sera *incontinent* confronté: c'est ce qui fit dire à M. Pussort, lors des conférences sur l'article VIII, du titre XVIII, qu'il n'y a rien de si recommandé que la prompte expédition des matieres criminelles, que l'on doit tout quitter pour y travailler, que

l'on y emploie même les jours de Fêtes, & que le procès peut être fait & parfait, dans vingt-quatre heures, à un accusé présent.

12. Suivant ces principes, on peut recoller un témoin le même jour qu'il a déposé: c'est ce qui a été jugé par Arrêt du Parlement de Provence, du 24 Mai 1563: on prétendoit que le recollement ne pouvoit être fait que quelques jours après la déposition, afin de laisser au témoin le temps de la réflexion; mais le contraire fut jugé par cet Arrêt qui est rapporté par Boniface, tome 1, liv. 1, titre XXVII, n. 4. On peut aussi, & même on doit confronter le témoin, aussi-tôt après son recollement, comme il vient d'être expliqué, une infinité d'Arrêts rendus pour vols à l'Audience, prouvent qu'il n'y a aucuns délais; & que toute la procédure peut être faite en cinq ou six heures de temps, & même moins.

13. Il n'est pas régulier de confronter des témoins à un accusé qui n'a pas encore été interrogé sur les faits contenus dans les dépositions. Voyez les observations sur l'article II, du titre XIV, n. 4.

14. Si l'instigant négligeoit de faire assigner les témoins pour le recollement & la confrontation, l'accusé pourroit présenter requête sur laquelle le Juge enjoindroit à la partie civile de les diligenter dans un délai qu'il fixeroit, passé lequel, le Juge décerneroit exécutoire d'une somme proportionnée aux frais nécessaires, contre la partie négligente; & après le conseing, les témoins seroient diligentés à requête de la partie publique: il faut cependant observer que l'instigant ne peut être condamné par corps au paiement de cet exécutoire; c'est ce qui résulte des articles XVI, & XVII, du titre XXV, qui ne permettent pas une pareille contrainte pour exécutoire au Criminel.

S'il n'y avoit que la partie publique, il faudroit après les sommations requises par les articles III & IV, du titre XXV, de l'Ordonnance de 1667, se pourvoir à la Cour en déni de Justice, & prendre le Procureur du Roi ou Procureur d'Office à partie: il est plus ordinaire pour éviter les frais & pour accélérer, d'en porter ses plaintes à M. le Procureur Général. L'article CLI de l'Ordonnance de 1539, porte que si dans le délai donné pour amener les témoins, & les faire confronter, il n'y est pas satisfait, le procès sera jugé en l'état où il se trouvera, sur les conclusions qui pour ce, seront données promptement par écrit. Voyez les observations sur l'article III du titre VI, n. 9, & 10.

15. Lorsque le Juge rend une Sentence de recollement & confrontation, il faut s'il y a plusieurs accusés, ajouter dans le même Jugement que les accusés seront aussi recollés dans leurs réponses, & si besoin est, confrontés les uns aux autres; & s'il y a des contradictions dans ce que les uns & les autres ont répondu, on les recolle & on les confronte: ainsi qu'il sera expliqué sur l'article XXIII de ce titre: si cependant le Juge avoit oublié dans son Jugement de recollement & confrontation des témoins, d'ordonner la même procédure à l'égard des accusés, il pourroit

la réparer en rendant à leur égard un nouveau Jugement sur les conclusions de la partie publique : il est encore à propos d'observer que tout
cela est inutile lorsque les accusés dans leurs réponses ne se contredisent
pas les uns les autres ; car on ne les recolle & confronte, que dans le
cas où ils ne se concilient pas sur les faits, & qu'ils ont répondu l'un
d'une maniere, l'autre d'une autre : alors étant nécessaire d'éclaircir la
vérité, on les recolle dans leurs réponses, afin de les confronter ensuite
les uns aux autres.

ARTICLE II.

*Les témoins défaillants seront pour le premier défaut, condamnés
à l'amende, & en cas de contumace, contraints par corps ;
suivant qu'il sera ordonné par le Juge.*

1. Mêmes observations sur cet article que sur l'article III du titre VI,
des informations, on y ajoutera seulement que les témoins sont plus étroitement obligés de comparoître au recollement & à la confrontation, que
lors des informations, parce qu'ils sont obligés de venir soutenir leurs
dépositions.

2. On a vu dans des accusations graves des accusés faire évader les
principaux témoins, même les faire sortir du Royaume, pour empêcher
qu'ils ne déposassent, ou qu'ils ne fussent recollés & confrontés. Lebrun
dans son procès criminel chapitre du déclinatoire liv. 2, p. 108, dit
que si les témoins ne comparoissent pas, ils doivent être mulctés d'amende
& d'emprisonnement, & que s'ils s'absentent pour ne pas obéir, leurs biens
doivent être saisis & annotés, pour ne leur en faire main levée qu'après
qu'ils auront obéi. Et qu'outre cela ils doivent encore être condamnés
aux dommages & intérêts de l'instigant. Voyez sur l'article III du titre
VI, n. 9 & 10, la Déclaration du Roi du 18 Novembre 1679, qui
dans les cas où les témoins s'absentent, veut que les Juges ne puissent prononcer l'absolution de l'accusé ; mais seulement son élargissement provisoire. Quelques fois, dans ce cas, on ordonne un plus amplement informé. Graverol sur la Rocheflavin livre 4, titre IV, au mot *témoin*,
Arrêt 1, p. 283, dit : que cette Déclaration du Roi n'a été donnée que
pour empêcher la collusion entre les parties civiles & les accusés, & qu'elle
porte encore qu'aucun accusé contumacé, pendant la tenue du Parlement,
ne pourra poursuivre son absolution pendant la Chambre des Vacations,
à peine de nullité. Cet Auteur observe qu'il est juste qu'un accusé obtienne enfin son élargissement, faute par la partie civile d'avoir fait venir,
dans les délais prescrits, les témoins confrontables ; l'événement ayant
justifié plusieurs fois que les innocents sont souvent accusés, & par consé-

quent que la partie civile est d'autant plus obligée de faire venir les
témoins qu'il est certain que la confrontation est ce qu'il y a de plus
important pour les accusés qui souvent n'ont d'autre moyen de se défendre, & de reprocher les témoins : d'où Graverol conclut que quand
l'accusateur néglige de les produire, on doit présumer que c'est une adresse
pour empêcher qu'une fausse déposition ne soit détruite par des reproches
pertinents. Voyez encore au sujet des témoins qui s'absentent l'art. XXIII
du titre XVII.

3. Si un accusé décrété d'ajournement personnel ne comparoissoit pas
sur l'assignation qui lui auroit été donnée pour être confronté aux témoins,
ou aux accusés, on convertiroit son décret en prise de corps ; suivant un
Arrêt du Parlement de Paris du 8 Mai 1717, rapporté par Brillon tom. I,
p. 434, & dans les mémoires du Clergé, édition de 1719, tome 7, p. 764.
Mais si après la conversion du décret il comparoit, ou est arrêté, il
doit être élargi lorsque la confrontation est finie. Argument tiré de l'article XXI du titre X ; à moins qu'il fût survenu de nouvelles charges qui
mériteroient un décret de prise de corps en regle.

Si au contraire il ne comparoit pas, & qu'il ne puisse être arrêté, il
faut, suivant le même Arrêt de 1717 instruire contre lui la contumace,
avant d'ordonner que le recollement vaudra confrontation. La même chose
avoit été décidée par autre Arrêt de la même Cour du 27 Octobre 1711,
contre le Lieutenant Criminel de Montmorillon ; & par un autre du 21
Mars 1702 rapporté par Du Rousseau cinquieme édition p. 477. Ragues-
neau dans son Traité sur le faux, p. 263, observe que le défaut que fait
un défendeur en faux de comparoître pour être confronté, est l'effet d'une
désobéissance affectée aux ordres de la Justice ; ce qui fait que les Juges
le décretent, & que s'il ne peut être arrêté, il est contumacé suivant
l'Ordonnance ; après quoi la contumace étant instruite, il est ordonné
que le recollement vaudra confrontation ; ainsi qu'il dit avoir été jugé
par plusieurs Arrêts, & entr'autres par celui qui fut rendu à la Tournelle de Paris le 6 Juillet 1697, entre Jean Vaginet appellant, Nicolas
Jobard & Marc Dubort intimés, sur l'appel du Juge de Thisy ; auquel
par cet Arrêt il fut enjoint aussi-bien qu'au Procureur Fiscal, lorsqu'en
procédant à l'instruction des procès des accusés, ils ne se présenteroient
pas pour subir la confrontation des témoins, soit qu'ils aient été originairement en état de prise de corps, ou d'ajournement personnel, de les
décréter de prise de corps, & d'instruire contr'eux la contumace, suivant
l'Ordonnance ; sans pouvoir en aucun cas requérir, ni ordonner que le
recollement vaudra confrontation, qu'après que la contumace sera entiérement acquise & instruite, conformément à ladite Ordonnance ; à peine
de nullité, & de répondre en leurs noms, des dommages & intérêts des
parties. Voyez les observations sur l'article XIII du titre XVII. Voyez
aussi les notes sur l'article XII de ce titre, n. 3.

ARTICLE III.

Ne pourra être procédé au recollement des témoins, qu'il n'ait été ordonné par Jugement. Pourront néanmoins les témoins fort âgés, malades, valétudinaires, prêts à faire voyage, ou pour quelqu'autre urgente nécessité, être répétés, avant qu'il y ait un Jugement qui l'ordonne; & ne vaudra la répétition du témoin pour confrontation contre le contumax, qu'après qu'il aura été ainsi ordonné par le Jugement de défaut & contumace.

1. Par l'article XXVI de l'Edit d'Août 1679, il a été dérogé à celui-ci, lorsqu'il s'agit de duel, dans lequel cas le recollement doit être fait dans les vingt-quatre heures, sans qu'il y ait Jugement qui l'ordonne.

2. Il y a des Juges qui font en matiere criminelle dreffer des verbaux d'informations, des recollements, & des confrontations, & qui s'en font payer des droits comme pour les enquêtes, ils commettent un crime de concuffion; notre Réglement du Parlement de Dijon ne permet de prendre des vacations que pour les verbaux d'enquêtes; parce qu'au civil ces verbaux font longs & contiennent, les plaidés des parties, le ferment de tous les témoins, le Jugement de défaut contre les non-comparants, &c. Au lieu qu'au criminel les verbaux d'informations, recollements, confrontations & interrogatoires doivent fommairement contenir, les qualités du Juge, de la partie, du Greffier & la date de l'exploit d'affignation avec la plainte; quand le premier verbal eft dreffé, ceux des féances des jours fuivants doivent encore être plus fommaires, il n'en faut même qu'un par jour. Il y a apparence que le Lieutenant Général de Limours étoit tombé dans cette faute; car on trouve dans les loix criminelles tome 2, p. 223, un Arrêt du Parlement de Paris du 22 Décembre 1731; par lequel défenfes lui furent faites de faire dreffer des verbaux de préfentation de témoins lorfqu'il procéderoit à leur recollement, & lui enjoignit de les recoller à mefure qu'ils fe préfenteroient, il n'eft dû aucun droit pour les verbaux d'informations, recollements, &c. J'en connois cependant qui prennent pour chaque verbal quarante fols comme pour une enquête; ils n'entendent que deux témoins pour chacun defquels il leur revient dix fols fuivant nos Réglements de Bourgogne; enforte que les droits qu'ils prennent pour les verbaux excedent fouvent ceux qu'ils font en droit de prendre pour les dépofitions. *Concuffion.*

3. Cet article défend d'ordonner que le recollement vaudra confrontation avant que la contumace foit entiérement inftruite; c'eft ce qui eft encore défendu par l'article XIII du titre XVII des contumaces.

4. Dans le cas des témoins fort âgés, valétudinaires, malades, &c. qui ne peuvent aller au lieu où se rend la Justice pour être confrontés aux accusés, le Juge sur la requisition de la partie civile ou publique, doit se transporter dans la maison où le témoin est retenu, y faire conduire l'accusé, & y procéder à la confrontation; sinon il faut commettre un autre Juge. Il en est de même dans le cas d'une Religieuse témoin & autres semblables.

5. Il arrive aussi quelquefois que l'instigant pour faire connoître le mauvais caractere de l'accusé demande la jonction de quelqu'autre procédure instruite contre lui dans d'autres Jurisdictions; mais il ne faut pas après la jonction recoller ni confronter les témoins de cette procédure étrangere qui n'intéresse pas la partie plaignante qui en a demandé la jonction. Voyez à ce sujet les observations sur l'article I du titre III, n. 1.

ARTICLE IV.

Les témoins seront recollés, encore qu'ils aient été ouïs pardevant l'un des Conseillers de nos Cours, & que le recollement se fasse pardevant lui.

Avant cette Ordonnance les Cours prétendoient que lorsqu'un Conseiller avoit entendu des témoins, ils n'étoient pas sujets au recollement; cet usage étoit ancien, ainsi qu'il est prouvé par un Arrêt latin & sans date rapporté dans les loix criminelles, chap. 13, p. 108. Voyez les observations sur l'art. I de ce titre, n. 4.

ARTICLE V.

Les témoins seront recollés séparément, & seront après serment & lecture faite de leurs dépositions, interpellés de déclarer s'ils y veulent ajouter ou diminuer; & s'ils y persistent; sera écrit ce qu'ils y voudront ajouter ou diminuer. Et lecture à eux faite du recollement qui sera paraphé & signé dans toutes les pages par le Juge & par le témoin, s'il sait ou veut signer, sinon sera fait mention de son refus.

1. Cet article n'exige pas que le Greffier signe les recollements, l'article XIII du titre XIV, n'en fait aussi pas mention pour les interrogatoires. Il n'y a que l'article IX du titre VI, qui veut que le Greffier signe les dépositions. L'article XIII de ce titre n'en parle pas aussi pour les confrontations, d'où l'on pourroit induire que la signature du Greffier

n'est nécessaire que dans les informations. C'est ce que prétendit le Lieutenant Criminel de Robe courte au Châtelet de Paris dans sa requête au Conseil, sur laquelle intervinrent les Arrêts des 15 Juin & 31 Août 1705, rapportés dans les loix criminelles, tome 1, p. 216, 235 & 240. Il fut maintenu dans les usages particuliers du Châtelet à cet égard. Ce qui par conséquent ne doit pas être tiré à conséquence pour les autres Sieges. Du Rousseau partie 3, section 1, chap. 13, n. 12, prétend que les recollements doivent être signés par le Greffier; mais il n'en rapporte aucune autorité; tout ce que l'on peut dire, c'est que l'usage de tous les tribunaux est que le Greffier signe tous les actes que le Juge lui dicte. Il semble cependant que l'on ne pourroit faire un moyen de nullité du défaut de signature du Greffier au bas d'un acte qu'il auroit écrit dans le cas où l'Ordonnance n'exige que celle du Juge, du témoin & de l'accusé, sans parler de celle du Greffier.

2. Il n'y a aucune Ordonnance qui défende aux Juges de recoller les témoins dans leurs maisons; mais il se trouve quelques Arrêts qui l'ont défendu, ainsi qu'il a été observé sur l'article IV du titre XIV, où j'en ai rapporté un du Parlement de Dijon rendu en 1730, qui me l'a permis. Du Rousseau de la Combe partie 3, section 1, chap. 13, n. 12, dit: que le recollement des témoins doit être fait en la Chambre du Conseil, ou dans la Géole, de même que les confrontations; il cite un Arrêt du Parlement de Paris du 6 Juillet 1740, par lequel un recollement qui avoit été fait par le Juge de la Ville d'Eu en son hôtel fut cassé, & ordonné qu'il seroit recommencé à ses frais; avec injonctions de se conformer à l'article XVII, du Réglement de 1665. Il y a encore un Arrêt de la même Cour, du 10 Mars 1752, qui a cassé le recollement fait par le Juge de Bray sur Seine en son hôtel, aussi-bien que la procédure faite depuis ce recollement. Ainsi dans le ressort du Parlement de Paris, quoique le Réglement de 1665 soit antérieur à l'Ordonnance, il est exécuté, & par conséquent, on est obligé de s'y conformer; une des raisons qui peut avoir donné lieu à obliger les Juges à faire les recollements dans les Auditoires, c'est que lorsqu'ils se retractent dans des circonstances essentielles de leurs dépositions, ils peuvent plus facilement être arrêtés, que s'ils étoient dans la maison du Juge. Voyez l'article IV du titre XIV.

3. Il arrive quelquefois que les deux parties portent leurs plaintes à deux différents Juges. Chacune fait entendre ses témoins pardevant celui qu'elle a cru compétent, & par ce moyen souvent les mêmes témoins ont été entendus deux fois. Quand le conflit de Jurisdiction est jugé, les deux procédures sont portées à un seul Juge, qui venant à ordonner le recollement & la confrontation, il se trouve des témoins qui ont deux dépositions sur lesquelles ils doivent être recollés; & comme elles ont été rédigées pour différents Juges, elles contiennent ordinairement des contrariétés, qu'il est difficile d'expliquer sans faire dans le recollement un nouveau récit qui est une nouvelle déposition pour éviter des explications

qu'il seroit difficile de rédiger clairement. Il faut que le témoin soit répété sur ses deux dépositions, si la Cour a laissé subsister les deux procédures, & par conséquent, il faut aussi faire lecture de ces deux dépositions lors de la confrontation.

4 Cet article porte que les témoins seront recollés séparément, c'est-à-dire secrettement : le Juge & le Greffier doivent être seuls avec le témoin.

5. L'Ordonnance veut que le Juge interpelle le témoin de déclarer lors du recollement, s'il veut ajouter ou diminuer à sa déposition, & s'il y persiste. Il faut donc dans le recollement faire mention de cette interpellation. On ne peut dire qu'elle seroit censée faite, ou inutile ; puisque le témoin déclareroit qu'il ne veut ajouter ni diminuer, & qu'il persiste à sa déposition. Cela ne suffiroit pas. Il faut faire mention de l'interpellation. Il est vrai que l'on ne pourroit en faire un moyen de nullité ; puisque l'Ordonnance n'exige pas expressément que le Juge fasse mention de cette interpellation. Mais elle ordonne de la faire : ainsi il est plus à propos d'expliquer qu'elle a été faite. C'est ce que le Parlement de Paris observe exactement, ainsi qu'il se voit dans le procès imprimé de l'infame Damiens. Messieurs les Commissaires dans tous les recollements de témoins, ou des accusés s'y conformérent exactement : *interpellé de déclarer si sa déposition contient vérité. A dit, &c.*

ARTICLE VI.

Le recollement ne sera réitéré, encore qu'il ait été fait pendant l'absence de l'accusé, & que le procès ait été instruit en différents temps, ou qu'il y ait plusieurs accusés.

1. Le recollement ne doit pas être réitéré ; à moins qu'il n'ait été annullé par le Juge même qui l'a fait, ainsi qu'il en a la faculté, suivant les articles XIV, du titre VI, & VIII, du titre XIV. Dans ce cas, après l'avoir annullé, un autre Juge seroit forcé de le réitérer. Il en est de même lorsque le Juge Supérieur l'a cassé. Mais si depuis le recollement, on avoit fait déposer le même témoin en conséquence d'une plainte nouvellement survenue, il seroit recollé sur sa nouvelle déposition sans contrevenir à la disposition de cet article. Il en seroit de même des accusés qui auroient été recollés dans leurs réponses, & confrontés les uns aux autres. Si dans des interrogatoires postérieurs ils se contredisoient, on réitéreroit à cet égard leurs recollements & confrontations.

2. Cet article de l'Ordonnance prouve que le recollement peut être fait pendant l'absence ; c'est-à-dire, pendant que l'on instruit la contumace contre l'accusé. Et effectivement il est intéressant que le recollement soit fait promptement pour donner la perfection aux dépositions, & pour

empêcher

empêcher que les témoins ne soient sollicités ou subornés ; ce qui arriveroit souvent si l'on attendoit pour le faire que l'instruction de la coutu-
mace fût finie. D'ailleurs la présence de l'accusé n'est pas nécessaire lors
du recollement ; il est au contraire ordonné par cet article qu'il sera fait
séparément, c'est-à-dire secrettement & en l'absence de l'accusé ; ainsi nul
doute qu'il peut & même qu'il doit être fait promptement, même pendant
l'instruction de la contumace.

3. Il peut arriver qu'après le recollement, même après la confrontation,
la partie civile découvre les effets qui lui ont été volés ; il faudroit alors
entendre les témoins qui pourroient déposer du lieu où ils ont été trouvés
& de quelle maniere la découverte en a été faite dans la maison de l'accusé,
ou ailleurs. Parmi ces témoins il peut s'en trouver qui ont déjà déposé
& même qui ont été recollés. Malgré tout cela il faudroit dans le cas
de cette nouvelle information rendre un nouveau Jugement de recollement
& confrontation, recoller & confronter les nouveaux témoins sur leurs
secondes dépositions, ce ne seroit pas contrevenir à cet article de l'Ordonnance.

ARTICLE VII.

*Le recollement sera mis dans un cahier séparé des autres
procédures.*

L'Ordonnance a voulu éviter la confusion ; il faut un cahier d'information sur lequel tous les décrets & Ordonnances d'instruction doivent
être écrits, aussi-bien que les conclusions de la partie publique, à la
réserve des définitives. Il faut des cahiers séparés pour chaque interrogatoire, un autre pour le recollement des témoins, un pour le recollement
des accusés ; celui-ci se met cependant quelquefois au bas de chaque interrogatoire. Mais il est plus régulier de mettre sur un même cahier tous
les recollements des accusés, comme l'on met ceux des témoins aussi sur
un cahier séparé. Il faut aussi autant de cahiers de confrontation qu'il y
a d'accusés. Par ce moyen on évite la confusion, & on distingue plus
facilement tout ce qui concerne chaque accusé séparément. Cependant si
un Greffier par équivoque avoit mis sur un autre cahier un recollement,
ou une confrontation, cela n'opéreroit pas une nullité ; puisque l'Ordonnance ne la prononce pas. Voyez Du Rousseau, cinquieme édition,
p. 487.

ARTICLE VIII.

*S'il est ordonné que les témoins seront recollés & confrontés, la
déposition de ceux qui n'auront pas été confrontés ne fera
point preuve; s'ils ne sont décédés pendant la contumace.*

1. La déposition d'un témoin n'acquiert sa perfection que par le recollement; jusques-là il peut varier, pourvu que les changements qu'il fait ne détruisent pas entièrement sa déposition.

2. Suivant les derniers termes de cet article les dépositions des témoins qui ont été recollés font preuve & subsistent en leur entier, quoiqu'ils n'aient pas été confrontés, pourvu que ces témoins soient décédés pendant la contumace de l'accusé. C'est une peine de sa fuite & de sa désobéissance à justice. Il doit s'imputer sa faute d'avoir manqué l'occasion de faire expliquer comme il auroit pu faire à la confrontation les témoins sur les faits de leurs dépositions, & des reproches qu'il auroit fournis contr'eux; il ne lui reste plus que la ressource de la confrontation littérale à la forme des articles XXII & XXIII, du titre XVII, des contumaces & la preuve par écrit des reproches.

Lors des conférences sur cet article M. Talon observa que le véritable sens qui doit être donné à l'Ordonnance est que les témoins qui n'ont été recollés ni confrontés ne peuvent faire charge; & qu'à l'égard de ceux qui ont été recollés, mais qui n'ont pas été confrontés ils ne font pareillement pas charge; à moins qu'il n'y ait un Jugement qui ordonne que le recollement vaudra confrontation, & qu'ils soient décédés ou absens depuis la contumace. Ce terme *absent* est à remarquer: c'est la faute du contumax si le témoin absent du pays n'a pas été confronté, il l'auroit été lorsque le Juge l'a recollé. Par conséquent il en doit être de même de ce témoin absent du pays, que de celui qui est mort pendant la contumace après son recollement. La fuite de l'accusé est la seule cause que ni l'un ni l'autre n'a pu être confronté. C'est une peine sans laquelle il se trouveroit que la désobéissance de l'accusé lui seroit avantageuse. La contumace deviendroit un moyen presque sûr de détruire les preuves. Parce que si elle étoit longue, la plus grande partie des témoins décéderoient ou s'absenteroient du pays. Il est cependant vrai que malgré les observations de M. Talon, on ne changea rien à l'article, au sujet de l'absence des témoins. Ainsi il ne paroît pas qu'elle doive avoir le même effet que le décès.

3. Si le témoin qui a été recollé décede, sans avoir été confronté, après que la contumace a cessé par la représentation volontaire ou forcée de l'accusé, la déposition du témoin quoique recollé ne peut faire preuve, suivant cet article, qui ne parle que du témoin décédé pendant la con-

tumace. La partie civile ou publique doit s'imputer de n'avoir pas fait
faire promptement la confrontation ; l'Ordonnance qui tend toujours à
la décharge, doit être interprétée dans ce cas en faveur de l'accusé. On
peut même dire qu'elle y est formelle.

4. C'est dans le même esprit de favoriser les accusés que l'article X,
de ce titre veut, que lors du Jugement, lecture soit faite des dépositions
qui vont à décharge ; quoique les témoins n'aient été ni recollés, ni
confrontés.

Plusieurs autres articles de l'Ordonnance inspirent aux Juges de la douceur. Ils ne doivent rien oublier pour parvenir à la punition des crimes,
ils doivent à la vérité employer toutes sortes de moyens légitimes pour
la conviction. Mais aussi ils doivent toujours pencher pour la décharge.
Barthole, ce célèbre Jurisconsulte, quitta sa charge de Juge. Parce qu'il
lui arriva de condamner un innocent. Il est vrai que le plus sage des hommes a dit : *qui justificat impium, & condemnat justum, uterque abomina-
bilis apud Deum.* Mais sans s'écarter de cette belle maxime qui ne prescrit
pas de la sévérité dans les Jugements, nous avons notre Ordonnance qui
dans plusieurs articles insinue aux Juges de la douceur, son intention se
manifeste sur-tout par l'article XII, du titre XXV, des sentences, qui veut
que les Jugements passent à l'avis le plus doux, si le plus sévere ne pré-
vaut de deux voix lors des Arrêts, ou Jugements en dernier ressort. *Perspi-
ciendum est judicanti, ne quid aut durius aut remissius constituatur quam
causa deposcit ; nec enim severitas aut clementia gloria affectanda est, sed
perpenso judicio, prout quæque res expostulat, statuendum est. Planè in levio-
ribus causis promtiores ad lenitatem judices esse debent. In gravioribus pænis
severitatem legum cum aliquo temperamento benignitatis subsequi. L. perspi-
ciendum. D. de pænis.*

ARTICLE IX.

*Dans les crimes èsquels il échet peine afflictive, les Juges pour-
ront ordonner le recollement & la confrontation des témoins
qui n'aura été faite, si leurs dépositions font charge considérable.*

Cet article parle des Juges assemblés pour juger, s'ils voient que celui
qui a fait l'instruction a négligé de recoller & confronter des témoins
importants, ils peuvent ordonner que cette négligence sera réparée. Il en
seroit de même si les accusés n'avoient pas été recollés & confrontés les
uns aux autres, ou en cause d'appel ; si le Juge de la cause principale
avoit négligé quelques instructions, les Juges Supérieurs ordonneroient
qu'elles seroient faites.

ARTICLE X.

Dans la visite du procès sera fait lecture de la déposition des témoins qui vont à la décharge ; quoiqu'ils n'aient été ni recollés, ni confrontés ; pour y avoir égard par les Juges.

Cet article ne dit pas que les Juges auront tel égard que de raison aux dépositions qui vont à décharge, il dit impérativement qu'ils y auront égard, quoique les témoins n'aient été ni recollés, ni confrontés. Preuve bien évidente, comme il a été observé sur l'article VIII, de ce titre, n.° 4, que l'Ordonnance, sur tout pour les Jugements, recommande aux Juges la douceur, en mettant en usage tout ce qui peut tendre à l'absolution, préférablement à la conviction.

ARTICLE XI.

Les témoins qui depuis le recollement retracteront leurs dépositions ou les changeront dans des circonstances essentielles, seront poursuivis extraordinairement, comme faussaires.

1. A la lecture de cet article, lors des conférences, Monsieur le premier Président observa qu'il n'est pas douteux qu'un témoin qui change entièrement sa déposition depuis le recollement, c'est-à-dire, à la confrontation, ou qui varie dans une circonstance essentielle ne soit considéré comme un faux témoin ; mais que quelquefois un accusé peut redresser un témoin dans des circonstances considérables, le fait souvenir d'un fait qui lui auroit échappé, sans mauvaise foi ; & que c'étoit rendre la condition de l'accusé plus mauvaise, si l'on forçoit le témoin à ne se point retracter, à peine de faux. Mais M. Pussort ayant répondu que tout homme qui a prêté serment deux fois ne peut changer impunément, suivant plusieurs Arrêts & exemples qu'il cita pour prouver que la disposition de cet article étoit nécessaire pour obliger les témoins à s'observer & à ne pas faire légèrement des dépositions, il n'y fut fait aucun changement.

2. *Falsidicus testis tribus est obnoxius, Deo cujus presentiam contemnit, Judici quem mentiendo fallit, & innocenti quem falso testimonio ladit. Uterque reus est, & qui veritatem occultat, & qui mendacium dicit, quia & ille prodesse non vult, & iste nocere desiderat.* Décrétales, liv. 5, tit. XX, chap. 1. De crimine falsi.

3. Tout témoin qui se retracte à la confrontation dans des circonstances essentielles de sa déposition est puni sévèrement & relativement à l'ac-

cufation dont il s'agit ; fuivant qu'il a été expliqué fur l'article XI, du titre I, n. 52. J'avois commencé l'inſtruction d'une procédure à requête d'un jeune Avocat contre le Sieur Guenot. Les nommés Charlot & Girard fimples Journaliers chargerent par leurs dépoſitions Guenot d'avoir alteré chez le Notaire Baroin la minute d'un teſtament fait au profit de l'Avocat ; ils perſiſterent au recollement, mais à la confrontation le Sieur Guenot força l'un de ces témoins de convenir que ſon témoignage étoit faux, & qu'il avoit été fuborné. Ce qui prouvoit que la dépoſition de l'autre étoit éga-lement fauſſe ; parce qu'ils avoient dépoſé la même choſe. Celui qui étoit convenu du faux & de la fubornation fut par Arrêt du Parlement de Dijon du 2 Août 1755, condamné aux Galeres perpétuelles, & l'autre à neuf ans feulement de Galeres. Je les avois fait arrêter lors de la con-frontation ; mais je ne les avois pas jugés ; parce que la Cour décida le tout fur l'appel de ma ſentence qui avoit admis Guenot à la preuve de ſes faits juſtificatifs ; le jeune Avocat fut banni pour neuf ans. Cet Arrêt eſt encore rapporté fur l'article V, titre III, n. 5, ci-devant.

Il faut comme le porte cet article que la variation du témoin à la con-frontation concerne des circonſtances eſſentielles, autrement le Juge ne ſeroit pas en droit de le faire arrêter ; ainſi qu'il a été jugé par Arrêt du Parlement de Paris du 6 Avril 1685, rapporté dans le Dictionnaire de Delaville au mot *témoin*, p. 975 ; & au Journal des Audiences, tom. 4, p. 712. Il fe trouve auſſi en entier dans le recueil des Edits par M. Jouffe, tom. 1, p. 353. Il fait défenſes au Lieutenant Criminel du Châ-telet de Paris de faire arrêter les témoins après les recollements & con-frontations ; ſi ce n'eſt qu'il y eût des variations eſſentielles dans les prin-cipales circonſtances de leurs dépoſitions, recollements, & confrontations, & preuve de la corruption. Cette preuve réſulte de la variation qui ne ſe fait pas fans de fortes préſomptions de fubornation.

4. L'Ordonnance ni les Arrêts n'ont pu expliquer les circonſtances eſſen-tielles dont ils ont entendu parler ; il eſt impoſſible de prévoir tous les cas ; cela a été laiſſé à la prudence du Juge qui doit conſiderer ſi le témoin ſe retracte des faits principaux, & les plus intéreſſants de ſa dépoſition, ou pour ſe ſervir des termes de Monſieur le premier Préſident, lors des conférences fur cet article. *On n'a jamais douté qu'un témoin qui change entiérement ſa dépoſition à la confrontation, apres avoir perſiſté au recollement, ou qui varie dans une circonſtance qui peut tendre à affoiblir, ou à établir la preuve, ne ſoit conſidéré généralement parlant comme un faux témoin.* Il faut donc faire grande différence des variations : on vient de parler de celles qui ſont punies ; mais il y en a d'autres qui, comme il a été ob-ſervé au nombre 1, de cet article, ſont faites de bonne foi, fans fubor-nation, & par défaut de mémoire. Il eſt vrai que la dépoſition d'un pareil témoin chancelant, n'eſt pas d'un auſſi grand poids que celles des témoins qui ſont fermes & qui ſoutiennent à l'accuſé la vérité de tous les faits dont ils ont dépoſé. Loi 2 & 3, *de teſtibus* au Digeſte. Mais on

ne peut disconvenir qu'il n'est pas défendu à un témoin de corriger, ou expliquer à la confrontation quelques circonstances qu'il auroit déposé par erreur, ou ajouter ce qu'il auroit omis. Loi 11, parag. 8. D. *de interrog. in jur. chap.* 7, *extr. de testibus.* Voyez les observations sur l'article XXII, du titre XXV, n. 2.

5. S'il arrivoit que le témoin à la confrontation, dît pour excuse de sa variation, qu'il n'a pas dit ce que le Juge a fait écrire par le Greffier dans sa déposition & dans son recollement; il n'est pas douteux que le Juge en seroit cru préférablement au témoin qui, malgré ce prétexte injurieux au Juge & au Greffier, seroit poursuivi comme faussaire : cependant si un grand nombre de témoins soutenoit la même chose, *sanè si omnes negent se dixisse quod scriptum fuit, plus credi debere testibus quam notario.* Cod. Favr., liv. 4, titre XV, définition 53 : mais cet Auteur parle des Notaires qui, avant cette Ordonnance de 1670, ainsi qu'il paroit par l'article II du titre III, recevoient les plaintes, & faisoient les informations sans Greffiers; au lieu qu'à présent, ces fonctions importantes n'étant confiées qu'à des Juges qui ont avec eux des Greffiers : il faudroit pour les convaincre de faux, un grand nombre de témoins, irréprochables, uniformes, & exempts de toutes suspicions, pour faire soupçonner des Officiers, d'ailleurs bien famés d'une pareille prévarication : la dignité des fonctions des Juges, doit l'emporter sur les déclarations de témoins, souvent subornés ou intimidés par des accusés : auxquels ils n'osent résister : la présomption est toujours en faveur des Officiers.

6. Il y a des témoins qui ne peuvent à la confrontation, rendre raison des faits dont ils ont déposé; ils ne peuvent expliquer ce qu'ils ont vu ou entendu, ni répondre aux interpellations qui leur sont faites : un pareil témoin, *dicitur deponere tanquam pecus : paria sunt rationem non reddere, vel reddere non bonam ; ratio dicitur bona quæ est congrua, concludens, necessaria, generalis, vera & manifesta ; depositio sine ratione est nulla ;* il faut cependant faire différence : *testis non tenetur reddere rationem & causam scientiæ in iis quæ sunt facti, & quæ sensu corporeo percipiuntur.* Un témoin a vu commettre un délit, c'est un fait dont il n'est pas tenu de rendre raison : il l'a vu, il le dépose, c'est tout ce que l'on peut exiger de lui. Voyez le célèbre Farinace, question 70, n. 9, tome 2, p. 362, où il entre dans un grand détail des cas où le témoin est tenu de rendre raison de sa déposition : les faits s'expliquent par eux-mêmes, mais les questions qui concernent les arts ou les sciences, doivent être expliquées par les Médecins, Experts, & autres, qui en ont articulé dans leurs dépositions. Voyez les observations sur les rapports, n. 5, à la suite du titre V.

7. Lorsque la variation du témoin donne lieu de soupçonner de la subornation, il faut sur le champ le décréter, & en informer, parce que la subornation n'est pas du nombre des faits justificatifs, dont la preuve ne peut être admise qu'en voyant tout le procès pour juger ; la subornation est un fait péremptoire, plus fort que le justificatif : elle

ne tend pas à justifier l'accusé du crime qui lui est imputé, elle tend à anéantir la procédure, & à faire tomber les preuves résultantes de l'information; dès qu'il y en a soupçon, il faut éclaircir le fait, avant de continuer toute autre procédure : c'est ce qui a été décidé par Arrêt du Parlement de Paris, du 18 Mars 1712, rapporté au Journal des Audiences, & par Du Rousseau, partie 3, chap. 13, section 1, n. 20. L'usage, dit cet Auteur, est d'instruire le faux témoignage, aussitôt qu'il y en a le moindre soupçon.

Dans une procédure instruite au Châtelet de Paris, un témoin devint suspect de variation, la partie civile rendit plainte de subornation, le Lieutenant Criminel joignit la plainte au procès; mais par l'Arrêt du 18 Mars 1712, qui vient d'être cité, la Cour mit l'appellation à néant; emendant, permis d'informer de la subornation, & ordonna que le Lieutenant Criminel seroit mandé; la plainte en subornation n'est pas regardée comme fait justificatif, mais comme un fait péremptoire, ce qui est bien différent; ainsi qu'il sera plus au long expliqué sur l'article I, du titre XXVIII. M. Jousse sur le même article I du titre XXVIII, dit que lorsqu'un accusé dans le cours d'un procès Criminel, donne une plainte en subornation de témoins, il faut instruire sur cette plainte, & ne la pas joindre au fond, comme cela se pratique à l'égard des faits justificatifs; ainsi jugé par Arrêt du 6 Avril 1675, contre un Médecin de Paris, qui avoit rendu plainte au Châtelet, des mauvais traitements qu'il avoit reçus; les témoins produits donnerent lieu à soupçonner qu'ils avoient été corrompus; le Procureur du Roi en forma une accusation incidente; & par Sentence du Châtelet, il fut ordonné qu'avant de faire droit au principal, le procès seroit instruit contre des témoins, la Sentence fut confirmée par l'Arrêt de 1675, qui renvoya les principaux accusés absous, & condamna les témoins au fouet; il faut cependant, à ce sujet, observer que comme l'accusé qui se plaint de subornation, est dans les liens de la Justice, il ne peut devenir instigant ou accusateur; mais comme il faut que la subornation soit poursuivie sur le champ, le Juge ordonne qu'il en sera informé à la requête & diligence de la partie publique; & cependant aux frais de l'accusé plaignant, s'il est en état de les supporter, sinon aux frais du premier instigant. Voyez les observations sur l'article V, du titre III, n. 5. A cet effet, le Juge doit ordonner que l'accusé sera tenu de consigner au Greffe la somme qu'il croira nécessaire pour cette nouvelle instruction de subornation, à peine d'exécutoire contre lui, ou d'être débouté de sa demande, s'il est en état de fournir aux frais; sauf à recouvrer, s'il y échet.

8. Quoique l'Ordonnance par cet article ne parle de la rétractation du témoin que lors de la confrontation, il n'est pas douteux que si le témoin dans le recollement, au lieu d'ajouter ou diminuer quelques circonstances de sa déposition, la rétractoit entièrement, il seroit regardé comme faux témoin : mais il faudroit pour cela un changement presque total, sans

qu'il pût apporter aucune bonne raison, ni donner aucune vraisemblance de son erreur ou équivoque.

Toute la France a entendu parler du procès Criminel, instruit contre Messieurs les Officiers de Saint Pierre le Moutier; il commença en premiere instance par une plainte de M. le Procureur Général, au Parlement de Paris; il y eut une ample instruction faite dans cette Cour, qui rendit plusieurs Arrêts préparatoires & interlocutoires; mais ils surent tous cassés par Arrêt du Conseil, qui renvoya au Parlement de Dijon la connoissance de cette importante procédure: je fus commis par Arrêt du 23 Juillet 1736, pour refaire l'information; j'entendis tant à Saint Pierre qu'à Moulins, & à Nevers, cent quatre-vingt-six témoins; je trouvai dans le factum du Lieutenant Criminel & de l'Assesseur, copie imprimée d'une lettre de M. le Procureur Général au Parlement de Paris, en date du 21 Juin 1730, qui est importante pour faire voir la Jurisprudence de cette Cour au sujet des témoins qui varient, elle avoit été adressée au Procureur du Roi de Saint Pierre. " J'ai reçu votre lettre au sujet de l'instruc-
„ tion du procès pour raison de l'assassinat de Lamasille, les témoins
„ que l'accusé demande être entendus, ne peuvent l'être qu'au cas qu'il
„ soit reçu à ses faits justificatifs, ce qui ne se peut décider qu'après la
„ visite du procès.

„ S'il y a des témoins qui aient rétracté leurs dépositions & leurs
„ recollements, lors de la confrontation, il faut les décréter: *Et si même*
„ *un témoin entendu en déposition, se rétracte au recollement par rapport à*
„ *quelque fait important, il y a lieu à le décréter.* „

Les derniers termes de cette lettre, prouvent que ce grand Magistrat donnoit pour principe que lorsqu'un témoin dans son recollement se rétracte par rapport à un fait important, il est poursuivi extraordinairement. L'article V de ce titre, permet aux témoins d'ajouter ou diminuer à leurs dépositions, mais cela doit s'entendre avec modification; il ne leur permet pas de changer totalement au recollement: ce changement prouve qu'ils ont fait un faux serment, lorsqu'ils ont déposé des faits qu'ils reconnoissent eux-mêmes faux, puisqu'ils sont obligés au recollement de s'en rétracter entiérement, dans la crainte d'être convaincus de faux, soit par la contradiction de leurs dépositions avec celles des autres témoins, soit parce qu'ils présument qu'il sera facile de les convaincre de s'être laissés suborner: il est vrai que cet article de l'Ordonnance ne parle que de la variation du témoin après le recollement; mais elle n'exclut pas la voie extraordinaire contre ceux qui lors du recollement, varient si fort, que l'on ne peut douter de leur faux serment lors de leurs dépositions, s'ils les rétractent entiérement, ou dans la partie la plus essentielle, de maniere qu'ils laissent un soupçon de subornation.

ARTICLE

ARTICLE XII.

*Les accusés contre lesquels il y aura originairement décret de
prise de corps, seront en prison pendant le temps de la confrontation; & en sera fait mention dans la procédure, si ce
n'est que par nos Cours, en jugeant les appellations, il n'en
ait été autrement ordonné.*

1. Cet article par le terme *originairement*, prouve qu'il entend parler
des accusés qui dans le principe de l'instance, ont été décrétés de prise
de corps, & qui ont été élargis; ils sont obligés de se mettre en état
dans les prisons, pour subir la confrontation; au lieu que ceux qui n'ont
été décrétés de prise de corps, que faute d'avoir comparu à l'assignation
qui leur avoit été donnée pour répondre sur leur décret d'ajournement
personnel, ayant répondu, sont élargis, & ne sont plus regardés comme
décrétés de prise de corps; par conséquent, ils subissent la confrontation
comme décrétés d'ajournement personnel seulement, sans se mettre en état
dans les prisons.

2. Il seroit irrégulier d'élargir un accusé après la confrontation, parce
qu'alors, l'instruction étant finie, il est inutile de prononcer l'élargissement provisoire d'un accusé qui peut être jugé définitivement.

Si un décrété de prise de corps, élargi par provision, ne se représentoit pas, après en avoir été interpellé, pour subir la confrontation, il
faudroit instruire contre lui la contumace, telle qu'elle est prescrite par
l'article X, du titre XVII, contre ceux qui s'absentent, après avoir répondu
sur leurs décrets.

Il en est de même du décrété d'ajournement personnel, qui ne se présente pas pour subir la confrontation; on convertit son décret en prise
de corps, & on instruit contre lui la contumace; ainsi qu'il a été jugé
par Arrêt du Parlement de Paris, du 27 Octobre 1711, rendu contre
le Lieutenant Criminel de Montmorillon : on voit cependant dans le
procès imprimé de l'infâme Damiens, plusieurs Ordonnances de M. le
Prévôt de l'Hôtel, Juge en dernier ressort, qu'il élargit seul plusieurs
accusés décrétés de prise de corps, à la charge de se représenter en état
d'ajournement personnel, en élisant domiciles; mais cela ne doit pas être
tiré à conséquence, pour les autres Juges. Voyez cependant les observations sur le n. 4, de cet article, & sur l'article X, du titre XVII.

3. Les Cours peuvent suivant cet article XII, en jugeant les appellations, & à la vue des procédures, renvoyer en état d'ajournement personnel, un accusé décrété de prise de corps; mais le Juge sujet à l'appel
qui fait l'instruction, ne pourroit ainsi diminuer un décret qu'il auroit

décerné, il se réformeroit lui-même. Voyez les observations sur l'article
IV, du titre X, des prisons, n. 4.

4. Ragueneau, dans ses observations sur le faux, dont il a fait un
traité imprimé en 1673, *in-12*, dit, p. 263, que quand un décrété d'a-
journement personnel ne comparoît pas à la confrontation, il est décrété
de prise de corps, suivant un Arrêt du Parlement de Paris du 6 Juillet
1697. On trouve au Journal des Audiences, tome 6, p. 112, un autre
Arrêt de la même Cour, qui enjoint aux Officiers de Clermont en Beau-
voisis, de convertir les ajournements personnels en décrets de prise de
corps, lorsque les accusés ne comparoîtront pas à la confrontation, ou
autre instruction ; & s'ils ne peuvent être arrêtés, d'instruire la contumace, suivant l'Ordonnance, avant d'ordonner que le recollement vaudra
confrontation. A la suite de cet Arrêt, sont des observations qui prouvent que dans ce cas, il ne faut instruire que la contumace de présence ;
c'est-à-dire, la petite contumace d'un seul proclamat, prescrite par l'article
X du titre XVII. Au même tome 6, du Journal des Audiences, p. 182,
il y a un autre Arrêt du 8 Août 1712, qui ordonne la même chose
que celui de 1711, qui vient d'être cité. Voyez les observations sur
l'article II de ce titre, n 3 ; & sur l'article X, titre XVII.

ARTICLE XIII.

*Les confrontations seront écrites dans un cahier séparé, & cha-
cune en particulier paraphée & signée du Juge dans toutes
les pages, par l'accusé & le témoin, s'ils savent ou veulent
signer ; sinon sera fait mention de la cause de leur refus.*

1. Il semble que cet article n'exige qu'un cahier pour écrire toutes les
confrontations de plusieurs accusés ; ainsi on ne pourroit prétendre nullité
si elles y avoient été toutes mises, ou si le Greffier par équivoque avoit
mis la confrontation d'un accusé sur le cahier de confrontation d'un autre
accusé ; comme cela arrive assez souvent dans l'embarras des confrontations à plusieurs accusés ; chacun suivant l'usage ayant un cahier séparé
de confrontations, le Greffier peut se tromper en prenant un cahier pour
un autre : ces cahiers séparés n'ont été inventés que pour éviter la confusion, & distinguer plus facilement tout ce qui concerne chacun des
accusés. Le Parlement de Paris a reconnu que cet article n'ordonnoit pas
des cahiers différents pour chaque accusé ; car par son Arrêt du 9 Juillet
1716, qui est au Journal des Audiences, & dans le recueil des Edits, par
M. Jousse, tome 3, p. 60, il a enjoint au Greffier de la Châtellenie de
Langres, de mettre dans un seul cahier les confrontations de tous les
témoins pour chaque accusé : mais cette Cour n'a prononcé aucune peine
contre le Greffier, en cas de contravention.

2. L'Ordonnance n'exige pas que le Greffier signe les confrontations, d'où l'on peut conclure que ce ne seroit pas une nullité, s'il ne les avoit pas signées. Voyez les observations sur l'article V de ce titre.

3. Si le témoin & l'accusé qui sauroient signer, refusoient de le faire, il ne suffiroit pas de faire mention qu'ils n'ont pas voulu signer ; cet article veut qu'il soit fait mention de la cause de leur refus. Cette formalité oubliée dans plusieurs confrontations, fut relevée par le célebre Avocat Gillet, lors de son dixieme plaidoyer, p. 186, où il fit voir que sa partie ayant été confrontée à deux témoins, elle refusa de signer les confrontations, parce qu'elle prétendit que le Juge n'avoit pas fait reconnoître ses interpellations par les témoins ; pourquoi il soutint que le Juge auroit dû exprimer la cause pour laquelle sa partie avoit refusé de signer ; que cette cause de refus étoit légitime, & l'Ordonnance exigeant qu'elle fût exprimée, sa partie avoit été obligée de faire signifier contre ce déni de Justice, des protestations au sortir de la confrontation : la cause fut appointée, & les parties transigerent ; ainsi il n'y eut point de décision. L'article XVIII de ce titre, veut que tout ce qui est dit à la confrontation par le témoin & par l'accusé, soit écrit ; ainsi un bon Juge doit recevoir toutes les déclarations & protestations que l'accusé veut faire, quand même elles seroient contre lui Juge.

4. Quoiqu'il ne soit pas dit par cet article, qu'il n'y aura dans les confrontations, ni ratures, ni interlignes ; il n'est pas douteux qu'il ne faille suivre dans les confrontations les mêmes regles, à cet égard, que dans les informations. Ainsi voyez les articles XII, du titre VI, & XII, du titre XIV.

5. Cet article ni aucun autre de ce titre, ne parle de la lecture qui doit être faite de la confrontation lorsqu'elle est finie ; mais c'est une regle générale que tout acte doit être lu aux parties, avant qu'elles le signent. Cependant par Arrêt du Parlement de Paris, du 16 Janvier 1710, rendu sur l'appel d'une procédure faite par le Juge de Magny, qui n'avoit pas fait faire lecture des confrontations, l'affaire mise en délibération au Parlement de Paris, il fut arrêté que le procès seroit jugé en l'état où il étoit, parce que cette formalité n'étoit pas expressément portée par l'Ordonnance.

ARTICLE XIV.

Pour procéder à la confrontation du témoin, l'accusé sera mandé; & après le serment prêté par le témoin & par l'accusé, en présence l'un de l'autre, le Juge les interpellera de déclarer s'ils se connoissent.

1. Cet article entend parler des accusés prisonniers qui doivent être mandés; c'est-à-dire, amenés par les Géoliers, des Cavaliers, ou autres, en la Chambre du Conseil, ou de la géole, pour subir la confrontation; mais à l'égard des décrétés d'ajournement ou de soit ouï, il faut les faire assigner à personnes ou domiciles, à jour fixe, & certain, & jours suivants, pour être confrontés; il faut donner un délai suffisant, suivant la distance des lieux; mais il est toujours très court, parce qu'un accusé qui est averti par son décret, doit toujours se tenir prêt pour obéir à Justice: il ne faut pas oublier de lui donner en l'assignant, copie du Jugement, qui ordonne qu'il sera confronté; on peut cependant se contenter de le dater dans l'exploit.

2. Il peut arriver plusieurs inconvéniens qui retardent les confrontations, sur-tout la maladie de quelques témoins, ou d'un accusé décrété d'ajournement, ou de soit ouï; si c'est un témoin important, il faut absolument qu'il soit confronté; & pour cela, que l'accusé soit transféré dans le lieu où est détenu le témoin malade; si c'est dans le ressort du Juge, il s'y transporte; & si c'est hors son ressort, il commet un autre Juge, auquel il envoie un extrait de la déposition du témoin & de son recollement, s'il est déjà fait: pour éviter à cet embarras, la partie publique s'adresse ordinairement à M. le Procureur Général, qui obtient Arrêt par lequel la Cour autorise le Juge, pour sortir de son ressort.

3. Un accusé qui a lieu de craindre que celui qui l'a dénoncé secrettement, ne soit du nombre des témoins qui doivent lui être confrontés, ou qu'il n'y ait des parents du dénonciateur, peut demander que la partie publique nomme au Juge le dénonciateur, afin qu'il puisse se mettre en état de reprocher les témoins. Il est juste que le Juge ait connoissance du nom de celui qui a dénoncé; il peut d'Office, tâcher de découvrir pour la décharge de l'accusé, les témoins suspects, le fort & le foible de leurs dépositions, les motifs qui les ont portés à déposer, & autres moyens de suspicion, qu'il peut y avoir contr'eux; il ne peut le faire sans obliger la partie publique à lui nommer le dénonciateur, ce qu'elle ne peut refuser; ainsi qu'il fut jugé par Arrêt de la Tournelle du Parlement de Paris, du 3 Juin 1699: il fut, lors de cet Arrêt, question de savoir si un Procureur fiscal ayant accusé un particulier, celui-ci pouvoit pendant l'appel, obliger le Fiscal à déclarer le nom de son dénonciateur, sous prétexte que les informations étoient composées du dénonciateur

& de ses proches parents. La Cour par cet Arrêt, ordonna que
le Procureur fiscal seroit tenu de mettre au Greffe Criminel la dénonciation pour être remise aux gens du Roi ; qu'à ce faire, le Fiscal seroit
contraint par toutes voies, même par corps. Bruneau, titre XVII, n. 12,
p. 141, qui rapporte cet Arrêt, en cite un autre du 26 Mai 1605,
rapporté par Bouvot, tome 2, p. 485, au mot *instigant*, qui a décidé
de même en faveur de l'accusé ; & il renvoie à M. le Président de Per-
chambault, sur l'article CLI de la Coutume de Bretagne : quand c'est
en cause principale, ce ne peut être qu'au Juge que la partie publique
peut nommer le dénonciateur.

4. L'Ordonnance veut que le Juge prenne le serment du témoin & de
l'accusé, *en présence l'un de l'autre :* cette formalité est importante, l'accusé
doit être certain que le témoin a prêté serment ; il n'a pas été présent à
celui qu'il a prêté lors de sa déposition ; il est juste qu'il soit témoin de
celui qu'il prête à la confrontation. L'article CLIV de l'Ordonnance de
1539, porte comme celui-ci, que pour faire la confrontation, comparoîtront, tant l'accusé que le témoin, pardevant le Juge qui, *en la présence
l'un de l'autre*, leur fera prêter serment de dire vérité ; ainsi le Juge doit
être exact à observer cette formalité essentielle ; il ne suffit pas de l'observer, il faut nécessairement en faire mention. On voit dans la procédure de l'infâme Damiens, tome 4, p. 59, & 63, que les principaux
Officiers de la Maison du Roi, & Seigneurs, lui furent confrontés sans
épée ; car M. de Noailles, Duc d'Ayen, remontra que Messieurs les Capitaines de la Garde du Roi, avoient le droit de prêter serment, l'épée au
côté. Monsieur Letellier de Montmirail, remontra aussi que Messieurs les
Capitaines des Cent-Suisses avoient le même droit ; cependant pour ne pas
retarder l'instruction, & sans tirer à conséquence, ces Messieurs ôterent
leurs épées, & il en fut fait mention. Voyez tome 3, p. 59 & 63, du
recueil de ladite procédure. Messieurs de Richelieu, & autres Seigneurs, ne
firent pas de pareilles remontrances, ce qui persuade qu'ils parurent sans épée.

5. Il est si intéressant que l'accusé & le témoin déclarent s'ils se
connoissent, ou non, que non seulement cet article XIV, mais encore
les articles XV & XVIII de ce titre, l'exigent aussi : il est sur-tout intéressant que le témoin déclare s'il connoît l'accusé ; parce que s'il déposoit
de visu, & qu'à la confrontation, il déclarât ne pas le connoître, sa
déposition ne seroit aucune charge contre l'accusé ; il se pourroit cependant que le témoin eût fait dans sa déposition le signalement de celui
qu'il auroit vu commettre le crime ; & alors ce signalement avec le secours
des autres dépositions, serviroit au Juge à découvrir la vérité : c'est le seul
cas où un témoin peut impunément varier à la confrontation : car s'il
déclare expressément que ce n'est pas de l'accusé présent dont il a entendu
parler dans sa déposition, & qu'il s'est trompé, ne le reconnoissant pas
pour Auteur du crime qu'il a vu commettre, la déposition tombe, &
ne peut plus faire charge contre l'accusé.

ARTICLE XV.

*Sera ensuite fait lecture des premiers articles de la déposition
du témoin, contenant son nom, âge, qualité, & demeure;
la connoissance qu'il aura dit avoir des parties, & s'il est
leur parent ou allié.*

Cet article suppose que la prémisse de la déposition contient aussi la
Déclaration du témoin, s'il est serviteur, ou domestique des parties. Cette
lecture du préambule de la déposition, suffit à l'accusé, pour lui apprendre le nom & les qualités du témoin, & pour être en état de fournir
contre lui des reproches, avant qu'il ait connoissance de la déposition,
qu'il présume ou qu'il doit présumer faire charge contre lui, puisqu'il lui
est confronté.

ARTICLE XVI.

*L'accusé sera ensuite interpellé, par le Juge, de fournir sur
le champ ses reproches contre le témoin, si aucuns il a,
averti qu'il n'y sera plus reçu après avoir entendu la lecture
de sa déposition : dont sera fait mention.*

1. Le 4 Août 1659, il fut délibéré au Parlement de Dijon, qu'après
la lecture des dépositions l'accusé n'étoit plus recevable à circonstancier
un fait de subornation, dont il n'avoit parlé que vaguement lors de quelques confrontations. Il n'en seroit pas de même à présent. Parce qu'il
n'y a point de fin de non recevoir contre l'accusation de subornation
qui est un fait péremptoire, dont il faut informer aussi-tôt qu'il y en
a soupçon. Voyez les observations sur l'article XI, de ce titre, n. 7.

2. Cet article de l'Ordonnance veut que ce soit le Juge qui fasse les
interpellations requises par le témoin à l'accusé. Ils ne peuvent ni l'un
ni l'autre s'interpeller de convenir de tels & tels faits, il faut qu'ils requièrent le Juge de faire les interpellations, & cela pour les contenir dans
la modération, & empêcher qu'ils ne s'insultent & s'invectivent, si l'un
portoit la parole à l'autre.

3. Par Arrêt du Grand Conseil du 31 Mars 1705, rapporté dans les
Loix criminelles, tome 1, p. 216; il avoit été défendu au Lieutenant
Criminel de Robe courte du Châtelet de Paris, lors de la confrontation,
en interpellant le témoin de fournir des reproches, de se contenter d'insérer ces mots *averti de l'Ordonnance* : l'Arrêt lui enjoint de faire mention

que l'accusé a été interpellé de fournir sur le champ ses reproches, sinon qu'il n'y sera plus reçu après la lecture de la déposition. Cet Officier se pourvut en cassation au Conseil, tant pour ce Chef que pour plusieurs autres dispositions du même Arrêt, qui changeoient les usages du Châtelet ; & il obtint le 31 Août de la même année 1705, Arrêt qui sans s'arrêter aux injonctions, defenses & Réglements contenus dans l'Arrêt du Grand Conseil qui fut cassé, *comme fait sans pouvoir* ; maintint les Officiers du Châtelet dans leurs usages pour les captures informations, instructions, & autres procédures criminelles, non contraires à l'Ordonnance. Voyez *ibidem*, p. 242 & 243.

On observe sur cet Arrêt 1°. qu'il décide que le Grand Conseil n'a pas droit de faire des Réglements ; 2°. que l'usage du Châtelet est de mettre dans les confrontations que lecture a été faite à l'accusé des premiers articles de la déposition, & qu'il a été averti de l'Ordonnance : ainsi dans ce Siege en deux lignes ils comprennent ce qui ne peut être expliqué qu'en une demie page dans les autres tribunaux. La grande abondance des procédures au Châtelet a donné lieu à cet usage, pour abréger & expédier plus promptement. Au Parlement de Paris on abrege ordinairement de même. *Averti de l'Ordonnance*, signifie que l'accusé a été interpellé de fournir sur le champ des reproches, sinon, &c. Dans les autres Cours & Jurisdictions, on est obligé d'expliquer aux accusés l'Ordonnance, afin qu'ils ne puissent dire qu'ils ne l'ont pas entendue, & qu'ils veuillent fournir des reproches après avoir ouï lecture de la déposition. Les articles CLIV & CLV, de l'Ordonnance de 1539, ordonnoient de même aux Juges d'expliquer aux accusés la nécessité de fournir sur le champ leurs reproches.

4. Imbert dans sa Pratique criminelle, liv. 3, chap. 13, n. 20, aux notes dit conformément au sentiment de Balde que le Juge peut d'office suppléer les reproches, quoique l'accusé n'en ait proposé aucun. *Judicis est laborare pro innocentia. L. si non defensore, D. de pænis.* Il est en effet juste que le Juge supplée aux reproches ; l'accusé peut ne les pas connoître, comme dans le cas dont on vient de parler sur l'article XIV, de ce titre, n. 3, au sujet du dénonciateur qui pourroit être aussi-bien que ses parents du nombre des témoins. D'ailleurs un accusé étranger, sans secours, ne connoît aucun témoin ; par conséquent il ne peut savoir leurs vie & mœurs, & les reprocher. Il n'y a donc que le Juge qui puisse y suppléer. L'humanité l'exige ; c'est ce que Theveneau prouve solidement sur l'article III, du titre XIV, des Procès Civils, où il cite la Loi unique, *ut qua desunt Advocatus vel Judex suppleat. Cod.* Mais il faut que ces reproches soient notoires, & de droit.

5. Un grand inconvénient dans l'instruction des Procès Criminels, c'est que souvent l'instigant ne connoît pas les témoins qu'il diligente ; il fait assigner à tout hasard ceux qui lui sont indiqués ; la disette de témoins est cause qu'il n'est pas en état de choisir. Cependant quand il a fait

affigner un témoin il ne peut le reprocher, ni fe départir de fa dépofi-tion. Le cas arrive principalement lorfqu'il y a eu information refpective. Celui qui a été déclaré accufé fe voit confronter fes propres témoins, fans pouvoir les reprocher, fous prétexte que les ayant produits lui-même, il s'en eft rapporté à leur bonne foi. Cette maxime n'eft pas toujours fuivie. Les Juges n'y ont pas toujours égard. Le temps, les qualités des parties, & autres circonftances donnent fouvent lieu à s'écarter de cette regle qui feroit notoirement injufte dans plufieurs occafions, fi elle étoit fuivie à la rigueur. Comme fi l'accufé articuloit une caufe de reproche furvenu, depuis la dé-pofition, à fa connoiffance, ou qu'il a été fuborné, ou qu'il a un intérêt indirect dans l'inftance ; qu'il eft créancier ou débiteur d'une fomme con-fidérable de l'inftigant, & autres faits qu'il eft cenfé avoir ignorés, lorfqu'il l'a fait affigner ; dans tous ces cas les Juges ne pourroient s'empêcher d'avoir égard aux reproches des accufés, qui malgré la rigueur apparente de l'Ordonnance font toujours favorables.

La Loi 17, cod. *de teftibus* parle d'une partie qui a produit un témoin dans une caufe & qui veut le reprocher dans une autre caufe. *Si quis teftibus ufus fuerit, iidemque teftes adverfus eum in alia lite producantur, non licebit ei perfonas eorum excipere ; nifi oftenderit inimicitias inter fe & illos poftea emerfiffe, ex quibus teftes repelli leges præcipiunt, non adimenda fcilicet ei licentia ex ipfis depofitionibus teftimonium eorum arguere. Sed & liquidis probationibus datione vel promiffione pecuniarum eos corruptos effe oftenderit, etiam eam allegationem integram ei fervari præcipimus.* Cette Loi, en confirmant les principes qui viennent d'être avancés, prouve que les reproches font de droit public, ce qui eft fi vrai qu'un accufé ne feroit pas maître de légitimer un témoin reprochable de droit. On ne peut dire avec Juftice qu'un bon reproche foit couvert par la fauffe démarche que la partie a faite, en faifant affigner un témoin fufpect. Il y auroit de l'in-humanité à vouloir lui imputer à faute une action qu'elle avoit lieu de croire lui devoir être avantageufe, & qui par des raifons qu'elle igno-roit ont tourné à fon défavantage. En un mot quand l'accufé feroit non recevable, le Juge ne pourroit s'empêcher de déférer au reproche bien fondé, de quelque façon qu'il en eût connoiffance. Il arrive fouvent que l'on ignore la parenté du témoin que l'on produit. Il n'y a fûrement point de non recevoir à cet égard. Les noms font différents. On ne con-noît pas les alliances ; ainfi on ne pourroit rejeter un reproche prouvé par écrit, quand même le témoin parent auroit été produit par celui qui le reprocheroit. Voyez à ce fujet Papon, liv. 9, titre III, Arrêt 3, où cet Auteur dit que l'on peut reprocher le témoin que l'on a produit, fi l'occafion s'en préfente *de nouveau*, fuivant la Loi, *Si quis* Cod. *de teftibus.*

6. C'eft encore une regle établie en faveur des accufés, que fi l'un pro-pofe un reproche légitime contre un témoin, il profite à tous les autres accufés ; quoiqu'ils ne l'aient pas employé. Parce que le témoin ne peut être reprochable pour l'un qu'il ne le foit pour tous les autres. Il y a

cependant

cependant des Auteurs qui ont soutenu le contraire dans le cas de contumace. Lebrun entr'autres, liv. 2, chap. des recollements, dit que le
défaut ou contumace prive le défaillant de tout bénéfice de droit. Il
cite la Loi *Contumacia D. de re Judic.* Il dit même que cela a été ainsi
jugé par Arrêt du Parlement de Toulouse du 16 Février 1581, rapporté
par Mainard, liv. 4, chap. 70. C'est sur ce mauvais principe que Du
Rousseau partie 3, chap. 13, section 1, n. 36, dit que celui qui brise
les prisons & s'évade ne mérite pas que les reproches qu'il a fournis à
la confrontation soient lus ; il prétend qu'il en doit être de même de
celui qui a été élargi & qui ne se représente pas. Ces maximes révol-
tent, un témoin qui ne mérite pas de foi en Justice par lui - même &
vis-à-vis de quelques-uns des accusés, ne deviendra jamais un bon témoin
vis-à-vis d'un autre ; la contumace ne légitimera pas un témoin valablement
reproché.

7. Les accusés fournissent souvent des reproches qui pourroient passer
pour injurieux aux témoins, mais il faut faire différence de ceux qui
sont fournis *animo injuriandi* & de ceux qui ne le sont que par exception
& par un moyen de défenses légitimes. *Omnis ratio expedienda salutis honesta
& justa videri debet.* Les Loix excusent ceux qui pour leur défense avan-
cent des faits, quoiqu'ils ne les puissent prouver. Et quoique le témoin
puisse dire que ces reproches injurieux le déshonorent, puisqu'ils restent
au Greffe ; il est certain que cela ne peut empêcher un témoin de les
fournir, toujours dans le cas d'une légitime défense & même plusieurs
Arrêts ont décidé que les reproches injurieux n'impriment aucune note
contre la probité du témoin vrai ou faux. Parce que n'étant admis ni
prouvés, ils ne produisent aucun effet ; le témoin est considéré comme
l'aggresseur, & l'accusé est excusé parce qu'il est sur la défensive.

Lapeyrere, lettre T, n. 20, dit que si l'accusé, reprochant le témoin,
lui objecte quelque crime, le témoin ne le pourra prendre à injure, &
même que l'accusé ne sera pas obligé à le prouver, suivant Mornac, L. 21.
D. de his qui notantur infamiâ : cet Auteur appuie encore son sentiment
sur celui de Jul. Clar. *Sententiarum*, liv. 5, question 53, & de Fachin,
liv. 9, chap. 13. Mais ces principes ne sont pas conformes à nos Ordonnances & à nos usages. Celle de 1539, article XLI, porte que pour
chaque fait de reproche calomnieusement proposé, & qui ne sera pas
vérifié par la partie, il y aura condamnation : savoir dans les Cours de
vingt livres d'amende, ou de plus grande peine pour la grandeur de la
calomnie, à l'arbitrage du Juge, & dans les autres Justices la moitié
moins. L'article II, du titre XXIII, de l'Ordonnance de 1667, porte
que s'il est avancé des reproches que les témoins ont été emprisonnés,
décrétés, ou repris de Justice, les faits seront réputés calomnieux, s'ils
ne sont justifiés avant le Jugement du procès. Il faut donc que les reproches soient fondés sur des pieces, & vérifiés, & qu'ils ne soient pas fournis *animo injuriandi*. Car selon Imbert, liv. 1, chap. 47, n. 3 ; celui qui

propose des reproches évidemment calomnieux doit être condamné à une réparation, & aux peines portées par l'Ordonnance de 1539; ainsi qu'il dit avoir été jugé par Arrêt du Parlement de Paris, du 3 Juin 1559, en faveur d'une Veuve, à laquelle l'accusé avoit reproché qu'elle avoit eu des enfants depuis la mort de son mari, & qu'elle avoit vécu impudiquement. Les Ordonnances ont laissé à la prudence des Juges la punition des injures, lorsqu'elles sont manifestement dites dans le dessein de calomnier. *Caveant qui opponunt contra testes, & non habent in promptu probationem criminum oppositorum, quia si non probant ipsa crimina opposita, tenentur actione injuriarum, etiamsi excipiendo proposuerint.* Jul. Clar. question 53, n. 7. Au reste il est très intéressant pour le bien de la Justice de réprimer les accusés qui calomnient des témoins qui ne viennent déposer que parce qu'ils y sont contraints; sans quoi plusieurs n'oseroient déposer la vérité.

Les reproches de crimes lors des confrontations ne peuvent donner lieu à la partie publique de poursuivre les témoins. Ce qui est dit par exception n'est ni accusation ni dénonciation. Voyez Brillon, au mot *reproche*, n. 41.

8. On n'a aucun égard aux reproches fondés sur des crimes qui ne sont pas prouvés, ou du moins pour lesquels le témoin n'a pas été décrété, ou pour lesquels il n'a pas transigé. C'est la disposition de l'Ordonnance de 1667, qui vient d'être citée, & lorsque les reproches regardent les mœurs, il faut des condamnations.

Une femme débauchée, *meretrix* ne peut être témoin, suivant la Loi 3, parag. 5, *de testibus*. Mais une femme publique n'est pas celle à laquelle il est arrivé quelqu'accident de galanterie. C'est celle *qui palam quæstum facit corporis sui*. Celle dont la débauche est notoire, & la mauvaise vie est publique; quoiqu'elle n'ait pas été requise par la Justice : parce que *licet non judicio infamata sit, ejus tamen fama magnopere gravata est.* Il ne faut cependant pas croire que dans toutes les occasions, on rejette la déposition de ces personnes du sexe notoirement libertines; car comme l'observa M. Talon à l'occasion de deux Ecclésiastiques dont il est parlé au tome 9, des causes célèbres; dans certain cas on est forcé de se servir pour témoins des personnes du sexe qui ont les mœurs dépravées. C'est lorsque la plainte est rendue pour faits de débauche, qu'il seroit presqu'impossible de prouver, si on rejetoit leur témoignage. Il n'est pas ordinaire de trouver des témoins de bonnes mœurs pour déposer sûrement de pareils faits : on est souvent forcé, continue ce grand Magistrat, de recevoir les dépositions des témoins reprochables. 1°. Quand on ne peut découvrir la vérité par d'autres moyens. 2°. Quand il ne s'agit pas de faits particuliers aux témoins, & qu'ils ne sont pas complices. Ce sont le cas où les Docteurs disent : *in casibus in quibus testes inhabiles admittuntur, non probant, sed solùm faciant qualem qualem probationem.*

9. Les reproches contre les témoins ont un grand rapport avec les récu-

fations des Juges, & même ceux-ci font plus facilement récufés que les témoins ne font reprochés : parce que l'on trouve toujours des Juges, & on ne trouve pas facilement des témoins ; voyez les obfervations fur l'article XVI, du titre II, où fe trouvent traités plufieurs moyens de récufation qui peuvent fervir aux reproches contre les témoins.

10. Le reproche que le témoin eft en procès avec l'une des parties n'eft confidérable que lorfque le procès l'eft auffi. La Loi 21. *D. de excufationibus tutorum*, liv. 27, titre I, le décide ainfi : *Propter litem quam quis cum pupillo habet excufare fe à tutela non poteft ; nifi forté de omnibus bonis, aut plurima parte eorum controverfia fit.* Il eft vrai que la différence eft grande entre l'excufe pour la tutelle & le reproche contre un témoin ; mais il n'en eft pas moins vrai qu'un procès de peu de conféquence, n'eft pas cenfé prévenir un témoin d'une maniere à faire rejeter entiérement fa dépofition, fur-tout dans le cas où il y a difette de témoins. Celui qui a un procès civil contre l'une des parties peut être témoin dans le cas où ce procès civil n'intéreffe pas beaucoup la fortune de l'un ou de l'autre. Mais fi le procès étoit criminel, le reproche feroit bon ; voyez Godefroi fur la Novelle 90, chap. 7. *Si vero quis dicat odiofum præfentem ad teftimonium fibi conftitutum, & approbaverit ftatim, quoniam criminalis inter eos lis movetur : non adfit ad teftimonium qui ufque adeo infeftus eft, donec de crimine judicetur.*

11. C'eft un bon moyen de reproches que d'avancer que la partie civile s'eft affûrée du témoin en lui faifant donner par écrit ce qu'il doit dépofer. Ainfi jugé par Arrêt du 11 Août 1696, rapporté au Journal des Audiences, tome 5, liv. 12, chap. 22, p. 850.

ARTICLE XVII.

Les témoins feront enquis de la vérité des reproches, & ce que le témoin & l'accufé diront fera écrit.

1. L'Ordonnance de 1667, titre XXIII, a fix articles, qui contiennent le temps & la maniere de fournir des reproches en matiere civile ; il n'y a que les deux premiers articles qui peuvent être tirés à conféquence au criminel. Ils veulent que les reproches foient circonftanciés & pertinents, & non en termes vagues & généraux ; à peine d'être rejetés. Et s'il eft avancé que les témoins ont été emprifonnés, décrétés, condamnés ou repris de Juftice, les faits feront réputés calomnieux, s'ils ne font juftifiés avant le Jugement du procès, par des écrous d'emprifonnements, décrets, condamnations, ou autres actes.

2. *Domeftiques.* Sur l'article V, du titre VI, *des informations*, n. 5, ont été expliqués les cas où les Domeftiques peuvent fervir de témoins, & la diftinction que l'on doit faire des Serviteurs, ou Domeftiques. On y

ajoutera seulement que Devédel sur Catellan, tome 2, liv. 9, chap. 7, dit après Maynard, & tous les Auteurs, que les domestiques ne peuvent être reprochés, & sont témoins nécessaires pour tout ce qui se passe dans l'intérieur de la maison du maître, tant en sa faveur que contre lui. Mais Devédel ajoute, avec raison que quand le témoignage du valet n'est pas absolument nécessaire, & que l'on peut avoir des témoins d'ailleurs, il est reprochable. Au lieu lorsqu'il s'agit *v. g.* d'une insulte, ou d'un assassinat arrivé dans l'enceinte d'une maison, le domestique peut être entendu à la requête du maître & en sa faveur.

3. *Parrain.* Suivant la Jurisprudence du Parlement de Toulouse, si le témoin est parrain d'un enfant de la partie, il n'est pas reprochable ; au lieu qu'il l'est, s'il est parrain de l'enfant du témoin. C'est ce que nous atteste Devédel sur Catellan, tome 2, liv. 9, chap. 7, où il apporte un Arrêt du 4 Mai 1676, qui l'a ainsi jugé. La raison est que le filleul espere de l'affection de son parrain qui n'a pas lieu d'attendre quelque libéralité de son filleul.

Muyart de Vouglans dans ses Institutes imprimées en 1737, p. 313, dit au contraire que les parrains & marraines ne peuvent être témoins dans la cause de leurs filleuls & filleules, ni dans celle du pere & mere de ces derniers, avec lesquels ils ont contracté une alliance spirituelle ; mais il ajoute : *& vice versa.* Le célebre Farinace, question 54, n. 198, & suivants, tome 2, p. 28, s'en explique ainsi en parlant du parrain & du filleul. *Unus pro altero non prohibetur testificari, multo minus prohibetur compater pro compatre testimonium ferre.* Cependant au n. 200, il dit : *licet Pater spiritualis admittatur in testem pro Filio spirituali, & è contra. Non tamen est testis integra fidej, & omni exceptione major. Negare enim non possumus quin ex ista cognatione spirituali oriatur affectio inter Patrem & Filium Spiritualem. Et ratione hujus affectionis dubium non est quin eis de fide diminuatur.* Au n. 201, il ajoute : *in criminalibus causis in quibus testes requiruntur omni exceptione majores, Patrem ac Filium spiritualem, ac etiam compatrem non esse idoneos testes, plures scripserunt.* Enfin au nombre 204, il resout la question : *non per hoc tamen recedas a propositione qua sicut communior & verior : quantum enim ob hanc cognationem spiritualem sit hujusmodi testimonium de fide diminuendum, erit id totum remissum arbitrio Judicis, qui juxta affectionem quam inter eos esse dispiciet id optimè judicabit, sicut voluerunt Tiraqueau, Mascardus, &c.* Ainsi ce judicieux Auteur après avoir balancé les raisons pour & contre, décide que c'est au Juge à se déterminer en pareille occasion suivant les circonstances. Nous n'avons point de Jurisprudence bien certaine sur cette question ; sinon que de pareils témoins ne sont jamais *exceptione majores.* La disette des témoins les fait souvent admettre, d'autres fois ils sont rejetés ; voyez les observations sur l'article XVI, du titre II, au sujet des Juges parrains ou filleuls, n. 5.

4. *Chanoines.* Suivant l'article X, du titre des récusations de l'Ordonnance Civile ; si le Juge est bénéficier, ou du corps du chapitre, il ne

peut être Juge dans le procès du corps ou du chapitre. Il ne peut par conséquent être aussi témoin dans le même cas. Toutes les fois qu'un particulier membre d'un corps ou communauté peut tirer avantage d'un procès, ou qu'il en peut souffrir du dommage, ou du déshonneur, il ne peut être ni Juge, ni témoin : à moins que ce ne soit dans le cas où les domestiques & autres témoins nécessaires peuvent faire foi ; dans le même cas les parents proches de ceux dont nous parlons pourroient être aussi reçus. Cependant, suivant Legrand, sur la coutume de Troyes, titre X, article CLXVIII, n. 30. *Causa universitatis non est causa singulorum*, d'où il conclut que les membres d'un college peuvent déposer pour ce qui le concerne ; pourvu qu'ils n'y soient pas intéressés en leur particulier. Et cependant il dit que parce que l'on ne peut dénier que chaque particulier ne soit affectionné à tout ce qui regarde le chapitre ; il faut examiner quelle foi y doit être ajoutée par les circonstances du fait & la qualité des personnes. Et c'est, comme il vient d'être observé au nombre précédent la meilleure règle que le Juge puisse suivre ; on ne peut en pareil cas en donner de certaines : les circonstances, & souvent la disette des témoins en font admettre qui dans d'autres cas seroient rejetés.

5. *Reproche dénié.* Quand le témoin dénie le reproche, c'est à l'accusé à le prouver, *nam ei incumbit probatio qui dicit, non ei qui negat.*

6. *Inimitié.* Imbert, liv. 1, chap. 47, n. 3, aux notes, dit que les témoins sont reprochables s'ils sont ennemis mortels ; mais il faut exprimer la cause de l'inimitié. On doit se défier des ennemis, parce que la passion les conduit. Ils sont toujours suspects, à moins que leur témoignage ne soit soutenu par d'autres dépositions conformes. *Facilè mentiuntur inimici, causâ cognitâ, habenda fides, aut non habenda, L. 1, parag. 24 & 25, D. de quæst. Testium fides diligenter examinanda, an inimicus sit adversus quem testimonium dicit. Vel amicus ei pro quo testimonium dat. L. 3. D. de testibus.*

Le savant Farinace dans sa question 53, tome 2, p. 1, entre dans des distinctions sans fin, à ce sujet, n. 52 ; il dit, en parlant de l'inimitié capitale, qu'il n'en est pas de même de toutes autres. Mais au n. 53, il ajoute, *in criminalibus, in quibus, cum testes debeant esse omni exceptione majores, qualibet inimicitia etiam levis illos repellit à testificando.*

La reconciliation ne détruiroit pas entièrement le reproche d'inimitié. *non credas inimico tuo in æternum.* Ecclésiast. chap. 12, v. 9 ; il reste toujours dans le cœur d'un ennemi reconcilié un desir de vengeance.

7. *Les Juifs, les hérétiques, & les infidelles ne peuvent être témoins.* L. *quoniam Cod. de hæreticis.* Il sont censés ennemis des Chrétiens, sur-tout si celui qui les produit est de même secte ou Religion qu'eux. Par Arrêt du Parlement de Metz du 10 Février 1691, en matiere civile, on refusa d'admettre le témoignage de deux Juifs contre un Chrétien. Voyez Augeard, tome 3, chap. 11. *Judæus testis esse non potest. Et hæc regula Judæos à testimonio repellens jure optimo procedit. Cum ipsi testimonio ecclesiæ*

non credant, meritò censitum est ut ipsis non sit credendum ; ut qui divina testimonia contemnunt, humani testimonii pondus perdidisse se noscant : idem in hæreticis, paganis & aliis insidelibus. Farinace, question 56, n. 105, & suivants. Voyez Brillon, au mot *Juif*, n. 7, tome 3, p. 977. L'article CCCLXX, des anciennes Coutumes de Bourgogne, porte : *Les Juifs qui demeurent en Bourgogne, sont justiciables à Monseigneur le Duc, en quelque Justice qu'ils aient leurs mansions, & s'ils meurent, leur avoir, est à Monseigneur le Duc :* ainsi ils sont soumis à la Jurisdiction royale des Baillifs & Sénéchaux, sur-tout en Bourgogne.

8. *Débiteur.* Le reproche que le témoin est débiteur de l'accusé, n'est plus admissible ; ainsi qu'il a été jugé par Arrêt du Parlement de Toulouse, rapporté par Catellan, tome 2, liv. 9, chap. 7, p. 552, édition de 1723. Avant l'Ordonnance de 1670, le témoin devoit déclarer dans la prémisse de sa déposition, s'il étoit débiteur ou non des parties; mais cette nouvelle Loi ne l'a pas exigé ; ainsi on n'en fait plus mention : cependant s'il étoit prouvé qu'un témoin seroit débiteur de l'instigant d'une somme assez considérable pour intéresser la fortune du témoin : le reproche affoibliroit sa déposition ; le débiteur *est servus fœnerantis.* Voyez les observations sur l'article XVI, du titre II, n. 12, au sujet du Juge débiteur.

9. *Cession de biens.* Le reproche de cession de biens, n'est pas valable, parce que c'est une faveur de la Loi, qui n'infame pas. Voyez M. Leprêtre, centurie 1, chap. 66.

10. *Parjure.* Le reproche d'avoir fait un faux serment, est un empêchement perpétuel pour témoigner en Justice, chap. 54, *extra de testibus.*

11. *Repris de Justice.* C'est encore un reproche très fort, que celui d'avoir été repris de Justice ; un témoin irréprochable doit être d'une vie honnête, & sans tache, ce qui ne se rencontre pas dans celui que la Justice a repris. L. 3, parag. 5, *Lege Julia de vi : Cavetur ne hâc lege in reum testimonium dicere liceret ei qui judicio publico damnatus erit. D. de testibus.* Voyez les observations sur l'article XII, du titre I, n. 6.

12. *Jugement des reproches.* L'usage des Cours pour juger les reproches, n'est pas uniforme. Les unes les jugent avant de commencer la lecture de l'information, d'autres ne jugent les reproches que lorsque l'on veut faire lecture de chaque déposition : on avoit inséré dans le projet de cette Ordonnance, comme dans la civile, un titre entier, pour établir une regle générale pour le Jugement des reproches au Criminel ; c'étoit le titre XIX, contenant sept articles ; mais le premier de ces articles fit beaucoup de difficultés : il portoit que les reproches seroient jugés avant de visiter le procès. Messieurs les Commissaires firent voir tant d'inconvénients dans les différents usages, que le titre fut retranché en entier. M. le premier Président observa qu'au Parlement de Paris, & dans plusieurs autres, les reproches étoient jugés conjointement avec le fond

du procès ; mais que dans celui de Toulouse, & au Grand Conseil, on les jugeoit séparément : on objecta que pour cela il falloit voir le procès deux fois, que s'il arrivoit que l'accusé eût fourni des reproches contre tous les témoins, il faudroit opiner autant de fois qu'il y en auroit de reprochés, ce qui entraîneroit des longueurs qu'il falloit éviter ; que dans les compagnies semestres, les reproches seroient jugés dans un semestre, & le procès dans un autre ; & que d'ailleurs, cet examen feroit naître des incidents, au lieu qu'en jugeant les reproches séparément du fond, on ôteroit la confusion : ce grand Magistrat convint cependant que lorsque les reproches sont jugés séparément, les Juges font leurs notes pour soulager leur mémoire, & qu'il étoit plus sûr en matiere criminelle, de joindre toutes les circonstances d'une affaire, pour porter son Jugement, que de le partager pour en juger les différentes parties à diverses reprises.

M. Pussort répondit qu'il n'y avoit rien qui pût davantage embarrasser l'esprit des Juges, & jeter de la confusion, que de les obliger à juger des reproches avec le fond du procès ; qu'un Juge trouvera la déposition d'un témoin précise ; mais il demandera la preuve du reproche ; qu'un autre ne s'arrêtera pas au reproche, & se laissera persuader par la déposition qu'il trouvera formelle, & dont la force aura fait impression sur son esprit ; & enfin, qu'il faudroit lire les dépositions de tous les témoins, même de ceux qui par l'événement, demeureroient valablement reprochés ; au lieu qu'en jugeant les reproches séparément, il ne restera plus rien qui ne doive passer pour constant, & sur quoi les Juges ne puissent fonder avec certitude leur Jugement, que comme cela se pratique en matiere civile, sans causer de la confusion, on doit, à plus forte raison, le pratiquer au Criminel, où l'exactitude est plus nécessaire.

M. Talon observa que rien n'étoit plus capable d'empêcher l'expédition des affaires criminelles que la disposition de l'article du projet qui portoit qu'avant la visite du procès, il sera procédé au Jugement des reproches ; & que quoique cela se pratique dans différents tribunaux, ce n'étoit pas l'usage du Parlement ni du Châtelet, ni même de la plus grande partie des autres tribunaux ; que cela étoit presque impossible à observer ; que s'il falloit à la Tournelle, faire ce circuit, on n'expédieroit pas le tiers des affaires qui s'y jugent, parce que la nécessité d'opiner sur les reproches proposés en détail au sujet de chaque témoin, & l'obligation de communiquer au parquet la feuille des Jugements des reproches produiroient des longueurs, & un embarras infini.

Sur ces observations, l'article fut retranché ; ainsi chaque tribunal a continué ses usages ; mais comme il n'y eut que l'article I, concernant le Jugement des reproches, qui souffrit de la contradiction : il est important de rapporter les autres articles, pour savoir la procédure qui doit être observée, pour acquérir la preuve des reproches admis, & reconnus valables ; l'Ordonnance criminelle n'ayant rien décidé à cet égard, il faut suivre l'ancien usage, prouvé par les articles qui avoient été insérés à cet égard dans le projet de l'Ordonnance; ils furent trouvés bons, puisqu'ils ne furent pas contredits; la difficulté de régler le premier, fit négliger les autres, quoique conformes aux usages.

Article I. ,, Avant la visite du procès, il sera procédé au Jugement ,, des reproches des témoins, après la lecture de tout ce qui concerne les ,, reproches contre chacun des témoins, tant par le procès verbal de ,, confrontation, que par les autres pieces.

Nota. Que cet article, quoique conforme à l'article V, du titre XXIII, de l'Ordonnance de 1667, ne fut pas reçu lors des conférences, par les raisons qui viennent d'être expliquées.

Article II. ,, Si les reproches ne sont jugés valables, la déposition du ,, témoin subsistera; & s'ils sont valables & justifiés, elle sera rejetée, ,, & ne sera pas lue.

Article III. ,, Si les reproches sont jugés valables, & non suffisamment ,, justifiés, les Juges pourront en déclarer la preuve admissible par actes, ,, ou par témoins.

Article IV. ,, Nonobstant que la preuve des reproches ait été déclarée ,, admissible, il sera procédé incessamment à la visite & au Jugement ,, du procès; sauf s'il n'y a preuve suffisante à ordonner que l'accusé ,, vérifiera, dans trois jours, les faits de reproches par pieces, ou par ,, témoins, qu'il sera tenu de nommer sur le champ; autrement il n'y ,, sera plus reçu.

Article V. ,, Le délai étant expiré, le procès & la feuille du Jugement ,, seront derechef communiqués à nos Procureurs ou à ceux des Seigneurs, ,, pour y prendre leurs conclusions dans vingt-quatre heures, au plus ,, tard, & passé outre au Jugement en l'état qu'il se trouvera.

Article VI. ,, La preuve des reproches sera faite aux frais de l'accusé, ,, s'il est solvable, sinon de la partie civile.

Article VII. ,, S'il n'y a point de partie civile, ou qu'elle ne puisse ,, notoirement avancer les frais, les Seigneurs & les engagistes de nos ,, domaines y seront contraints, chacun à leur égard, même dans nos ,, autres Justices, les Receveurs de nos Domaines, du fond qui sera par ,, nous ordonné à cet effet. ,,

Dans le procès verbal des Conférences de MM. les Commissaires, est écrit : *ces derniers articles ont été trouvés bons*; ce qui prouve qu'à la réserve du premier article qui fut contredit, tous les autres furent trouvés conformes aux regles & à l'usage; & par conséquent, que l'Ordonnance n'ayant rien réglé à ce sujet, nous devons suivre pour l'instruction des reproches la disposition des six derniers articles, ci-dessus.

Reste à observer que M. le premier Président demanda comment se feroit la preuve des reproches. M. Pussort répondit qu'elle se devoit faire d'Office, & aux frais de l'accusé; mais que cela ne s'exécutoit pas. M. le premier Président ayant encore observé qu'il seroit à propos de l'expliquer

suivant

suivant l'Ordonnance de 1539, qui veut que ce soit d'Office ; M. Pussort répondit qu'il en seroit usé, comme du passé : ce qui prouve que pour instruire & juger la validité de la preuve des reproches, il faut encore à présent suivre l'ancien usage, tel qu'il est prouvé par les six derniers articles ci-dessus. La preuve se doit faire d'Office, c'est-à-dire, aux frais de l'accusé ; & cependant les témoins par lui nommés, doivent être diligentés à requête de la partie publique, comme dans le cas des faits justificatifs, parce l'accusé étant dans les liens de la Justice, il ne conviendroit pas que l'enquête fût faite à sa requête. Voyez au surplus le titre XXIII, de l'Ordonnance de 1667, & sur-tout ci-après les observations sur l'article I, du titre XXVIII, n. 10, où il est prouvé que la preuve des reproches ne doit être ordonnée qu'en voyant le procès, comme si c'étoit un fait justificatif. L'Ordonnance de 1539 a plusieurs articles conformes à ceux-ci.

12. A l'égard des moyens de reproches contre les témoins, outre ceux qui sont rapportés ci-dessus, on peut encore voir ceux qui sont expliqués sur l'article II, du titre VI, *des informations* ; savoir, pour les enfants, n. 1 ; pour les femmes, n. 2 ; pour les Avocats, Conseils, & Procureurs des Parties, n. 3 ; pour les muets & sourds, ou aveugles, n. 4, & sur le titre III, *des plaintes*, article I ; contre les infâmes, les parents, les impuberes, les maîtres, les domestiques, les foux, les furieux, &c. *Idem*, sur l'article XI, du même titre VI.

ARTICLE XVIII.

Après que l'accusé aura fourni des reproches, ou déclaré qu'il n'en veut point fournir, lecture lui sera faite de la déposition & du recollement du témoin, avec interpellation de déclarer s'ils contiennent vérité, & si l'accusé est celui dont il a entendu parler dans ses dépositions & recollements ; & ce qui sera dit par l'accusé & le témoin, sera aussi rédigé par écrit.

1. L'article LI du Réglement de la Chambre Souveraine, séante à Poitiers, du 15 Janvier 1589, porte que les Juges observeront dans les confrontations qu'ils feront des témoins aux accusés, ce qui est porté par cet article ; & que suivant icelui, après que l'accusé aura fourni ses reproches, ou déclaré qu'il n'en veut fournir, lecture lui sera faite de la déposition & du recollement du témoin, avec interpellation de déclarer s'ils contiennent vérité, & si l'accusé est celui dont il a entendu parler dans ses dépositions & recollements ; & ce qui sera dit par l'accusé & le témoin, sera aussi rédigé par écrit.

Par Arrêt du Parlement de Paris, du 9 Juillet 1716, rapporté au

Journal des Audiences, & dans le recueil des Edits, par M. Jousse, tome 3, p. 60; il fut enjoint au Baillif de la Châtellenie de Langres, lors des confrontations, après que lecture aura été faite de la déposition & recollement du témoin, en présence de l'accusé, de faire déclarer au témoin s'ils contiennent vérité, s'il y persiste, & si c'est de l'accusé présent dont il a entendu parler dans sa déposition & son recollement; & non pas au commencement de la confrontation, où le témoin & l'accusé sont interpellés de déclarer s'ils se connoissent : il faut faire faire lecture du recollement, aussi bien que de la déposition; le recollement peut contenir des faits nouveaux; c'est ce qui a été jugé par Arrêt du Parlement de Paris, du 17 Février 1711, & par autre de 1745, qui cassa une procédure du Lieutenant de la Prévôté de Coubert; d'ailleurs, il faut que l'accusé soit certioré que le témoin a été recollé.

2. L'Ordonnance exige, comme cet Arrêt, que le témoin, immédiatement après la lecture de sa déposition & de son recollement, déclare s'ils contiennent vérité, & si l'accusé qui lui est confronté est celui dont il a entendu parler : c'est la première formalité, avant d'entrer dans le détail des faits de la déposition : le Juge de Langres avoit observé cette formalité avant la lecture des premiers articles de la déposition, & avant les reproches, ce n'est pas là ce que prescrit l'Ordonnance contre laquelle d'autres pechent en faisant faire au contraire cette Déclaration, après que l'accusé a combattu les faits de la déposition : autre erreur; il faut que ces Déclarations soient faites à la suite des reproches; & après la lecture du corps de la déposition : les termes de cet article sont assez clairs, pour ne pas s'y tromper.

La Déclaration du témoin, si l'accusé présent est celui dont il a entendu parler, est très importante; c'est une circonstance essentielle; car s'il dit le contraire, la déposition n'a plus de force; il y a cependant des cas où les témoins sont confrontés, quoique dans leurs dépositions, ils n'aient pas nommé l'accusé, v. g. lorsque leurs dépositions ne tendent qu'à constater le délit, sans qu'ils sachent par qui il a été commis, & autres semblables : alors on met que le témoin n'ayant pas parlé de l'accusé dans sa déposition, qu'il dit contenir vérité aussi bien que son recollement, il ne peut déclarer si l'accusé présent est l'Auteur du crime.

Les témoins en sont crus lorsqu'ils disent qu'ils connoissent une personne, & que c'est de celle qui leur est présentée qu'ils ont entendu parler : on ne peut les obliger à expliquer par quels traits du visage ils la connoissent, ou si c'est par sa taille, grandeur, grosseur, ou autres marques de son signalement; ils sont censés ne dire qu'ils connoissent l'accusé que parce qu'ils n'en doutent pas : il est vrai que la ressemblance est un signe équivoque qui a souvent trompé; mais c'est au témoin à se décider, ou à expliquer de lui-même les doutes. L'Ordonnance n'exige du témoin que sa déclaration, s'il connoît l'accusé, & si c'est de lui dont il a entendu parler, elle ne lui en demande pas davantage : la Loi suppose que le témoin agit de bonne foi, & qu'il fait une déclaration sincere.

Quoique le témoin doive à la confrontation soutenir sa déposition; on en a cependant vu souvent qui ont déclaré qu'ils s'étoient trompés par la ressemblance, la couleur des habits, ou autres excuses qui ont été reçues: il seroit dangereux de forcer un témoin à déclarer que c'est de l'accusé présent qu'il a entendu parler, parce que les sens sont trompeurs; un air de ressemblance a souvent fait tomber dans l'erreur les plus prudents. Voyez au Journal du Palais, *in-fol.* p. 499, les Plaidoyers, lors de l'Arrêt du 15 Mars 1674, question 2; il est vrai que les circonstances doivent décider de la bonne ou de la mauvaise foi du témoin; car il pourroit arriver que par un effet de subornation, il anéantiroit sa déposition, en déclarant à la confrontation que l'accusé ne seroit pas celui dont il auroit entendu parler, quoiqu'il l'eût désigné par son nom & surnom, & que ce fût une personne que vraisemblablement il ne seroit pas censé méconnoître, parce qu'il seroit son voisin, ou du même pays, ou par quelqu'autre présomption qui seroit suspecter le témoin de variation.

Le terme de *présent*, est absolument nécessaire dans la Déclaration du témoin à la confrontation, il faut qu'il déclare expressément que l'accusé qui lui est présenté, est celui dont il a entendu parler dans sa déposition & son recollement; sans quoi, on ne peut en tirer aucune preuve contre l'accusé personnellement; l'Ordonnance exige que ce mot *présent* soit dans la déclaration du témoin; l'omission de ce mot est une nullité, ainsi qu'il a été jugé par deux Arrêts du Parlement de Paris, l'un du 28 Juillet 1698, contre le Lieutenant particulier de Châtillon-sur-Indre, & l'autre du 9 Mai 1712, tous deux rapportés au Journal des Audiences.

3. On a quelquefois supposé des personnes affidées, au lieu des véritables accusés, lors de la confrontation, pour surprendre des témoins suspects; c'est une ruse dont quelques Juges ont cru pouvoir se servir en faisant paroître un particulier enchaîné au lieu de celui qui est accusé, pour voir si le témoin lui soutiendra que c'est de lui dont il a entendu parler dans sa déposition, comme étant l'Auteur du crime. On raconte dans les causes célebres, tome 2, p. 424, à l'occasion de l'histoire de Grandier, & des Religieuses de Loudun, l'artifice que Saint Athanase mit en usage au Concile de Tyr, pour confondre une fille qui l'accusoit de l'avoir violée. Thimothée, Prêtre, parut au lieu de Saint Athanase; la fille qui ne connoissoit ni le Saint ni le Prêtre, soutint à Thimothée que c'étoit lui qui l'avoit violée, la calomnie fut par ce moyen avérée; une infinité d'Auteurs rapportent ce trait d'Histoire. Brillon, au mot *procédure*, n. 172, tome 5, p. 541, cite un Arrêt du Parlement de Provence, du 18 Juin 1665, qui a décidé qu'un Juge peut user de cette ruse lors de la confrontation; mais le Parlement de Paris l'a défendue par différents Arrêts. Bruneau, titre XVII, maxime 8, p. 140, dit que ces ruses avoient des suites trop dangereuses; elles tendoient à surprendre des témoins, & à les faire

tomber dans l'erreur. Les Arrêts des 25 Octobre 1698 , & 17 Mars 1702 , défendent expressément ces surprises : la Justice ne doit pas autoriser les fraudes & les tromperies. L'Arrêt de 1702 , fut rendu contre le Lieutenant Criminel de Lyon , qui fut réformé pour avoir à la confrontation usé de supposition de personne ; la confrontation fut cassée , avec défenses à lui d'en faire de pareilles. Du Rousseau de la Combe, partie 3 , chap. 13 , section 1 , n. 33 , rapporte ces deux Arrêts, de même que l'Auteur du traité Criminel, imprimé en 1732 , *in-4°.* , p. 139 , où il observe que le Parlement de Paris a condamné cette ruse toutes les fois que le cas s'est présenté ; ainsi on ne doit plus s'y exposer malgré le sentiment de nos anciens Praticiens , & entr'autres , de Despeisses , partie 1 , titre VIII , n. 11 , qui approuve cette forme de procéder , qui étoit en usage de son temps. On trouve encore au Journal des Audiences , tome 7 , liv. 1 , chap. 12 , p. 15 , un Arrêt du 4 Février 1718 , qui enjoint au Juge de Château-neuf , d'être plus circonspect dans les fonctions de sa charge , & lorsqu'il procédera à une confrontation , de ne faire rédiger que ce qui aura été dit par l'accusé & le témoin , conformément à l'Ordonnance , sans y admettre une personne tierce , sous quelque prétexte que ce soit : & effectivement , l'Ordonnance condamne tacitement cette ruse en ne permettant de rédiger que ce qui est dit par l'accusé & le témoin. Voyez encore Du Rousseau de la Combe , cinquieme édition , p. 491 , où il rapporte tout le fait de l'Arrêt de 1702.

4. De quelqu'état & condition que soit un témoin , il ne peut se dispenser de paroître à la confrontation : nous en avons un grand exemple à l'occasion de Monsieur , frere unique du Roi , qui donna sa première Déclaration le 5 Juillet 1641 , dans le procès de MM. de Saint Marc , & de Thou , à condition qu'il ne seroit pas confronté : mais comme cela parut extraordinaire , le Roi demanda à MM. Talon & Bignon , s'il y avoit quelqu'exemple qu'un fils de France , dans une affaire criminelle , eût été confronté. Ces Messieurs donnerent par écrit leur avis dans ces termes : " Nous estimons que c'est chose nouvelle , & sans exemple de
„ notre connoissance , qu'un fils de France ait été ouï dans un procès
„ Criminel par forme de déposition , mais seulement par Déclarations
„ qu'ils ont données par écrit , & signées , contenant la vérité du fait :
„ ces Déclarations ont été reçues , & ont fait partie des procès , sans
„ que l'on ait desiré leur présence , lorsque la lecture de leurs Déclara-
„ tions a été faite aux accusés : nous savons que cela a été ainsi pratiqué
„ au Parlement de Paris , dans des procès de crime de lese-Majesté.

" Et sur ce que Monseigneur le Chancelier nous a dit que ladite
„ Déclaration seroit reçue par lui-même , en la présence de six , qui seront
„ Juges du procès , lecture sera faite d'icelle aux accusés , qui seront à
„ l'instant interpellés de dire tout ce que bon leur semblera , dont sera
„ fait verbal qui sera représenté à M. frere unique du Roi , pour expli-
„ quer son intention sur le dire des accusés : nous croyons que ces tor-

,, malités ajoutées à ce qui a été fait par le passé rendront l'acte plus
,, solemnel & plus authentique qu'il n'a été fait & pratiqué ci-devant en
,, telle matiere. De sorte que les enfants de France n'ayant pas coutu-
,, me d'être ouis en autre forme que celle ci-dessus, & n'y en ayant
,, point d'exemple ; nous estimons qu'une Déclaration ainsi baillée par
,, Monsieur, reçue & accompagnée de la forme que dessus doit être aussi
,, valable, en son espece, que la déposition des particuliers suivie de
,, recollement & confrontation. Fait & arrêté à Fontainebleau, le 1 Août
,, 1642." *Signé*, Talon, Bignon.

Au procès du Chancelier Poyet instruit en 1554, le Roi François I,
avoit déposé plusieurs faits importants. Il fut ordonné que la déposition
du Roi seroit lue à l'accusé, qui dit, qu'il reconnoissoit que la dignité
du Roi & sa personne étoient irréprochables ; mais que le poids des affaires dont le Roi étoit accablé, & même la permission divine pouvoient,
malgré lui, induire en erreur son ame magnanime.

ARTICLE XIX.

*L'accusé ne sera pas reçu à fournir des reproches contre le
témoin, après qu'il aura entendu la lecture de sa déposition.*

1. Il est juste d'obliger l'accusé à fournir ses reproches avant de lui
donner connoissance de ce que le témoin a déposé ; parce que jusqu'à
cette lecture, il est incertain de ce qu'elle contient ; & par ce moyen il se
trouve forcé de fournir tous les reproches qu'il peut avoir. L'Ordonnance
oblige même le Juge par l'article XVI, de ce titre, de l'avertir qu'il
ne sera plus reçu à reprocher le témoin après la lecture de la déposition.
Cependant Théveneau dans son Instruction Criminelle sur l'article XI,
du titre VI, page 1033, prétend qu'il est trop dur de forcer un accusé
de fournir sur le champ des reproches, parce que l'étonnement dans lequel il est ordinairement lors de la confrontation lui fait perdre souvent
la mémoire de ce qu'il a à proposer contre le témoin. Cet ancien pra-
ticien ajoute que les témoins étant d'ailleurs souvent inconnus à l'accusé,
c'est le contraindre beaucoup, que de lui faire donner des reproches, sans
avoir le temps d'y penser & de s'informer des vie & mœurs du témoin,
& s'il a été suborné. Enfin il dit que celui qui fut l'Auteur de l'Ordonnance de 1539, sur laquelle il a fait son commentaire, y fut lui-même
pris, pour n'avoir pas bien digéré les inconveniens qui en résultent. Ce
fut le Chancelier Poyet, dont il vient d'être parlé sur l'article précédent, n. 4. Théveneau prétend encore, que quoique cette ancienne Ordonnance voulût comme celle-ci, que les reproches fussent donnés sur le
champ, si l'accusé trouvoit depuis la confrontation dequoi reprocher les

témoins, il le pourroit par requête, & que s'il rendoit ses moyens palpables ils devroient être reçus, parce que les accusés sont toujours favorables. Quoique ces réflexions paroissent justes, il est certain que l'Ordonnance est de rigueur pour l'instruction, & par conséquent qu'après la confrontation tous reproches sont rejetés ; à moins qu'ils ne soient prouvés par écrit. Airault dans sa Pratique judiciaire, liv. 3, chap. 3, n. 44, p. 349, s'éleve aussi beaucoup contre la rigueur des Ordonnances à cet égard ; & effectivement encore à présent si un accusé proposoit des reproches violents contre un témoin, & articuloit des faits de notoriété, il y a peu de Juges qui n'en fussent frappés, quoiqu'ils ne fussent pas prouvés par écrit. Il est même du devoir du Juge de suppléer à l'ignorance de fait. Un malheureux accusé souvent étranger, & sans secours ne peut découvrir tous les reproches qu'un autre plus intelligent & du même pays pourroit articuler.

2. Un témoin qui a été condamné pour quelque crime, porte avec lui son reproche, cela n'est pas douteux ; mais il s'agit de savoir s'il en seroit de même dans le cas où ce témoin n'auroit été repris de Justice que depuis sa déposition. L'article XXIII, du titre XVII, ci-après, semble décider l'affirmative ; puisqu'il porte que la déposition & le recollement du témoin subsisteront lorsqu'il ne pourra être confronté à cause d'une condamnation aux galeres, bannissement, ou autre légitime empêchement ; lors des conférences sur l'article XXII, du même titre XVII, Monsieur le premier Président de Lamoignon observa que lorsqu'il arriveroit qu'un témoin depuis son recollement auroit été condamné à quelque peine afflictive, il seroit difficile que le Juge n'en fît une considération : mais M. Pussort répondit que dans la regle générale la déposition devoit subsister. Il semble cependant que le sentiment de Monsieur le premier Président devoit prévaloir ; car l'article suivant de ce titre XV, permettant aux accusés de proposer après la confrontation des reproches justifiés par écrit, sans aucune distinction, c'est décider notre question, puisque l'on peut prouver par écrit sa condamnation. D'ailleurs un témoin repris de Justice, même après sa déposition & son recollement est présumé un homme indigne de faire foi. Il y a présomption qu'il étoit de mauvaise vie & mœurs & suspect lorsqu'il a déposé ; il se peut même, qu'il eût déjà commis le crime pour lequel il n'a été puni qu'après sa déposition.

Si un accusé n'est pas en état de fournir aux frais nécessaires pour se procurer des expéditions des Jugements de condamnation contre des témoins, ce qui arrive souvent, la religion des Juges & des Officiers qui exercent le ministere public, les détermine ordinairement à s'informer de la vérité des reproches, & à faire les diligences nécessaires pour en acquérir la preuve ; ce qui se fait aussi *gratis* en recourant à l'autorité de Messieurs les Procureurs Généraux.

3. Quand les reproches ont été admis, & qu'il y a eu preuve par témoins ; on ne peut être reçu à reprocher encore les témoins de l'enquête,

La disposition du chapitre *licet* 49, *extra de testibus* qui admet *reproba-toria reprobatoriorum* n'est pas reçue en France. Il n'y auroit pas de fin. Il en est de même à cet égard que de la preuve des faits justificatifs, dont il sera parlé sur l'article VIII, du titre XXVIII, n. 2. A moins que ces reproches ne fussent prouvés par écrit, sans délais. Voyez Despeisses, partie 1, titre VIII, n. 13. Imbert, liv. 3, chap. 13, n. 20; & Louet lettre R, som. 5.

4. On ne doit pas, à plus forte raison accorder la publication d'un monitoire, pour prouver des reproches de témoins. Il n'y a point d'accusé qui n'eût recours à cette voie. On ne doit pas même l'accorder pour subornation. Voyez l'article I, du titre VII, n. 7.

ARTICLE XX.

Pourra néanmoins, en tout état de cause, proposer des repro-ches, s'ils sont justifiés par écrit.

Pour vérifier des reproches par écrit, il faut produire des actes authentiques, ou des pieces incontestables dans un bref délai fixé par le Juge. Voyez les observations sur l'article précédent, n. 2.

ARTICLE XXI.

Défendons à tous Juges d'avoir égard aux Déclarations faites par les témoins depuis l'information ; lesquelles nous déclarons nulles. Voulons qu'elles soient rejetées du procès, & néanmoins le témoin qui l'aura faite, & la partie qui l'aura produite condamnés chacun en quatre cents livres d'amende, envers nous, & autre plus grande peine ; s'il y échet.

1. Lors des conférences sur cet article, Monsieur le premier Président observa que l'amende de quatre cents livres n'étoit pas une peine assez forte, & qu'il étoit plus juste de faire le procès à un témoin qui donne une Déclaration pour détruire sa déposition, lorsque la confrontation a été faite, qu'à celui qui se retracte lors de la confrontation. Cette réflexion fit ajouter à l'article ces derniers mots: *& autre plus grande peine s'il y échet.* Ce qui rend les Juges maîtres de prononcer des peines plus fortes que l'amende, suivant les circonstances, & l'importance de la matiere. Il est vrai que M. Pussort répondit aux observations de Monsieur le premier Président qu'il y avoit de la différence entre la rétractation d'un témoin à la confrontation, & la Déclaration qui peut être exigée par

autorité, ou par corruption; & que l'Ordonnance les déclarant nulles, elles seroient moins fréquentes : mais Monsieur le premier Président ayant repliqué que quoique les Juges fassent différence d'une rétractation en Justice, & d'une Déclaration hors Justice, les Déclarations ne laissent pas de convaincre le témoin de mauvaise foi, & de fausseté. Son sentiment prévalut, & on ajouta à l'article les derniers mots qui délaissent à la prudence des Juges, la punition arbitraire suivant les circonstances. Voyez le nombre suivant en entier.

2. La question de savoir si un témoin ayant fait en Justice deux dépositions contraires, on doit ajouter foi plutôt à l'une qu'à l'autre, est fort controversée. Ceux qui croient qu'il faut s'en tenir à la premiere, se fondent sur le chapitre, *sicut nobis extr. de testibus. Non enim testimonium prædictorum, (cum perjuri sint) est in hoc casu aliquatenus admittendum.* Voyez Lapeyrere, lettre T, n. 14, p. 474. D'autres veulent que l'on n'ait égard ni à la premiere, ni à la seconde déposition. C'est entr'autres le sentiment de Balde, *in Lege gesta Cod. de re judicata.* Cette opinion est fondée sur la loi, *eos D. ad legem Corneliam de falsis, eos qui inter se diversa testimonia præbuerint, quasi falsum fecerint præscripto legis Corneliæ teneri pronuntiatum est. Et L. extra de testibus. Quorum testimonia si quandoque non studiose, sed in proferendo erraverint, & se incontinenti correxerint, reprobari non debent; secus autem si correctioni suæ interposuerint intervallum.*

D'autres Auteurs prétendent qu'aucune de ces opinions n'est juste. Ils soutiennent que c'est aux Juges à examiner les deux dépositions, pour décider par les circonstances laquelle paroît la plus conforme à la vérité; comme plus vraisemblable avec les autres dépositions. Ce dernier sentiment paroît le plus juste ; cependant l'usage le plus conforme aux regles est que la premiere déposition mérite plus de foi. Elle est censée la moins suggérée, & faite avant que l'accusé ait eu le temps de suborner les témoins. Du Rousseau, cinquieme édition, partie 3, chap. 4, section 1, n. 11, dit qu'au Parlement de Paris, s'étant trouvé que deux témoins avoient déposé deux fois chacun & avoient été recollés deux fois, on délibéra le 18 Décembre 1713, que leurs premieres dépositions & leurs premiers recollements seroient lus, & les autres rejetés. Il fut défendu au Baillif de la Chartre d'entendre deux fois les témoins pour un même fait. Si ce n'est dans le cas que leurs dépositions ont été annullées.

Tous les Auteurs sont d'accord que les témoins qui varient par des dépositions contraires, ou par des Déclarations extrajudicielles doivent être punis, suivant la loi *eos* qui vient d'être citée. *Qui contra signum suum præbuit testimonium pœnâ falsi teneri pronuntiatum est. De impudentia ejus qui diversa testimonia præbuit, cujus ita anceps fides vacillat, quòd crimine falsi teneatur, non dubitandum est. L. 17, ad legem Corneliam de falsis,* parag. 1, au digeste : c'est un faux que de détruire une déposition assermentée par une Déclaration extrajudicielle. *Secunda testationi quæ in judicio facta est*
potius

potius standum est quàm prime extrajudiciali. Nam quod dici solet priori standum esse, de ea accipiendum est quæ judicialis est, & consequenter jurata. Code Favre, livre 4, titre XV, définition 34. Ce célèbre Auteur entend parler des certificats, donnés avant ou après la déposition ; & il ajoute, *testis tanquam falsus & perjurus puniendus est qui posteriorem contrariam facit testationem.*

Jul. Clar. question 53, livre 5, fin. p. 264, & suivantes, répete en plusieurs endroits que les témoins doivent être punis comme faussaires, lorsqu'ils font des Déclarations contraires à leurs dépositions. Et effectivement ces rétractations ne peuvent être reprimées trop sévérement, tant à cause du faux, que de la calomnie ; c'est une injure qualifiée faite au Juge & au Greffier, qui sont par là accusés de prévarication ; d'ailleurs il n'y a point de parallele à faire entre une déposition faite en Justice & une Déclaration extrajudicielle, celle-ci est toujours suspecte de subornation, & souvent l'effet des manœuvres d'une partie qui par elle-même ou par ses parents & amis abuse de son crédit pour corrompre les témoins par menace ou par violence, ou par récompense. Elles ne font jamais ou rarement volontaires.

Il n'est donc pas surprenant que Monsieur le premier Président, lors des conférences sur cet article de l'Ordonnance, ait observé que l'amende de quatre cents livres n'étoit pas une peine assez forte, & que sur ses remontrances on ait ajouté à la fin du même article une faculté aux Juges de prononcer telles autres peines qu'ils jugeront à propos. Il n'y a rien en cela que de conforme aux loix & aux sentiments des Auteurs, qui regardent comme faussaires les témoins, qui donnent des Déclarations contraires à leurs dépositions. Si un Notaire s'étoit avisé de les recevoir, il seroit complice du faux. Un Officier public ne doit pas ignorer ce qui est prohibé par les Ordonnances ; il prévarique toutes les fois qu'il y contrevient. Ordinairement le Notaire est l'homme affidé pour surprendre des témoins illitérés qui n'y consentent que parce qu'ils s'en rapportent à lui, & qu'il leur persuade qu'ils ne courent aucun risque. Ce qui aggrave son crime & le rend plus coupable que les témoins. Cela est conforme au sentiment de Jul. Clar. livre 5, parag. *falsum* n. 22, partie 2, p. 13. *Adde quod Notarius conficiens instrumentum super re illicita, extra casus à jure permissos, incidit in pœnam falsi. Ita tenet Barth. cujus opinio ab omnibus approbatur.* Voyez Brillon, au mot *témoin*, n. 21, où il y a Arrêt du Parlement de Paris de 1726, qui décréta un Notaire pour avoir reçu un acte par lequel des témoins avoient fait des Déclarations contre le Commissaire de la Cour, qu'ils accusoient de n'avoir pas entendu les témoins à décharge.

3. Le Code Favre qui vient d'être cité au nombre précédent au sujet des certificats que des plaideurs peu intelligents surprennent de ceux qu'ils croient être en état de déposer pour s'assurer de leur témoignage, prouve que ces certificats sont nuls de plein droit. Ils ne peuvent jamais prévaloir à une déposition assermentée, parce qu'ils sont ordinairement l'effet

de la subornation, de la crainte, ou de la complaisance : au lieu que les dépositions ne sont faites qu'après une assignation juridique ; ce qui les rend exemptes de tout soupçon. Ces donneurs de certificats sont toujours suspects : *quia sunt testes allegati.* Ils ne peuvent même après ces certificats déposer, à moins que les dépositions ne soient désavorables à ceux auxquels ils ont donné des attestations du fait. Ainsi elles sont un effet contraire à l'intention de ceux qui les exigent. Ils ont cru s'assurer des témoins qui cependant ne peuvent leur servir, s'ils leur sont favorables. *Produci testis is non potest qui ante testimonium dixit in eum reum. L. 23, D. de testibus.* Il ne peut être produit en sa faveur, & il peut déposer contre lui. Mornac, sur la loi 22, D. *de receptis,* après avoir cité la Loi 23, *de testibus,* par laquelle l'Empereur rejette les certificats, dit : *ex qua ex hoc assumere solemus, in quotidianis experimentis, testimonia scilicet, quæ aliàs idiotismo nostro dicimus* certificats *nullius esse momenti in Judiciis, quin præsentià opus sit : quin immo nec audiuntur unquam postea in inquisitionibus qua in hoc fiunt, ob suspectum in eo quasi amicorum ministerium.* C'est ce qui a aussi été décidé par Arrêt du Parlement de Paris du 11 Août 1696, rapporté au Journal des Audiences.

Les nouveaux Auteurs qui ont donné des modeles de recollement & confrontation les ont copiés dans le style de Gauret qui n'est pas exact. Ce qui jette souvent les jeunes Officiers dans l'embarras. On ne peut leur en donner de plus exacts qu'en leur indiquant, ceux qui se trouvent dans le procès instruit contre l'infame Damien. Imprimé après l'Arrêt définitif, l'année 1757, en quatre tomes *in-11.*

ARTICLE XXII.

Si l'accusé remarque dans la déposition du témoin quelque contrariété, ou circonstance qui puisse éclaircir le fait, & justifier son innocence, il pourra requérir le Juge d'interpeller le témoin de les reconnoître : sans pouvoir lui-même faire les interpellations au témoin. Et seront les remarques, interpellations, reconnoissances, & réponses aussi rédigées par écrit.

1. Dans la cause de la Pivardiere, tome 3, des Causes célebres, page 64, se trouve l'Arrêt du 30 Juillet 1698, qui défend aux Juges de faire des interpellations aux témoins lors des confrontations ; parce qu'ils ne peuvent les faire que lorsqu'ils en sont requis par les accusés. Cet article porte que ce qui sera dit par le témoin & l'accusé sera rédigé par écrit. Il ne donne aucun pouvoir au Juge de faire des interpellations d'office. Parce qu'il n'est à la confrontation, qu'un médiateur, qui par son auto-

rité contient l'accusé & le témoin dans les bornes de la modération, &
qui fait rédiger par écrit ce qu'ils veulent dire & répondre.

2. Si l'accusé, comme le porte cet article, remarque dans la déposition du témoin des contrariétés, il en peut tirer de grands avantages:
parce que rien ne la détruit plus que cette contrariété ou le peu de vraisemblance dans les faits, sur-tout si ces faits se trouvent aussi contraires
aux dépositions des autres témoins qui lui ont déjà été confrontés.

3. Quand l'accusé force le témoin de convenir de quelques faits omis
dans sa déposition, il devient suspect de faux. *Falsitas committitur tacendo
vel ommittendo id quod taceri vel ommitti non debet.* Farinace, question
40, n. 75, tome 5, p. 10. Il y a de la malice à taire des faits inté-
ressans.

4. L'accusé peut requérir le Juge d'interpeller le témoin de s'expliquer
sur le temps, le lieu & autres circonstances de sa déposition; parce que
testis qui non deponit de tempore, nihil probat. Farinace, question 64, n. 94,
tome 2, p. 240. *In criminalibus testes debent deponere de loco & tempore,*
n. 107, *ibidem.* Si le témoin n'expliquoit pas le temps, & le lieu, *l'Alibi*
qui est des plus grands faits peremptoires ne pourroit être prouvé. *Quando
locus & tempus non sunt de substantia negotii de cujus agitur, tunc probant
testes non deponentes, vel non recordantes de tempore & loco, sed quando tempus & locus sunt de substantia actus probandi; tunc sine tempore & loco deponentes testes nihil probant,* ibidem, n. 96 & 97.

5. C'est à la confrontation principalement que le Juge doit faire représenter les armes, hardes, papiers, ou autres effets servant à conviction.
C'est à la vue de ces témoins muets que le témoin & l'accusé peuvent
mieux s'expliquer, & tirer les indices nécessaires pour éclaircir la vérité.
Cette représentation se réitere à la confrontation; quoiqu'elle ait déja
été faite à l'accusé lors de ses interrogatoires. Voyez les articles 38 & 39,
du faux principal du mois de Juillet 1737.

6. Le défaut de lecture de la confrontation n'opéreroit pas une nullité
absolue, parce que l'Ordonnance n'en fait pas une formalité précise. Arrêt
du Parlement de Paris du 16 Janvier 1710, rapporté par Sallé, sur
l'article suivant, p. 188.

ARTICLE XXIII.

*Tout ce que dessus aura lieu dans les confrontations qui seront
faites des accusés les uns aux autres.*

1. Cet article prescrit en peu de mots à l'égard des confrontations des
accusés tout ce que les articles précédens ont ordonné pour celles des
témoins. Et quoique l'Ordonnance ne parle que de la confrontation, il
n'est pas moins nécessaire de recoller les accusés dans leurs réponses; parce

qu'il n'y a point de confrontation sans recollement précédent. Cependant un
si grand nombre de Juges manquoient à cette formalité que le Parlement
de Dijon a été obligé d'en faire un Réglement par Arrêt du 9 Juillet 1748.
" La Cour, les Chambres Consultées, ordonne aux Officiers des Bailliages,
„ Sieges & Jurisdictions de ce ressort de répéter ou recoller à l'avenir les
„ accusés dans leurs réponses, avant de les confronter aux autres accusés,
„ en conformité de l'article XXIII, du titre XV, de l'Ordonnance Cri-
„ minelle : & ce dans la forme que les témoins sont recollés dans leurs
„ dépositions, avant de les confronter aux accusés. „

On trouve dans Brillon, au mot *procédure*, n. 113 & 114, tome 5,
p. 529, un Arrêt du Grand Conseil du 6 Juin 1704, qui ordonne que
les accusés seront recollés en leurs réponses faisant à charge. Il y a
aussi un Arrêt du Parlement de Paris du 10 Février 1711, par lequel
la Cour en déclarant nulle une procédure enjoignit au Mayeur de Perone
de recoller les accusés dans leurs interrogatoires & réponses, avant de les
confronter les uns aux autres, avec défenses de faire ledit recollement,
avant qu'il y ait un Jugement qui l'ordonne ; à peine de nullité, dépens,
dommages, & intérêts des parties. *Idem*, par autres Arrêts de la même
Cour des 29 Mai 1693, 28 Mars 1696, & 31 Octobre 1711. *Journal
des Audiences* : l'article XLIII, du titre de l'Ordonnance de 1737, concernant le faux principal, en a fait une regle expresse. Il veut que les
accusés soient recollés sur leurs interrogatoires avant d'être confrontés les
uns aux autres. Du Rousseau de la Combe, cinquieme édition, p. 487
& 489, cité deux Arrêts pareils de 29 Mai 1711 & . . . 1745.

Il faut donc, lorsque les réponses des accusés ne se concilient pas, &
contiennent des charges les uns contre les autres, commencer par rendre
sur les conclusions de la partie publique un Jugement qui ordonne que
les accusés seront recollés en leurs réponses, & si besoin est, confrontés
les uns aux autres. Ordinairement cela s'ordonne par le même Jugement
qui porte que les témoins seront recollés & confrontés. Le recollement
des témoins doit être sur un cahier & celui des accusés sur un autre cahier séparé. *Idem*, des confrontations des accusés, les uns aux autres,
elles sont toutes mises sur un seul cahier.

Il y a encore une observation importante dont les Réglements n'ont pas
parlé. Les témoins, lors de leurs dépositions, déclarent s'ils sont parents,
alliés, serviteurs, ou domestiques des parties ; les accusés ne sont pas pareilles déclarations dans leurs interrogatoires : il est cependant nécessaire,
suivant cet article de l'Ordonnance, d'observer dans les confrontations des
accusés les uns aux autres les mêmes formalités que dans celles des témoins.
Un accusé peut prétendre être parent de l'autre accusé, il faut donc lui
en faire faire la Déclaration dans le recollement, ou dans la confrontation. C'est ce que peu de Juges ont la précaution d'observer ; & par ce
moyen, il n'est pas acquis si les accusés confrontés sont parents, alliés,
serviteurs ou domestiques les uns des autres. Ce qui cependant est né-

cessaire lorsqu'ils se chargent ou déchargent. Ceux qui ont donné des styles de pareilles confrontations n'ont pas fait attention à cette formalité. C'est pourquoi il paroît nécessaire d'en donner ici un modele. Ce seroit une nullité de l'omettre, puisque cet article veut que les mêmes formalités soient observées dans les confrontations des accusés les uns aux autres, que dans celles des témoins. Il est vrai que cette Déclaration peut être faite dans les reproches.

Confrontation d'un accusé à un autre accusé.

„ Pierre accusé décrété d'ajournement personnel a été par nous Lieute-
„ nant Criminel susdit confronté à Jacques accusé décrété de prise de
„ corps prisonnier, & mandé à cet effet en la Chambre de la Géole,
„ l'un & l'autre recollés en leurs interrogatoires, le serment d'eux pris en
„ présence l'un de l'autre de dire vérité. Nous les avons interpellés de
„ déclarer s'ils se connoissent. „

Ont dit, &c.

„ Nous avons fait faire lecture des premiers articles des réponses des
„ deux accusés, contenant leurs noms, surnoms, âges, qualités, & de-
„ meures, & les avons interpellés de déclarer s'ils sont parents, alliés,
„ serviteurs ou domestiques l'un de l'autre, ou des parties. „

Pierre a dit, Jacques a dit, ou ont dit l'un & l'autre, &c.

„ Nous les avons interpellés de fournir sur le champ des reproches, si
„ aucuns ils ont l'un contre l'autre, & les avons avertis qu'ils n'y seront
„ plus reçus, &c. Le reste comme les autres confrontations des témoins. „

Il faut auparavant la confrontation coter les articles des interrogatoi-
res; afin de pouvoir éviter la confusion, & de les confronter sur chaque article sur lesquels les accusés veulent faire des observations.

2. Si l'un des accusés étoit décédé depuis ses réponses, ou depuis qu'il auroit été recollé, il faudroit faire au survivant présent une confrontation littérale des réponses & du recollement de l'accusé décédé à la forme de l'article XXII, du titre XVII, des contumaces; lui demander aussi s'il étoit parent, allié, &c. de l'autre accusé décédé.

3. Il y en a qui prétendent que la confrontation des accusés les uns aux autres ne doit être faite qu'après la confrontation des témoins, sous prétexte que celle des accusés n'est faite que pour achever d'éclaircir les faits. Ils disent qu'il peut même arriver dans la confrontation des témoins de nouveaux faits, dont il est nécessaire que le Juge soit instruit avant de confronter les accusés les uns aux autres; il semble effectivement que l'Ordonnance a prescrit cette route; puisqu'elle ne parle de la confrontation des accusés qu'après celle des témoins. Cependant il paroît qu'il est plus à propos de faire le contraire; les accusés doivent être interro-
gés *in limine litis*, même souvent avant l'information commencée; leur confrontation paroît exiger la même célérité, pour leur ôter le temps de

se concilier ensemble, & empêcher qu'ils n'aient le secret de l'information qui leur est entiérement connue après la confrontation des témoins: l'Ordonnance n'a fixé aucun temps pour cette opération; mais il paroît qu'il y auroit de grands inconvéniens à remettre la confrontation des accusés les uns aux autres, après que celle des témoins auroit été faite. On ne peut trop promptement faire l'instruction qui regarde personnellement les accusés, afin qu'ils ne puissent avoir le temps de méditer & comploter leurs réponses, ou de trouver le moyen de se communiquer leurs systêmes, par personnes tierces, s'ils sont au secret.

4. Un Promoteur ne doit pas comme le Procureur du Roi, conclure à ce que tous les accusés Ecclésiastiques & Laïcs soient confrontés les uns aux autres; parce que les Laïcs ne sont pas justiciables de l'Official, il doit seulement requérir que les accusés Ecclésiastiques soient recollés en leurs réponses & confrontés avec les accusés Laïcs dont les réponses sont contraires à celles des accusés Ecclésiastiques; au lieu que le Procureur du Roi conclut à ce qu'il soit ordonné que tous les accusés sans distinction seront recollés & confrontés les uns aux autres; parce qu'ils sont tous sujets à la Jurisdiction du Juge Royal. Ces principes furent établis lors du procès de l'Abbé de Maurvi rapporté dans les Causes célebres, tome 5, p. 212. Plusieurs Laïcs avoient été décrétés de soit oui; ils furent interrogés, & ensuite en vertu de l'Ordonnance du Juge Royal, ils furent assignés à comparoître au Prétoire de l'Officialité, où ils furent recollés dans leurs réponses & confrontés à l'Abbé de Maurvi par les deux Juges.

5. La confrontation des accusés les uns aux autres est si nécessaire, lorsque par leurs réponses ils se contredisent, ou se chargent, que si un accusé dans ses réponses sur la sellette ou derriere le Barreau chargeoit les autres de faits nouveaux; il faudroit sur le champ le recoller & le confronter aux autres accusés. C'est pour cela que le Parlement de Dijon par son Arrêt du 18 Juin 1725, rapporté aux Causes célebres, tome 9, p. 37, au procès de Frillet, ordonna la confrontation sur des réponses d'Office, prêtées au moment que l'on alloit juger; & pour cela il fallut un Arrêt dans ce cas pressant, on ne prend point de conclusions; & même s'il y avoit un précédent Jugement qui auroit ordonné que les accusés seroient confrontés, si besoin est, les uns aux autres, il ne seroit pas besoin d'en rendre un nouveau.

6. Il n'est pas nécessaire pour cela, comme il vient d'être observé, de conclusions de la partie publique, la présence de plusieurs Juges y supplée, toute l'instruction étant alors finie: argument tiré de l'article IV, du titre XIX, & d'ailleurs c'est l'usage. Les Arrêts rapportés au nombre 1, de cet article n'ont entendu parler que de l'instruction, & non du cas où il n'est plus question que de juger. Les Juges étant alors tous assemblés, ils peuvent procéder sans autres formalités à ces confrontations, opiner & juger sans désemparer, & sans nouvelles conclusions; après avoir écrit le recollement sur les nouveaux interrogatoires d'Office.

ARTICLE XXIV.

*S'il est ordonné que les témoins seront ouïs une seconde fois,
ou le procès fait de nouveau à cause de quelque nullité dans
la procédure, le Juge qui l'aura commise, sera condamné
d'en faire les frais, & payer les vacations de celui qui y
procédera, & même les dommages & intérêts de toutes les
parties.*

1. Voyez au sujet des nullités, les observations sur les articles XIV,
du titre VI, & VIII, du titre XIV.

2. Une nullité doit être fondée sur une contravention à l'Ordonnance
dont les peines sont trop sévères pour être étendues à des cas dans lesquels
elle ne les a pas prononcées : il y a deux sortes de nullités, les unes
n'influent que sur une déposition, un recollement, ou autre acte unique
de la procédure ; alors il n'y a que cet acte vicieux qui soit nul, mais
il y a des nullités qui infectent toute une procédure ; *v. g.* si dans la
plainte il y en avoit une, c'est le fondement de toute la procédure, sa
nullité entraîneroit celle de tout ce qui auroit été fait en conséquence ;
idem, dans l'information, la nullité qui s'y trouveroit, influeroit sur
toute la procédure : il n'y auroit que les interrogatoires qui seroient
exempts de la ruine de l'édifice, parce qu'ils n'ont aucune connexité,
ni liaison, ni dépendance avec le reste de la procédure ; ils sont souvent
faits avant qu'il y ait ni plainte, ni information, comme dans le cas
de flagrant délit ; il est même intéressant pour le public, que les réponses
subsistent, à cause des confessions des accusés ; ainsi à moins qu'ils ne
soient nuls par eux-mêmes, ou que le Juge ne soit totalement incompétent, ils subsistent malgré la ruine du reste de la procédure : il n'y a
qu'une exception, qui est celle où le décret seroit nul ; & même dans
ce cas, un accusé ne seroit pas élargi ; ainsi qu'il a été expliqué sur
l'article XIV, du titre VI, des informations, n. 4.

Cette question conduit à une autre, qui est de savoir si un accusé
peut révoquer l'aveu qu'il a fait dans ses réponses, l'aveu peut être l'effet
de la crainte ; d'ailleurs, il faut qu'il soit accompagné de quelques indices
pressans, il faut que la confession de l'accusé soit faite dans le même
procès dont il s'agit pardevant le même Juge, ensuite de son interrogatoire ; car l'aveu fait à des particuliers hors Jugement, n'a pas la force
de celui qui est assermenté pardevant le Juge : cet aveu doit être cathé-
gorique & précis sur le fait pour lequel l'interrogatoire est fait ; il faut
pour qu'une confession puisse faire preuve que l'accusé y persiste, &
qu'il ne la révoque pas avant le Jugement, comme faite par erreur, dont

à la vérité il doit expliquer les causes: la surprise est si peu autorisée, que l'erreur peut non seulement être attaquée par l'accusé, mais encore par ses parents, malgré lui; & pour la justifier, il ne faut que de simples conjectures ou présomptions, parce qu'il s'agit alors de la décharge toujours favorable. Voyez les Institutes de Muyart de Vouglans, partie 6, chap. 64, section 2, p. 339.

Cependant Farinace, question 81, n. 337, dit: *Non sufficit simpliciter revocare confessionem tanquam erroneam, nisi etiam allegetur & probetur ipsius confessionis error, quia in dubio confessio presumitur vera & non erronea; ad revocandam confessionem non sufficit probare quemlibet errorem, seu erroris causam, sed debet probari talis error qui non cadat in latam culpam.* Voyez *ibidem*, n. 347; il y a lieu de douter que ce sentiment fut adopté parmi nous, parce que l'esprit de notre Ordonnance, est de recommander la faveur; & par conséquent, d'excuser l'erreur, si peu qu'il y ait de présomption pour la prouver. Voyez à ce sujet les observations sur l'article I, du titre XIX, n. 12.

L'aveu d'un accusé, est souvent trompeur, on en a vu avouer avoir tué des personnes qui ont été trouvées vivantes après l'exécution. Voyez Papon, liv. 23, titre VIII, Arrêt 1.

3. Suivant les articles XIV, du titre VI, & VIII, du titre XIV, un Juge peut annuller la procédure pendant le cours de l'instruction, mais celui-ci veut que lorsque les Juges sont assemblés pour juger, ce soit à eux à prononcer la nullité, & même à condamner le Juge à la faire refaire à ses frais: c'est ce qui résulte des termes de cet article. On ne peut tirer aussi une autre conséquence des termes de l'article VIII, du titre XIV, qui délaisse aux Juges à examiner avant le Jugement, s'il y a des nullités dans la procédure: mais l'article XIV, du titre VI, des informations, s'explique bien differemment des nullités reconnues pendant l'instruction: il porte que les dépositions qui auront été déclarées nulles par défaut de formalité, pourront être réitérées, s'il est ainsi ordonné par *le Juge*: ce terme au singulier, dans le cas où il n'est encore question que de l'instruction, prouve que le Juge qui l'a faite, est le maître d'annuller ce qu'il reconnoit nul, & de le réitérer; au lieu que s'il a négligé de le faire, il n'en est plus le maître, lorsque les Juges sont assemblés; puisqu'alors, l'article VIII, du titre XIV, veut que les Juges examinent, avant de juger s'il y a des nullités. Du Rousseau de la Combe, édition de 1757, p. 496, dit que cette question ayant été agitée en la première Chambre des Enquêtes du Parlement de Paris, furent mandés MM. Drouet & Amiot, connus pour grands criminalistes, & qu'ils furent d'avis que le Juge qui avoit fait des nullités, pouvoit recommencer la procédure avant le Jugement définitif; après quoi il ne le pouvoit: cependant il y a de nouveaux Arrêts du Parlement de Paris, qui ont défendu aux Juges d'instruction, d'annuller leur procédure en tout ou en partie, sans l'avis de leurs compagnies, ou des gradués,

Lorsqu'il

Lorsqu'il y a Jugement, les Juges ne peuvent plus toucher à la procédure, sur-tout lorsque les supérieurs sont saisis par une appellation & une assignation; ce seroit entreprendre sur l'autorité du Juge d'appel, ainsi qu'il a été jugé par Arrêt du Parlement de Paris, du 7 Septembre 1726, rapporté par Du Rousseau, dans sa Jurisprudence Canonique, au mot *Official*, n. 13, p. 8.

4. Il a déjà été observé que le Juge qui continue la procédure d'un autre Juge, doit, s'il y reconnoit des nullités, la casser, & ordonner qu'elle sera refaite aux frais de celui qui l'a instruite; sinon le Juge qui la continueroit, en deviendroit garant, & la sienne seroit également nulle, comme faite sur un fondement vicieux: il en seroit de même d'un Lieutenant Criminel, sa procédure deviendroit nulle, s'il continuoit avec l'Official, celle que ce Juge auroit commencée, & qui se trouveroit infectée de quelques nullités: c'est ce qui a été décidé par Arrêt du Parlement de Paris, du 31 Janvier 1724, rapporté dans les Loix criminelles, chap. 26, p. 345 : la procédure de l'Official d'Auxerre, avoit été déclarée nulle & abusive par Arrêt du 18 Décembre 1723, parce que cet Official avoit ouï des témoins pour le cas privilégié avant d'appeller le Lieutenant Criminel; celui-ci continua avec un autre Official, la procédure nulle; l'Arrêt de 1724, cassa aussi celle du Lieutenant Criminel.

5. Il n'est pas ordinaire lorsque les procédures ont été instruites à requête des Procureurs du Roi, que les Cours, en les cassant, ordonnent qu'elles seront refaites aux frais des Juges qui les ont instruites; parce que n'ayant reçu aucuns droits ni vacations pour cette instruction, il y auroit une grande injustice de leur faire faire les frais de la nouvelle procédure; ils sont assez punis par la honte d'un semblable affront, auquel il y a eu des Juges si sensibles que les uns ont quitté leurs charges, & les autres les ont totalement négligées au grand désavantage du public : on peut même tirer des termes de cet article, la conséquence qu'il n'a pas entendu parler des cas où il n'y a que la partie publique; car il veut que le Juge qui aura fait la nullité, soit condamné aux dommages & intérêts des parties; ce qui suppose qu'il s'agit d'une procédure où il y a partie civile. On peut tirer la même conséquence de l'article XIII, de l'Arrêt du Conseil, du 25 Juillet 1731, servant de Réglement pour les cassations des Jugements Présidiaux & Prévôtaux, copié ci-devant, article XV, du titre II : cet article porte que s'il se trouve des défauts de formalités dans les procédures des Prévôts ou des Présidiaux qui donnent lieu à les déclarer nulles, le procès sera renvoyé pardevant tel autre Prévôt, ou Présidial, qu'il appartiendra: ce Réglement n'ajoute pas que la procédure sera refaite aux frais du Juge, parce qu'ordinairement dans les procès Prévôtaux ou Présidiaux, il n'y a que le Procureur du Roi qui soit partie: un Juge zélé qui pendant plusieurs années aura travaillé *gratis*, pour l'intérêt public, tombera dans une faute d'inadvertence en procédant *gratis* à l'instruction d'une grande pro-

cédure, on l'obligera à la recommencer en entier à ses frais, à la décharge du Domaine du Roi : une pareille récompense de ses services, ne peut que le rebuter, & le déterminer à négliger dans la suite tout ce qui se trouve dans le cas d'être poursuivi à requête de la partie publique. Si les Cours avoient connoissance des grands inconvéniens qui naissent de leur sévérité, il est certain qu'elles changeroient d'usage : il n'y a point de Juges qui méritent plus de ménagement que ceux qui travaillent au Criminel, presque toujours sans rétribution, dans des matieres désagréables, & qui demandent un travail continuel ; cependant leur zele pour une peccadille, comme dit Loiseau, est récompensé par des cassations & des condamnations qui font voir que ceux qui travaillent le moins, risquent moins.

TITRE XVI.

Des Lettres d'abolition, rémiffion, pardon, pour efter à droit, rappel de ban, ou des galeres, commutation de peine, réhabilitation & révifion de procès.

ARTICLE I.

Enjoignons à nos Cours & autres Juges auxquels l'adreffe des lettres d'abolition fera faite, de les entériner inceffamment, fi elles font conformes aux charges & informations: pourront néanmoins nos Cours, nous faire remontrances, & nos autres Juges, repréfenter à notre Chancelier ce qu'ils trouveront à propos, fur l'atrocité du crime.

1. MOnfieur le premier Préfident, lors des conférences fur cet article, obferva que le terme d'abolition n'avoit encore été employé dans aucune Ordonnance; que c'étoit un terme de puiffance qui faifoit trembler les Loix; que pour les lettres en général, on avoit toujours fait deux fortes de remontrances, l'une fur l'atrocité du crime, & l'autre lorfque l'expofé des lettres n'étoit pas conforme aux charges, parce qu'il étoit à préfumer que le Roi n'avoit entendu remettre que le crime qui y étoit énoncé, *fi preces veritate nitantur*: il fut encore fait plufieurs autres obfervations qu'il eft inutile de rapporter, parce que depuis l'Ordonnance, il eft intervenu plufieurs Déclarations du Roi, qui ont fait de grands changements dans cet article; il fuffit d'obferver que les Princes ne peuvent trop s'éloigner de la févérité, mais qu'il n'eft pas moins vrai qu'ils doivent auffi fe garantir d'un excès de bonté qui fouvent eft auffi préjudiciable à l'Etat & à la Juftice, que la trop grande févérité: l'hiftoire rapporte à ce fujet une belle penfée de Louis XIII. En 1632, un Seigneur de fa Cour eut la hardieffe de lui dire à Touloufe qu'il lifoit au vifage & dans les yeux du public, que fa bonté obligeroit tout le monde, en pardonnant à celui dont on ne pouvoit s'empêcher de plaindre le malheur, quoique fa félonie fut déteftée: *Je crois ce que vous dites, répondit le Roi, mais confidérez que je ne ferois pas Roi, fi j'avois les mêmes fentiments que les particuliers.*

2. Lorfque le condamné à mort obtient des lettres, & qu'elles font

entérinées, la peine est remise, mais l'infamie n'est pas effacée, suivant la Loi 3, Cod. *de abolitione*, & ses biens confisqués ne lui sont pas rendus; à moins que le Prince n'étende sa grace jusques au rétablissement de l'honneur & des biens, Loi 2, & 13, Cod. *de Sententiam passis*: cependant si la noblesse lui étoit acquise par sa naissance, ou autrement, elle lui seroit conservée, parce que la noblesse fait son état qui lui est rendu par les lettres.

Il n'en est pas de même de ceux qui obtiennent des lettres, avant aucun Jugement de condamnation; il n'y a point d'infamie, puisque leur crime n'est pas manifesté & déclaré par un Jugement.

Celui qui après avoir obtenu des lettres pour un crime, en commet un autre, est puni pour le second crime, plus sévérement qu'il ne l'auroit été, s'il n'avoit point eu de lettres: c'est dans ce sens que l'on dit, *quos absolvit princeps notat*. Le pardon n'est censé accordé qu'à condition qu'il n'y aura point de récidive. Chasseneux, sur notre coutume, titre I, rubr. 1, parag. 5, n. 24, appuie ces principes de plusieurs autorités, & dit: *Ergo ultimum delictum facit, ut alia delicta, quæ fuerunt per gratiam principis remissa, redeant quoad aggravationem ultimi delicti, &c.*

3. Les lettres peuvent être obreptices: on peut y avoir célé ou dissimulé des faits qui auroient pu empêcher de les accorder; comme si l'accusé noble avoit passé sous silence sa qualité, pour empêcher qu'elles ne fussent adressées au Parlement dont il craindroit la sévérité, ou en omettant des faits qui auroient rendu l'obtention des lettres plus difficile.

Les lettres peuvent être subreptices, c'est-à-dire, contenir des faits contraires à la vérité, pour excuser le crime, ce qui les rendroit nulles.

4. Les lettres du Prince ne portent aucun préjudice aux parties civiles, leur intérêt est à couvert par la clause ordinaire: *Satisfaction préalablement faite à partie civile, si fait n'a été*. Les lettres ne remettent que ce qui concerne le Prince, & l'intérêt public; c'est pourquoi on ne peut condamner les impétrants en des amendes envers le Roi, mais seulement en des aumônes, & à des dommages & intérêts: les aumônes ne peuvent être appliquées qu'au pain des prisonniers, suivant la Déclaration de 1685, rapportée sur l'article IV, du titre I, n. 2; cette Déclaration ne défend que les amendes envers le Roi; ainsi on peut condamner les impétrants de lettres, en des amendes envers les Seigneurs, pour les dédommager des frais: c'est ce qui a été jugé par plusieurs Arrêts du Parlement de Paris, l'un du 11 Janvier 1691, au profit du Seigneur de Beauvoir-sur-mer; un autre du 21 Mai 1706, au profit du Seigneur de Mussi-l'Evêque, & un autre du 23 Juin 1712, au profit de la Dame de Blérancour: ces Arrêts ont même jugé qu'il étoit dû des amendes aux Seigneurs, en pareil cas. Voyez Du Rousseau, cinquieme édition, p. 515, où il cite des Arrêts de 1674, 1678, 1682, & 1709, à ce sujet.

5. Un Seigneur Haut-Justicier ne seroit pas recevable à s'opposer à l'entérinement des lettres, sous prétexte qu'il auroit eu la confiscation

des biens de l'impétrant, s'il n'avoit pas obtenu des lettres, parce que
le Roi est présumé s'être réservé le pouvoir d'accorder des lettres de
grace, en accordant aux Seigneurs, celui de Justice; & par conséquent,
le droit de faire remise des biens confiscables. Voyez ci-après, art. XXVII,
du titre XVII, n. 2, & article XXVIII, du même titre, n. 8.

Imbert, dans sa pratique criminelle, liv. 3, chap. 17, n. 14, rapporte
plusieurs Arrêts qui, comme il vient d'être observé, ont jugé que les
Seigneurs ne peuvent empêcher l'effet des lettres, sous prétexte de la confiscation; & entr'autres, ceux des dernier Janvier 1505, 7 Septembre
1527, 18 Janvier, & 2 Septembre 1567. M. le Président Bouhier,
chap. 55, n. 397, rapporte un Arrêt du Parlement de Paris, du 1 Septembre 1704, qui a décidé de même. L'Arrêt de 1567, condamna un
Seigneur, qui avoit reçu de l'argent pour un crime commis dans sa
Justice, en cent sols d'amende, & le déclara non recevable dans son
intervention, fondée sur ce qu'il avoit intérêt que ses justiciables fussent
punis; il fut encore condamné à restituer trente écus, qu'il avoit reçus
du coupable, par composition; & en une autre amende de deux cents
livres, avec défenses de faire à l'avenir de pareilles compositions: outre
les autres Arrêts & les Auteurs cités à ce sujet par Imbert, on peut
encore voir les observations de Bretonier sur Henrys, consultation septieme,
tome 2, p. 298, Edit de 1708.

On doit conclure des autorités ci-dessus, que quand le Prince par
ses lettres, ne remet que le crime & la peine, il n'est pas présumé faire
la remise des biens confisqués; ce qui est conforme à la Loi *frustra*,
Loi *si pater*, Loi *si generalis*, Loi *tutor*, & Loi finale, *codice de Sen-*
tentiam passis & restitutis.

6. L'entérinement des lettres, ne fait aucun préjudice à la partie
civile, un fils dont le pere a été tué, ne peut empêcher la rémission
de la peine: *Patris quidem qui filium ab alio occiso amisit, justus dolor*
nullo modo pecuniario aestimari potest; sed si occisor gratiam criminis à prin-
cipe impetraverit, non potest patris contradictio impedire, ne principalis rescripti
beneficio occisor fruatur; sed ita tamen ut patri priùs satisfaciat, irrogata
occisori pœna pecuniaria, pro judicis arbitrio, & inspectis potissimum facul-
tatibus occisoris. Code Favre, liv. 9, titre X, défin. 3.

7. Les crimes commis dans la débauche; c'est-à-dire, dans la chaleur
du vin, ne sont pas excusés; au contraire, les ivrognes, comme il a été
observé sur l'article I, du titre III, sont punis plus sévérement, suivant
l'Ordonnance du mois d'Août 1553; cependant on fait une distinction:
Ebrius qui nullo modo compos fuit suae mentis, non est condemnandus pœnâ
ordinariâ; sed tamen non potest evadere pœnam extraordinariam, si ebrietatis
culpa possit objici: quin imo si criminis veniam impetraverit à principe, non
facilè senatus paret, sed consulit principem, cujus religionem tam facilè cir-
convemiri non oportet; quanquam si consultus princeps adhuc indulgere velit,
ei parendum est. Code Favre, liv. 9, titre X, définition 7.

8. Les lettres après la mort du Prince qui les a accordées, sont de nul effet, si elles ne sont confirmées par son successeur: *Omnes conservationes expirant morte concedentis;* cependant si les lettres étoient présentées, & que l'impétrant se fût mis en état avant la mort du Prince, il paroît qu'il auroit satisfait à tout ce qui peut être exigé de lui ; & par conséquent, que les lettres devroient avoir leur effet : en pareil cas, on ne suit pas toujours les regles à la rigueur. Voyez sur l'article XVI de ce titre, une lettre de Monseigneur le Chancelier.

ARTICLE II.

Les lettres de rémission seront accordées pour les homicides involontaires seulement, qui seront commis dans la nécessité d'une légitime défense de la vie.

1. Cet article de l'Ordonnance, & les suivants, ont été interprétés par plusieurs Edits & Déclarations du Roi, postérieures, qu'il est nécessaire de réunir & rapporter ici, afin de pouvoir y faire les observations nécessaires sur les articles suivants.

Edit de Juin 1678.

" Louis , &c. Nous ordonnons conformément à notre Ordonnance
„ d'Août 1670, qu'ès Chancelleries établies près nos Cours, les lettres de
„ rémission seront accordées seulement pour les homicides involontaires ,
„ ou qui seront commis dans la nécessité précise d'une légitime défense
„ de la vie, sans qu'en aucun autre cas , il en puisse être expédié;
„ à peine de nullité , & d'en répondre par nos amés & féaux Gardes-
„ Scels desdites Chancelleries , en leurs propres & privés noms. „

Edit de Janvier 1680.

" Voulons que notre Ordonnance du mois d'Août 1670 , soit exécutée ;
„ ce faisant qu'ès Chancelleries , près de nos Cours , les lettres de rémis-
„ sion soient accordées seulement pour les homicides involontaires , ou
„ qui seront commis dans la nécessité précise d'une légitime défense de
„ la vie, sans qu'en autre cas , il en puisse être expédié ; à peine de nullité ,
„ & d'en répondre par nos amés & féaux Gardes-Scels desdites Chan-
„ celleries , en leurs propres & privés noms; & en conséquence , défen-
„ dons à nosdites Cours de procéder à l'entérinement des lettres de rémis-
„ sion, expédiées esdites Chancelleries , quand ce sera pour d'autres cas
„ que ceux exprimés ci-dessus. „

Edit de Décembre 1680.

« Ne pourra à l'avenir, l'adresse d'aucune rémission, être faite aux
,, Sieges Présidiaux, où la compétence aura été jugée, suivant ce qui
,, est porté par l'article XIX, du titre XVI, de l'Ordonnance de 1670,
,, que l'accusé n'ait été ouï lors du Jugement de la compétence, &
,, l'écrou attaché sous le contre Scel desdites lettres. ,,
Cet Edit est rapporté en entier sur l'article II, du titre XVII, des
contumaces.

Déclaration du Roi, du 20 Novembre 1683.

« Voulons, & nous plaît, que les articles II & XXVII, du titre XVI,
,, de notre Ordonnance de 1670, soient exécutés, & aient lieu seulement
,, pour les Chancelleries étant près nos Cours: ce faisant, défendons aux
,, Maîtres des requêtes, & Gardes-Scels desdites Chancelleries, de sceller
,, aucune rémission, si ce n'est pour les homicides involontaires, ou pour
,, ceux qui seront commis dans une légitime défense de la vie; & quand
,, l'impétrant aura couru risque de la perdre, sans qu'en aucun autre cas
,, il puisse en être expédié, à peine de nullité; & en conséquence, défen-
,, dons à nos Cours & Juges, de procéder à l'entérinement des lettres
,, de rémission, expédiées esdites Chancelleries, pour autres cas que ceux
,, exprimés ci-dessus: & quant aux rémissions que nous aurons jugé à
,, propos d'accorder pour d'autres crimes, & qu'à cet effet nous en aurons
,, signé, & fait contresigner les lettres par un de nos Secrétaires d'Etat,
,, & de nos commandements, & sceller de notre grand Sceau: voulons
,, & ordonnons que nos Cours & Juges auxquels il écherra d'en faire
,, l'adresse, aient à procéder à l'entérinement d'icelles, quand l'exposé
,, que l'impétrant nous aura fait par lesdites lettres, se trouvera conforme
,, aux charges & informations, ou que les circonstances ne seront pas
,, tellement différentes, qu'elles changent la qualité de l'action; & ce
,, suivant ce qui est porté par l'article I, du titre XVI, de notre Ordon-
,, nance de 1670; & nonobstant qu'en nosdites lettres, le mot d'*abolition*
,, n'y soit pas employé; ce que nous ne voulons pouvoir nuire, ni pré-
,, judicier auxdits impétrants, nonobstant tous usages à ce contraires;
,, sauf à nosdites Cours, après ledit entérinement fait, à nous faire des
,, remontrances, & à nos autres Juges à représenter à notre Chancelier
,, ce qu'ils trouveront à propos sur l'atrocité des crimes, pour y faire à
,, l'avenir la considération convenable. ,,
Cette Déclaration est en entier dans le Journal du Palais, tome 2,
p. 426; & dans le recueil de M. Jousse, tome 1, p. 528.

Déclaration du Roi du 10 Août 1686.

„ LOUIS, &c. Ayant été informé que par une mauvaise interpréta-
„ tion donnée à notre Déclaration de 1683, en procédant par nos Cours
„ au Jugement de quelques rémissions il en auroit été enrégistré dont
„ les circonstances changeoient tout à fait, non seulement la qualité de
„ l'action, mais encore la nature du crime, dont par ce moyen plusieurs
„ sont demeurés impunis contre notre intention. À ces causes voulons &
„ nous plaît que dans les rémissions que nous aurons fait sceller de notre
„ grand Sceau, si les circonstances résultantes des charges & informations
„ se trouvent differentes de celles portées par l'exposé de nos lettres, en
„ sorte qu'elles changent la qualité de l'action, ou la nature du crime;
„ en ce cas nos Cours & nos Juges auxquels l'adresse en aura été faite,
„ aient à en surseoir le Jugement & l'entérinement; jusqu'à ce qu'ils aient
„ reçu de nous de nouveaux Ordres, sur les informations que nous vou-
„ lons être incessamment envoyées à notre Chancelier par nos Procureurs
„ Généraux dans nos Cours, & par nos Procureurs dans nos autres Jurif-
„ dictions, avec les lettres qui auroient été par nous accordées; pendant
„ lequel temps leur défendons de faire aucune procédure, ni d'élargir les
„ impétrants. Voulons au surplus que notre Déclaration d'Octobre 1683,
„ soit exécutée suivant sa forme & teneur; en ce qui n'y est dérogé par
„ ces présentes. „

Déclaration du Roi du 27 Février 1703.

„ Voulons & nous plaît que l'article XXXV, de l'Ordonnance de
„ Moulins, & l'article CXCIX, de celle de Blois soient exécutés selon
„ leur forme & teneur; & en conséquence que conformément auxdits arti-
„ cles l'adresse des lettres de rémission, pardon, & autres de semblable
„ qualité obtenues par des personnes de condition roturiere soit faite à nos
„ Baillifs & Sénéchaux ressortissants nuement en nos Cours de Parlement,
„ dans le ressort desquelles le crime aura été été commis; sans que nos
„ Baillifs & Sénéchaux des lieux où il y a Siege Présidial puissent pré-
„ tendre que l'adresse doive leur en être faite: si ce n'est lorsque le
„ crime aura été commis dans le ressort de leurs Bailliages & Sénéchauf-
„ sées. Dérogeant à cet égard autant que de besoin seroit à la disposition
„ de l'article XIII, du titre XVI, de notre Ordonnance du mois d'Août
„ 1670, & de tous autres Edits & Déclarations à ce contraires. Voulons
„ néanmoins que dans le cas où le crédit des accusés seroit à craindre
„ dans le Bailliage, dans le ressort duquel le crime aura été commis,
„ les lettres de rémission & autres de semblable nature puissent être
„ adressées au Bailliage ou à la Sénéchaussée la plus prochaine non fuf-
„ pecte :

„ pecte : ce que nous n'entendons avoir lieu qu'à l'égard des lettres qui
„ doivent être scellées en notre grande Chancellerie.

Déclaration du Roi, du 22 Mai 1723.

„ LOUIS, &c. Ayant été informé que dans les Chancelleries près de
„ nos Cours on insere dans les lettres de rescision & autres semblables
„ des clauses arbitraires & insolites, & que l'on expédie des lettres de
„ rémission pour des homicides, hors des cas dans lesquels les Ordonnances
„ ont permis de les expédier, & que souvent par intelligence & faveur,
„ les impétrants les font adresser à d'autres Siéges que ceux ausquels
„ l'adresse doit en être faite ; & que les termes de l'article II, du titre
„ XVI, de l'Ordonnance de 1670, ont donné lieu d'étendre arbitraire-
„ ment les cas de légitime défense : à quoi il n'auroit été suffisamment
„ remédié par l'Edit de Janvier 1681, & la Déclaration de 1683 ; &
„ quant à l'adresse nous avons trouvé qu'elle ne peut être faite qu'à nos
„ Baillifs & Sénéchaux. A ces causes voulons & nous plaît, &c. „

1. Il ne sera expédié aucunes lettres de rémission dans les Chancelleries
établies près nos Cours, si ce n'est pour les homicides purement involontaires, & arrivés par cas fortuits, ou dans le cas où ceux qui les auront
commis y auront été contraints par la nécessité d'une légitime défense
& pour éviter un péril évident de la vie ; *sans qu'il y ait eu aucune que-*
relle qui ait pu y donner occasion. Faisons défenses à nos Conseillers & Se-
cretaires de signer & présenter au Sceau, & aux Maîtres des Requêtes &
Gardes-Scels desdites Chancelleries, de sceller aucunes lettres de rémission
pour tous autres cas que ceux ci-dessus ; à peine de nullité, & de tous
dépens, dommages & intérêts des parties ; & à nos Cours & Juges de
les entériner, à peine de nullité des Arrêts & Jugements.

2. Ordonnons que l'adresse des lettres de rémission expediées esdites
Chancelleries ne pourra être faite, lorsque les impétrants seront de condition roturiere, qu'à nos Baillifs, & Sénéchaux, ou autres Juges ressortissants nuement en nos Cours, & dans le ressort desquels le crime aura été
commis ; sans que sous prétexte d'Arrêts de défenses, ou d'appel des décrets, ou autres procédures d'instruction, ou en tel autre cas que ce soit,
lesdites lettres puissent être adressées à nos Cours ; si ce n'est seulement
aux cas où elles se trouveront saisies de l'appel des Jugements définitifs
des premiers Juges, & que les impétrants auront été transférés dans leurs
prisons, & leurs procès apportés à leurs Greffes : ce que nous voulons
être pareillement exécuté pour l'adresse des lettres de grace expédiées en
notre grande Chancellerie, & signées en commandement par nos Secre-
taires d'Etat.

3. Les Gardes-Scels desdites Chancelleries établies près nos Cours
seront tenus d'envoyer au Garde des Sceaux de France, dans le pre-

mier mois de chacun quartier de l'année, un état des lettres de rémission qui auront été expédiées esdites Chancelleries dans le quartier précédent; à peine d'interdiction.

4. Faisons très expresses défenses ausdits Officiers d'insérer dans les lettres de rescision qui seront expédiées esdites Chancelleries, aucunes clauses de relief soit de laps de temps, ou de fin de non recevoir, acquiescements, consentements, actes approbatifs & autres semblables clauses insolites & contraires aux Ordonnances: à peine de nullité desdites lettres, & d'interdiction, comme ci-dessus.

Par une autre Déclaration du Roi du 10 Avril 1727, l'exécution de celles de 1683 & 1686, qui n'avoient pas été régistrées à la Cour des Aides de Paris a été ordonnée, & elles y ont été régistrées le 12 Mai suivant.

2. Les amoureux dans tous les temps ont été excusés & ont obtenu des graces plus facilement que tous autres; leurs fautes en tout cas ont été punies moins sévérement. Un nouvel Auteur Espagnol, c'est *Matthaeus* Etfanz, qui nous a donné un traité *de re Criminali* imprimé à Lyon en 1738, nous en fournit plusieurs exemples dans sa vingt-troisieme controverse. *Vir quidam equestris gradûs nequiter & insidiosè sclopeti ictu nocturno tempore fuit occisus per equitantem qui assassinus credebatur. Apud cadaver variae epistolae amatoriae repertae fuerunt conscriptae eidem occiso per foeminam artem histrionicam profitentem cum plausu atque celebritate. In eis praeter turpis amoris, seu consuetudinis factum, reperiebantur verba denotantia alterius rivalis curam, seu suspicionem, & monitiones ne ad domum ipsius foemina per aliquot dies accederet periculi vitandi causâ. Cum autem vulgaris esset notitia concubinatûs hujus mimae ab antiquo tempore cum viro patricio, suspicio orta fuit jussu ipsius necatum fuisse; quare capti fuerant amasius, concubina, & ex domesticis ipsorum aliqui. Ipsa cum duobus aut tribus ex famulis quaestioni suppositi fuerunt tanquam testes, qui omnes quoad notitiam delicti negativi perstiterunt, solumque de antiquo cum patricio concubinatu aliqua confessi erant. Dubitabatur in aula, causâ legitimè conclusa, an ex rivalitate & zelotipia indicium resultaret in patricium sufficiens ad tortura quaestionem; & primâ facie videbatur quod sic, nam ex rivalitate inimicitia implacabilis inter eos qui zelotipiâ laborant oriri solet. Quia ipsa zelotipia est aemulatio quâ amantes laborant, ne alius re amatâ potiatur. Quae quidem potentissima animi perturbatio est; adeo ut non solum homines, verum caetera animantia furore, irâ, & rabie submoveantur, atque in vindicandi affectum acutissimum trahantur, non minus atque ebrii sive furore perciti.* Le même Auteur après avoir rapporté une infinité d'autorités en faveur des amoureux finit sa controverse en disant que la Cour renvoya absous l'accusé le 30 Juillet 1659. Voyez Ménoch, liv. 2, *de arbitrio jud.* cent. 4, cas 460. Jul. Clar. liv. 5, parag. fin. n. 37, p. 314, dit: *Fuit in facti contingentia absolutus quidam qui fecerat sortilegia propter amorem, & secundum hanc conclusionem fuit judicatum per senatum in casu cujusdam Baptistae Gazani qui*

libellum famosum publicaverat contra quamdam puellam cujus amore captus erat. Fuit enim absolutus 3 Février 1554, tanquam quòd nimiâ amoris vehementiâ non esset mentis suæ compos. Bene verum est quòd habebat remissionem à parte offensa.

Le célebre Farinace, question 98, n. 77 & suivants, tome 3, p. 209, excuse aussi beaucoup les amoureux. *Amor ebrietati & furori æquiparatur. Amor est impetus & turbatio omnibus aliis vehementior. Amoris causâ delinquens mitius est puniendus. Amor excusat in receptione rerum furtarum ; libellé famosi ; exensat delinquentem in subito & improviso amoris impetu.*

Notre célebre Compatriote *Chasseneux* l'un de ces hommes rares que le mérite seul fit monter aux premieres charges de la Robe, fit un commentaire sur notre coutume, lorsqu'il n'étoit encore qu'Avocat du Roi au Bailliage d'Autun ; il parle aussi des crimes des amoureux, titre I, *des Justices*, rubrique 1 ; au mot *si ancun* au commencement du paragraphe 5, n. 13 ; il prouve que les recéleurs d'effets volés sont excusés lorsque l'amour a été cause de leurs crimes. *Vidi in contingentia quodam modo fuisse excusatam quamdam mulierem quæ amore capta cujusdam, res per eum furto subtractas receptaverat. Cum ratione hujasmodi amoris videtur quòd fuit in quodam furore, cum nihil furore amoris vehementius, ut dicit textus in parag. illud quoque. Melius in autenth. quibus modis nat. effic. legitimi. Amor, furor appellatur, unde sicut furiosus se non sentit, sic nec amorosus. Et est similis ebrio. Unde ut dicit gloss. non frater fratri cum furor ille venit, igneus ille furor nescit habere modum ; & ideo dicit philosophus Aristoteles Ethicorum, libr. 3, cap. 2. Coïre enim, & concupiscentia venereorum & quadam talium manifestè corpus transmutant, quibusdam autem insanias faciunt : ideo hujusmodi furori parcendum est, etiam in quocumque delicto. arg. L. infans & furiosus. D. ad legem Corneliam de sicariis. Ex quo parcendum est amoroso qui furore libidinis & amoris aliquid prohibitum fecit, cum id videatur fecisse quasi furiosus & demens.*

On peut voir à ce sujet les Antiquités Judaïques & la traduction de M. Arnault d'Andilly, tome 3, liv. 18, chap. 4 ; où se trouve l'histoire d'une Dame romaine, nommée *Pauline* femme de Saturnin, qui fut livrée à un Chevalier romain nommé *Mundus* sur le nom de la Déesse *Isis*. Tibere fit crucifier les Prêtres de cette Déesse ; & à l'égard de *Mundus*, il ne fut qu'exilé. L'Empereur excusa son crime à cause de la violence de son amour.

3. Souvent un impétrant de lettres de grace n'ose se mettre en état dans les prisons pour les faire entériner, dans la crainte que ses créanciers ne le fassent écrouer pour dettes. Il préfere le danger de laisser écouler les trois mois qu'il a pour les présenter à l'inconvénient d'être retenu par ses créanciers ; ce qui le prive de l'effet de la grace que le Prince lui a accordée. Les Cours pour remédier à cet inconvénient ont rendu plusieurs Arrêts. Le Parlement de Paris en rendit un le 14 Décembre 1718, par lequel Jacques Caye, banquier à Lyon, porteur de lettres de pardon, ayant fait des offres de se constituer prisonnier dans les prisons

de la Conciergerie pour le faire entériner, il fut ordonné qu'il seroit amené fous bonne & fûre garde par un Huiffier pour après l'entérinement être conduit par le même Huiffier en fa maifon; fans que les créanciers puffent faire aucune recommandation de fa perfonne, pendant ce temps; à peine de nullité, d'amende, & de tous dépens, dommages & intérêts. Voyez les obfervations fur l'article XII, du titre XIII. Le débiteur fut conduit dans fa maifon; parce que dans le reffort du Parlement de Paris, il eft défendu d'y arrêter pour dettes. Voyez auffi ci-devant l'Arrêt du 9 Août 1721, rapporté fur l'article XXI, du titre X, n. 8; il défend d'arrêter pour dettes ceux qui font élargis, à la charge de fe repréfenter.

4. Celui qui a obtenu des lettres pour un crime, & qui en follicite de nouvelles pour un autre, eft obligé dans l'expofé des fecondes de faire mention des premieres, finon elles feroient obreptices; comme il a été dit fur l'article I, de ce titre, n. 2 & 3: les récidives aggravent. Si ce défaut fe trouvoit dans les lettres & qu'il n'y eût point de partie civile, les Juges ou la partie publique feroient obligés d'en faire des remontrances à Monfeigneur le Chancelier.

5. Un Prince étranger ne peut donner des lettres de grace à un François qui a délinqué fur fes terres. Cette maxime, fuivant Bruneau, titre XVIII, n. 10, p. 177, eft reftrainte aux délits commis par contravention aux loix établies par le Prince du délinquant, & non aux loix établies par le Souverain du lieu du délit. Il cite Expilly, Plaidoyer 24, & de l'Homeau, *des Droits royaux*, liv. 1, titre IX.

6. Lorfqu'un impétrant a omis dans l'expofé de fes lettres quelques circonftances du fait affez importantes pour lui donner lieu de craindre que par cette raifon elles ne foient rejetées, il peut fe pourvoir de nouveau, & obtenir des lettres d'ampliation par lefquelles le Roi lui remet également la peine de fon crime dans les circonftances qui avoient été omifes dans les premieres lettres. Mais il doit faire attention à faire fes diligences dans les trois mois prefcrits par l'article XVI, de ce titre; finon il lui faudroit encore des lettres de relief du laps de temps.

7. Si l'expofé des lettres étoit tellement différent des faits prouvés par la procédure, qu'il changeât la nature du crime, ou la qualité de l'action; comme fi c'étoit un affaffinat prémédité & que l'impétrant n'eût fait mention dans fon expofé que d'un meurtre fimple fans aucun deffein préalable, les Juges feroient obligés d'en faire des remontrances à Monfeigneur le Chancelier, ou les Cours au Roi, fuivant les Déclarations de 1683 & 1686, qui viennent d'être rapportées fur cet article: parce qu'il feroit vrai de dire que ce ne feroit pas le même crime que celui pardonné par les lettres: mais pendant ce temps, il faudroit furfeoir à toutes procédures, & l'impétrant ne pourroit être élargi.

8. L'homicide involontaire dont cet article II, de l'Ordonnance fait mention, eft celui qui n'a pu être prévu, & qui cependant eft la fuite

d'une faute précédente. Ce crime, si l'on peut ainsi le nommer, est commis sans mauvaise intention. Mais il est de principe en France que tout homme qui tue est digne de mort, s'il n'a grace du Prince. Quoique l'homicide soit involontaire il peut mériter quelque peine; c'est par cette raison que la Déclaration de 1723, qui vient d'être rapportée, défend d'expédier dans les Chancelleries près les Parlements des lettres de rémission, si l'homicide a été commis à l'occasion de quelque querelle. Dans ce cas il faut recourir à la clémence du Prince au grand Sceau; parce que suivant les mêmes Déclarations pareilles lettres ne pourroient être expédiées dans les Chancelleries près les Parlements.

Les cas d'homicides involontaires sont si favorables que les lettres s'accordent *pro Deo*, quand l'accusé est pauvre, & même s'il négligeoit de les obtenir, les Juges les solliciteroient eux-mêmes. Voyez à ce sujet Domat, Supplément du Droit public, liv. 3, titre VII, n. 8; & ci-après les observations sur l'article XXVII, n. 1.

9. Les homicides casuels sont ceux qui sont commis par accident, comme celui qui tirant à l'arquebuse, au lieu permis, tue quelqu'un. Raviot, question 17, n. 7, tome 1, p. 42, rapporte un Arrêt du Parlement de Dijon du 8 Février 1646, qui n'adjugea aucun intérêt à l'occasion d'une fille tuée au jeu d'arquebuse. Mais celui qui ne seroit pas Chevalier & qui en tueroit un autre en s'exerçant dans le même lieu seroit en faute; parce que, quoique le lieu soit licite, l'action à son égard ne la seroit pas, comme s'il étoit Chevalier. On trouve cependant dans le Supplément du tome 7, du Journal des Audiences, livre 1, chap. 138, p. 30, un Arrêt du 9 Avril 1630, par lequel les Chevaliers de l'Arbalete à Meaux furent condamnés solidairement en six cents livres envers un particulier blessé d'un coup de fleche. Voyez Bardet, tome 1, livre 3, chap. 95.

La moindre faute empêche que l'homicide soit regardé comme casuel. On trouve un exemple de cette maxime dans le Code Favre, livre 9, titre XI, définition 1, p. 1158. Un pere en dinant jetta son couteau à une poule qui l'incommodoit, il tua de ce coup son fils de quatre mois qui étoit au berceau, il fut emprisonné & avoua le fait. Sur l'appel du premier Juge, qui sans lettres l'avoit condamné à une peine légere, le Sénat décida que la Sentence devoit être réformée; mais qu'auparavant il falloit au pere des lettres du Prince; & cependant il fut élargi en 1605.

10. Un Charpentier à Dijon ayant mis quelques petards sur la muraille de son jardin pour saluer le Saint Sacrement, ils firent sauter une planche mal attachée qui frappa la femme d'un Marchand qui en mourut quinze jours après. On remontra en cause d'appel que c'étoit un pur accident, *fati culpa, nemo fit faro nocens*. On soutint au contraire que le Charpentier n'étoit pas innocent; parce qu'il y avoit une déliberation de Police ancienne qui défendoit de tirer des petards, & que c'étoit sa faute d'avoir mal attaché ses planches. Par Arrêt du 21 Juillet 1665, le Charpentier fut condamné en cent livres de dommages & intérêts, aux frais des médica-

mens, & aux dépens ; la Cour eut égard aux facultés des personnes, sur-tout de l'accusé qui étoit pauvre.

11. On distingue trois especes de fautes, la faute grossiere, lorsque l'on manque à des précautions que les personnes les plus simples ont coutume de prendre. La faute légere se commet par celui qui ne prend pas assez de précaution ; la faute très légere, est celle de ne pas faire ce que les plus prudents sont dans l'usage de faire. L. 77, D. *pro socio*, & 52. *Ibidem*, & Loi *Aquilia*, au Digeste ; & aux Institutes, *de obligationibus quæ ex quasi delicto nascuntur*.

12. On comprend dans le cas fortuit, la force majeure ; c'est-à-dire, tout ce que l'on ne peut empêcher : *v. g.* le cas de celui qui par sa chute en entraîne un autre. Imbert, dans sa pratique criminelle, liv. 2, chap. *de l'homicide*, dit qu'il a vu un homme qui étant tombé par sa faute sur un enfant, le tua : pourquoi étant condamné au fouet, il dit en cause d'appel, qu'il étoit ivre lors de l'accident ; on le condamna en deux ans de bannissement : c'étoit une faute grossiere de sa part, de s'être livré au vin. Dans toutes autres occasions où il n'y auroit point eu de sa faute, il auroit été entiérement excusé par la force majeure : il faudroit cependant des lettres, ce qui paroît injuste à Bretonier sur Henrys, liv. 4, question 9, tome 2, p. 232, édition de 1708, où il dit avec raison que notre usage est injuste en obligeant de prendre des lettres pour homicide, dans le cas fortuit. Cet usage n'est pas si général, que quelquefois, lorsqu'il n'y a pas la moindre faute, on ne renvoie l'accusé sans lettres ; il ne faut point de grace pour remettre la peine, lorsqu'il ne peut y en écheoir.

Jean Pérotin ayant tué d'un coup de fusil, un chien enragé, que plusieurs personnes poursuivoient, blessa du même coup, Jean Meley d'Epinac qui en étoit éloigné de plus de cinquante pas. Information, décret d'ajournement personnel en la Justice des lieux, appel au Parlement de Dijon, où par Arrêt du mois de Juillet 1758, à l'Audience criminelle, les parties furent mises hors de Cour, tous dépens compensés ; Pérotin étoit occupé à une action licite, il n'y avoit aucune faute à lui imputer : il en est de même en cette occasion, que d'un coup de foudre, *nemo fit fato nocens*.

13. On met aussi au nombre des cas fortuits, un Chasseur qui croyant tuer une bête, tue un homme qu'il n'avoit pas apperçu ; on ne peut lui imputer aucune faute, s'il a droit de chasser : il est de principe que lorsque l'on est occupé à un acte licite, il n'y a aucune faute.

Un Ecclésiastique n'encourroit pas irrégularité, suivant Du Rousseau de la Combe, partie 1, chap. 2, section 7, distinction 2, si en pareil cas il tuoit quelqu'un ; il cite pour garant de son sentiment, les chapitres 13, 14, 15 & 16 : *extra de homicid.* Covarruvias, tome 2, p. 2, parag. 4, n. 10 ; & Zoësius, sur les décrétales, liv. 5, titre XII, n. 67, *de homicid.* Il est cependant vrai qu'il y auroit dans ce cas une faute légere ; la chaffe n'eft pas un acte licite pour un Eccléfiaftique ; ainfi il pourroit être condamné à quelques dommages & intérêts.

14. Celui qui jouant à la paume, tueroit un fpectateur, ne feroit pas regardé comme exempt de faute. Par Arrêt du Parlement de Dijon du 5 Août 1638, il fut adjugé la fomme de trois cents livres de dommages & intérêts pour un œil crevé par un joueur de paume : cet Arrêt eft rapporté par Raviot, queftion 17, n. 7, tome 1, p. 42. L'Auteur ne dit pas les motifs de cette décifion ; il faut qu'il y eût quelques circonftances particulieres, car ce joueur étoit occupé à un acte licite, & dans un lieu licite : il y auroit encore moins d'action, fi un joueur en bleffoit un autre. On ne doit pas s'expofer au jeu, fi l'on n'eft pas en état de parer les coups ; il eft cependant vrai que tout dépend des circonftances : s'il y paroiffoit de la malice, il y auroit du crime.

A propos de la paume, on rapportera un Arrêt du 26 Janvier 1724, qui a jugé que la promeffe d'un fils de famille, pour frais de jeu de paume, étoit nulle. Supplément du tome 7, Journal des Audiences, liv. 1, chap. 13, p. 5 ; il y a des Arrêts contraires, dans Bardet, tome 1, liv. 2, chap. 2.

15. Ceux qui jettent par les fenêtres quelque chofe qui bleffe les paffants ; un Couvreur qui laiffe tomber des tuiles, fans avoir mis les enfeignes accoutumées pour avertir le public & autres en pareils cas, ne peuvent dire qu'il n'y a ni faute, ni négligence de leur part, s'ils ont tué quelqu'un ; ils obtiennent cependant facilement des lettres qui s'expédient dans les Chancelleries près les Parlements, parce que ce font des homicides involontaires ; mais ils ne laiffent pas d'être condamnés aux dommages & intérêts, eu égard fur tout à la fortune de l'accufé.

16. Quand dans une rixe, un homme en tue un autre, on modere la peine, fi celui qui a été tué étoit l'aggreffeur ; il en eft de même s'il paroit qu'il n'y a pas eu d'intention de tuer, fi l'on ne s'eft pas fervi d'un inftrument propre à tuer, & autres circonftances qui peuvent faire croire que c'eft un homicide cafuel ; mais dans tous ces cas, il faut des lettres de la grande Chancellerie ; fuivant la Déclaration de 1723, qui vient d'être rapportée fur cet article, n. 1.

17. Celui dont l'animal a tué quelqu'un, n'eft pas homicide, mais il n'en eft pas moins tenu des dommages & intérêts, s'il a pu prévoir l'accident, & s'il connoiffoit fon animal mauvais. Voyez les obfervations fur l'article I, du titre III, n. 25.

18. Le cas d'une légitime défenfe, eft rémiffible, fuivant cet article de l'Ordonnance ; mais il faut favoir ce que c'eft que légitime défenfe, c'eft celle que nous employons pour repouffer la violence, lorfque nous fommes expofés à perdre la vie ; c'eft-à-dire, que nous fommes attaqués & pourfuivis fi vivement, que vraifemblablement nous ne pourrions nous en garantir autrement : *pro moderamine inculpata tutela*, difent les Auteurs : celui qui fe trouve attaqué par des voleurs, de maniere qu'il feroit en

danger d'être tué, s'il ne se défendoit pas, peut impunément tuer ces voleurs. Loi *is qui. Cod ad legem Corneliam de sicariis ; ad excusandum occisorem, ex eo quòd occideris ad sui defensionem, sufficit deducere & probare verisimilem & probabilem timorem & dubitationem suorum inimicorum, & mortis.* Farinace, question 125, n. 50, tome 4, p. 215.

On n'est pas obligé d'attendre que le danger soit extrême, il suffit de prouver que le péril étoit imminent : *Cum video venientem ad me cum cultello in manu, vel cum ense evaginato, si illum occidi, dico fecisse ad meam defensionem; sum excusatus & nullam patior pœnam. Ibidem, n. 60; quod procedit, quando scilicet quis contra alium venit minando, aut faciendo aliquem actum, ex quo apparet quòd vult offendere ; secus si simpliciter, etiam armatus, veniret contra suam inimicum alio apparente, non præsumitur venire animo offendendi ; & per consequenter occidi non potest. Ibidem, n. 62, de se ponente in insidiis, n. 65, aut minante, seu jactante me occidere, percutere, vel vulnerare, mihi occidere licet, n. 67.*

Adversùs periculum naturalis ratio permittit se defendere. L. 4, D. *ad legem aquiliam : expectare non debet qui irruentem in se videt, donec ille percusserit,* dit la Glose, sur la Loi 3, *de vi armata ;* il y a des homicides nécessaires, le droit même trouve son excuse dans la nécessité, le droit divin, comme le droit humain, autorisent une légitime défense : ainsi que le dit Fauste, dans son traité posthume, *de criminibus,* chap. 2, *de homicidio,* p. 236 : *Necessarium homicidium non modo jure nostro non punitur, sed omni jure conceditur.* Loi 1, parag. 4, *ad legem aquiliam.* Le même Auteur continue, *adeo ut & jure divino permissa sit necessaria defensio, & in foro conscientiæ excusationem mereatur ; & ob id nec à Papa, nec ab Imperatore prohibi potest :* ainsi celui qui n'use que d'une légitime défense, ne peche ni devant Dieu, ni devant les hommes ; l'homicide, dans ce cas, est sans crime ; & par conséquent, il doit rester sans punition, dit Lebrun, liv. 2, chap. de l'homicide : *Qui ad defensionem sui alium occidit, indiget quidem veniâ & indulgentiâ principis, sed eam princeps, etiam de rigore justitiæ debet.* Code Favre, liv. 9, titre X, défin. 5.

Qui cum vitam suam aliter tueri non potest, adversarium occidit, non solùm à capitali pœna absolvi debet, sed etiam à pecuniaria, nec ab ea tantùm quæ occisi parentibus, aut liberis, aut consanguineis, aliisve hæredibus adjudicari solet, sed & multò magis ab ea quæ principi & domino territorii in quo homicidium commissum est ; sola irroganda quæ pro judicis arbitrio ad preces pro defuncti anima Deo offerendas convenire videbitur. Ibidem.

Ces autorités, & une infinité d'autres, s'accordent sur cette question, rien de si naturel qu'une défense légitime, lorsqu'il y a péril de la vie : malgré cela, il faut en France pour tout homicide des lettres du Prince ; & il faut prouver, suivant la Déclaration de 1723, qui vient d'être rapportée, que l'homicide a été commis dans la nécessité d'une légitime défense, & pour éviter un péril évident de la vie, à peine de nullité des lettres ; il ne faut pas qu'il y ait eu aucun intervalle entre le péril &

la défense, sans quoi elle ne seroit plus légitime, & l'impétrant pourroit être condamné à mort. Voyez les observations rapportées sur l'article XXVII, de ce titre, & sur l'article XII, du titre I, n. 19.

19. La question de savoir s'il est aussi permis de tuer un homme pour la conservation de ses biens, est décidée par la Loi: *Furem D. ad legem corneliam de sicariis: furem nocturnum ita demùm occidi posse, si occisor parcere illi sine suo periculo non potuit.* C'est un cas, suivant Lebrun, où l'homicide est permis, lorsqu'un voleur échelle nos maisons, ou fait fracture de porte, ou les ouvre avec crochets, le maître peut tuer impunément celui qui fait de pareilles entreprises: il ajoute que celui qui commande en son absence le peut aussi; & après avoir cité plusieurs autorités pour appuyer son sentiment, il convient que pour autoriser ces homicides, il faut qu'ils soient faits pour la défense de ses biens, & de soi-même; parce que s'il n'y avoit point d'attentat, il ne seroit pas permis de tuer un homme, quelque larron qu'il fût: il faut donc pour cela qu'il y ait lieu de craindre non-seulement pour les biens, mais encore quelque danger pour la personne.

Lebrun exige encore que le maître, lorsque le voleur est découvert, crie, au voleur, au secours, parce que ce cri efface tout soupçon que l'on pourroit concevoir d'un homicide clandestin, suivant la Loi *itaque D. ad legem aquiliam*: s'il peut être arrêté, il ne conviendroit pas de le tuer. La raison qui a porté les Empereurs à permettre l'homicide du voleur nocturne, c'est que l'on ne sait s'il est venu pour dérober, ou pour assassiner ceux de la maison où il est furtivement entré; ce qui se reconnoît, suivant Lebrun, si, lorsqu'il entend crier, au larron, il prend la fuite.

Il n'est pas permis de tuer les voleurs, sans de grandes précautions: la principale, c'est qu'il y ait danger pour les personnes, ou qu'il soit armé; il suffiroit même qu'il fût armé de pierres, ou d'un bâton. La Loi 54, n. 2, D. de furtis, porte: *Furem interdiu deprehensum, non aliter occidere lex duodecim tabularum permisit, quàm si telo se defendat; teli autem appellatione, & ferrum, & fustis, & lapis, & denique omne quod nocendi causâ habetur, significatur.*

20. Quoique dans tous les cas d'homicides involontaires, même de cas fortuits & casuels, où il n'y a pas de faute, il soit besoin, comme il a déjà été observé, des lettres du Prince, on trouve cependant des Arrêts qui en pareils cas, sans lettres, ont renvoyé absous des accusés. Voyez le supplément du tome 7, du Journal des Audiences, p. 3, livre 1, chapitre 7. Bardet, tome 1, liv. 1, chap. 112. Henrys, liv. 4, quest. 9, p. 331, édition de 1708, & ci-devant, n. 11.

On n'accorde jamais des lettres de rémission, ou autres, pour vol: c'est une action indigne & basse, qui ne mérite point de grace; elle est ordinairement faite de dessein prémédité, & avec réflexion.

21. L'Evêque d'Orléans, lors de sa première entrée dans sa ville

épiscopale, a droit de délivrer les prisonniers. Plusieurs Auteurs ont parlé de ce droit singulier, & ont rapporté en partie les Arrêts & patentes qui l'ont autorisé ; mais il est inutile à présent d'entrer dans ce détail, au moyen d'un nouvel Edit, qui vient de restreindre ce grand privilege d'une maniere qu'il est à présent peu considérable. Jusqu'ici, il avoit eu lieu pour les crimes commis dans tout le Royaume ; au lieu qu'il ne concerne plus que ceux commis dans le Diocese d'Orléans ; & au lieu de lettres de grace, l'Evêque n'a plus droit que d'intercéder pour en obtenir du Roi.

Edit concernant le privilege des Evêques d'Orléans.

Novembre 1753.

« LOUIS par la grace de Dieu, Roi de France & de Navarre, à
,, tous présents & à venir, Salut: le pouvoir du glaive, & la punition
,, des crimes par la sévérité des peines, étant un des attributs les plus
,, inséparables de la puissance Souveraine, il n'appartient aussi qu'à elle
,, seule d'en faire grace, & d'user de clémence envers les coupables ; mais
,, dans l'exercice d'un droit dont les Souverains sont, avec raison, si
,, jaloux, les premiers Empereurs Chrétiens par un respect filial pour
,, l'Eglise, donnoient un accès favorable aux supplications de ses Minis-
,, tres, pour les Criminels ; & à leur exemple, les anciens Rois nos
,, Prédécesseurs, déféroient souvent à l'intercession charitable des Evêques ;
,, sur-tout en des occasions solemnelles où l'Eglise usoit aussi quelquefois
,, d'indulgence envers les pécheurs, en se relâchant de l'austérité des
,, pénitences canoniques ; c'est à quoi l'on doit, sans doute, attribuer
,, ce qui paroit s'être pratiqué depuis plusieurs siecles à l'avénement des
,, Evêques d'Orléans, pour la délivrance des prisonniers, pour crimes qui
,, au jour de leur entrée solemnelle dans leur Siege Episcopal, se trou-
,, voient dans les prisons de cette ville ; mais cet usage n'étant pas sou-
,, tenu par des titres inébranlables, & ses effets trop susceptibles d'abus,
,, n'ayant reçu ni les bornes légitimes, ni la forme réguliere qui auroient
,, pu leur convenir, il a éprouvé la contradiction de nos principaux
,, Officiers, chargés de la dispensation de la Justice, & du maintien de
,, notre autorité ; & non-seulement, il a donné lieu à des incertitudes
,, dangereuses sur l'état des hommes, & sur le sort des familles, mais
,, il s'est même quelquefois trouvé fatal à ceux de qui la confiance
,, aveugle s'étoit reposée de leur sûreté sur sa foi : un objet si digne de
,, notre attention, demande qu'il y soit pourvu par nous ; & après l'avoir
,, mis en considération dans notre Conseil, nous voulons nous en expli-
,, quer de la maniere que nous avons jugé la plus propre à concilier le
,, privilege avec les droits inviolables de notre souveraine puissance, à
,, exclure les abus qu'on en voudroit faire, & à remédier aux inconvé-

„ nients qui pourroient s'y rencontrer. Animés du même esprit que les
„ Rois, nos Prédécesseurs ; nous n'avons pas cru pouvoir refuser quelque
„ égard favorable à un usage que son antiquité rend vénérable dans sa
„ singularité même ; & pour lequel, sollicite en quelque forte la sainteté
„ des Evêques, qui, dès les premiers siecles de l'Eglise, ont illustré le
„ Siege d'Orleans. Nous avons jugé plus digne de nous, de le régler
„ en les rappellant à une forme légitime, & lui donnant des bornes
„ convenables, & de l'affermir sur des fondements solides qu'il ne sauroit
„ tenir que de notre autorité : A ces Causes, de notre grace spéciale
„ & de notre certaine science, pleine puissance, & autorité royale, nous
„ avons octroyé & ordonné, octroyons & ordonnons, voulons & nous
„ plaît qu'au temps à venir à perpétuité, les Evêques d'Orleans promus
„ au Siege Episcopal de cette ville, au jour de leur premiere entrée &
„ prise de possession solemnelle dudit Siege Episcopal, puissent donner aux
„ prisonniers qui se trouveront actuellement constitués en toutes prisons quel-
„ conques de ladite ville pour crimes *commis seulement dans l'étendue &*
„ *limites du Diocese d'Orleans, & non ailleurs*, autres néanmoins que les
„ crimes ci-après exceptés par ces présentes, leurs lettres d'intercession
„ & déprécation à nous adressantes, sur lesquelles nous accorderons &
„ ferons expédier sans aucuns frais auxdits Criminels, nos lettres de grace,
„ rémission ou pardon sur ce nécessaires, à la supplication desdits Evê-
„ ques, dont les lettres déprécatoires seront attachées sous le contre-
„ Scel, pour être nosdites lettres entérinées pareillement sans aucuns frais
„ par nos Cours & Juges, en la maniere accoutumée ; ainsi qu'il appar-
„ tiendra, suivant les dispositions de nos Ordonnances : voulons à cet
„ effet, qu'en notifiant de la part desdits Criminels, les lettres dépréca-
„ toires, par eux ainsi obtenues des Evêques d'Orleans, il soit sursis
„ pendant le temps & espace de six mois, à compter du jour de leur
„ date à tout Jugement de leurs procès, pour raison desdits crimes y
„ mentionnés, & à l'exécution des Jugements qui pourroient être précé-
„ demment intervenus sur lesdits procès, même que ceux des impétrants
„ desdites lettres déprécatoires, lesquels se feroient remis volontairement
„ dans les prisons de ladite ville d'Orleans, à l'effet de les obtenir des
„ Evêques, ayant assisté & participé à la solemnité de leur entrée, ainsi
„ qu'il est accoutumé, soient & demeurent en liberté pendant le temps
„ & espace de six mois, sans que pour raison desdits crimes mentionnés
„ auxdites lettres, il puisse être attenté à leurs personnes, le tout sans
„ préjudice des instructions criminelles qui pourroient être faites & con-
„ tinuées pendant le cours dudit temps ; passé lequel terme & délai de
„ six mois, faute par tous impétrants des lettres d'intercession & dépré-
„ cation desdits Evêques d'Orleans, d'avoir obtenu & présenté nos lettres
„ de grace, rémission ou pardon sur icelles ; ils demeureront déchus
„ pleinement de ladite intercession & déprécation par leur retard & négli-
„ gence ; tout ainsi que si elle n'étoit jamais avenue, & sera passé outre

„ à toute poursuite & Jugement contr'eux, avec toute exécution qu
„ pourroit s'enfuivre : exceptons néanmoins de tout effet, application ,
„ & conféquence du contenu en ces préfentes , le crime d'affaffinat pré-
„ médité , ceux de meurtre ou outrage & excès , ou recouffe des pri-
„ fonniers pour crimes des mains de la Juftice , commis ou machinés à
„ prix d'argent , ou fous autre engagement; celui de rapt , commis par
„ violence , ceux d'excès ou outrages commis en la perfonne de nos
„ Magiftrats ou Officiers , Huiffiers & Sergents , exerçants , faifants , ou
„ exécutants quelques actes de Juftice ; les circonftances & dépen-
„ dances defdits crimes , telles qu'elles font prévues & marquées par
„ nos Ordonnances ; & tous autres forfaits & cas notoirement réputés
„ non graciables dans notre royaume : Si donnons en Mandement à nos
„ amés & féaux , les gens tenant notre Chambre des Vacations à Paris ,
„ que notre préfent Edit , ils aient à faire lire , publier , & régiftrer ,
„ & le contenu en icelui , garder , obferver & exécuter felon fa forme
„ & teneur; car tel eft notre plaifir , & afin que ce foit chofe ferme
„ & ftable à toujours , nous y avons fait mettre notre Scel : donné à
„ Fontainebleau , au mois de Novembre , l'an de grace 1753 , & de
„ notre regne , le trente-neuvieme, *Signé* LOUIS ; & plus bas , *par le Roi , figné*
„ ROUILLÉ : *vifa* MACHANT ; publié & régiftré à l'Audience. A Paris , en la
„ Chambre des Vacations , le 10 Novembre 1753. *Signé* DEVITRY. „

22. Le privilege de la Fierte , à Rouen , confifte dans le droit que
le Chapitre de l'Eglife Métropole de cette ville a , de délivrer chacune
année , le jour de l'Afcenfion , un Criminel , en levant la chaffe de Saint
Romain : il eft parlé de ce privilege au Journal du Palais , où fe trouvent les conclufions de M. l'Avocat Général Foucaut , lors de l'Arrêt du
15 Septembre 1672 ; on peut y recourir pour en connoître l'origine &
l'étendue. On y trouve entr'autres la Déclaration du Roi de 1597 , qui
regle les cas qui font exceptés de ce privilege ; ce font les crimes de
leſe-Majefté , d'héréfie , fauffe monnoie , viol , & affaffinats.

Delaville , dans fon Dictionnaire d'Arrêts , au mot *fierte* , renvoie pour
en connoître le privilege & fon étendue à Mornac , Loi 4 , *ingreffus D.
de Officio proconfulis & legati* , p. 56 ; & à Pafquier , liv. 9 , chap. 42 ,
de fes recherches , p. 185. M. Leprêtre , centurie 3 , chap. 158 , p. 799 ,
rapporte une Déclaration du Roi du 20 Décembre 1612 , qui porte que
les prévenus de crimes énoncés dans celle de 1597 , pour Orleans , ne
pourront jouir du privilege de la Fierte. Muyart de Vouglans , dans fes
Inftitutes au droit Criminel , imprimées en 1757 , après avoir rapporté les
cas exceptés de ce privilege , tels que ci-deffus , dit que c'eft cette Déclaration du Roi qui fert aujourd'hui de regle ; mais il ajoute que le
prifonnier n'obtient la liberté que de l'autorité du Parlement; ce qui fait
que ce privilege eft moins abufif que ne l'étoit celui d'Orléans. M.
Leprêtre cite encore un Arrêt du Confeil , du 22 Novembre 1607.

La cérémonie fe fait le jour de l'Afcenfion avec une proceffion folemnelle où affiftent le Parlement, la Chambre des Comptes, la Cour des Aides, le Bailliage, l'Hôtel de Ville & autres Compagnies, Corps & Communautés. Le Chapitre capitulairement affemblé examine le nom & la qualité des prifonniers, & choifit celui qu'il en croit digne; après quoi il l'envoie au Parlement Affemblé en robes rouges le même jour. La Cour juge quelques fois que le cas n'eft pas rémiffible; fi elle juge qu'il eft fiertable, le prifonnier eft renvoyé au même inftant pour fervir à la cérémonie de la proceffion. Voyez le Dictionnaire de Trévoux, au mot *fierte*.

23. Les Reines ont le droit d'accorder, fous le nom du Roi, des lettres de rémiffion lors de leurs entrées dans les villes. Les Princes du Sang ayant prétendu le même privilege, il fut jugé qu'ils ne l'avoient pas. D'Olive, dans fes notes fur l'action dixieme, p. 56, dit qu'il a trouvé un extrait de cet Arrêt dans le fecond régiftre des Ordonnances royaux, conçu en ces termes. " Sur ce que le Maitre d'Hôtel de Madame de Beaujeu a requis la Cour qu'elle voulût permettre à ladite „ Dame de délivrer les prifonniers de la Conciergerie du Palais pour „ fon joyeux avénement fait en cette ville de Paris. Vu par la Cour „ les Reglements anciens, par lefquels appert que nul Prince ou Princeffe „ de ce Royaume ne dehors, fors que le Roi notre Sire, la Reine & „ Monfeigneur le Dauphin ne délivrent jamais aucun prifonnier de la- „ dite Conciergerie, qu'iceux Princes ou Princeffes n'aient lettres ex- „ preffes du Roi : & tout confidéré, la Cour a délibéré qu'icelle Dame „ ne peut délivrer lefdits prifonniers, fans avoir lettres expreffes du Roi „ notre Seigneur. Fait en Parlement le 21 Avril mil quatre cents octante- „ trois, après Pâques. „ D'Olive continue en obfervant que ces entrées du Roi, de la Reine, & de Monfeigneur le Dauphin importent telle- ment au bien & à la félicité de tout le monde, que toutes perfonnes de quelque qualité, ou condition qu'elles foient, même les Eccléfiaf- ques doivent contribuer aux frais qui fe font pour leur célébrité, fuivant l'Arrêt rapporté dans le feizieme plaidoyer de M. Lebret. Voyez pour le Privilege des Reines, Bruneau dans fes obfervations fur les matieres criminelles, titre XVIII, maxime 11, p. 187. Papon, liv. 24, titre XVII, Arrêt 7. Chopin, Coutume de Paris, liv. 3, titre III, n. 25.

Lors des facres de nos Rois, de leurs mariages, de la naiffance des Dauphins, &c. Il eft d'ufage d'accorder la liberté aux prifonniers. Le Roi nomme des Commiffaires pour dreffer état de ceux qui méritent cette grace; mais ils ne font pas difpenfés d'obtenir des lettres de rémiffion, & de les faire entériner. Voyez Denifard, au mot *Rémiffion*. Il cite une Déclaration du Roi du 22 Octobre 1729, qui ne fe trouve pas dans le recueil des Edits enrégiftrés au Parlement de Dijon.

ARTICLE III.

*Les lettres de pardon seront scellées pour le cas, où il n'échet
peine de mort, & qui néanmoins ne peuvent être excusés.*

1. Les lettres de pardon s'obtiennent aux Chancelleries près les Parlements ; à moins que le principal accusé ne se pourvoie au grand Sceau pour avoir des lettres de rémission. Dans ce cas les complices obtiennent ordinairement en même temps des lettres de pardon aussi au grand Sceau ; afin que l'exposé des uns ne contrarie pas celui des autres. Les lettres de pardon sont nécessaires, comme le porte cet article, pour les crimes qui ne doivent pas être punis du dernier supplice, & qui cependant méritent quelque peine. Il peut par exemple arriver qu'un particulier qui a dessein de tuer un autre, trouve le moyen de conduire avec lui d'autres personnes qui ne sachant pas l'intention de celui qui les conduit se trouvent avec lui lorsqu'il tue son ennemi. S'ils n'ont eu aucune part à son dessein, s'ils ne lui ont donné aucun secours, il paroît qu'ils sont innocents ; cependant s'ils ne se sont pas mis en devoir d'empêcher le meurtre autant qu'il a été possible, il leur faut des lettres de pardon ; leur présence a rendu le meurtrier plus hardi ; & celui qui a été attaqué plus timide. D'ailleurs la présomption est contr'eux, qu'ils pouvoient avoir connoissance du mauvais dessein de celui qu'ils accompagnoient. Voyez Henrys, livre 4, question 9, tome 2, p. 331, édition de 1708 ; & l'article LXV, de l'Ordonnance d'Orléans, qui veut que ceux qui en voient d'autres se battre avec armes, les séparent, à peine d'amende.

2. Un pere, un maître, un mari, & tous autres supérieurs qui, par leur autorité, auroient pu contenir leurs inférieurs qui, en leur présence, ont commis un crime, sans qu'ils s'y soient opposés autant qu'ils auroient pu, sont inexcusables, & par conséquent il leur faut des lettres de pardon.

3. L'article XXVII, de ce titre, porte que si les lettres de pardon sont obtenues pour des cas qui ne soient pas rémissibles, ou si elles ne sont pas conformes aux charges, les impétrants en seront deboutés : ainsi on peut les soutenir obreptices, ou subreptices ; c'est-à-dire, objecter que l'exposé contient des faits qui ne sont pas conformes aux charges, ou qu'il en a été omis qui auroient empêché de les obtenir. Voyez les observations sur l'article XXVII, ci-après.

4. Ne pas empêcher de commettre un crime, quand on le peut, sans danger, c'est en devenir complice. En effet si aux termes de la loi 50. D. *de reg. jur.* celui-là est sans faute qui a su une mauvaise action qui devoit être commise, & qu'il n'a pas empêchée, parce qu'il ne l'a pu ; par un argument contraire on peut dire que celui qui a pu empêcher

un crime, & qui ne l'a pas fait, en devient complice. Cependant cette Loi n'a lieu parmi nous que dans le cas de crime de lese Majesté, ou lorsque celui qui n'a pas empêché le crime y est tenu par son état, ou par sa qualité de pere, mari, maître, &c. Voyez l'article LXV, de l'Ordonnance d'Orléans, ci-dessus au nombre 1.

5. Dans le doute on se pourvoit plutôt pour avoir des lettres de rémission que pour en avoir de pardon, parce que par les rémissions le Roi pardonne le crime de sa pleine autorité royale ; au lieu que par les lettres de pardon, la faute n'est remise que de grace spéciale par des lettres de Justice qui peuvent être plus facilement combattues, sans faire les remontrances prescrites par les Déclarations du Roi, rapportées sur l'article II, de ce titre, n. 1. Celle de 1686, veut que lorsque l'exposé des lettres de rémission n'est pas conforme aux charges, les Juges ne puissent passer outre sans avoir fait auparavant des remontrances ; au lieu que cette loi ne parlant pas des lettres de pardon, on n'est pas obligé de faire des remontrances, & on peut, sans autre formalité en débouter l'impétrant, & le condamner à la peine qu'il mérite.

6 Un domestique qui voit son maître attaqué, est tenu de le secourir, sinon dans le cas où ce maître seroit tué ou blessé, le domestique seroit regardé comme complice, suivant la loi derniere. Cod. *de his quibus*, livre 6, titre XXXV, & suivant Barthole, L. 1, parag. *sed in eo* D. *ad syllaniam*. Si tout homme est obligé par l'article LXV, de l'Ordonnance d'Orléans de se mettre en devoir de séparer ceux qui se battent ; à peine d'amende arbitraire, pourvu qu'il n'y ait point de danger pour lui ; à plus forte raison un domestique y est obligé, quand même il y auroit du péril pour lui : parce que l'un des principaux objets d'un maître est d'espérer du secours de son domestique ; il est gagé principalement pour cela : sinon on pourroit dire que son indolence est une marque qu'il est d'intelligence avec les voleurs ou assassins ; en sorte que quand il n'y auroit dans le domestique qu'un défaut de courage, il auroit besoin de lettres de pardon ; sinon il seroit condamné à quelque peine, suivant les circonstances.

7. Les lettres de pardon doivent être présentées à l'Audience, mais elles n'empêchent pas que suivant l'article XXII, de ce titre, on ne puisse faire informer par ampliation, faire recoller & confronter les témoins ; quand même elles seroient conformes aux charges de la procédure, elles pourroient ne l'être plus après une nouvelle instruction.

8. Les lettres de pardon peuvent, comme il a déjà été observé, s'obtenir aux Chancelleries près les Parlements, argument tiré de l'article V, de ce titre, & des Déclarations du Roi rapportées sur l'article II, qui n'en font pas mention dans le nombre des lettres qui ne peuvent être expédiées qu'au grand Sceau. Voyez au sujet des lettres de pardon les observations sur l'article XXVII ci-après, n. 2.

ARTICLE IV.

*Ne seront données aucunes lettres d'abolition pour les duels,
ni pour les assassinats prémédités, tant aux principaux Auteurs,
qu'à ceux qui les auront assistés, pour quelqu'occasion ou prétexte qu'ils puissent avoir été commis, soit pour vanger leurs
querelles, ou autrement, ni à ceux qui à prix d'argent ou
autrement se louent, ou s'engagent pour tuer, outrager, excéder, ou recourre des mains de la Justice les prisonniers pour
crimes, ni à ceux qui les auront loués ou induits pour ce faire;
encore qu'il n'y ait eu que la seule machination, ou attentat,
& que l'effet ne s'en soit pas ensuivi, pour crime de rapt commis par violence, ni à ceux qui auront excédé, ou outragé,
aucuns de nos Magistrats ou Officiers, Huissiers, ou Sergents,
exerçant, faisant, ou exécutant quelqu'acte de Justice. Et si
aucunes lettres d'abolition ou rémission étoient expédiées pour
les cas ci-dessus, nos Cours pourront nous en faire leurs
remontrances, & nos autres Juges représenter à notre Chancelier ce qu'ils jugeront à propos.*

1. Cet article parle des lettres d'abolition, & défend d'en accorder
quand il s'agit des crimes qui y sont détaillés. Il ne faut pas si fort s'attacher à ce terme *abolition* qu'il ne faille croire qu'à présent celui de rémission ne signifie la même chose. La Déclaration de 1683, rapportée
sur l'article II, de ce titre, veut que les lettres de rémission aient le
même effet, quoique le terme d'abolition n'y soit pas compris. Ainsi on
peut les regarder comme termes synonymes. Mais il faut suivant cet article
qu'elles soient accordées pour cas graciables; car si on les avoit obtenues
pour l'un de ceux énoncés dans cet article, les Juges ne seroient pas
obligés de les entériner avant d'avoir fait des remontrances. La Déclaration de 1683, vouloit que les lettres de rémission fussent entérinées, sauf
après l'entérinement à faire des remontrances pour l'avenir; mais celle
de 1686, a changé cette disposition & a permis aux Juges de faire des
remontrances avant le Jugement d'entérinement des lettres.

2. Les duels sont du nombre des cas qui ne sont pas graciables, l'article XXV, de l'Edit de 1651, le porte encore plus positivement, puisque sa Majesté jura, parole de Roi, de n'en accorder aucune pour ce crime. Voyez les observations sur l'article XI, titre I, n. 44.

3. L'assassinat prémédité par une infinité d'Ordonnances avoit déjà été

déclaré

déclaré non graciable, le seul deffein suivi de quelque machination est puni de mort, de même qu'une convention pour y parvenir, comme si l'on avoit promis une somme pour commettre un affaffinat. Une auffi horrible convention prouve que celui qui l'a faite est capable de l'exécuter. *Promiffio pecuniæ, receptio vel promiffio æquiparantur, etiamfi facta fuerit fine scriptura, vel aliâ cautelâ; sola promiffio pecuniæ facit affaffinium.* Farinace, queftion 123, n. 36 & fuivants, tome 4, p. 177; c'eft de là qu'eft venu l'axiome. *In atrocibus voluntas spectatur, non exitus.* Et Loifel, liv. 6, titre I, regle 1, dit: *en tous méfaits la volonté est reputée pour le fait.* Il faut cependant, fuivant Mornac, fur la loi 7, Cod. *ad legem Corneliam*, pour être réputé meurtrier qu'il y ait eu quelque démarche qui marque l'intention formelle de commettre le crime; *v. g.* une convention, un tranfport fur les lieux pour attendre & furprendre celui que l'on veut affaffiner. Voyez les obfervations fur l'article XII, du titre I, n. 26.

La volonté fuivie de tentatives est punie; *in atrocioribus delictis nuda voluntas, fi aliquo effectu extrinfico detegatur, punitur, ac fi eventus perfectus effet.* Loi *fi quis non dicam. Cod. de Epifc. & Clericis.* Loi unique *de raptu.* & Loi *præfenti. Cod. qui ad Ecclef.* Il en est du crime de poifon, comme de l'affaffinat.

4. La rebellion par les anciennes Ordonnances comme par celle-ci a toujours été regardée comme un cas non graciable: les Ordonnances de Moulins, article XXXIV; & de Blois, article CXC, y font formelles. La rebellion à Juftice est un crime de lefe Majefté au fecond chef dont il eft fait mention dans la loi, *quifquis. Cod. ad leg. Jul. Majeft.* Voyez l'Edit de Janvier 1572, à Amboife.

Si les coupables de rebellion font tués lorfqu'ils font violence aux Miniftres de Juftice, le procès doit être fait à leurs cadavres, fuivant l'article I, du titre XXII, ci-après.

Cet article défend d'expédier des lettres de grace pour ceux qui tirent les coupables des mains de la Juftice. Cette difpofition concerne ceux qui fourniffent des outils aux prifonniers; les tirer des prifons, ou des mains des Huiffiers, c'eft la même chofe.

Ceux qui enlevent par violence les fruits ou effets faifis par Juftice, ou qui empêchent de les faifir font également coupables de rebellion, quoique ce foit dans une matiere civile. L'Edit d'Amboife du mois de Janvier 1572, article V, veut qu'il y ait, dans ce cas, peine corporelle, avec confifcation de biens. Mais la Jurifprudence des Arrêts a fort modéré cette rigueur, lorfqu'il n'y a ni meurtre, ni bleffure confidérable.

5. Le rapt eft un fi grand crime, qu'il ne faut pas être furpris qu'il n'y ait point de grace à efpérer pour ceux qui font coupables de rapt commis avec violence. Ce crime, toujours commis avec réflexion, trouble les familles, il les déshonore, il fouleve les enfants contre leurs peres & meres, il les fouftrait de leur autorité légitime. Enfin il intéreffe la religion & l'Etat. Voyez les obfervations fur l'article XI, du titre I, n. 25.

6. Cet article ne comprend pas tous les cas pour lesquels on n'accorde pas des lettres de grace. De ce nombre sont les crimes de lese Majesté divine ou humaine, le parricide, & le poison ; ces crimes sont si énormes qu'ils sont indignes de toute indulgence ; on y comprend aussi le viol & autres de cette espece.

La recousse des prisonniers en empêchant qu'ils ne soient conduits en prison, est punie comme le bris de prisons, sauf par un extreme qui auroit brisé les murs, *quia videtur in vinculis, qui in custodia est*. Loi 1, *in cos. D. de Custodia reorum*. Voyez Papon, livre 23, titre III, Arrêt 1.

ARTICLE V.

Les lettres d'abolition, celles pour ester à droit après les cinq ans de contumace, de rappel de ban, ou des galeres, commutation de peine, réhabilitation du condamné. En ses biens & bonne renommée, & de révision de procès, ne pourront être scellées qu'en notre grande Chancellerie.

1. Les lettres pour ester à droit sont accordées à ceux qui après avoir été condamnés à mort, ou à une autre peine par contumace, ont laissé expirer les cinq années présentes par l'article XXVIII, du titre XVII, des contumaces ; qui porte, qu'après les cinq ans, à compter du jour de l'exécution de la Sentence de contumace, les Sentences seront réputées contradictoires. Par ces lettres à ester à droit, le Prince réleve l'impétrant tant de la peine contre lui prononcée que du délai de cinq ans qu'il a laissé expirer. Au moyen de ces lettres, il peut se mettre en état dans les prisons du Juge qui l'a condamné par contumace, & répondre comme s'il n'y avoit point eu de Jugement de condamnation. Ces lettres ne peuvent être obtenues qu'au grand Sceau ; parce que c'est une grace qui part de la volonté absolue du Souverain, & non une grace de Justice.

Celui qui obtient des lettres pour ester à droit, doit refondre les frais de la contumace à la forme de l'article IX, du titre XVII ; mais le défaut de paiement de ces frais ne pourroit retarder la présentation des lettres ni le Jugement.

Il n'y a que trois mois pour présenter ces lettres, comme toutes les autres, suivant l'article XVI, de ce titre : on doit à cet égard observer toutes les formalités comme pour les autres lettres ; sinon que celles pour ester à droit ne doivent pas être présentées à l'Audience par l'impétrant tête nue & à genoux ; parce que l'article XXI, ci-après n'exige cette formalité que pour les lettres d'abolition, rémission, & pardon. Ainsi il suffit de joindre les lettres pour ester à droit, & l'écroue de l'impétrant à sa requête, suivant l'article XV, de ce titre, pour être ensuite procédé à la confrontation & autre instruction, comme s'il n'y avoit point eu de Sentence de contumace. Il faut dans ce cas un Jugement sur la requête de l'accusé; par lequel en lui donnant acte de la représentation de ses lettres & de son écroue, il est ordonné qu'il sera procédé à la confrontation des témoins entendus & de tous autres qui pourroient l'être dans la suite.

L'article XXVIII, du titre XVII, porte que si ceux qui auront obtenu des lettres pour ester à droit sont renvoyés absous par Jugement qui n'emporte point de confiscation, leurs meubles & immeubles sur eux confisqués leur seront rendus en l'état qu'ils se trouveront; mais qu'ils ne pourront prétendre aucune restitution des amendes, intérêts civils & des fruits de leurs immeubles. Peine très sévere de leur contumace pendant cinq ans après leur condamnation. Tout ce qui a été payé sur leurs revenus ne peut être par eux répété.

Si un accusé qui a obtenu des lettres à ester à droit se trouve, après l'instruction finie, coupable, on le punit comme s'il n'avoit point obtenu de lettres; parce que leur effet est seulement d'éteindre le Jugement qui avoit été rendu pendant leur contumace; & au reste les Juges ont la liberté d'instruire & de juger comme dans tous les autres cas, où il n'y a point de lettres.

2. Les lettres de rappel de ban, ou des galeres ne peuvent, suivant cet article, être obtenues qu'au grand Sceau; parce qu'elles partent de la volonté du Souverain qui seul peut rappeller celui qui a souffert une pareille condamnation. Ces lettres renvoient les condamnés dans la possession de leurs biens confisqués; mais ils n'en sont pas moins tenus de payer les adjudications prononcées contr'eux.

Suivant l'article XXI, de ce titre, les lettres de rappel de ban ou des galeres ne sont pas présentées à l'Audience par l'impétrant tête nue & à genoux; il suffit de les joindre à une requête & de les présenter dans les trois mois prescrits par l'article XVI, au Juge qui doit les entériner sans aucune formalité que les conclusions du Procureur du Roi; & l'impétrant n'est pas obligé de se mettre en état, suivant l'article XV, de ce titre.

Ces lettres ne levent pas l'infamie encourue par la condamnation, ainsi qu'il a été prouvé sur l'article XII, du titre I, n. 6, au mot *repris de Justice*. Les Auteurs conviennent que quoiqu'un Officier de Justice ait obtenu des lettres de rappel de ban, ou des galeres qui le remettent dans sa bonne fame & renommée, il n'est pas, pour cela, renvoyé dans les fonctions de sa charge, il n'est même pas capable d'en posseder une autre. Ces lettres ne rendent que la vie civile à celui qui avoit été condamné au bannissement perpétuel hors du Royaume, ou aux galeres perpétuelles. Voyez le n. 4, de cet article, & le n. 22, de l'article VI, de ce titre. Le banni pour un temps n'est même pas relevé de l'infamie; ainsi qu'il a été jugé par Arrêt du Parlement de Paris du 9 Mai 1731, quoique le temps du banniſſement fût fini. Voyez Deniſard, au mot *infame*, tome 1, p. 687.

L'article CC, de l'Ordonnance de Blois portoit qu'il ne ſeroit accordé aucunes lettres de rappel de ban, ou des galeres à ceux qui auroient été condamnés par Arrêt ; mais elle ne ſubſiſte plus à cet égard. Celle-ci y a dérogé. Celle de Blois n'a plus lieu qu'en ce que par le même article, elle défend à tous Capitaines des galeres, leurs Lieutenants, & autres de retenir ceux qui ſont conduits aux galeres, au delà du temps porté par leurs Arrêts ou Jugements de condamnation, à peine de privation de leurs états. Ils le peuvent encore moins après les lettres de rappel. S'ils y contrevenoient le plus court ſeroit d'en écrire à Monſeigneur le Chancelier.

Les lettres de rappel de ban ou des galeres ne s'obtiennent que lorſque la condamnation a été contradictoire ; parce que ceux qui ont été condamnés par contumace ne peuvent obtenir que des lettres pour eſter à droit, dont on a parlé au nombre précédent.

Si en exécution d'un Arrêt ou Jugement en dernier reſſort un condamné avoit été attaché à la chaîne avant qu'il eût obtenu des lettres de rappel des galeres, il faudroit préſenter requête au tribunal qui auroit prononcé la condamnation ; afin d'obtenir Arrêt ou Jugement en dernier reſſort qui ordonneroit qu'il en ſeroit détaché, & mis en liberté.

Un Eccléſiaſtique qui après avoir été condamné à un banniſſement auroit été réhabilité par le Pape, & auroit enſuite obtenu des lettres de rappel de ban du Prince, ne pourroit rentrer dans ſon bénéfice, dont un autre auroit été pourvu ; mais il ſeroit habile pour en poſſéder un nouveau, ſuivant Bouvot, tome 2, p. 75 : & Papon, titre des lettres de grace. Voyez cependant ci-après les obſervations ſur l'article XI, n. 3.

3. Les lettres de commutation de peine ne peuvent auſſi être accordées qu'en la grande Chancellerie, & lorſque le Roi, pour des conſidérations particulieres, veut bien remettre à un condamné la peine prononcée contre lui, en la changeant en une autre peine plus douce ; mais toujours à la charge de ſatisfaire aux réparations civiles, prononcées par l'Arrêt ou Jugement qui doit être attaché aux lettres de commutation, à la forme de l'article ſuivant. En ſorte qu'un condamné aux galeres qui auroit obtenu commutation de cette peine en celle d'un banniſſement, pourroit être retenu en priſon pour le paiement des adjudications pécunieres, ſuivant qu'il ſera prouvé, article XIII, du titre 25, n. 4.

M. Louet, lettre E, ſommaire 8, rapporte un Arrêt du Parlement de Paris du 14 Août 1585, par lequel il a été jugé que les lettres de commutation de peine ne rendent pas la vie civile à celui qui avoit été condamné à une peine emportant mort civile. Brodeau, ſur cet Arrêt en cite pluſieurs autres qui ont décidé de même. *Idem*, par Arrêt du Parlement de Paris du 23 Février 1708. Voyez Deniſard, au mot *confiſcation*, tome 1, p. 264. Cet Arrêt décida que la commutation de la peine ne pou-

voit empêcher la confiscation encourue par la première condamnation.
Ainsi les enfants nés d'un mariage contracté après des lettres de commutation ne succéderoient pas à leur pere. Legrand, sur la coutume de
Troyes, partie 2, titre VII, article CXXXIII, n. 13, p. 164, dit aussi
que les condamnés ayant par le bannissement perpétuel, ou autre peine,
perdu le droit de cité, ils ne peuvent le recouvrer par la commutation
de leur peine en un autre plus douce, ni même par la remise de toute
la peine; & il ajoute que si un tel condamné se marie, ses enfants sont
incapables de lui succéder, suivant l'Arrêt de 1585, dont il rapporte le
fait: les lettres de commutation déchargent seulement de la peine, mais
elles n'éteignent pas le crime, ni la condamnation, suivant la Loi, *in
metallum* 4, *Cod. de bonis proscriptorum.* Voyez les observations, sur l'article XIII, titre XXV, n. 4 & 22. L'impétrant des lettres de commutation n'est pas obligé de se mettre en état dans les prisons pour les faire
entériner, article XV, de ce titre.

4. Les lettres de réhabilitation s'obtiennent aussi au grand Sceau, elles
rétablissent dans son honneur & réputation celui qui a été condamné à
une peine infamante. Il n'est pas nécessaire que l'impétrant se mette en
état dans les prisons, ni qu'il les présente à l'Audience; il suffit de les
joindre à une requête, pour sur les conclusions de la partie publique les
entériner; elles sont toujours adressées aux Baillifs & Sénéchaux pour les
roturiers, & aux Parlements pour les nobles, suivant les articles XII &
XIII, de ce titre. Voyez cependant les Déclarations du Roi, copiées sur
l'article II, de ce titre.

Ces lettres sont ordinairement accordées aux Officiers de judicature interdits pour toujours, ou déclarés incapables de posséder des charges de
Justice ou de Finance, ou condamnés à une peine infamante. Elles les rétablissent dans les fonctions de leurs emplois, & dans leurs fame & renommée.

Un Officier qui seroit condamné au blâme, seroit obligé d'obtenir des
lettres de réhabilitation, s'il vouloit rentrer dans l'exercice de ses fonctions. On trouve dans le Dictionnaire de Brillon, au mot *réhabilitation.*
Un Arrêt du Parlement de Dijon, du 8 Juillet 1561, qui a jugé qu'un
Procureur condamné aux galeres, & à l'amende honorable ne peut exercer son état, après avoir obtenu des lettres de réhabilitation; il cite Bouvot,
tome 1, partie 3, au mot *Procureur.*

5. Toutes les lettres énoncées dans cet article V, & dont on vient de
parler doivent être présentées dans les trois mois de leur obtention; à peine
de nullité, suivant l'article XVI, de ce titre. Il n'y a que les lettres d'abolition, de rémission, & de pardon qui doivent être présentées à l'Audience
à la forme de l'article XXI. Les autres doivent être jointes à une requête
pour les faire entériner en la Chambre du Conseil sur les conclusions du
Procureur du Roi.

Si l'impétrant est noble il doit en être fait mention dans l'exposé de toutes les lettres; à peine de nullité, suivant l'article XI, ci-après.

ARTICLE VI.

L'Arrêt ou le Jugement de condamnation sera attaché sous le contre-scel des lettres de rappel de ban, ou des galeres, commutation de peine, ou réhabilitation ; à faute de quoi, les impétrants ne pourront s'en aider, & défendons aux Juges d'y avoir égard.

1. Cet article parle d'un Jugement en dernier reſſort ; un accuſé ne ſeroit pas reçu à demander des lettres telles que celles énoncées dans cet article, s'il n'étoit condamné que par une Sentence dont il pourroit appeller, parce qu'il pourroit ſans lettres, être abſous en cauſe d'appel.

ARTICLE VII.

Enjoignons à nos Juges, même à nos Cours, d'entériner les lettres de rappel de ban, ou des galeres, commutation de peine, & de réhabilitation qui leur seront adreſſées, sans examiner ſi elles sont conformes aux charges & informations ; sauf à nous repréſenter par nos Cours, ce qu'elles jugeront à propos.

Ces mots, *à nos Juges*, prouvent que les lettres royaux ne peuvent être adreſſées qu'aux Juges royaux, qui ſont les Baillifs & Sénéchaux ; car on ne peut entendre ſous ce nom les Prévôts & Châtelains royaux ; ainſi qu'il a été prouvé ſur l'article I, du titre I, n. 11.

Il ſeroit inutile d'examiner ſi les lettres dont cet article fait mention, ſont conformes ou non, aux charges de la procédure, puiſqu'elles ne ſont expédiées qu'à la vue de l'Arrêt, ou du Jugement en dernier reſſort, qui a prononcé la peine ; c'eſt choſe jugée ; ainſi l'entérinement des lettres ne peut plus faire difficulté : cependant cet article réſerve aux Cours, de faire des remontrances ; elles les ſont au Roi, & les Juges à Monſeigneur le Chancelier, il peut y avoir des moyens pour empêcher l'entérinement, indépendamment des charges de la procédure ; *v. g.* l'impétrant peut avoir célé qu'il avoit déjà obtenu des lettres pour d'autres crimes ; on auroit pû altérer la copie du Jugement ou Arrêt, & en produire une fauſſe : en un mot, on auroit pû uſer de ſurpriſe ou de faux, il y a donc des cas où les Juges peuvent ſurſeoir l'entérinement de ces ſortes de lettres, juſqu'à ce qu'ils aient fait des remontrances.

ARTICLE VIII.

*Pour obtenir des lettres de révision de procès, le condamné sera
tenu d'exposer le fait, avec ses circonstances par requête qui
sera rapportée en notre Conseil, & renvoyée, s'il est jugé
à propos, aux maîtres des requêtes de notre hôtel, pour avoir
leur avis, que nous voulons ensuite être rapporté à notre
Conseil; & si les lettres sont justes, il sera ordonné qu'elles
seront expédiées & scellées; & pour cet effet, elles seront
signées par un Secretaire de nos commandements.*

1. La forme de procédure prescrite par cet article, a été changée par
le Réglement fait au Conseil, le 28 Juin 1738, qui contient pour les
révisions, cinq articles; il se trouve dans plusieurs livres, & entr'autres,
dans la nouvelle édition de Bornier, tome 2, p. 837; & dans le recueil
de M. Jousse.

2. Cet article de l'Ordonnance, se sert du mot *condamné*, pour donner
à entendre qu'il n'y a que celui qui a été condamné à quelque peine,
ou ses parents, qui puissent se pourvoir par lettres de révision de procès;
ainsi les parties civiles, les instigants, & autres, qui croiroient avoir
sujet de se plaindre de l'Arrêt ou Jugement en dernier ressort, ne seroient
pas recevables à demander des lettres de révision: le condamné leur objec-
teroit la regle, *non bis in idem*, dont il est parlé sur l'article 1, du
titre III, n. 12, *non bis judicandus homo*; l'absolution est favorable. Plusieurs Arrêts rapportés sur l'article qui vient d'être cité, l'ont ainsi jugé:
il n'y a donc que le condamné qui ait ce droit de révision, ou s'il est
décédé, ses héritiers pour purger sa mémoire, titre XXVII, article I.

3. Le Réglement de 1738, dont il vient d'être fait mention à plusieurs
articles, du titre IV, qui concernent la forme de procédure, pour se
pourvoir en cassation contre les Arrêts & Jugements en dernier ressort;
c'est la seule voie que les parties civiles puissent employer, lorsqu'il y a
des nullités dans les procédures, Arrêts, ou Jugements; au lieu que le
condamné outre la voie de cassation, a aussi celle de la révision; mais
dans l'un & l'autre cas, il doit se mettre en état.

4. Les lettres de révision sont accordées pour revoir de nouveau un
procès Criminel, tant à cause des nullités, que de l'injustice au fond; ce
qui n'a lieu que lorsque les Arrêts ou Jugements ont été contradictoires:
quand ils ont été rendus par contumace, le condamné peut se représenter
& faire juger dans le même Tribunal; ainsi il n'a pas besoin de lettres
de révision, l'Arrêt ou Jugement de contumace, est anéanti par la représentation.

Le Parlement de Tournai a un Edit particulier du mois d'Avril 1688, servant de Réglement pour les révisions ; il est dans le recueil d'Edits ou Reglement de Justice, imprimé en 1712, *in-4°.* par ordre de Monseigneur le Chancelier, tome 1, p. 232.

5. Lorsque le procès est vu en vertu de lettres de révision, les Juges auxquels elles sont adressées, peuvent changer en tout ou en partie, les condamnations qui avoient été prononcées, même absoudre le condamné, & décider comme s'il n'y avoit eu aucun Arrêt ou Jugement précédent suivant l'Arrêt solemnel, rapporté par Papon, livre 19.

6. La requête civile n'est pas une voie permise en matiere criminelle ; l'Ordonnance de 1667, titre XXV, n'a parlé que des matieres civiles : c'est sur ce principe, que par Arrêt rendu à la Tournelle du Parlement de Paris, le 4 Octobre 1690, il fut jugé qu'une partie n'étoit pas recevable à présenter requête civile, au sujet d'un Arrêt du grand Criminel ; il fut dit qu'il n'y avoit que la voie de révision : cet Arrêt est rapporté dans le Dictionnaire de pratique, au mot *requête civile*, avec un autre du Grand Conseil, du 13 Mars 1710, qui a jugé de même. Le Parlement d'Aix, par son Arrêt du 24 Mars 1672, rapporté au Journal du Palais, *in-folio*, tome 1, p. 193, déclara également une partie non recevable dans la requête civile, contre un Arrêt qui l'avoit condamnée aux galeres : cependant Du Rousseau de la Combe, partie 3, chap. 1, section 3, n. 2, prétend que la requête civile est recevable contre un Arrêt d'absolution, lorsque l'accusé a falsifié ou supprimé les charges, corrompu les témoins, ou usé d'artifices semblables, pour obtenir son renvoi ; ainsi qu'il fut observé par M. l'Avocat Général Talon, lors d'un Arrêt du 16 Juin 1632, rapporté par Bardet, tome 2, liv. 1, chap. 32. Le même Arrêt décida que la requête civile ne seroit pas reçue pour des simples défauts de procedure. Du Rousseau, partie 3, chap. 15, rapporte encore l'Arrêt de 1632, & soutient de même que dans le cas de falsification des procédures, subornation, & autres semblables, la requête civile, même de l'accusateur, doit avoir lieu ; mais cet Auteur fonde son sentiment sur un Arrêt antérieur à l'Ordonnance de 1667, qui n'a parlé des requêtes civiles, qu'à l'égard des matieres civiles ; d'ailleurs, celle de 1670, ne laisse au Criminel que la voie de révision. Par Arrêt du 27 Février 1646, rapporté par Lapeyrere, lettre C, n. 142 : il avoit déjà été jugé que l'impétrant de requête civile contre un Arrêt d'absolution, n'étoit pas recevable.

Il est cependant vrai que le sentiment de Du Rousseau a lieu en plusieurs des cas qu'il explique. Voyez ci-devant, sur l'article I, du titre III, n. 12, au mot *bis in idem*, quelque faveur que mérite un accusé qui a obtenu son absolution ; il n'est pas permis de le la procurer par fraude, dol, faux, subornation & autres voies iniques ; on peut dire dans ces cas, que les procédures étant nulles, le Jugement d'absolution l'est aussi. On trouve dans le supplément, au tome 7, du Journal des Audiences,

chap.

chap. 219, liv. 1, p. 45. L'Arrêt du 16 Juin 1632, qui vient d'être
rapporté, avec une note au bas, qui porte que quoiqu'il y ait des exemples de requête civile, en matiere du grand Criminel, comme cela se
voit singuliérement dans un Arrêt du 7 Septembre 1676, entre Me. Ber-
thaut Baulet, & Me. Joseph Ducornet, le recours aux lettres de revision
est bien plus ordinaire; parce qu'en statuant sur la demande en entérinement de lettres, on juge le fond; au lieu qu'en fait de requête civile,
il n'est pas permis de prononcer en même temps sur le rescindant, &
le rescisoire.

Outre que la requête civile peut avoir lieu au Criminel dans le cas
de falsification des procédures, & autres moyens que l'on ne peut découvrir qu'après l'absolution; elle est quelquefois aussi admise, quand il
ne s'agit que de l'instruction, suivant plusieurs Auteurs; & entr'autres,
M. Jousse, sur le présent article de l'Ordonnance, & sur le titre XXXV
de la civile. Cet article VIII ne parle au sujet des lettres de révision,
que du condamné; ce qui ne peut concerner que l'Arrêt ou Jugement
définitif, d'où l'on peut conclure que pour tout ce qui concerne l'instruction, on doit user de toute autre voie que celle de la revision.

On peut aussi se pourvoir par requête civile contre les Arrêts & Jugements rendus à l'Audience en matiere criminelle, aussi-bien que contre
ceux qui ont été rendus définitivement au petit Criminel; parce que
lorsqu'il n'y a pas eu de recollement & confrontation, on regarde les
procès Criminels comme des procès Civils; le présent article n'a entendu
parler que du grand Criminel.

Voyez dans le recueil d'Edits, par M. Jousse, tome 2, p. 245, l'Arrêt
du Parlement de Paris, du 4 Septembre 1699, par lequel un impétrant
de requête civile, au grand Criminel, fut débouté de ses lettres. Les
moyens pour & contre, sont détaillés dans le vu de pieces: on trouve
dans le même recueil de M. Jousse, tome 1, p. 504, un Edit du mois
de Février 1682, qui autorise les requêtes civiles au Parlement de Toulouse; il porte que les requêtes civiles que l'on prendra dans la suite,
contre les Arrêts rendus en la Chambre de la Tournelle du Parlement
de Toulouse, seront plaidées & jugées en ladite Tournelle, sans que la
Grand'Chambre en puisse prendre connoissance. Voyez Brillon, au mot
requête civile, n. 45 & 46, tome 5, p. 892.

ARTICLE IX.

*L'avis des maîtres des requêtes de notre Hôtel, & l'Arrêt de
notre Conseil, feront attachés sous le contre-Scel des lettres
de revision, & l'adresse sera faite à celle de nos Cours où
le procès aura été jugé.*

1. La confession d'un Criminel qui avant d'être exécuté, se chargeroit
d'avoir commis le crime pour lequel un autre auroit été condamné,
suffiroit aux héritiers pour se pourvoir en lettres de revision de procès,
afin de purger la mémoire d'un défunt disculpé par la Déclaration de celui
qui auroit avoué le crime ; mais cette Déclaration ne seroit pas seule
capable de procurer une absolution, & de faire rendre un Arrêt qui
purgeroit la mémoire du défunt ; il faudroit encore quelques autres circonstances : on trouve cependant dans Boniface, tome 1, p. 1, titre XVII,
chap. 17, un Arrêt rendu sur une pareille Déclaration en faveur des
héritiers ; & dans les causes célèbres, il y a l'histoire du sieur de Langlade, condamné par Arrêt du Parlement de Paris du 16 Février 1688,
pour un vol avoué dans la suite par un Criminel, dans le temps qu'il
fut conduit au supplice pour un autre crime. Par autre Arrêt de la même
Cour, du 17 Juin 1693, la mémoire du sieur de Langlade, qui étoit
mort attaché à la chaîne, fut purgée, & sa veuve qui étoit accusée de
complicité, obtint son absolution.

2. Des moyens de nullité dans la procédure, ne suffiroient pas pour
obtenir des lettres de revision, mais ils seroient suffisans pour se pourvoir
en cassation au Conseil, contre l'Arrêt ou Jugement en dernier ressort,
qui n'auroit pas fait droit sur des nullités ; malgré la partie qui les auroit
objectées pendant le cours du procès : car si ces nullités n'étoient relevées
qu'après l'Arrêt définitif, l'absolution est si favorable que les moyens de
cassation seroient rejetés ; à moins que, comme il a été observé sur le
n. 6, de l'article précédent, il n'y eût des pieces falsifiées ou supprimées,
& autres moyens de dol & fraude. Voyez aussi les observations sur l'article I, du titre III, n. 12, au mot *bis in idem*.

3. La veuve & les héritiers d'un condamné, qui veulent se pourvoir
en cassation, ou lettres de revision, peuvent demander la communication des procédures. On trouve, tome 2, des Loix criminelles, p. 381,
un Arrêt du Conseil du 9 Septembre 1722, rendu sur les poursuites de
la veuve & des héritiers du sieur Thomas Beaupré, exécuté à mort en
vertu d'un Jugement Prévôtal de Saumur, lors duquel Arrêt, le Prévôt
& tous les Juges furent pris à partie. Dans le vu de pieces, il y a une
lettre du 21 Août 1715, par laquelle Monseigneur le Chancelier, Voisin,
manda aux Officiers de Saumur, de délivrer à la veuve Beaupré, dont

le mari avoit été rompu vif, des expéditions des Jugements, & de lui donner communication de la procédure, sans déplacer. L'Arrêt du Conseil de 1722, cassa les procédures & les Jugements, tant interlocutoires que définitifs, & condamna les Officiers solidairement en treize mille livres de dommages & intérêts, & en tous les dépens; il fut permis à la veuve de faire exhumer son mari, & de le faire enterrer à ses frais, en telle Eglise qu'elle voudroit choisir, & de faire régistrer l'Arrêt au Greffe de la Maréchaussée de Saumur. Le vu de pieces, prouve que les Juges étoient tous accusés de prévarication, tant dans l'instruction que dans les Jugements. Voyez les observations sur les articles I, n. 3 & 5, de ce titre; & sur l'article VI, n. 2, du titre XXVII.

4. Quoique cet article porte que l'adresse des lettres de revision, sera faite au Parlement où le procès aura été jugé, elles sont souvent adressées à un autre Tribunal; & quand elles sont obtenues contre des Jugements Présidiaux ou Prévôtaux, elles sont ordinairement renvoyées au Grand Conseil: ce fut une observation de M. le premier Président qui lors des conférences sur cet article, ayant remarqué que dans le projet il étoit porté que l'adresse des lettres seroit faite aux Juges qui auroient jugé le procès, dit que l'on pourroit induire de ces termes, qu'il seroit permis de les adresser aux Présidiaux & aux Prévôts de Maréchaussée, ce qui n'étoit pas d'usage; parce qu'au lieu de revision, l'appel de leurs Jugements, quoiqu'en dernier ressort, est reçu par le Roi, qui renvoie le procès & les parties au Parlement, même quelquefois au Grand Conseil. M. Pussort répondit que le renvoi se faisoit au Grand Conseil, & non ailleurs: ces observations firent retrancher de l'article ces derniers mots, *& l'adresse sera faite aux Juges qui auront jugé le procès*, pour y substituer ceux qui s'y trouvent.

ARTICLE X.

Les parties pourront produire pardevant les Juges auxquels elles seront renvoyées des nouvelles pieces qui seront attachées à une requête de laquelle sera baillé copie à la partie; ensemble des pieces, pour y répondre aussi par requête, dont sera pareillement donné copie dans le délai qui sera ordonné; passé lequel temps, & après que le tout aura été communiqué à nos Procureurs, sera procédé au Jugement des lettres, sur ce qui se trouvera produit.

L'Ordonnance dans toutes les occasions, fournit aux accusés les moyens de se justifier, & même après leur condamnation, elle en fournit à leurs héritiers pour purger leur mémoire, parce qu'il se pourroit que lors de

A a 2

l'Arrêt de condamnation, on n'eut pas encore découvert des pieces qui l'auroient empêchée, ou des moyens qui auroient pu être employés, & qui ont été négligés ; cet article permet d'employer tous nouveaux moyens, & de joindre toutes nouvelles pieces aux lettres de revision : on peut découvrir que les procédures ont été falsifiées, supprimées, ou altérées, que les témoins ont été subornés, qu'un autre a commis le crime ; l'Ordonnance permet lors de la revision, d'employer tous les moyens qui ont été omis pour la défense de celui qui a été condamné : il faut donc que les moyens soient nouveaux, qu'ils n'aient pas été employés au procès, & qu'ils tendent, non-seulement à excuser le crime, mais à justifier entiérement le condamné ; ce qui est si difficile, que l'on obtient rarement des lettres de revision.

ARTICLE XI.

Dans les lettres de rémission, pardon, pour ester à droit, rappel de ban, ou des galeres, commutation de peine, réhabilitation & revision de procès obtenues par les Gentilshommes, ils seront tenus d'exprimer nommément leur qualité, à peine de nullité.

1. Cet article a rassemblé toutes les especes de lettres que le Prince a coutume d'accorder ; car quoiqu'il ne parle pas des lettres d'abolition, elles y sont censées comprises, sur-tout depuis la Déclaration du Roi du 22 Novembre 1683, rapportée sur l'article II de ce titre, qui veut que les rémissions aient le même effet que les lettres d'abolition : d'ailleurs, la qualité de Gentilhomme doit également être employée dans les unes & dans les autres, *ubi eadem ratio idem jus.*

2. Il est juste que le Roi soit informé de la qualité de celui qui lui demande une grace ; la qualité de Gentilhomme le rend moins favorable : il est censé par sa naissance avoir des sentiments qui aggravent le crime : ainsi ce seroit une obreption dans l'exposé des lettres, si l'impétrant Gentilhomme y avoit célé sa qualité ; on présumeroit qu'il ne l'auroit fait que pour empêcher qu'elles ne fussent adressées au Parlement dont il auroit lieu de craindre l'autorité, pour la faire adresser au Bailliage dont il espéreroit plus de faveur.

3. L'infamie encourue par le crime & par la condamnation, n'est pas levée, quoique le condamné ait obtenu des lettres de rémission, ou autres. Nous admettons en France la maxime des Romains, *quos liberat indulgentia principis, notat ; nec infamiam criminis tollit, sed pœna gratiam facit.* L. 7, au Code *de sententiam passis.* Dumoulin, sur la regle *de infirmis,* n. 397, applique cette Loi aux Beneficiers qui, quoiqu'ils aient obtenu du Prince

des lettres de grace, restent infames, & encourent la perte de leurs
bénéfices.

Il suffit d'avoir été repris de Justice, pour demeurer infame, malgré
les lettres de rappel de ban, de galeres, ou autres; ainsi qu'il a été observé
sur l'article XII, du titre I, n. 6; il faudroit à l'égard d'un Ecclésiastique, une clause expresse dans ses lettres de grace, pour la conservation
de ses bénéfices; encore cela feroit-il difficulté, si les lettres étoient obtenues après la condamnation; parce que le Jugement confirme l'accusation
& prouve que l'impétrant est coupable d'un crime qui emporte note d'infamie; & cette infamie n'est pas levée par les lettres, lorsqu'elle est
prononcée par Arrêt. Voyez à ce sujet les observations sur l'article XVI,
du titre XVII, n. 22 & 23; & ci-devant, sur l'article XI, du titre X,
n. 2 & 5.

ARTICLE XII.

Les lettres obtenues par les Gentilshommes, ne pourront être
adressées qu'à nos Cours, chacune suivant sa Jurisdiction &
la qualité de la matiere; elles pourront néanmoins, si la
partie civile le requiert, & si elles le jugent à propos,
renvoyer l'instruction sur les lieux.

1. Les articles IX, de l'Edit d'Amboise, de Janvier 1572, & CIC,
de l'Ordonnance d'Orléans, contenoient la même disposition: le Parlement de Paris en avoit même fait un Réglement par l'article IV de
son Arrêt, du 10 Juillet 1665. La Déclaration du Roi du 27 Février
1703, aussi-bien que celle du 22 Mai 1723, rapportées l'une & l'autre
sur l'article II de ce titre, y ont également pourvu, en ordonnant que
les lettres obtenues par les roturiers, seront adressées aux Bailliages &
Sénéchaussées.

2. M. le premier Président De la Moignon, lors des conférences sur
l'article XIV, de ce titre, observa que l'Ordonnance en apparence, faisoit
honneur aux Gentilshommes, mais qu'elle étoit en quelque façon contre
eux, parce qu'elle leur ôtoit la faculté de se choisir des Juges en les
obligeant de se faire juger aux Parlemens qui ont plus d'autorité pour
rendre Justice contre des personnes puissantes, que des Officiers d'un Bailliage: ce qui étoit cause qu'ils ne pouvoient renoncer à ce privilege.

3. Les Officiers Commensaux du Roi, de la Reine, & des Princes
du Sang, ne paroissent pas être compris dans cet article qui ne parle
que des Gentilshommes: les privileges ne s'étendent pas: l'Ordonnance
ne parle pas de ceux qui jouissent du privilege de la noblesse; elle s'explique clairement, elle ne fait mention que des Gentilshommes; il faut

l'être réellement pour prétendre que les lettres soient adressées au Parlement.

Si l'adresse des lettres n'étoit pas faite conformément à cet article, & aux Déclarations du Roi, qui viennent d'être citées, une partie civile seroit en droit de s'opposer à l'entérinement, & d'obliger l'impétrant de se pourvoir pour en faire changer l'adresse.

4. Cet article XII, de l'Ordonnance, semble mettre une exception à la regle générale, puisqu'il veut que les lettres obtenues par les Gentils-hommes, soient adressées aux Cours, chacunes suivant la Jurisdiction ; & la qualité de la matiere : ces termes font voir que les Parlements ne sont pas les seules Cours qui connoissent de l'entérinement des lettres. Les Cours des Monnoies, par exemple, connoissent de celles qui leur sont adressées au sujet des crimes de leur Jurisdiction.

5. Les Chambres des Comptes ne sont pas dans le même cas, parce qu'elles n'ont point de Jurisdiction criminelle ; ainsi qu'il a été prouvé sur l'article XXII, du titre I ; il y a un ancien Arrêt du 29 Octobre 1401, qui leur fit défenses d'en prendre connoissance ; il se trouve dans les conférences des Ordonnances, par Guénois, liv. 9, titre XIX, parag. 6, tome 2, p. 866, en marge. *Idem*, dans l'ancien recueil des Ordonnances, par Neron, édition de 1666, p. 43 ; & dans Brillon, au mot *lettres*, n. 32.

6. Les Officiers de la Table de Marbre, ont prétendu être en droit d'entériner les lettres de grace, obtenues pour délits concernant les Eaux & Forêts ; il y eut à ce sujet un différent entre ceux de la Table de Marbre, & du Bailliage à Dijon. Le Procureur du Roi du Bailliage exposa dans une requête au Conseil, que le nommé Brocot, Garde de bois, ayant été condamné aux galeres, pour malversations par lui commises dans les bois, avoit obtenu des lettres dont l'adresse avoit été faite au Bailliage où l'impétrant ayant présenté ses lettres, il avoit été interrogé sur la procédure qui avoit été communiquée ; mais que le Procureur du Roi de la Table de Marbre avoit obtenu au Parlement deux Arrêts, l'un du 20 Décembre 1681, portant défenses aux Officiers du Bailliage, d'entériner les lettres, & l'autre du 29 du même mois, qui ordonnoit que l'adresse des lettres seroit réformée ; ce qui étoit contraire aux anciennes & nouvelles Ordonnances, suivant lesquelles, les lettres obtenues par les roturiers, doivent être adressées & entérinées aux Bailliages, & que les Tables de Marbre étoient bornées à certaines matieres, comme les élections, les Greniers à Sel, qui ne s'étendent pas au-delà de leurs limites : sur ces motifs, le Conseil par son Arrêt du 13 Janvier 1682, sans s'arrêter aux Arrêts du Parlement de Dijon, ordonna qu'il seroit incessamment procédé par le Lieutenant Criminel, au Bailliage de Dijon, à l'entérinement des lettres, s'il y avoit lieu ; & qu'à cet effet, les charges, informations, & procédures faites contre Brocot, seroient remises au Greffe du Bailliage, avec défenses d'user d'aucunes contraintes contre le Greffier dudit Bailliage, en vertu desdits Arrêts.

Plusieurs autres autorités rapportées sur l'article suivant, prouvent le droit incontestable des Bailliages, d'entériner les lettres des roturiers pour toutes sortes de crimes & délits : cependant l'Auteur du commentaire sur l'Ordonnance des Eaux & Forêts, édition de 1725, p. 52, s'est avisé d'avancer que les maîtrises connoissent de l'entérinement des lettres de grace, lorsqu'elles leur sont adressées, comme si l'adresse pouvoit leur en être faite contre la disposition de cet article de l'Ordonnance, & du suivant ; ce commentateur pour appuyer sa maxime, se contente de dire qu'en 1668, il y eut des lettres de grace adressées au maître particulier de Saint Germain-en-Laye, il n'en rapporte aucune circonstance ; d'ailleurs, il nous donne une date antérieure à notre Ordonnance de 1670, qui par son article XIII, qui est le suivant, veut que toutes lettres obtenues par des roturiers indéfiniment, soient adressées au Bailliage ; & ce qui est surprenant, c'est que ce commentaire étant postérieur à la Déclaration de 1723, on ait osé avancer une maxime aussi contraire à sa disposition ; elle est copiée sur l'article II, de ce titre.

7. Les Lieutenants Civils ne peuvent aussi entériner les lettres de grace, quand même elles seroient obtenues pour crimes dont ils auroient connu incidemment à un procès civil, comme faux, falsification de lettres, subornation de témoins d'une enquête, & autres matieres criminelles, incidentes au Civil, dont ils peuvent connoître dans les cas expliqués sur l'article I, du titre I, n. 18, où sont rapportés les Edits qui leur défendent de connoître des matieres criminelles, lorsqu'elles peuvent être divisées des civiles, de même qu'ils ne peuvent connoître des rebellions aux Jugemens Civils : sur ces principes incontestables, par Arrêt de Réglement rendu le 17 Mai 1672, au Parlement de Dijon, contradictoirement entre les Officiers du Bailliage de Châtillon, & le Lieutenant Criminel du même Siege ; il fut décidé que toute l'instruction des lettres de grace, même celles qui seroient incidentes aux procès Civils, appartiendroit au Lieutenant Criminel. Raviot, question 105, tome 1, p. 300, après avoir rapporté cet Arrêt, dit qu'il est conforme à l'Edit de Novembre 1554, article XIII. Il l'est encore bien davantage aux lettres patentes, en forme d'Edit du 6 Janvier 1553, pour l'érection des Offices de Bretagne ; & à un autre Edit, donné au mois de Mai de la même année, servant de Réglement de Jurisdiction entre les Lieutenants Civils & Criminels de tout le Royaume. Fileau sur Chenu, *in-folio*, partie 2, titre I, après avoir rapporté tous ces Edits, cite plusieurs Arrêts de Réglemens qui ont décidé que l'entérinement de toutes lettres, même incidentes au Civil, appartient aux Lieutenants Criminels, à l'exclusion des Lieutenants Civils. Voyez les observations sur les articles I, du titre I, n. 18, sur l'article XI, du même titre I, n. 13, & l'article suivant de ce titre.

8. Les lettres obtenues par des Officiers de Judicature, doivent être adressées aux Parlemens, quoique cet article de l'Ordonnance n'en parle pas.

C'est la disposition de l'article IX, de l'Edit d'Amboise, de Janvier 1572, qui porte que pour obvier aux plaintes que plusieurs sujets ont faites de la facilité dont les Juges royaux usent envers les Gentilshommes & les Officiers royaux à l'entérinement des lettres de rémission par eux présentées. Sa Majesté ordonne que toutes lettres de rémission, obtenues par les Gentilshommes & Officiers, seront adressées aux Cours de Parlement, aux ressorts desquelles les excès auront été commis.

L'article CIC de l'Ordonnance de Blois, porte qu'à l'égard des Gentilshommes & Officiers, l'Edit d'Amboise sera inviolablement observé; reste à savoir quels Officiers sont compris dans ces Ordonnances; il paroît qu'elles ont entendu parler des Officiers qui, comme les Gentilshommes ont le droit d'être jugés aux Grand'Chambres des Parlemens, suivant l'article XXI, du titre I, où l'on peut avoir recours pour distinguer ceux qui ont ce droit.

9. Les anciennes Ordonnances, ni celle-ci, ne font pas mention des Ecclésiastiques, au sujet de l'adresse des lettres qu'ils peuvent obtenir, ce qui fait croire que lorsqu'ils sont nobles, elles doivent être adressées aux Cours; & aux Bailliages, lorsqu'ils sont roturiers : cependant sur le principe qui vient d'être établi au nombre précédent, il semble que les Ecclésiastiques ayant, comme les Gentilshommes, & les Officiers de Judicature, le droit d'être jugés à la Grand'Chambre, les lettres qu'ils obtiennent, doivent être adressées aux Parlemens; & ce qui se persuade, c'est que les lettres de grace, obtenues par un Ecclésiastique, ne l'exemptent pas d'être jugé; c'est-à-dire, n'empêchent pas les Juges de continuer l'instruction, & de procéder au Jugement du procès Criminel. Les lettres peuvent être entérinées, il peut aussi être débouté de l'entérinement; & dans ce cas, on le jugeroit comme s'il n'avoit point de lettres; ainsi il semble que ses lettres doivent être adressées à la Grand'Chambre où il a droit de demander d'être jugé, suivant l'article XXI, du titre I; ce qui se trouve conforme au sentiment de Févret, dans son traité de l'abus, liv. 8, chap. 4, n. 13.

Cependant le sentiment contraire, paroît le mieux fondé; 1°. ce n'est qu'une simple faculté que les Ecclésiastiques ont de demander d'être jugés à la Grand'Chambre; s'ils ne le requièrent pas, ils sont jugés à la Tournelle, comme tous les autres particuliers; 2°. ce n'est qu'en cause d'appel qu'ils ont ce privilege; car en cause principale, ils sont jugés aux Bailliages, d'où l'on doit conclure que s'ils obtiennent des lettres avant d'être transférés au Parlement, suivant la Déclaration de 1723, rapportée sur l'article II, de ce titre, leurs lettres doivent être adressées au Bailliage; 3°. ce qui est décisif, c'est que l'Edit d'Amboise, & l'Ordonnance de Blois, citées au nombre précédent, ordonnent que l'adresse des lettres obtenues par les Gentilshommes & les Officiers de Judicature, sera faite aux Cours, sans ordonner la même chose à l'égard des Ecclésiastiques, d'où l'on doit conclure qu'ils n'ont pas le même privilege; & par conséquent,

séquent que l'adreſſe des lettres obtenues par un Eccléſiaſtique avant qu'il ait été transféré avec ſon procès au Parlement, doit être ſait au Bailliage, ſi cet Eccléſiaſtique eſt roturier.

ARTICLE XIII.

L'adreſſe des lettres obtenues par des perſonnes de qualité roturiere ſera faite à nos Baillifs & Sénéchaux des lieux où il y a Siege Préſidial, & dans les Provinces où il n'y a point de Siege Préſidial, l'adreſſe ſera faite aux Juges reſſortiſſant nuement en nos Cours, & non autres : à peine de nullité des Jugements.

1. Cet article ne porte pas comme le précédent que l'adreſſe des lettres ſera faite aux Cours *ſuivant la Juriſdiction & la qualité de la matiere.* Il dit indéfiniment, que toutes lettres obtenues par les roturiers ſeront adreſſées aux Baillifs & Sénéchaux, à peine de nullité. Rien de ſi abſolu & de ſi impératif que cette diſpoſition : le Roi n'adreſſe jamais ſes lettres de grace qu'à ſes Juges, & il veut par cet article XIII, que ce ſoit à ſes juges reſſortiſſant nuement aux Cours.

Ce n'eſt pas ici une nouvelle attribution aux Baillifs & Sénéchaux : l'article XI, de l'Edit de Crémieu, l'article XXXV, de l'Ordonnance de Moulins ; & CIC, de celle de Blois y ſont conformes : la Déclaration du Roi du 11 Décembre 1553, eſt conçue en ces termes. "Vou-
„ lons que tous les impétrans de lettres de grace, rémiſſion, pardon,
„ abſolution, & commiſſions, concernant les matieres criminelles ſoient
„ tenus pourſuivre & demander l'entérinement & exécution de leurs lettres
„ pardevant nos Juges, Magiſtrats Criminels en nos Préſidiaux, & non
„ ailleurs, ſans qu'autres nos Juges *quels qu'ils ſoient* étant au dedans de
„ nos Bailliages & Sénéchauſſées & reſſort d'icelles en puiſſent prendre
„ aucune Cour, connoiſſance, ou Juriſdiction, en quelque maniere que
„ ce ſoit, & pour quelque adreſſe qui leur en ſoit faite, laquelle nous
„ leur avons interdite & défendons. Voulons & nous plaît que où leſdites
„ lettres & commiſſions leur ſeroient adreſſées par nos Chancelleries, ou
„ autrement préſentées, en quelque maniere que ce ſoit, ils, incontinent
„ & ſans délais, en faſſent le renvoi pardevant noſdits Juges & Magiſtrats
„ Criminels en nos Préſidiaux ; & ce ſur peine de nullité des procédu-
„ res & Jugements qui en pourroient être faits ou donnés par autres Juges
„ que par noſdits Juges Criminels ; *auxquels ſeuls & privativement à tous*
„ *autres*, nous en avons attribué & attribuons la connoiſſance par ces
„ préſentes, pour juger, terminer, & déterminer : combien que par
„ avanture l'adreſſe deſdites lettres & commiſſions ne leur en fut nommé-

„ ment & particuliérement faite : ce que nous ne voulons aux impétrants „ nuire ne préjudicier, en aucune maniere. „ *Idem*, par l'article XIII, de l'Edit de Novembre 1554.

Les Déclarations du Roi de 1703, & 1723, ont confirmé ce droit aux Baillifs & Sénéchaux, ainsi l'on ne peut trouver un droit mieux établi que le leur, pour connoître de l'entérinement de toutes lettres obtenues par les roturiers, à l'exclusion des tables de marbre, maîtrises, élections, gréniers à sel, & toutes autres Jurisdictions & privativement aux Lieutenans Civils. Voyez encore Henrys, édition de 1708, tome 2, p. 161 & 163, livre 2, question 31, avec l'Arrêt de 1623, rendu entre les Officiers des Bailliages de Lyon & de Monbrison. Brillon, au mot *lettres*, n. 3, tome 4, p. 91, contre les Elus. Il y a cependant une exception en faveur de la Connétablie qui entérine les lettres des Officiers de Maréchaussée.

Une autre exception à la regle générale est celle faite par la Déclaration de 1723, rapportée sur l'article II, de ce titre ; elle veut que lorsqu'un accusé roturier, après avoir été transféré avec son procès à la Cour, obtient des lettres ; elles y soient adressées. Il ne conviendroit pas que cet accusé qui est dans les prisons du Parlement fût renvoyé dans celles d'un Bailliage pour y poursuivre l'entérinement de ses lettres ; il pourroit y avoir appel du Jugement d'entérinement ; il faudroit le transférer de nouveau. Au lieu qu'à la Cour par ce moyen en premiere instance tout est décidé par Arrêt.

Suivant cet article de l'Ordonnance l'adresse de toutes lettres devoit être faite pour les roturiers aux Bailliages principaux dans les lieux où il y a Siege Présidial. Mais depuis la Déclaration du Roi du 29 Mai 1702 & sur-tout depuis celle du 22 Mai 1723, rapportée sur l'article II, de ce titre, il est décidé clairement qu'elles doivent être adressées aux Bailliages dans le ressort desquels le crime a été commis. Voyez les observations sur l'article suivant, & sur l'article précédent.

Il paroit par l'article XXII, de ce titre, qu'il n'y a que pour les lettres de rémission & de pardon qu'il est permis de faire informer par ampliation après qu'elles ont été présentées, & que pour toutes les autres lettres, il n'est pas permis de faire une nouvelle instruction. Il en faut cependant pour les lettres pour ester à droit ; puisqu'elles anéantissent la contumace ; ce qui nécessitant la confrontation, on peut encore informer par addition.

ARTICLE XIV.

*Pourront néanmoins les lettres obtenues par les Gentilshom-
mes être adressées aux Présidiaux, si leur compétence y a été
jugée.*

1. Cet article ne peut plus avoir lieu ; parce que l'article XII, de la Déclaration du 5 Février 1731, porte que les Gentilshommes ne pourront en aucun cas être jugés par les Présidiaux en dernier ressort.

2. Les Présidiaux ne pourroient même à présent entériner les lettres obtenues par un roturier pour un crime du cas présidial, de la connoissance duquel ils seroient saisis, ou qu'ils auroient jugé. 1°. Les Présidiaux n'ont point de Jurisdiction criminelle ; elle réside totalement dans l'Office des Lieutenants Criminels qui jugent avec eux en dernier ressort. Ainsi qu'il a été prouvé sur l'article XVII, du titre I, n. 1. 2°. La Déclaration du Roi de 1723, rapportée sur l'article II, de ce titre, veut que toutes lettres obtenues par des personnes roturieres soient adressées aux Baillifs & Sénéchaux ou autres Juges ressortissant nuement aux Cours ; ce qui exclut le dernier ressort, & par conséquent les Présidiaux. *Item*, par la Déclaration de 1703, rapportée sur le même article II, de ce titre. Par conséquent la disposition de cet article ne peut plus avoir lieu.

3. Les Prévôts de Maréchaussée n'ont jamais eu le droit comme les Présidiaux d'entériner les lettres de grace, les autorités qui viennent d'être rapportées sur cet article & sur le précédent le prouvent incontestablement. D'ailleurs Fileau sur Chenu, *in fol.* partie 2, titre IX, chap. 3, rapporte deux Arrêts des 2 Décembre 1572, & 22 Juin 1580, qui l'ont ainsi décidé. Brillon, au mot *lettres*, n. 22. Bruneau, titre 8, maxime 17, p. 189, & autres, sont du même sentiment. On en citeroit d'autres autorités, si les Déclarations de 1703 & 1723, n'y étoient pas formelles. Il n'y a que les Bailliages qui aient droit de connoître de l'entérinement des lettres de grace obtenues par les roturiers : les Officiers des élections, greniers à sel & autres Jurisdictions extraordinaires n'en peuvent prendre connoissance. Voyez Henrys, édition de 1708, questions 3, 30 & 31.

ARTICLE XV.

Ne pourront les lettres d'abolition, rémission, pardon, & pour ester à droit, être présentées par ceux qui les auront obtenues, s'ils ne sont effectivement prisonniers, & écroués ; & seront les écrous attachés aux lettres, & eux contraints de demeurer en prison pendant toute l'instruction, & jusqu'à Jugement définitif des lettres. Défendons à tous Juges de les élargir à caution, ou autrement ; à peine de suspension de leurs charges, & de payer par eux les condamnations qui interviendront contre les accusés.

1. Article XLIX du Réglement Général de la Chambre Souveraine séante à Poitiers du 15 Janvier 1689. "Tous accusés porteurs de lettres „ de rémission seront tenus de se mettre actuellement en prison, lors de la „ présentation desdites lettres : sans qu'ils en puissent sortir qu'après l'instruc- „ tion & Jugement du procès. Et défenses sont faites aux Géoliers des pri- „ sons de les laisser vaguer, & sortir desdites prisons, & à tous Juges de „ le souffrir : à peine de répondre en leurs noms des condamnations qui „ pourroient intervenir contre lesdits accusés, d'interdiction de leurs charges, „ d'amende arbitraire, & de plus grande punition, s'il y écher.„

Lapeyrere, lettre L, n. 92, adoucit cette rigueur par une distinction qui paroît juste. S'il y a appel du Jugement d'entérinement de la part de la partie civile seulement, l'impétrant n'est pas obligé de se mettre en état à la Cour ; parce que cet appel ne concerne que les intérêts civils : il prétend qu'il en est autrement, s'il en est appel de la part de la partie publique ; il atteste l'avoir vu juger ainsi par divers Arrêts. Il n'est pas douteux que l'appel de la partie publique empêcheroit l'élargissement, parce qu'une pareille appellation éteint, ou du moins suspend le Jugement d'entérinement vis-à-vis l'intérêt public. Cet appel de la partie publique concerne la peine. Au lieu que l'appel de la partie civile ne peut concerner que les réparations civiles. Cependant cet article de l'Ordonnance & le Réglement de Poitiers qui vient d'être rapporté sont précis ; ils ne font aucune distinction ; d'ailleurs M. le Procureur Général peut interjeter un appel que son substitut a négligé ; enfin la partie civile a intérêt que l'impétrant soit en prison pour la sûreté de ses dommages & intérêts. Ainsi il paroît que cet impétrant doit être en prison en cause d'appel comme en cause principale ; à moins que sur sa requête la Cour ne l'en dispense.

2. Il résulte clairement des termes de cet article de l'Ordonnance que les lettres dont elle fait mention ne peuvent être présentées par procureur, de quel-

que condition que foient les impétrants. Les anciennes Ordonnances y étoient aussi formelles. La Rocheflavin, liv. 1, titre II, au mot *abolition*, dit que le 9 Mars 1445, le Comte Jean d'Armagnac & fon fils ayant fait préfenter au Parlement de Toulouse, par M. Jean Trudet Maître des Requêtes de l'Hôtel du Roi, expreffément député par fa Majefté, des lettres d'abolition qu'ils avoient obtenues, il fut dit par Arrêt qu'ils n'étoient pas recevables à les préfenter par Procureur ; le même Auteur ajoute qu'ils comparurent enfuite en perfonnes, & que par faveur elles furent entérinées à huis clos. Graverol, fur cet Arrêt obferve que les Cours n'ont pas égard même aux lettres qui font obtenues du Roi pour les préfenter par Procureur ; & livre 2, au mot *grace* : cet Auteur dit que le 1 Février 1557 ; le Syndic de plufieurs villes & villages des Cevennes demanda à être reçu à préfenter des lettres de grace pour crime d'héréfie, & qu'il fut dit qu'ils viendroient tous, s'ils vouloient s'en aider, les préfenter en perfonnes ; & que MM. les Gens du Roi alléguerent un ancien Arrêt du 4 Juillet 1452, contre M. le Comte de Villars qui avoit voulu être reçu à préfenter des lettres par Procureur, & qu'il avoit obtenu à ces fins des lettres du Roi ; mais que cela lui avoit été dénié par la Cour. Enfin la Rocheflavin, au mot *lettres de grace*, Arrêt 6, p. 169, dit encore que le 17 Juillet 1450, Meffire Pons Guillaume Chevalier Seigneur de Clermont, ayant obtenu des lettres de rémiffion, il fut dit que la Cour n'obtempéroit pas aux lettres royaux impétrées par ledit Sieur de Clermont, pour être reçu par Procureur à préfenter fes lettres, & qu'il les viendroit préfenter en perfonne, fi bon lui fembloit. Voyez Brillon, au mot *lettres*, n. 34.

Lebrun, dans fon procès criminel, livre 2, chap. *des lettres*, cite auffi plufieurs Arrêts du Parlement de Paris qui ont décidé de même, & entr'autres un du 5 Décembre 1576, contre M. de Bergiron. Il y en a cependant un de la même Cour du 6 Décembre 1527, par lequel, pour aucunes caufes & confidérations, François Lambert Procureur au Parlement, comme fondé de procuration fpéciale de Jean de Poitier Sieur de faint Valier fut reçu à requérir l'entérinement des lettres d'abolition, & en conféquence elles furent entérinées. Cet Arrêt du 5 Décembre 1527, eft rapporté au tome 2, des Loix Criminelles, p. 25, où le fait eft plus au long détaillé.

Graverol, fur le premier Arrêt de la Rocheflavin qui vient d'être cité fait encore mention au mot *abolition*, des lettres obtenues par M. Defpinchal qui furent préfentées par Procureur ; mais il dit qu'une raifon d'État en fut le motif, & que cet exemple ne doit pas être tiré à conféquence.

ARTICLE XVI.

*Les lettres seront présentées dans trois mois du jour de l'obten-
tion : passé lequel temps défendons aux Juges d'y avoir égard.
Et ne pourront les impétrants en obtenir de nouvelles, ni
être relevés du laps de temps.*

1. L'article XXXV de l'Ordonnance de Moulins, contient la même
disposition. Cette loi est sévere, puisqu'elle exclut les impétrants de toute
espérance d'être relevés du laps de temps qui est fatal. Cette sévérité provient de ce que les porteurs de lettres pourroient avoir attendu le temps,
& les occasions d'avoir des Juges plus favorables, & même pendant ce
temps les témoins auroient pu plus facilement être subornés.

2. Brillon, au mot *lettres*, n. 31, rapporte un Arrêt du Parlement
de Paris du 7 Mars 1667, qui jugea que les lettres présentées par l'un
des impétrants des mêmes lettres, pourroient être encore présentées par
un autre; quoique le délai de trois mois fût écoulé. Boniface, tome 2,
partie 3, livre 1, titre XXV, chap. 22, en rapporte un pareil de même
date. Voyez l'article XXXV, de l'Ordonnance de Moulins.

Je me suis trouvé dans le cas de deux impétrants qui ayant obtenu
des lettres de rémission, les garderent jusqu'au dernier jour des trois mois
qu'ils se constituerent prisonniers pour les présenter à l'Audience prochaine. Ces impétrants étoient des laboureurs peu instruits des formalités
du Barreau : ils ignoroient la rigueur de la loi en cette occasion. Ils me
firent présenter leurs lettres dès le lendemain, je ne crus pas devoir leur
donner audience auparavant d'en avoir écrit à Monseigneur le Chancelier
qui m'honora de la réponse suivante en date du 13 Mai 1730.

« Monsieur, j'ai reçu la lettre que vous m'avez écrite le premier de
» ce mois; quoique suivant la lettre de l'Ordonnance, les lettres de ré-
» mission doivent être présentées dans les trois mois du jour de leur
» date, il seroit trop dur d'appliquer cette disposition à des rémissionnai-
» res qui se sont mis en prison le dernier jour des trois mois, & qui
» auroient pu dès le même jour présenter leurs lettres, s'ils avoient été
» mieux conseillés. Vous ne devez donc pas faire difficulté de recevoir
» la présentation de leurs lettres : sauf à examiner par le vu du procès,
» s'ils sont dans le cas d'en obtenir l'entérinement. Je suis, Monsieur,
» votre affectionné à vous servir. » DAGUESSEAU.

3. Si l'on suit l'ordre des articles de ce titre, les lettres ne doivent
être signifiées à la partie civile qu'après qu'elles ont été présentées à l'Audience, la signification qui en seroit faite ne pourroit tenir lieu de la
présentation à l'Audience dans les trois mois; parce que c'est du jour
de cette présentation & de l'emprisonnement principalement que l'on doit

compter si le délai de trois mois est expiré ; il n'est même pas nécessaire que la partie civile soit appellée à la présentation qui peut se faire à une Audience extraordinaire s'il y a de l'inconvénient en attendant le jour ordinaire ; & même à prendre le sens de cet article à la lettre, on voit qu'il n'exige pas qu'elles soient présentées à l'Audience dans le délai qu'elle fixe, elle dit seulement qu'elles seront présentées, ce qui peut s'entendre qu'elles seront présentées avec une requête au Juge pour qu'il indique le jour qu'elles le seront à l'Audience. Dans les loix de rigueur, les termes en doivent être expliqués favorablement, la lettre ci-dessus de Monseigneur le Chancelier le prouve.

Quand les lettres ont été lues & publiées à l'Audience sur les conclusions des Gens du Roi, l'impétrant fait signifier le Jugement à la partie civile, s'il y en a une, avec ses lettres à la forme de l'article XIX, ci-après.

4. M. Jousse sur cet article prétend que les lettres ne peuvent être présentées en temps de vacations, ainsi qu'il dit avoir été jugé par Arrêt du 3 Juillet 1677, rapporté par Boniface, tome 3, livre 1, titre V, chap. 22 ; mais il ajoute que le contraire se pratique au Parlement de Paris. Je crois qu'il en est de même dans tous les tribunaux, parce qu'il est d'une nécessité absolue de donner Audience aux impétrants, aussi-tôt qu'ils se présentent & qu'ils se sont mis en état dans la crainte que le délai fatal de trois mois n'expire. D'ailleurs toutes les Ordonnances exigent que les Juges travaillent à l'expédition des matieres criminelles en tout temps. Il n'y a point de Vacance pour les matieres criminelles.

5. Le Lieutenant Criminel peut tenir seul Audience pour la présentation & publication des lettres ; mais il ne pourroit seul prononcer sur l'entérinement ou le rejet des lettres, il faut pour cela au moins trois Juges, suivant l'article X, du titre XXV.

6. On trouve au Journal des Audiences, tome 6, livre 7, chap. 32, partie 2, p. 425 ; un Arrêt du Parlement de Paris du 15 Avril 1717, qui a condamné aux galeres perpétuelles, un impétrant de lettres de rémission qu'il avoit surprises.

ARTICLE XVII.

L'obtention & la signification des lettres ne pourront empêcher l'exécution des décrets, ni l'instruction, Jugement, & exécution de la contumace ; jusqu'à ce que l'accusé soit actuellement en état dans les prisons du Juge auquel l'adresse en aura été faite.

1. Les lettres ne peuvent avoir aucun effet, ni suspendre les poursuites, jusqu'à ce que l'impétrant soit en état dans les prisons ; sans quoi il en

abuseroit en les faisant signifier à la partie civile, ou à la partie publique pour arrêter l'instruction & faire dépérir les preuves. Ainsi malgré ses lettres même signifiées, on ne laisseroit pas de le constituer prisonnier, s'il ne le faisoit pas volontairement.

ARTICLE XVIII.

Les charges & informations, & toutes les autres procédures, même les procédures faites depuis l'obtention des lettres seront incessamment portées au Greffe des Juges auxquels l'adresse en sera faite. Ce que nous voulons avoir lieu à l'égard des lettres de revision.

Les lettres étant toujours adressées aux Cours ou aux Lieutenants Criminels, suivant les articles XII & XIII, de ce titre, il est nécessaire, lorsqu'ils ne sont pas munis des procédures, qu'elles soient apportées à leur Greffe; afin de voir s'il y a lieu de les entériner. Pour cela la partie qui a obtenu les lettres, sinon le Procureur du Roi, doit faire ses diligences pour faire ordonner que les grosses des procédures seront apportées en bonne forme & dans un bref délai; & si le Greffier n'obéissoit pas promptement, il faudroit décerner contre lui des exécutoires, ou ordonner d'autres peines, même par corps; ainsi qu'il a été expliqué sur l'art. IV, du titre I, n. 1, & qu'il le sera sur l'art. XXV, de ce titre.

ARTICLE XIX.

Les lettres seront signifiées à la partie civile, & copie baillée avec assignation en vertu de l'Ordonnance du Juge, pour fournir les moyens d'opposition, & procéder à l'entérinement, & seront les formes & délais prescrits par notre Ordonnance du mois d'Avril 1667, observés; si ce n'est que la partie civile consente de procéder, avant l'échéance des délais, par acte signé & dûment signifié.

1. Cet article suppose qu'il y a une partie civile, car s'il n'y en avoit point, & si aucune n'intervenoit pour s'opposer à l'entérinement, il n'y auroit aucun délai à attendre, l'impétrant seroit interrogé; le Procureur du Roi seule partie prendroit communication de la procédure & des lettres sans délais, & s'il donnoit des conclusions définitives le même jour de la présentation des lettres à l'Audience, on pourroit juger aussi le même jour en la Chambre du Conseil.

2. Quand

2. Quand il y a une partie civile l'impétrant de lettres est obligé de la faire assigner en lui donnant copie des lettres & du Jugement de publication, & il faut attendre l'expiration des délais ordinaires comme en matiere civile, quelques longs qu'ils soient; à moins que cette partie ne consente de les abréger par acte signifié & signé. L'Ordonnance n'a pas dit que cet acte seroit signé par la partie civile; ainsi la signature de son Procureur paroît suffire; il est présumé avoir charge de le faire. Ce consentement est donné sur le champ lorsque l'impétrant a eu la précaution de transiger avec la partie civile avant de se mettre en état. Autrement les délais peuvent être très-longs, suivant l'éloignement du domicile de cette partie; car il faut non-seulement attendre les délais de l'assignation qui ne peut être donnée qu'en vertu de l'Ordonnance du Juge, suivant cet article; mais il faut encore prendre défaut au Greffe, l'on ne peut pour le profit faire juger que dans la forme & les délais prescrits par l'Ordonnance civile; ce qui occasionne souvent une longue détention de l'impétrant dans les prisons.

Après l'expiration de tous ces délais la partie civile peut à la forme de l'article XXII de ce titre, requérir une nouvelle instruction par information, recollement, & confrontation.

3. Lorsque les parties intéressées n'ont pas fait informer, l'impétrant n'est pas obligé de leur faire signifier ses lettres, ni de les faire assigner; parce que dans ce cas il n'y a aucune partie civile déclarée; sauf à elles à intervenir, & alors il n'y a aucun délai à attendre. Ces parties intéressées peuvent même laisser prononcer sur l'entérinement des lettres; sans être pour cela non recevables à poursuivre l'adjudication des réparations civiles qui leur sont dues : car comme l'observe Brodeau sur Louet, lettre A, n. 18, l'action que la partie civile a pour la peine pécuniaire est en France distincte & séparée de celle de la punition du crime qui est publique & confiée aux Gens du Roi seuls : par conséquent on peut prononcer sur l'une, sans préjudicier à l'autre. Ce fut sur ces motifs expliqués plus au long au Journal du Palais, *in fol.* tome 2, p. 528, que fut rendu l'Arrêt du Parlement de Paris, du 3 Avril 1685, qui adjugea des dommages & intérêts demandés plusieurs années après la condamnation & l'exécution d'un meurtrier. Voyez le Journal des Audiences, tome 4, p. 889.

Il est cependant rare qu'une partie intéressée, qui n'a pas fait informer, ne s'oppose pas à l'entérinement des lettres; parce que l'impétrant étant prisonnier, elle le tient pour sûreté de ses dommages & intérêts; d'ailleurs pouvant augmenter ses preuves par une plus ample instruction avant l'entérinement des lettres, elle assure davantage ses adjudications contre l'impétrant qui après l'entérinement n'est plus poursuivi que par une espece d'action civile, qui cependant se poursuit au tribunal criminel; ainsi qu'il a été expliqué sur l'art. VII du tit. III, des plaintes, n. 4 : lorsqu'une partie dans les autres cas a laissé absoudre l'accusé sans intervenir, c'est pardevant le Juge qui a prononcé l'absolution que doit être portée l'action en réparations civiles.

ARTICLE XX.

Ne pourra être procédé au jugement des lettres, qu'elles n'aient été, ensemble le procès, communiqués à nos Procureurs.

1. Tout ce qui seroit fait sans communication au Procureur du Roi, seroit nul ; parce qu'il est la vraie partie pour la punition du crime, qui est l'objet le plus intéressant ; les lettres ne concernent que la peine. La partie civile pourroit avoir transigé secrettement, & après cela travailler de concert avec l'impétrant pour affoiblir les preuves. C'est au Procureur du Roi à veiller à cet inconvénient, & à requérir, s'il est nécessaire, une nouvelle instruction. C'est ce qui fait dire à la Rocheflavin aux mots *lettres de grace*, liv 2, p. 108, titre V, arrêt 2, à l'occasion d'un entérinement prononcé du consentement des Gens du Roi, que cela est rare, parce que ordinairement il s'y oppose.

2. Plusieurs prétendent que quand les blessures n'ont pas causé la mort, on n'accorde pas des lettres de grace : ensorte que celui qui n'a que blessé se tire plus difficilement d'embarras que celui qui a tué. Les Ordonnances ne parlent que des homicides à l'occasion des lettres de rémission. D'autres soutiennent au contraire que l'on peut obtenir des lettres, même dans les cas où les coups n'ont pas causé la mort : & effectivement celui qui n'a que blessé est plus favorable que celui qui a tué. Son crime qui peut mériter une peine des galeres ou autre peine corporelle, ne peut être remis sans lettres du Prince. Si ce n'est par des lettres de rémission, du moins ce peut être par des lettres de pardon qui ne sont expédiées que dans les cas où il ne peut écheoir peine de mort, & qui cependant ne peuvent être excusés.

3. Il arrive quelquefois qu'il y a du concert & de la collusion entre la partie civile & l'impétrant qui ont transigé secrettement. La partie civile cede ses droits à un ami de l'impétrant, & cet ami devient un contradicteur favorable. C'est ce qui arriva à l'occasion de Jean Jaquinot, qui ayant tué Catherine Cottenet d'un coup de pistolet fut décrété de prise de corps par le Juge de Langres ; il en interjeta appel, obtint des lettres de rémission, & fit faire cession de l'intérêt civil à Jacques Duban son ami, par Cottenet frere de celle qui avoit été tuée. Cottenet demeura en cause, parce qu'il vouloit revenir contre sa cession ; mais par Arrêt du Parlement de Paris du 2 Mars 1630, rapporté par Bardet, tome 1, liv. 8, chap. 92 ; la Cour renvoya les procédures pardevant le Lieutenant Criminel de Troyes, pour être le procès fait à Jaquinet, à la requête du Procureur du Roi & à la diligence de Jacques Duban. Cet Arrêt obvia à toutes collusions en renvoyant le procès dans un autre Siege & en ordonnant qu'il seroit poursuivi à requête du Procureur du

Roi. L'Arrêt jugea en même temps qu'une partie civile qui a fait cession de ses droits ne peut revenir contre cette cession. Bardet *ibidem*, rapporte un autre Arrêt de la même Cour du 13 Juillet 1632, qui jugea la même chose. Voyez ci-devant les observations sur l'article I du titre III, n. 11, à la fin.

ARTICLE XXI.

Les demandeurs en lettres d'abolition, rémission, & pardon seront tenus de les présenter à l'Audience, tête nue, & à genoux, & affirmeront après qu'elles auront été lues en leur présence, qu'elles contiennent vérité, qu'ils ont donné charge de les obtenir, & qu'ils s'en veulent servir ; après quoi ils seront renvoyés en prison.

1. Il y a des cas où cet article de l'Ordonnance ne pourroit être exécuté. Par exemple, si un fou avoit commis un crime, il seroit obligé ou ses parents de lui obtenir des lettres, suivant qu'il a été expliqué sur l'article I du titre III, des plaintes, n. 27. Il ne seroit cependant pas décent de faire comparoître à l'Audience un pareil impétrant ; il ne seroit pas d'ailleurs en état de répondre aux demandes que le Juge lui seroit. M. Jousse sur cet article nous donne la forme de procédure usitée en pareil cas. Les parents doivent faire créer à l'insensé un Curateur, qui après avoir obtenu les lettres, les présente & en demande l'entérinement étant à côté de son Avocat à l'Audience. Le Juge prend le serment du Curateur, & lui fait les demandes prescrites par cet article. Après ses réponses l'Avocat conclut à ce qu'il soit permis de faire informer des faits de démence articulés dans les lettres, au cas que la folie ne se trouve pas suffisamment prouvée par la procédure qui est déjà faite : le Juge interroge l'insensé ; & la procédure finie, si les lettres sont entérinées, le même Jugement ordonne que celui qui est en démence, sera gardé en lieu sûr à la diligence de ses parents qui seront tenus d'en donner avis & connoissance au Procureur du Roi, & qui en demeureront garants. M. Jousse dit que cette procédure a été tenue au Bailliage Criminel d'Orléans, au mois d'Octobre 1678, & qu'elle fut confirmée par Arrêt du 29 Décembre suivant.

Cet Arrêt confirme une procédure instruite pour faits de démence dans un Bailliage. Cependant les Auteurs prétendent que les Officiers des Bailliages & autres Juges ne peuvent que juger les accusations intentées contre les foux, sans pouvoir informer des faits de folie : il y a même des Arrêts qui l'ont ainsi décidé ; il y en a entr'autres un du Parlement de Paris du 8 Juillet 1738 rapporté dans le recueil de M. Jousse, tome 3, p. 569, il fut rendu fur l'appel d'une procédure commencée par le Lieutenant de Police, & continuée par le Lieutenant Criminel d'Orléans, à requête du Procureur du Roi contre Angélique Meneux fille, qui par Sentence avoit été déclarée convaincue d'avoir frappé de deux coups de pelle à feu dans l'Eglife de St. Marcel le fieur Tupin Vicaire qui en fut bleffé à la tête, & d'avoir infulté plufieurs fois dans l'Eglife de St. Paul le Curé & autres Prêtres habitués, pendant qu'ils célébroient la Ste. Meffe. La Sentence portoit qu'attendu le dérangement d'efprit de ladite Meneux prouvé tant par l'information que par fes réponfes, elle demeuroit condamnée à être enfermée pendant neuf ans dans l'hôpital général d'Orléans; après lequel temps elle n'en pourroit être élargie, fans ordonnance du Juge & les conclufions du Procureur du Roi. L'accufée ayant été interrogée au Parlement, intervint l'Arrêt fuivant.

,, La Cour met l'appellation & la Sentence de laquelle a été appellé
,, à néant, émendant avant de faire droit fur l'accufation de ladite An-
,, gélique Meneux, ordonne qu'à la requête du Procureur Général du
,, Roi, il fera informé pardevant le Confeiller Rapporteur pour les témoins
,, qui font en cette Ville de Paris, & pour les témoins qui font fur les
,, lieux, pardevant le Lieutenant Général d'Orléans, des vies, mœurs,
,, & comportemeuts de ladite Angélique Meneux; icelle ouïe & interrogée
,, pardevant le Confeiller Rapporteur, vue & vifitée par les Médecins &
,, Chirurgiens de la Cour, en préfence de l'un des Subftituts du Procureur
,, Général du Roi; pour ce fait, l'information faite par le Lieutenant
,, Général d'Orléans rapportée & communiquée au Procureur Général
,, du Roi, & vue par la Cour, être ordonné ce que de raifon.
,, Enjoint au Lieutenant Criminel & autres Officiers du Bailliage d'Or-
,, léans de juger les accufés fur les titres d'accufation portés par la plainte,
,, conformément à la rigueur des loix & ordonnances, leur fait défenfes
,, de juger fur l'aliénation d'efprit. Fait en Parlement le 8 Juillet 1738.,,

Voyez au fujet de la folie des accufés les obfervations faites fur les rapports, à la fin du titre V. n. 15, & fur l'article I, du titre III, n. 27.

2. Cet article de l'ordonnance exige que tous impétrants de quelque état & condition qu'ils foient, préfentent leurs lettres, tête nue, & à genoux à l'audience publique; afin de marquer par cette pofture humiliante la foumiffion due à juftice par des accufés, qui n'échappent aux peines qu'ils méritent, que par la clémence du Prince. S'ils font obligés de paroître à genoux, ils fe font à plus forte raifon de paroître fans épée, s'ils font d'un état à la porter.

Sur ce qui fut remontré au Parlement de Dijon que les Avocats qui préfentoient des lettres de grace fe couvroient, quoique en pareil cas, ils duffent être découverts; l'affaire mife en délibération le 7 Mai 1657, il fut délibéré que pour l'honneur & révérence due à juftice, les Avocats qui préfenteroient des porteurs de pareilles lettres demeureroient découverts, tant & si long-temps qu'ils parleroient, dont Messieurs des autres Chambres & les Avocats seroient avertis, *régistre 68 de la Grand Chambre.*

3. Suivant cet article de l'Ordonnance, le Juge qui préside, doit, après avoir fait prêter serment à l'impétrant des lettres, qui les présente à l'Audience, lui faire des demandes qui paroissent d'abord puériles. *S'il a donné charge de les obtenir, & s'il veut s'en servir.* On ne peut douter qu'il n'ait donné charge de les obtenir & qu'il ne desire s'en servir ; puisqu'il ne les a obtenues qu'avec beaucoup de peine & de dépense, & qu'il vient dans la posture la plus humiliante en demander l'exécution à une Audience publique, pour être ensuite réintégré dans les prisons, où il ne se seroit pas constitué volontairement, s'il n'avoit pas intention de s'en servir. C'est de ces lettres que dépend sa liberté & la rémission de son crime. Ces demandes sont cependant importantes & les réponses essentielles ; parce que la partie civile ou publique peut prendre droit sur l'exposé des lettres qui est quelquefois plus convaincant que toutes les preuves résultantes de la procédure. L'accusé qui verroit que l'on en tire avantage contre lui, pourroit dire qu'elles ont été obtenues sans sa participation, qu'il a été surpris, & qu'il ne veut pas s'en servir ; que ceux qui les ont sollicitées sous son nom, n'ont eu de lui aucune charge de les obtenir, & qu'il les désavoue ; au lieu que les Déclarations que l'Ordonnance exige de l'impétrant à l'Audience, rendent les faits exposés dans les lettres, constants & irrévocables. Voyez l'article IX de l'Ordonnance de 1572, Fontanon, tome 1, p. 692.

4. Il arrive quelquefois que des Juges trop indulgents souffrent que les impétrants de lettres de grace ne se mettent en état qu'un moment avant l'Audience, pour tout de suite les faire publier, & les entériner à l'issue. Cette conduite irréguliere donna occasion à M. Pussort lors des conférences sur l'article XIX du titre VI des informations, d'observer qu'il s'étoit trouvé des lettres présentées & entérinées en deux heures de temps ; sans que les accusés se fussent mis en état. Il est vrai que quand le Procureur du Roi est seul partie, on peut dans vingt-quatre heures, s'il n'y échet point de faire de nouvelle instruction, observer toutes les formalités, & juger : mais il faut que l'impétrant soit prisonnier.

5. Un Prêtre, suivant Du Rousseau de la Combe dans sa bibliotheque canonique, au mot *absolution*, n. 7, qui a été absous par un Jugement qui a entériné ses lettres de grace, doit obtenir des lettres de réhabilitation du Pape ; elles doivent être fulminées pardevant le Juge qui a connu du crime ; c'est-à-dire pardevant le Juge Ecclésiastique ; s'il les faisoit fulminer à Rome, il y auroit abus, suivant Fevret, liv. 8, chap. 4, n. 13 : les lettres du Prince ne concernent que le temporel, elles ne peuvent lever l'irrégularité encourue par un Ecclésiastique qui a commis un crime qui mérite peine infamante ; c'est ce qui rend nécessaire la réhabilitation du Pape, & la fulmination du Juge d'Eglise. Voyez Bardet, tome 2, liv. 2, chap. 58, & les observations sur l'article XII, de ce titre, n. 9.

Les lettres de grace doivent être présentées à l'Audience par des Avocats, & non par des Procureurs; suivant un Arrêt du Parlement de Provence du 27 Septembre 1670, rapporté par Boniface, tome 5, titre I, chap. 2; & par Brillon, au mot *lettres*, n. 51, tome 4, p. 89; & suivant la délibération du Parlement de Dijon du 7 Mai 1657, qui vient d'être rapportée au nombre 2; d'ailleurs c'est l'usage de tous les Tribunaux.

ARTICLE XXII.

Nos Procureurs & la partie civile, s'il y en a, pourront nonobstant la présentation des lettres de rémission & pardon faire informer par addition, & faire recoller & confronter les témoins.

1. Il n'y a que dans le cas des lettres de rémission, & de pardon que l'on peut, suivant cet article, faire une nouvelle instruction. Dans le cas de toutes les autres especes de lettres, il ne seroit pas permis d'en faire faire une. Cependant il est nécessaire d'en faire une pour les lettres à ester à droit, qui exigent une confrontation des témoins vivants, & même une information par addition s'il y a de nouveaux témoins.

2. La nouvelle instruction, si elle est requise par la partie civile, doit être demandée & faite aussi-tôt que les délais de l'assignation sont expirés. Il seroit injuste de laisser languir dans les prisons un impétrant par la mauvaise humeur d'une partie civile, qui affecteroit de ne former demande en ampliation que la veille du Jugement. Ce seroit le cas de l'Arrêt rapporté au Journal du Palais *in-fol.* tome 1, p. 154. Le sieur de la Rousse avoit obtenu des lettres de rémission adressées au Parlement de Bordeaux. Après trois mois de prison, la partie civile s'avisa de demander permission de faire informer par addition; la cause portée à l'Audience, on fit voir que c'étoit une chicane; parce que pendant un aussi long-temps l'impétrant avoit fait toutes les diligences possibles pour avoir un Arrêt. On convint que l'Ordonnance permettroit de faire informer par addition, mais on soutint que cela devoit s'entendre *ex æquo & bono*; & que les Ordonnances ne devoient jamais servir de motif aux Juges pour favoriser la malice des plaideurs. Sur ces moyens par Arrêt du 19 Janvier 1672, le Parlement de Bordeaux, du consentement des gens du Roi, mit sur la requête de la partie civile les parties hors de Cour. Lapeyrere lettre L, au mot *lettres* n. 92, p. 225, rapporte un autre Arrêt de la même Cour du 18 Août 1690, qui décida aussi qu'après l'instruction finie sur les lettres, on ne peut plus faire informer par addition. Voyez encore Brillon, au mot *lettres*, n. 31, tome 4, p. 89.

Le projet de l'ordonnance portoit par cette article, que l'on pourroit faire informer par addition ; mais que les témoins ne seroient ni recollés ni confrontés avant le Jugement des lettres ; sauf en jugeant, d'en ordonner le récollement & la confrontation, si le cas n'étoit pas rémissible, ou si les lettres n'étoient pas conformes aux informations. Mais M. le premier Président de Lamoignon, lors des conférences rencontra qu'un procès n'étoit pas en état, quand, lorsqu'il y a des informations par addition, le récollement & la confrontation n'avoient pas été faits. M. Talon ajouta que la plus sorte preuve des procès criminels vient ordinairement des additions, & que l'on ne jugeoit point de lettres que les impétrants n'eussent subi la confrontation ; sans quoi ce seroit démembrer le procès, & le juger imparfaitement. M. Pussort pour prouver que le projet devoit subsister, répliqua que les lettres se trouvant conformes aux charges & le cas rémissible, il n'y a point de nécessité de faire le récollement & la confrontation ; que l'instruction faite sur les premieres informations mettoit un procès en état, & les lettres s'y trouvant conformes, on pouvoit le juger ; que cela n'empêchoit pas les parties civiles & publiques de demander une plus ample instruction, & que les Juges auroient la liberté de l'ordonner. Mais M. le premier Président persista au changement de l'article, en faisant voir que le tout devoit être laissé au discernement du Juge. M. Talon ayant ajouté que pour l'ordinaire le procès doit être instruit dans toutes les formes, avant de prononcer sur l'entérinement des lettres, & que toutes les fois que les premiers Juges s'étoient dispensés de cette formalité, & avoient entériné les lettres sans récollement & confrontation, ils avoient été blâmés ; ces remontrances expliquées plus au long dans le procès verbal des conférences, firent changer les termes du projet d'une maniere qui laisse à la partie civile & à la partie publique toute la liberté de demander une addition, le récollement & la confrontation.

Un accusé qui a obtenu des lettres de grace ne peut exiger des aliments. Arrêt du Parlement de Dijon du 7 Mars 1566 rapporté par Bouvot, au mot *condamné*, & par Brillon, au mot *lettres*, n. 31, tome 4, p. 90. Voyez les observations sur l'article VII du titre XII, n. 3, où il est prouvé que l'on ne fournit aussi point d'aliments au prisonnier pour provision alimentaire.

ARTICLE XXIII.

*Défendons aux Lieutenants Criminels & à tous autres Juges,
aux Greffiers & Huissiers de prendre ni recevoir aucune
chose, encore qu'elle fût volontairement offerte pour l'attache, lecture, ou publication des lettres, ou pour conduire
& faire entrer l'impétrant à l'Audience, & sous quelque
prétexte que ce soit : à peine de concussion, & restitution
du quadruple.*

On ne doit prendre aucun droit pour tout ce qui se fait à l'Audience;
cet article en le défendant permet tacitement d'en prendre pour toute
l'instruction qui se fait après l'Audience. L'Huissier peut même prendre
son appel de cause, & le Greffier ses droits d'enrégistrement & expédition du Jugement rendu à l'Audience.

ARTICLE XXIV.

*Le demandeur en lettres sera interrogé dans la prison par le
Rapporteur du procès, sur les faits résultants des charges
& informations.*

1. Cet article décide que le procès au sujet de l'entérinement des lettres doit être jugé par écrit; puisqu'il veut que ce soit le Rapporteur
qui interroge l'impétrant dans les prisons; outre cela il faut encore qu'il
soit interrogé sur la sellette lors du Jugement, article XXVI de ce titre.
Voyez l'article CXVIII de l'Ordonnance de 1499 qui veut que l'instance
des lettres soit appointée; elle est rapportée dans Fontanon liv. 3,
titre LXXVIII, p. 693, n. 10.

2. Quand l'impétrant veut prendre droit sur les charges des procédures, il est inutile de lui confronter les témoins; à moins que le Juge
ne voie que cette confrontation est nécessaire & que l'entérinement pourra
faire difficulté : car *non auditur perire volens.* Un accusé prend en vain
droit sur les charges lorsqu'il y échet peine afflictive, à la forme de
l'article XIX du titre XIV des interrogatoires. Si l'impétrant étoit débouté de ses lettres, & que le récollement & confrontation n'eussent pas
été faits, les Juges ne pourroient se dispenser d'ordonner qu'il y seroit
procédé, & le procès achevé d'instruire extraordinairement; parce qu'il
n'est pas permis de condamner à une peine afflictive ou infamante sans
avoir fait une procédure complette.

ARTICLE

ARTICLE XXV.

Défendons à tous Juges, même à nos Cours, de procéder à l'entérinement des lettres, que toutes les informations & charges n'aient été apportées & communiquées à nos Procureurs, vues & examinées par les Juges : nonobstant toutes sommations qui pourroient avoir été faites aux Greffiers de les apporter, & les diligences dont les demandeurs en lettres pourroient faire apparoir ; sauf à décerner des exécutoires, & ordonner d'autres peines contre les Greffiers qui seront en demeure.

1. Dans le cas de négligence de la partie civile de faire apporter les grosses des procédures, l'impétrant qui a intérêt de diligenter peut présenter requête pour faire ordonner au Greffier saisi des minutes de les envoyer ; sauf à lui décerner, après le dépôt, exécutoire contre la partie qui aura requis l'apport de la procédure.

2. L'Ordonnance a prévu que si elle ne forçoit pas les Juges à voir toutes les procédures, ils pourroient favoriser les impétrants, en se contentant de quelques sommations concertées. C'est pour parer à cet inconvénient, qu'elle exige absolument, malgré toutes les diligences apparentes dont on pourroit justifier, que le Jugement soit retardé, jusqu'à ce que les grosses des procédures aient été rapportées. Mais comme le cas est pressant, on n'épargne contre les Greffiers ni condamnations d'amendes, ni contraintes par corps. On ne peut non-seulement, sans avoir vu toutes les procédures, procéder au Jugement, mais même, on ne peut élargir l'impétrant suivant l'article XV de ce titre, pendant l'instruction ; il ne peut l'être que par un Jugement définitif rendu sur le vu de toutes les procédures.

Brillon, au mot *Greffier*, n. 9, rapporte un Arrêt du Grand Conseil, du 3 Août 1702, qui condamna Guerrin Greffier d'Angers, en soixante livres d'amende pour n'avoir pas apporté des procédures.

ARTICLE XXVI.

*Les impétrants seront interrogés dans la Chambre, sur la sel-
lette, avant le Jugement, & l'interrogatoire rédigé par
écrit par le Greffier, & envoyé avec le procès en nos Cours
en cas d'appel.*

1. L'article XXI, du titre XIV, veut, comme celui-ci, que l'accusé soit
interrogé sur la sellette, lorsqu'il peut y écheoir peine afflictive ; en
sorte que l'Ordonnance ne faisant aucune distinction par cet article XXVI,
il faut nécessairement que les impétrants de lettres de rémission ou de
pardon soient sur la sellette lors des interrogatoires d'Office.

2. Il suit des termes de cet article, que l'appel du Jugement qui entérine des lettres n'est pas forcé, & que les parties peuvent y acquies-
cer ; mais si en déboutant l'impétrant du bénéfice de ses lettres, il étoit
condamné à l'une des peines énoncées dans l'article VI, du titre XXVI,
l'appel seroit forcé : on seroit obligé de l'envoyer avec son procès à la
Cour. Une autre preuve que l'appel n'est pas de droit, lorsque les lettres sont entérinées, se tire de l'article XIX, du titre VI, des informations qui ordonne aux Greffiers d'envoyer tous les ans au Greffe de la
Cour un état des lettres de grace entérinées dans les Bailliages, & des
procédures & Jugements d'entérinement.

On tient communément qu'il ne peut y avoir appel de la part des
Procureurs du Roi, ni même par le Procureur Général, de l'entérinement
des lettres qui ont l'effet d'imposer silence, & que quand le Juge auquel
l'adresse a été faite a prononcé sur l'entérinement, la grace est devenue
irrévocable ; d'où l'on prétend conclure qu'il n'y a que la partie civile
qui peut appeller pour se plaindre des dommages & intérêts qui lui ont
été refusés, ou qui ne lui ont pas été adjugés d'une somme assez considérable. Ce système paroît effectivement autorisé par les termes de cet
article qui semble ne parler que de l'appel de la partie civile. Mais l'article dernier, du titre VI, de cette Ordonnance, enjoignant aux Greffiers
des Bailliages d'envoyer à M. le Procureur Général l'état des procédures & des Jugements des lettres d'entérinement, décide assez clairement
que c'est pour examiner ce qui s'est passé à ce sujet, & pour remédier
aux abus s'il y en apperçoit ; ce que ce Magistrat ne peut faire que par
la voie d'appel. On trouve même au Journal du Palais, *in folio*, tome 2,
p. 531, un exemple d'un appel en pareille occasion interjeté par M. le
Procureur Général au Parlement de Paris.

3. Il a été observé sur l'article XIV, du titre VI, des informations que
lorsqu'un Juge continue une procédure instruite par un autre Juge, il
doit examiner scrupuleusement s'il y a des nullités ; parce qu'il en de-

viendroit garant, comme dans le cas des lettres de rémiſſion, ou autres. Il faudroit commencer par ordonner que la procédure feroit refaite aux frais dû Juge qui auroit fait les nullités. Les lettres ne laiſſent pas de fubſiſter; ainſi qu'il a été jugé par Arrêt du Parlement de Paris du 31 Mars 1711, rapporté par M. Jouſſe, fur cet article, où il dit que cependant quelquefois, quoiqu'il fe trouve des nullités dans l'inſtruction, les Juges paſſent outre à l'entérinement, lorſque les charges fe trouvent conformes à l'expoſé des lettres; ainſi qu'il dit encore avoir été jugé par deux Arrêts de la même Cour des 18 Février & 18 Mars 1715; par leſquels en procédant à l'entérinement des lettres de grace, la Cour s'eſt contentée de faire des injonctions aux Juges qui avoient inſtruit irréguliérement. Voyez la cinquieme édition de Du Rouſſeau, p. 517.

ARTICLE XXVII.

Si les lettres de rémiſſion & de pardon ſont obtenues pour des cas qui ne ſoient pas rémiſſibles, ou ſi elles ne ſont pas conformes aux charges, les impétrants en feront déboutés.

1. Les Déclarations du Roi intervenues depuis l'Ordonnance ont fait de grands changements à cet article; elles ſont ci-devant rapportées fur l'article II, de ce titre: elles veulent entr'autres chofes que les Juges faiſſent des remontrances dans les cas énoncés dans cet article XXVII; mais cela n'a lieu que pour les lettres du grand Sceau émanées de la volonté du Souverain. Au lieu que quand elles ont été obtenues aux Chancelleries près les Parlements, les Juges ſont en droit d'examiner, fuivant cet article de l'Ordonnance, qui fubſiſte à cet égard, ſi le cas eſt rémiſſible & ſi l'expoſé des lettres eſt conforme aux charges.

Les cas qui ne ſont pas rémiſſibles ſont ceux énoncés dans l'article IV, de ce titre, & autres dont mention a été faite fur le même article.

2. Les Déclarations du Roi intervenues depuis l'Ordonnance n'ont fait aucun changement à l'égard des lettres de pardon; ainſi le préſent article, pour ce qui les concerne, eſt reſté dans toute fa vigueur. Cependant il femble que lorſqu'elles ſont obtenues au grand Sceau, on doit, comme il vient d'être obſervé pour les lettres de rémiſſion, faire des remontrances, s'il paroit qu'elles ne doivent pas être entérinées.

3. Les impétrants de lettres ſont ordinairement condamnés en des aumônes, quoique les lettres ſoient entérinées. Il faut dans ce cas fe conformer à la Déclaration du Roi du 21 Janvier 1685, rapportée fur l'article IV, du titre I; elle parle des lettres de rémiſſion dans ces termes. "Pourront nos Cours & Juges, attendu qu'il n'échet pas d'amende contre les porteurs de lettres de rémiſſion *envers nous*, condamner, s'il y échet, felon qu'ils l'eſtimeront en leur conſcience, les porteurs de lettres de

„ rémission, ou accusés en des aumônes, lesquelles seront uniquement
„ appliquées au pain des prisonniers. „

Il faut remarquer que cette Déclaration ne défend l'amende qu'au profit du Roi : parce que Sa Majesté leur ayant pardonné le crime, l'amende à son profit est censée remise, sans quoi la grace seroit imparfaite ;
& d'ailleurs étant infamante, la peine ne seroit pas entiérement pardon-
née ; mais cela n'empêche pas que souvent l'on ne condamne les impétrants en une aumône & en même temps en une amende envers le Seigneur ; elle n'est pas infamante, & elle lui est due pour le dédommager
des frais de la procédure. M. Jousse, sur cet article rapporte trois Arrêts
de 1691, 1706 & 1712, qui ont confirmé des Sentences, par lesquelles
les impétrants avoient été condamnés en des aumônes, & en des amendes au profit des Seigneurs.

On condamne encore quelques fois les porteurs de lettres, malgré l'entérinement, à d'autres peines, comme de s'absenter pendant un temps
des lieux qui leur sont designés ; il y a même eu des Arrêts qui les ont
condamnés au blâme ; quoique ce soit une peine infamante. M. Jousse en
rapporte encore sur cet article, des exemples par des Arrêts de 1674,
1678, 1682 & 1709 ; & Sallé, sur l'article XXVIII, de ce titre, p. 248,
rapporte un Arrêt du Parlement de Paris du 3 Septembre 1674, qui
condamne l'impétrant à s'abstenir pendant un an, des lieux où se trouveroit la partie civile.

4. C'est une grande question de savoir si un homme qui a été condamné à mort & ses biens confisqués, qui obtient ensuite des lettres de
rémission qui le restituent dans la possession de ses biens, les possede à
titre d'acquet. Richer, dans son excellent Traité de la mort civile, imprimé en 1755, p. 404, dit, qu'au moyen de la condamnation juste-
ment prononcée, le confiscataire est devenu propriétaire des biens ; &
que s'ils sont rendus à l'impétrant, en vertu de l'absolution qu'il a ob-
tenue du Roi ; cette possession nouvelle est fondée sur un nouveau titre
qui paroît un acquet. Que cependant il croit que ces biens conservent
leur premiere nature ; parce que la grace du Prince est une dispense
entiere qui rétablit les choses dans leur premier état ; que puisqu'elle a
l'effet de conserver la vie, & même l'honneur du condamné, elle doit,
à plus forte raison, produire le même effet, à l'égard des biens ; que
l'incapacité dans laquelle le condamné étoit tombé est éteinte, & qu'elle
a si peu duré, qu'elle ne peut avoir changé la nature des biens de celui
qui est rétabli ; que la confiscation étant une suite & une peine du crime,
& le Roi voulant qu'il soit regardé comme non avenu ; il faut pour que
la mémoire du crime soit entiérement effacée, que toutes les traces que
ce crime pouvoit laisser après lui ne subsistent plus ; que la cause étant
anéantie, l'effet l'est aussi ; parce que la restitution du Prince a un effet
rétroactif : en sorte que quoiqu'il y ait condamnation par contumace, ou
contradictoire, & même que la confiscation soit exécutée, l'abolition sur-

venante par l'autorité du Prince, est une restitution parfaite; ce qui fait, qu'il n'y a plus de confiscation, ni au profit du Roi, ni au profit des Seigneurs.

M. Dargentré, sur la Coutume de Bretagne, article XLVIII, glose 2, n. 18, soutient qu'il faut distinguer, si le cas pour lequel la condamnation est prononcée étoit rémissible; alors les biens, selon lui, ne changent pas de nature; mais que si le crime n'étoit pas rémissible, les lettres d'abolition n'empêchent pas que les biens ne changent de nature, & que de propres, ils ne deviennent acquêts, parce qu'ils ne sont recouvrés que par pure grace du Prince.

Chopin, du Domaine, livre 1, titre VIII, n. 2, ne fait aucune distinction, & soutient que les biens ne changent pas de nature. C'est à cette opinion que Richer s'en tient; en disant, avec raison, qu'elle est la plus commune, & la mieux fondée; d'où il conclut qu'après la mort du condamné, ainsi restitué, ses biens se partagent entre ses héritiers, comme s'il n'étoit point survenu contre lui de condamnation; ensorte que soit en succession, soit en communauté, tout reste dans son premier état.

Legrand, sur l'article LXXXIII, de la Coutume de Troyes, glose 2, n. 75, p. 347, dit aussi que si le vassal est condamné avec confiscation, & que le Roi ou le Seigneur remette aux héritiers les biens confisqués, ils sont censés par cette remise de même nature qu'ils étoient auparavant; & par conséquent que ce don ne doit pas entrer en la communauté. Il cite même un Arrêt du 2 Janvier 1556, qui a adjugé de pareils biens aux héritiers des propres.

5. Si par les lettres, comme cela arrive ordinairement, l'impétrant est rétabli dans la possession de tous ses biens, non-seulement le Roi, mais encore les Seigneurs doivent les restituer. La possession de l'un & de l'autre étoit fondée sur la condamnation, elle est anéantie par les lettres; *Cessante causâ cessat effectus.*

6. Si le Roi ou le Seigneur avoient disposé des biens confisqués par une vente, ou autre aliénation, avant l'obtention des lettres, les acquéreurs ne pourroient être troublés, ni tenus de rendre les biens par eux acquis à titre onéreux. C'est ce qui fait que les Seigneurs qui prévoient que le condamné pourra obtenir des lettres, vendent promptement les biens confisqués. Voyez Dumoulin, sur l'article XXII, de la Coutume de Paris, n. 36. Il faut cependant remarquer que s'il y avoit eu appel de la Sentence qui a prononcé la confiscation, pour lors il ne seroit pas censé y avoir de condamnation, & par conséquent point de confiscation assurée: au lieu que quand elle est prononcée par Arrêt ou Jugement en dernier ressort, le Roi ou les Seigneurs sont vrais propriétaires des biens confisqués: ils ont pu par conséquent les vendre & les aliéner avant l'obtention des lettres; Mais cela s'entend après les cinq années expirées, à compter du jour de l'exécution par effigie. La confiscation n'est acquise

qu'après ce laps de temps suivant l'article XXXI, du titre XVII. Voyez l'article XXXII, *ibidem.*

Il ne seroit pas juste de troubler un acquéreur de bonne foi, & de condamner aux intérêts de l'éviction un Seigneur qui a vendu des biens qui lui étoient légitimement acquis. La clémence du Prince ne doit donc servir à celui, dont les biens ont été confisqués, que lorsque les choses sont entieres, & qu'elles peuvent être restituées par le Seigneur. On peut même fonder ces maximes sur la disposition de l'article XXVIII, du titre XVII, qui veut que si ceux qui auront été condamnés par contumace, ne se représentent pas dans les cinq ans, les confiscations soient réputées contradictoires, & que si Sa Majesté veut bien leur accorder, après ce temps, des lettres pour ester à droit, dans le cas où ils seroient renvoyés absous, les immeubles sur eux confisqués, leur seront rendus *en l'état où ils se trouveront.* Ces derniers termes décident que les Seigneurs ne sont tenus de les rendre que dans le cas où ils les possedent encore.

Il n'est pas douteux que le Roi en accordant la grace pour la peine, n'ait aussi le droit de remettre la confiscation des biens ; parce qu'en accordant aux Seigneurs le droit de Justice, Sa Majesté est censée s'être réservé celui de remettre les biens confisqués à ceux qu'elle veut bien favoriser de ses lettres qui ne seroient pas, sans cela, des graces entieres & parfaites.

7. Celui qui est restitué dans son honneur & dans ses biens par le Prince, rentre non-seulement dans ses biens confisqués qui n'ont pas été aliénés par les Seigneurs ; mais il recouvre encore tous les droits de la Société civile, comme de tester, & de recueillir les successions qui lui étoient échues pendant que la condamnation à subsisté.

8. Il s'agit de savoir, si dans le cas où les biens doivent être rendus à celui qui en a obtenu la remise par lettres de grace, ils doivent l'être avec restitution des fruits. Le coupable rentre à la vérité dans tous ses droits ; les lettres remettent les choses dans leur premier état. Cependant les fruits & revenus ne lui sont pas restitués ; parce que *sunt percepti ex bonis quæ erant percipientis & quæ non erant restituti.* Suivant l'authentique *idem est de hæret.* Voyez Ferriere, sur l'article CLXXXIII, de la Coutume de Paris, glose 2, n. 120 ; & les observations ci-devant, sur l'article précédent, n. 3.

ARTICLE XXVIII.

Les impétrants de lettres de revision qui succomberont seront condamnés en trois cents livres d'amende envers nous, & cent cinquante livres envers la partie.

Cet article selon les apparences avoit été omis, car il auroit été mieux placé après les articles VIII, IX & X, qui parlent comme celui-ci des lettres de revision. On observera que cet article XXVIII, n'exige pas que les impétrants de lettres de revision consignent les amendes. Ainsi ils ne sont tenus de les payer qu'après l'arrêt qui les a déboutés du bénéfice de leurs lettres. Ils doivent à plus forte raison être condamnés aux dépens, lorsqu'il y a partie civile; on les condamne même quelquefois, en entérinant leurs lettres, à des peines infamantes, ou autres plus légeres; au lieu de celle de mort à laquelle ils avoient été condamnés par l'Arret ou Jugement en dernier ressort, contre lequel ils avoient obtenu leurs lettres de revision.

TITRE XVII.

Des Défauts & Contumaces.

ARTICLE I.

Si le décret de prise de corps ne peut être exécuté contre l'accusé, il en sera fait perquisition, & ses biens seront saisis & annotés, sans que pour raison de ce, il soit obtenu aucun Jugement.

1. SUivant cet article, le décrété de prise de corps ne pouvant être arrêté, il faut en vertu du décret, en faire perquisition, en dresser procès verbal, & ensuite saisir & annoter ses biens; c'est-à-dire, ses meubles, & les fruits de ses immeubles, même tout ce qui se trouvera lui être dû par ses Fermiers, ou autres débiteurs; cette saisie est la peine de sa contumace.

Les décrets de prise de corps, & les perquisitions, s'exécutent en tous temps, de jour & de nuit, même les jours de Fêtes; mais les saisies & annotations ne seroient pas valables, si elles étoient faites sans les formalités des saisies, en matiere civile; à la forme de l'Ordonnance de 1667. *Article IV, de ce titre.*

2. Si la partie civile avoit obtenu une provision d'aliments & médicaments, elle pourroit faire vendre des meubles ou fruits annotés, ou se faire adjuger les sommes saisies entre les mains des débiteurs du décrété.

3. L'article XII, du titre X, des décrets, porte qu'ils seront exécutés nonobstant toutes oppositions ou appellations, sans demander *visa*, ni *pareatis*; ce qui s'exécute hors le ressort du Juge qui a décerné le décret, sans aucune permission du Juge des lieux, ou autres; quand même le décret seroit décerné par un Juge d'Eglise; ainsi qu'il a été prouvé sur le même article XII.

4. Cet article de l'Ordonnance, ne prononce pas la peine de nullité, en cas que les biens ne soient pas saisis & annotés; ainsi s'il n'y avoit qu'une partie des biens qui l'eussent été, ou même si l'on n'en avoit saisi aucuns, on ne pourroit en induire un vice dans la procédure: ces saisies sont des actes Civils, qui n'intéressent pas la procédure criminelle; ils sont cependant importants, non-seulement pour la sûreté des réparations civiles & amendes, mais encore pour celle de la confiscation, au cas qu'elle soit prononcée; ainsi c'est à la partie civile, principalement, à y veiller.

5. Quoique

5. Quoique l'article XLIV, de l'Edit de 1695, porte que les décrets décernés par les Juges d'Eglise, seront exécutés sans *pareatis*; cette disposition ne concerne que l'emprisonnement & la perquisition; les Officiaux n'ont aucune autorité sur le temporel; ainsi qu'il a été jugé par plusieurs Arrêts, rapportés sur l'article XII, du titre X, des décrets, n. 3, auxquels on peut ajouter ceux des 4 Juin 1707, 1 Juin 1709, 22 Février 1710, 3 Août 1715, 23 Février 1717, & 18 Août 1736; la plus grande partie, rapportés au Journal des Audiences; il faut, suivant ces Arrêts, que les Officiaux implorent le bras séculier, lorsqu'en vertu de leurs décrets, il est nécessaire de faire faire des saisies ou annotations des biens des accusés qu'ils ont décrétés; & comme les Officiaux ne reconnoissent que les Baillifs & Sénéchaux, ils sont forcés de s'adresser aux Lieutenants Criminels, dans le ressort desquels sont situés les biens qu'il faut saisir & annoter; ainsi qu'il a été prouvé sur l'article XIII, du titre I, n. 18 : on peut encore voir la Jurisprudence Canonique de Du Rousseau, au mot *procédure*, section 1, n. 9, où il cite l'Arrêt du 4 Juin 1707, qui déclara abusive la Sentence d'un Juge d'Eglise qui avoit ordonné une saisie ou annotation de biens : cet Arrêt est au Journal des Audiences, où l'on trouve encore, tome 6, partie 2, liv. 7, chap. 9, p. 376. Un autre Arrêt du 4 Juin 1717, qui dit également qu'il y avoit abus dans un décret de l'Official qui avoit ordonné la saisie & annotations des biens d'un accusé, avec des injonctions au Juge & au Greffier, de se conformer aux Ordonnances.

6. Le Juge est quelquefois obligé lors de l'annotation des biens, de se transporter au domicile de l'accusé, pour y faire la recherche des effets volés, ou d'autres pieces de conviction, qu'il est présumé mieux connoître que l'Huissier qui n'a pas le secret de la procédure; cela peut avoir lieu, non-seulement quand l'accusé n'a pu être arrêté, mais encore quelquefois quand il a été arrêté. Dans le premier cas, s'il s'agissoit de papiers, ou autres effets trop longs à détailler, le Juge pourroit faire mettre le scellé par son Greffier, & y établir un Gardien, après avoir fait parapher les papiers par l'accusé, s'il le peut & le veut : mais tout cela ne peut trop être exécuté que lorsque l'accusé est domicilié dans le même lieu que le Juge; sinon c'est la fonction de l'Huissier, qui peut en saisissant & annotant les biens, faire aussi perquisition des effets, & s'emparer de ceux qui lui paroissent suspects, pour les déposer au Greffe. Voyez les observations sur les articles XII, du titre I, n. 22, & XII, du titre X, n. 3.

DES
CONTUMACES.

ARTICLE II.

*La perquisition sera faite à son domicile ordinaire, ou au lieu
de sa résidence, si aucune il a dans le lieu où s'instruit le
procès, & copie sera laissée du procès verbal de perquisition.*

Édit de Décembre 1680, concernant les contumaces.

LOUIS par la Grâce de Dieu, &c.

Article I. " Lorsque dans les trois mois du jour qu'un crime aura été
„ commis, l'accusateur en voudra poursuivre, & faire instruire la contu-
„ mace, la perquisition de l'accusé, pourra être valablement faire dans
„ la maison où résidoit l'accusé, dans le lieu de la Jurisdiction où le
„ crime aura été commis; & sera laissé copie du procès verbal de per-
„ quisition: il en sera usé de même pour l'assignation à comparoir à
„ quinzaine, laquelle sera aussi valablement donnée à l'accusé en la
„ maison où il résidoit, ainsi que dit est; & copie aussi laissée de l'ex-
„ ploit d'assignation. „

Article II. " Et si l'accusé n'a point résidé dans l'étendue de la Juris-
„ diction où le crime a été commis, la perquisition sera faite, & les
„ assignations données suivant l'article III, de notre Ordonnance de 1670,
„ titre XVII, sans qu'il soit nécessaire de faire lesdites perquisitions, &
„ donner les assignations au lieu où il demeuroit, avant qu'il eût commis
„ le crime; & à faute de comparoir dans la quinzaine, l'assignation à
„ huitaine qui doit être donnée par un seul cri public, conformément à
„ l'article VIII, du même titre, sera faire & donnée à son de trompe,
„ suivant l'usage, à la place publique, & à la porte de la Jurisdiction où
„ se fera l'instruction du procès. „

Article III. " Si après les trois mois écus depuis que le crime aura été
„ commis, l'accusateur veut poursuivre & faire instruire la contumace,
„ la perquisition de l'accusé sera faite, & les assignations données au
„ domicile ordinaire de l'accusé, laquelle assignation sera à quinzaine;
„ & outre ce, lui sera donné le délai d'un jour par chaque dix lieues
„ de distance de son domicile, jusqu'au lieu de la Jurisdiction où il sera
„ assigné; & à faute de comparoir dans les délais ci-dessus, il sera crié
„ à son de trompe, par un cri public à huitaine, dans le lieu de la
„ Jurisdiction où se fera le procès, & ledit cri & proclamation affichés
„ à la porte de l'auditoire de la Jurisdiction.

Article IV. " A l'égard de l'accusé qui n'aura point de domicile, soit
„ qu'il soit poursuivi avant, ou depuis les trois mois écus, à compter
„ du jour que le crime aura été commis, la copie du decret, ensemble

„ de l'exploit, seront seulement affichés à la porte de l'auditoire de la
„ Jurisdiction. „

Article V. " Les Prévôts voulant instruire la contumace des accusés
„ contre lesquels ils auront décrété, pour quelque crime que ce soit,
„ seront tenus, avant que de commencer aucune procédure pour cet
„ effet, de faire juger leur compétence au Siege Présidial, dans le ressort
„ duquel les crimes auront été commis : & en cas que les accusés soient
„ arrêtés avant ou depuis le Jugement de contumace, ou qu'ils se repré-
„ sentent pour purger la contumace, les Prévôts des Maréchaux seront
„ tenus de faire juger de nouveau leur compétence, après que les accusés
„ auront été ouïs, en la forme prescrite par l'article XIX, du titre II,
„ de l'Ordonnance de 1670.

Article VI. " Ne pourra à l'avenir, l'adresse d'aucune rémission, être
„ faite aux Sieges Présidiaux où la compétence aura été jugée, suivant
„ ce qui est porté par l'article XIV, de la même Ordonnance de 1670,
„ au titre des rémissions que l'accusé n'ait été ouï lors du Jugement de
„ compétence, & qu'il ne soit actuellement prisonnier ; & à cet effet,
„ seront le Jugement de compétence & l'écrou attachés sous le contre-
„ scel des lettres : si donnons, &c. „

Cet Edit paroît avoir des dispositions obscures & embarrassantes : mais
il suffit pour l'entendre sainement, de faire differences des contumaces
instruites pendant le courant des trois mois, à compter du jour que le
crime a été commis, & de celles qui ne sont instruites qu'après les trois
mois : il faut encore pour l'intelligence de cet Edit, faire difference entre
les termes de domicile, & de résidence, qui ne sont pas synonymes ; le
domicile est celui où l'on a une demeure ordinaire, une habitation fixe,
les meubles, sa famille, le Siege de sa fortune ; sous le mot de résidence,
on entend une demeure momentanée, comme celle d'un cabaret, d'une
pension pour faire ses études, pour plaider, & autres pareilles : cette
distinction bien entendue, leve toute obscurité que l'on pourroit trouver
dans cet Edit.

Le premier article porte que lorsque la contumace sera instruite dans
les trois mois du jour du crime, la perquisition sera faite dans la maison
où réside l'accusé ; c'est-à-dire, que s'il n'avoit point de domicile dans
le lieu de la Jurisdiction, & qu'il n'y eût qu'une simple résidence dans
un cabaret ou autre maison, la contumace y peut être instruite, & tous
les exploits y peuvent être signifiés, sans être obligé de faire cette perquisition, & signifier l'assignation à quinzaine, à son domicile ordinaire ;
parce qu'il se pourroit trouver fort éloigné, & peut-être même inconnu :
pour ce qui concerne l'assignation à huitaine, & cri public, elle doit être
donnée à la place publique, & à la porte de l'auditoire ; quoique l'Ordonnance ne parle pas de la copie du décret, il paroît qu'il est nécessaire
d'en donner copie à la premiere assignation : l'article III, de l'Ordonnance
qui est le suivant, le porte, & même l'article IV de l'Edit, en fait mention.

L'article III, du même Edit, est plus embarrassant ; il veut que si la contumace est instruite après les trois mois, du jour du crime, la perquisition soit faite, & l'assignation à quinzaine, donnée au domicile ordinaire de l'accusé ; & comme ce domicile peut être fort éloigné, il faut lui donner encore un jour de délai par chaques dix lieues de distances de son domicile, au lieu de la Jurisdiction ; & faute de comparoir après ces délais, il ne s'agit plus que de proclamer l'accusé à son de trompette, ou au bruit du tambour à huitaine, & d'afficher l'exploit de cri public, & assignation à la porte de l'auditoire.

Dans tous les cas, l'assignation à cri public, & à huitaine, se fait avec les mêmes formalités à la place publique, & à la porte de l'auditoire seulement.

Quant à l'accusé auquel on ne connoît ni domicile, ni résidence, soit que l'on poursuive dans les trois mois, à compter du jour du crime commis, ou après les trois mois ; comme l'on ne peut en faire perquisition dans aucune maison, il suffit d'afficher l'assignation à quinzaine, à la porte de l'auditoire, de l'assigner pareillement à cri public, & à huitaine, par un proclamat à la place publique, & à la porte de l'auditoire, où tous les exploits sont affichés ; ainsi la disposition de l'article IX, de ce titre, qui portoit que le cri public seroit encore proclamé à la porte du domicile, ou résidence de l'accusé, est abrogé par cet Edit qui n'a plus ordonné cette formalité dans aucun cas, & en quelque temps que la contumace soit instruite : c'est notre dernière loi, à cet égard ; elle tiroit souvent trop en longueurs, & grossissoit les frais ; c'est ce qui l'a fait supprimer : c'est aussi le sentiment de Sallé, dans son livre intitulé, *l'esprit des Ordonnances de Louis XV*, imprimé en 1754, tome 3, p. 163, où il dit que la Déclaration de 1680, n'exige plus cette formalité inutile.

Cet Edit de 1680 n'avoit pas été adressé à la Chambre des Comptes de Paris ; mais il en est intervenu un autre du mois de Juin 1730, qui en le confirmant, en a ordonné l'enrégistrement dans cette Chambre. Voyez Sallé, *ibidem*, p. 151.

ARTICLE III.

Si l'accusé n'a point de domicile, ou ne réside pas au lieu de la Jurisdiction, la copie du décret sera affichée à la porte de l'auditoire.

Cet article est expliqué ou interprété par l'Edit de 1680, copié sur l'article précédent ; il suffit d'observer que si un accusé mouroit pendant l'instruction de la contumace, ses héritiers ne pourroient avoir main-levée de ses biens qui seroient saisis & annotés, sans donner caution ; ainsi qu'il a été jugé par Arrêt du Parlement de Dijon, du 26 Avril 1717, contre la veuve & héritiers Jeannod, parce que le décès n'éteint que le crime; l'action pour les réparations civiles, subsiste. Voyez les observations sur l'article XVI, de ce titre, n. 7.

ARTICLE IV.

La saisie des meubles de l'accusé, sera faite en la maniere prescrite au titre des saisies & exécutions de notre Ordonnance du mois d'Avril 1667.

1. On doit suivant cet article, suivre dans l'annotation des biens d'un accusé, les mêmes regles que pour les saisies & exécutions en matiere civile, établir des séquestres, des gardiens, & faire vendre les effets sujets à dépérir, comme grains à battre, grains battus, vins, &c: mais pour cette vente, il faut une Ordonnance du Juge sur les conclusions de la partie publique.

2. S'il y a femmes, enfants, ou domestiques de l'accusé, ils doivent se pourvoir au Juge pour avoir leur subsistance nécessaire, par provision: l'Huissier qui fait l'annotation, n'y peut pourvoir que pour quelques jours, pour leur donner le temps de s'adresser au Juge.

3. Cet article ne parle pas de la vente des meubles; cependant l'article XXVI de ce titre, porte que si l'accusé se représente, le prix provenant de la vente de ses meubles, lui sera rendu; ce qui suppose qu'ils ont été vendus. M. Pussort, lors des conférences sur cet article, observa à ce sujet, que c'étoit au Juge à faire vendre les meubles sujets à dépérir, pour en cas de vente, être le prix restitué, avec les meubles qui se trouveroient en nature, à l'accusé qui se représenteroit. Ce qui prouve encore que les meubles non sujets à dépérir, ne doivent pas être vendus; c'est que l'article XXXII, de ce titre, porte que les Seigneurs confiscataires ne pourront se mettre en possession qu'après les cinq ans, & qu'ils seront tenus de faire faire procès verbal de la qualité & valeur des meubles & effets mobiliaires; ce qui suppose encore qu'ils n'ont pas été vendus, même après la condamnation; ce qui est bien plus fort, puisqu'alors l'accusé est convaincu du crime, au lieu que pendant l'instruction de la contumace, on peut le présumer innocent; tout décrété n'est pas convaincu.

ARTICLE V.

*Les fruits des immeubles seront saisis, & Commissaires établis
à leur garde, avec les formalités prescrites par notre Ordonnance, pour les Séquestres & Commissaires.*

1. Ordinairement, les Commissaires à la régie de fruits des immeubles, requièrent qu'ils soient mis en baux judiciaires, & amodiés pardevant le Juge qui a rendu le décret, la délivrance n'en doit être faite
que pour trois ans au plus, si tant dure la contumace; car aussi-tôt que
l'accusé est arrêté, ou qu'il se représente, il rentre dans la jouissance
de tous ses biens. *Article XXVI, de ce titre.*

2. A l'égard des fruits pendants par racine, le Commissaire peut aussi
requérir que pour éviter aux frais, ils soient vendus; toutes ces requisitions peuvent aussi être faites par la partie publique.

3. C'est le séquestre ou Commissaire qui doit toucher le prix de la
vente des meubles, s'il y en a de vendus, sujets à dépérir, & de la vente
des fruits, même des baux judiciaires, pour rendre compte de sa commission, lorsqu'elle sera finie, en par lui retenant ses frais & avances
légitimes; c'est pourquoi il faut avoir soin d'en établir qui soient solvables: c'est ordinairement la même personne qui est établie séquestre &
Commissaire aux meubles & aux fruits; cependant s'ils étoient situés dans
des lieux éloignés les uns des autres, il faudroit en établir plusieurs.

4. La partie publique, ni le Greffier, ne peuvent toucher aucuns deniers
provenant des biens de l'accusé. L'art. XXVII, de ce titre, le défend expressément; les Officiers de la Jurisdiction ne doivent même pas obliger les séquestres
ou Commissaires à leur rendre compte après le Jugement qui prononce
la confiscation; suivant l'article XXX aussi de ce titre, qui permet aux
Receveurs du Domaine, & aux Seigneurs, de percevoir, pendant les cinq
années, après la condamnation les revenus des condamnés, des mains des
Fermiers, & redevables: la partie publique n'a droit de s'en mêler que
pour les faire amodier pendant la contumace, jusqu'au Jugement; mais
après la confiscation prononcée, elle n'a plus rien à y regarder, son
pouvoir est fini: il est vrai que par Edit de Décembre 1701, concernant
le Domaine du Roi, Sa Majesté avoit laissé aux Procureurs Généraux,
& à leurs substituts, la discussion des biens des condamnés; mais le peu
de succès de cette administration, a fait révoquer ce pouvoir par la
Déclaration du 4 Février 1734; ainsi soit que la confiscation soit prononcée au profit du Roi, ou des Seigneurs; le Procureur du Roi qui a
poursuivi & fait juger le procès, n'a plus droit de prendre connoissance
de la régie des biens des condamnés. Voyez les observations sur les articles XXXI & XXXII, de ce titre.

ARTICLE VI.

Défendons à tous Juges d'établir pour Gardiens, ou Commis-
saires, les parents, ou domestiques des Fermiers, & Receveurs
de nos Domaines, ou des Seigneurs à qui la confiscation
appartient.

1. Outre les personnes prohibées par l'Ordonnance civile, pour être
séquestres & gardiens, cet article défend aussi d'établir les parents ou
domestiques des Fermiers & Receveurs du Domaine du Roi, ou des
Seigneurs qui auroient pu abuser de ces commissions par autorité, ou
autrement, parce qu'ils sont intéressés à la régie, à cause de la confiscation.

2. Si les biens des accusés étoient déjà amodiés, il suffiroit de faire
saisir entre les mains des Fermiers, & de les faire assigner, tant pour
faire leurs Déclarations, que pour leur faire représenter leurs baux qui
seroient convertis en baux judiciaires.

ARTICLE VII.

Si l'accusé est domicilié, ou réside dans le lieu de la Juris-
diction, il y sera assigné à comparoir dans quinzaine ; sinon
l'exploit d'assignation sera affiché à la porte de l'auditoire.

Voyez sur l'article II, de ce titre, l'Edit de 1680, qui a changé les
dispositions de cet article.

ARTICLE VIII.

A faute de comparoir dans quinzaine, il sera assigné par un
seul cri public, à la huitaine, mais les jours de l'assignation
& de l'échéance, ne seront pas compris dans les délais.

Mêmes observations que sur l'article précédent.

Les Juges d'Eglise ont prétendu qu'ils pouvoient en vertu de leurs
décrets, faire proclamer à cri public, un accusé contumax, parce que
cet article ne fait aucune distinction à leur égard ; & que par l'article
XLIV, de l'Edit de 1695, il est porté que les Sentences & les décrets
des Juges d'Eglise, seront exécutés sans *pareatis* ; mais il est de Jurispru-

dence conſtante dans ce royaume, que perſonne ne peut faire publier ban, ni citer à cri public, que de l'autorité des Officiers du Roi, ou autres, auxquels Sa Majeſté en a donné le pouvoir; ainſi le Juge d'Egliſe n'a le pouvoir que de faire aſſigner les accuſés à comparoître dans ſon auditoire, & de faire faire les perquiſitions; s'il ordonnoit un cri public, il y auroit abus. Voyez Du Rouſſeau de la Combe, dans ſa Juriſprudence canonique, au mot *procédure*, n. 9, ſection 1, p. 109; il faut donc qu'il implore le bras ſéculier, & qu'il s'adreſſe au Lieutenant Criminel, pour faire faire le cri public. Voyez les obſervations ſur l'article I, de ce titre, n. 5.

Les Juges ſéculiers ſont dans l'uſage d'inſtruire ſeuls la contumace contre les Eccléſiaſtiques, quoiqu'ils procedent conjointement avec le Juge d'Egliſe, parce qu'ils n'ont pas, comme il vient d'être obſervé, le pouvoir de l'inſtruire dans la forme portée par les Ordonnances: elles preſcrivent deux formalités, l'annotation des biens, & le cri public; formalités que le Juge d'Egliſe ne pourroit obſerver, ſans abus: c'eſt une maxime certaine, que les Juges d'Egliſe n'ont aucune Juriſdiction ſur le temporel. Fevret, traité de l'abus, liv. 7, chap. 1, n. 5, dit que le Juge d'Egliſe ne peut faire citer aucune perſonne à cri public, ſuivant Jean *Galli*, queſtion 216, où cet Auteur dit: *Epiſcopus non poteſt vivâ voce citare Pariſiis; quia Epiſcopus Parienſis hoc fecerat, fuit condemnatus in amenda quinquaginta librarum:* On peut encore voir Boyer, ſur le parag. 15, au titre des Juges de l'ancienne Coutume de Berry.

L'argument que l'on voudroit tirer de l'article XLIV, de l'Edit de 1695, par lequel il eſt dit que les Sentences des Juges d'Egliſe, ſeront exécutées ſans *pareatis*, eſt défectueux. Le Roi a bien voulu accorder aux Juges Eccléſiaſtiques l'exécution de leurs Jugements, mais ce n'a été que pour faciliter l'exécution des aſſignations ſur les décrets, & des Jugements définitifs, ſans vouloir donner à leur Juriſdiction une extenſion au-delà de ſes bornes.

Quant à la ſaiſie & annotation des biens, elles ſont encore moins de la compétence du Juge d'Egliſe. Louet, lettre B, ſom. 11, dit que le Juge d'Egliſe ne l'eſt que par privilege, & qu'il n'a point de territoire; ce qui fait qu'il ne peut permettre de ſaiſir, ni ordonner des ſéqueſtrats; ce ſont des actes poſſeſſoires qui ſe font de l'autorité du Roi: cet Auteur rapporte trois Arrêts qui l'ont ainſi décidé en 1628, 1629, & 1632: cette maxime eſt encore confirmée par Coquille, dans ſes notes ſur l'article LXII, de l'Ordonnance de Blois. La Juriſprudence n'a pas varié ſur cette matiere; par conſéquent, les Juges Laïcs ont droit de refuſer de procéder conjointement avec les Juges d'Egliſe, dans l'inſtruction de la contumace contre les Eccléſiaſtiques.

Voyez les nouveaux Arrêts, cités ſur l'article I, de ce titre, n. 5.

ARTICLE

ARTICLE IX.

Le cri public sera fait à son de trompe, suivant l'usage à la place publique, & à la porte de la Jurisdiction, & encore au devant du domicile, ou résidence de l'accusé, s'il en a.

1. L'Édit de 1680, rapporté sur l'article II de ce titre, a abrogé la formalité du cri public, audevant du domicile, ou résidence de l'accusé; elle augmentoit beaucoup les frais, & tiroit en longueur, à cause de l'éloignement qui se trouvoit souvent de ce domicile, au lieu de la Jurisdiction: outre ce qui vient d'être observé à ce sujet sur l'article précédent, on peut encore voir Du Rousseau de la Combe, partie 3, chap. 16, n. 2, édition de 1744, p. 484, où il dit d'abord que le cri public est nécessaire à la porte de la maison de l'accusé; mais ensuite il convient, p. 506, qu'il n'est plus nécessaire depuis la Déclaration de 1680, qui effectivement a abrogé cette formalité.

2. On se sert d'une trompette ou d'un tambour, suivant l'usage, comme le porte cet article, pour faire le cri public: l'Huissier doit être assisté de deux témoins, dont l'un peut sonner de la trompette, ou battre du tambour, s'il le sait; sinon il faut un tambour ou un trompette ordinaire: ce cri public est le dernier avertissement que la Justice donne à l'accusé contumax, avant de prononcer la peine de son crime: fuir quand la Justice appelle, c'est se rendre réfractaire à ses ordres; cependant on ne peut dire, comme le prétendoient les anciens Praticiens, que la fuite est un aveu du crime. L'intrépidité n'est pas toujours le partage de l'innocence. Un accusé alarmé, oublie ce qu'il doit au Juge, il ne s'occupe que du crédit de ses ennemis, de l'infidélité des témoins, & de l'incertitude du Jugement des hommes; il ne faut donc pas suivre l'axiome ancien, qui dit, que la fuite dénonce le coupable; elle n'est pas toujours une preuve, ni même un indice: l'expérience prouve que souvent l'innocent se sauve comme le coupable; il est cependant vrai que même encore à présent, on n'exige pas pour condamner par contumace, des preuves aussi évidentes que pour condamner contradictoirement, parce que les Jugements de contumace, sont anéantis par la représentation.

3. Il y en a qui ont prétendu que l'on ne pouvoit instruire la contumace contre un *quidam*, ni prononcer contre lui des peines; mais cette erreur a été relevée sur l'article XVIII, titre X, & art. I, titre III, n. 29.

ARTICLE X.

Si l'accusé qui a pour prison la suite de notre Conseil, ou de notre Grand Conseil, le lieu de la Jurisdiction où s'instruit le procès, ou les chemins de celle où il aura été renvoyé, ne se représente pas, il sera assigné par une seule proclamation, à la porte de l'auditoire ; & le procès verbal de proclamation, affiché au même endroit, & procédé, sans autre formalité, au reste de l'instruction, & au Jugement du procès.

1. Lors des conférences sur cet article, M. Talon observa qu'il abolissoit aussi-bien que l'article XXIV, de ce titre, la contumace de présence ; avec cette distinction, que l'on ne prescrit aucune formalité pour continuer l'instruction du procès contre celui qui a brisé les prisons ; & qu'à l'égard de celui qui a été élargi, à la charge de se représenter, on ordonne qu'il sera assigné par un seul proclamat ; que la disposition de cet article, est très-utile, parce que les contumaces de présence, qui se pratiquoient en peu de Jurisdictions, n'aboutissoient qu'à des longueurs superflues : ce grand Magistrat ajouta que la question étoit de savoir si l'accusé qui n'a pas été interrogé, & qui n'a pas rempli le décret, ou qui a obtenu un Arrêt de défenses du Parlement, ou du Grand Conseil, qui arrête le cours de la procédure criminelle ; si cet accusé venant à s'absenter, & le décret étant confirmé, il faut instruire contre lui une contumace, ou s'il suffit d'un simple proclamat : qu'il lui sembloit que dans ce cas, il étoit difficile de se dispenser d'instruire une contumace, le décret n'ayant pas été rempli. M. Pussort répondit que tant qu'un accusé est en demeure de remplir le décret, la contumace subsiste, & que l'on ne peut se dispenser de l'instruire contre lui. Voyez les observations sur l'article XXI, du titre XIV, n. 15, à la fin.

Ces observations jointes aux termes de l'article de l'Ordonnance, prouvent qu'il faut faire différence d'un accusé qui s'est évadé avant d'avoir subi interrogatoire, & d'un accusé qui a été interrogé ; celui-ci a obéi à Justice, & a rempli son décret par ses réponses ; s'il ne se représente pas, il ne faut instruire contre lui la contumace que par un simple proclamat affiché à la porte de l'auditoire : mais à l'égard de celui qui a été élargi en vertu d'un Arrêt de défenses, ou qui s'est évadé avant d'avoir été interrogé, il faut nécessairement instruire contre lui une contumace entière, parce qu'il est dans le même cas que s'il n'avoit pas été arrêté ; ainsi qu'il a été observé sur l'article XXIII, du titre X, des décrets, n. 4 ; & sur l'article XII, du titre XV, n. 4.

Suivant cet article, il n'est pas nécessaire de donner des assignations à domicile, ni même de faire des sommations à ceux qui ayant été élargis après leurs réponses, ne se représentent pas; puisqu'il veut que l'assignation leur soit donnée par un seul proclamat: il paroît cependant qu'il faudroit faire une sommation de se représenter à celui qui auroit été élargi après ses réponses, afin de lui apprendre le jour qu'il doit se mettre en état, pour être interrogé de nouveau, ou pour subir la confrontation; & même lui apprendre encore par une assignation, le jour que le procès doit être jugé, afin qu'il puisse encore se représenter pour subir les interrogatoires.

DES CONTUMACES.

2. Cet article ne dit pas quel délai sera donné pour l'assignation ou proclamat affiché à la porte de l'auditoire: il semble qu'il n'y en doit avoir aucun, parce que tout accusé élargi doit toujours être prêt, & veiller à ce qui se passe pour obéir promptement à Justice: on a même coutume dans les Jugements d'élargissement, de leur faire élire domicile dans le lieu de la Juridiction, afin d'y pouvoir faire facilement signifier toutes sommations & autres actes nécessaires; il est cependant juste de leur donner un délai convenable pour se rendre en prison, suivant la distance des lieux; parce qu'autrement, il pourroit y avoir de la surprise, si l'on ordonnoit subitement que le récollement vaudroit confrontation pour le profit du défaut; ce qui se pourroit faire si promptement, que l'accusé seroit jugé sans en être averti: cela est si vrai, que suivant cet article, le proclamat doit contenir une assignation qui ne peut être moins de huitaine; c'est-à-dire, de dix jours, suivant l'article VIII, de ce titre. Pendant ce délai, il seroit injuste d'ordonner que le récollement vaudroit confrontation; & si l'on n'avoit point fait de sommation précédente, on pourroit pour plus de sûreté, faire signifier le procès verbal de proclamat à domicile; si cela se peut facilement; pour adoucir la sévérité de cet article de l'Ordonnance qui à la vérité, paroît n'exiger que le proclamat, & l'assignation, affichés à la porte de l'auditoire: *contumacia ejus qui sine licentia recessit, major est quàm ejus qui numquam comparuit. Boerius,* décision 64, n. 5 & 6; ce qui peut s'appliquer à celui qui s'est retiré avec permission, mais qui ne se représente pas, après avoir été appelé.

3. S'il y avoit des accusés présents qui seroient dans le cas d'être confrontés à l'accusé élargi qui ne s'est pas représenté; malgré l'assignation par proclamat, il faudroit leur faire une confrontation littérale des réponses de l'accusé contumax, suivant l'article XXII, de ce titre.

4. Celui qui s'évade des prisons, même après ses réponses, est traité encore plus sévèrement que celui qui a promis de se représenter, & qui ne le fait pas; car celui qui s'est évadé, n'est ni ajourné, ni proclamé, suivant l'article XXIV, de ce titre; on le Juge sans l'avertir.

5. On ne doit pas dans le Jugement qui est rendu contre l'accusé qui a été proclamé, faute de se représenter, dire que c'est pour le profit de la contumace, mais seulement que pour le profit du défaut par lui fait,

on le condamne à telle & telle peine. Ce titre est *des défauts & contumaces*. Ce qui annonce que défaut est différent de contumace; & effectivement, dans le cas présent, c'est plutôt un simple défaut qu'une contumace.

ARTICLE XI.

*Défendons aux Juges, d'ordonner autres assignations ou pro-
clamations que celles ci-dessus; à peine d'interdiction, & des
dommages & intérêts des parties.*

C'est à l'occasion des peines prononcées par cet article, que l'on pourroit dire comme l'observa M. le premier Président, à la fin des conférences, sur l'Ordonnance civile, que les peines étoient trop fréquentes
& trop réitérées : ce Magistrat en fit des remontrances, qui contiennent
vingt pages. En effet, un Juge qui aura contrevenu au présent article,
en ordonnant une nouvelle assignation qu'il aura cru de bonne foi néces-
faire, pour éviter une surprise contre l'accusé, se trouve menacé d'interdiction & de tous dommages & intérêts des parties, comme s'il avoit
commis une prévarication : cet excès de sévérité a dégénéré en abus; car il est
très-rare que les Cours prononcent les peines prescrites par l'Ordonnance :
elles sont si multipliées, que la Magistrature en est avilie. L'honneur &
la conscience, sont les principales parties des Juges; ce sont les plus forts
liens pour les retenir dans leur devoir; on doit présumer que ceux qui
sont honorés de ce caractere, ne s'en détachent jamais, & que ces deux
principes d'honneur & de conscience, ont plus de part dans leurs actions,
que la crainte des peines.

Il n'est pas inutile d'observer que les exploits de contumace ne doivent
pas être faits par des Huissiers, parents des parties; c'est sur-tout dans
cette occasion, qu'il faut observer scrupuleusement les regles : tout est
essentiel dans l'instruction des contumaces. Voyez les observations sur
l'article III, du titre VI, n. 11.

ARTICLE XII.

*Après les délais des assignations, la procédure sera remise au
parquet de nos Procureurs, ou de ceux des Seigneurs, pour
y prendre leurs conclusions.*

Lors de la lecture de cet article, M. le premier Président observa
qu'auparavant de remettre le procès au Parquet, on avoit coutume de
prendre un certificat du Géolier, portant que l'accusé n'étoit pas dans

les prisons, & qu'ensuite on prenoit un défaut au Greffe; mais M. Pussort mieux instruit que tout autre de l'intention du Roi, dont il étoit le principal Commissaire puisqu'il étoit chargé de la rédiger, répondit que le certificat du Géolier étoit inutile, parce que l'accusé ne manqueroit pas de faire signifier qu'il s'étoit constitué prisonnier, & que d'ailleurs il n'étoit pas plutôt en prison que les Juges & les parties en avoient connoissance; *qu'à l'égard du défaut au Greffe il étoit absolument inutile, & qu'il en falloit abroger l'usage.* On ne peut trouver une preuve plus authentique que l'intention de l'Ordonnance a été de supprimer tous usages de lever des défauts en matière de contumace. On en trouve une preuve encore plus forte dans l'article IV, du titre XI, des Exoines: cet article IV, portoit que si les exoines paroissoient légitimes, il seroit donné défaut à la partie publique, sauf l'exoine. Monsieur le premier Président remontra que ces termes, *sauf l'exoine,* étoient de l'ancien style qui étoit aboli. M. l'Avocat Général Talon, observa aussi que ces termes, *il sera donné défaut* étoient inutiles, & devoient être retranchés, & que d'ailleurs l'Ordonnance abolissant l'usage de donner des défauts au Greffe, *soit sur les ajournemens personnels, soit sur les décrets de prise de corps;* il ne falloit point laisser de vestiges d'une pratique qui ne subsistoit plus. M. Pussort répondit qu'il falloit les ôter, & effectivement M. Pussort les retrancha du projet de l'Ordonnance. Nous avons d'ailleurs le titre XXIII, en entier qui a abrogé toutes forclusions, défauts & autres procédures inutiles pour simplifier l'instruction criminelle & éviter les frais frustrés.

Il n'est pas possible de trouver des preuves plus fortes de l'abrogation de tous défauts au criminel. Ce qu'il y a de plus remarquable, c'est que Messieurs les Commissaires du Parlement de Paris insisterent le plus, & furent même la seule cause de cette abrogation: cependant cette Cour depuis l'Ordonnance a suivi son ancien style reconnu inutile; on y leve des défauts au Greffe contre les accusés contumax; sans en chercher des preuves dans une infinité d'Arrêts, il suffit de citer celui qui a été rendu le 26 Mars 1757, contre l'infame Damien. On lit dans le vu de pieces de cet Arrêt que pour l'instruction de la contumace contre un *quidam* sur l'assignation à quinzaine, il y eut un défaut levé au Greffe de la Cour; que sur ce défaut M. le Procureur Général fit ordonner que le *quidam* seroit réassigné à huitaine & cri public, & qu'il y eut encore un défaut levé au Greffe, sur lequel la contumace fut déclarée bien instruite par Arrêt du 21 du même mois de Mars. Il paroît difficile de concilier cet usage présent avec les dispositions de notre Ordonnance; sur-tout avec les observations de Messieurs les Commissaires du Parlement qui n'oublierent rien pour faire retrancher jusqu'aux moindres vestiges de l'ancien style, *soit à l'égard des ajournemens personnels, soit à l'égard des prises de corps.*

Le Parlement de Dijon s'est conformé à l'Ordonnance, il ne suit plus l'ancien usage, on ne leve plus dans tout son ressort des défauts au Greffe en fait de contumaces. On pourroit cependant objecter que depuis cette Ordonnance plufieurs Edits & Arrêts du Confeil ont parlé des défauts qui feroient levés au Greffe au fujet des droits de préfentations & autres dus au Roi, tant au civil qu'au criminel. Mais ces Edits n'ont entendu parler que des défauts preferits par les Ordonnances; dans les cas où elles ont exigé qu'il en fût levé; ce qui ne peut concerner l'inftruction des contumaces, puifque cette Ordonnance les a abrogés à cet égard. Les Edits ont pu parler des défauts levés au Greffe, même en matiere criminelle, puifqu'il y a des occafions où il eft néceffaire d'en lever; par exemple au petit criminel qui s'inftruit comme les matieres civiles, même au grand criminel une partie peut faire donner affignation à une autre: un impérrant de lettres fait affigner fa partie civile, fans pour cela qu'il foit queftion d'un décret d'ajournement perfonnel, ou de prife de corps; il n'eft pas douteux que fur ces affignations, il ne faille fe préfenter au Greffe & conftituer Procureur; finon on leve défaut comme au civil. Voyez les obfervations fur l'article III, du titre X, des décrets, & le titre XXIII en entier.

En lifant le procès imprimé de l'infame Damien, j'ai trouvé les conclufions de M. le Procureur Général du Parlement de Paris du 4 Avril 1757, où ce Magiftrat, tome 4, page 537, expofe à la Cour qu'il eft intéreffant d'accélérer l'inftruction d'une procedure commencée à fa requête, & que fi cette inftruction fe faifoit à la Cour, les délais feroient plus longs qu'au Bailliage du Mondidier; *parce qu'à la Cour on eft dans l'ufage de prendre des défauts fur chaque affignation à quinzaine & à huitaine; que l'obtention de ces défauts demande un certain temps, ce qui retarde l'inftruction de la contumace; au lieu que dans les Bailliages du reffort de la Cour, on n'eft pas dans l'ufage de prendre des défauts, parce que l'Ordonnance ne l'exige pas.* M. le Procureur Général auroit pu ajouter que l'Ordonnance les défend, ainfi qu'il vient d'être expliqué.

ARTICLE XIII.

Si la procédure eft valablement inftruite, les Juges ordonneront que les témoins feront récollés en leurs dépofitions, & que le récollement vaudra confrontation.

1. Cet article paroit fuppofer auffi bien que l'article fuivant, que le récollement des témoins ne doit être fait qu'après tous les délais de la contumace écoulés. Il eft cependant d'ufage & même très-important de récoller les témoins promptement, même pendant les délais de la contumace, pour affurer les preuves. Tout ce qui réfulte de cet article, c'eft que ce n'eft qu'après tous les délais de la contumace, comme le porte auffi l'article précédent, que l'on peut ordonner que le récolle-

ment vaudra confrontation. C'est une peine de la contumace qui ne peut être prononcée qu'après que la contumace est valablement instruite & bien acquise. Sur ce principe par Arrêt du Parlement de Paris du 13 Mai 1700; il fut dit qu'il y avoit abus dans le Jugement d'un Official qui avant d'avoir entiérement instruit la contumace avoit ordonné que le récollement vaudroit confrontation. *Idem*, par Arrêt de la même Cour du 8 Mai 1717, rapporté par Brillon, tome 1, page 434, ce dernier enjoignit à l'Official de Rheims d'instruire la contumace contre les accusés avant d'ordonner que le récollement vaudroit confrontation: on en trouve encore au Journal des Audiences deux pareils des 27 Octobre 1711, & 13 Février 1712. Voyez les observations sur l'article II, du titre XV, des récollements, n. 3.

Jusqu'à ce que les délais de la contumace soient écoulés, & qu'elle ait été déclarée bien instruite à la forme de cet article, les accusés décrétés de prise de corps peuvent présenter des requêtes soit en première instance, soit en cause d'appel; ils ne sont pas encore regardés comme contumax, lorsque le Jugement n'est pas rendu; c'est la disposition expresse de l'article IV, du titre XXV, des Sentences.

2. Il vient d'être dit, que le récollement peut être fait pendant les délais de la contumace; c'est ce qui résulte des Arrêts cités au nombre précédent. L'accusé ne peut être présent au récollement des témoins; par conséquent on ne lui fait aucun préjudice en y procédant en son absence. C'est ce qui résulte encore des termes, de l'article VI, du titre XV, qui porte que le récollement ne sera pas réiteré, quoiqu'il ait été fait en l'absence de l'accusé. Il est intéressant, pour accélérer, d'instruire le procès, même de confronter les témoins aux accusés présents, pendant la contumace des absents; afin qu'après les délais de cette contumace le procès se trouve en état d'être jugé. Si l'on retardoit le récollement des témoins, ce seroit donner le temps de les suborner; c'est ce qui est cause que l'on y procede promptement. Voyez les observations sur l'article I, du titre XV, n. 11.

3. Les parents d'un accusé contumax peuvent intervenir dans un procès criminel, pour en faire voir les nullités. On ne peut citer un meilleur garant de cette maxime que M. Pussort connu pour le redacteur de cette Ordonnance. Lors des conférences sur l'article VIII, du titre XIV, des interrogatoires; ce grand Magistrat avança pour principe certain que les parents pouvoient faire des observations sur la procédure, & en faire voir par requête la nullité. Voyez à ce sujet d'autres preuves sur l'article qui vient d'être cité, n. 7: & sur l'article III, du titre XXV, n. 2; les remontrances des parents, à cet égard, n'intéressent que la forme de la procédure, ou la compétence du Juge, sans toucher au fond.

4. Si depuis la contumace instruite contre un accusé pour un crime, il y avoit une nouvelle plainte pour un autre crime, & ensuite un nouveau décret de prise de corps, il faudroit instruire une nouvelle contumace,

avec les mêmes formalités. On ne juge pas un accusé sur un décret, qu'il n'ait obéi à Justice en répondant, ou qu'il n'ait été contumacé ; mais il ne faudroit pas une nouvelle saisie, & annotation de ses biens ; à moins que l'on n'eût découvert qu'il y en a encore d'autres à saisir.

ARTICLE XIV.

Après le récollement le procès sera de rechef communiqué à nos Procureurs, ou à ceux des Seigneurs, pour prendre leurs conclusions.

Les parties publiques après le récollement & l'instruction de la contumace ne sont pas nécessitées de donner des conclusions définitives ; elles peuvent en prendre de préparatoires, requérir de nouvelles informations par addition de monitoires, de nouveaux décrets, ou conclure si elles apperçoivent des nullités, à ce qu'elles soient réparées.

ARTICLE XV.

Le même Jugement déclarera la contumace bien instruite, en adjugera le profit, & contiendra la condamnation de l'accusé. Défendons d'y insérer la clause : si appréhendé peut être, dont nous avons abrogé l'usage.

1. L'article XLVIII, du Réglement de la Chambre Souveraine de Poitiers du 15 Janvier 1689, porte que les pieces & procédures sur lesquelles seront intervenus les Jugements de contumace seront visées & datées dans le vu des Jugements de contumace ; sans qu'aucun Juge puisse signer lesdites Sentences, dont le vu sera en blanc, à peine de nullité ; ni les Greffiers les déposer dans leurs Greffes & les expédier, à peine d'interdiction & de cent livres d'amende.

2. On ne peut trop répéter que la contumace ne doit pas être prise pour un aveu du crime, ni par conséquent engager des Juges à prononcer légérement des peines qui notent d'infamie le condamné, & qui rejaillissent sur toute sa famille. Un Jugement quoiqu'exécuté par effigie seulement, ne laisse pas de faire dans l'idée du public une impression qui porte coup à l'honneur des uns & des autres. C'est ce qui a souvent déterminé des Juges, lorsque les preuves ne leur paroissoient pas assez concluantes, à ordonner un plus amplement informé d'un délai si grand qu'il y avoit lieu d'espérer que l'accusé seroit arrêté, & s'ennuieroit d'être fugitif. D'ailleurs les Juges doivent considérer que si l'accusé étoit présent, il pourroit éclaircir la vérité, détruire les présomptions, reprocher les témoins, &

fournir

fournir des moyens de justification. En un mot la fuite est naturelle, même aux innocents; l'appareil de la Justice, la foiblesse humaine sujette à erreur, non-seulement par rapport aux témoins, mais même à l'égard des Juges, l'horreur de la prison, & une infinité d'autres périls intimident les moins coupables. Il ne faut donc pas imputer à crime la fuite d'un accusé, & le condamner si les preuves ne sont claires & évidentes.

3. Avant cette Ordonnance les Juges inséroient dans leurs Sentences la clause, *si appréhendé peut être*. Ce qui signifioit que le Jugement de contumace seroit exécuté, même si l'accusé pouvoit être arrêté. Mais cet usage est abrogé non-seulement par cet article, mais encore par l'article XVIII, de ce titre, qui au contraire porte, que si le contumax peut être arrêté, tous Jugements seront mis à néant.

ARTICLE XVI.

Les seules condamnations de mort naturelle seront exécutées par effigie, & celles des galeres, amendes honorables, bannissement perpétuel, flétrissure, & du fouet, écrites seulement dans un tableau, sans aucune effigie. Et seront les effigies, comme aussi les tableaux, attachés dans la place publique, & toutes les autres condamnations par contumace seront seulement signifiées, & baillé copie au domicile, ou résidence du condamné, si aucune il a, dans le lieu de la Jurisdiction: sinon affichées à la porte de l'Auditoire.

DÉCLARATION DU ROI, du 11 Juillet 1749.

Qui ordonne que les condamnations au pilori & au carcan seront attachées à la place publique.

„ LOUIS, par la grace de Dieu, Roi de France & de Navarre:
„ à tous ceux qui ces présentes lettres verront salut. Le feu Roi notre
„ très honoré Seigneur & bisaïeul avoit ordonné par l'article XVI, du
„ titre XVII, de l'Ordonnance du mois d'Août 1670, que les seules
„ condamnations de mort naturelle seroient exécutées par effigie; que
„ celles des galeres, amende honorable, bannissement perpétuel, flétrissu-
„ re, ou du fouet seroient écrites seulement dans un tableau, lequel
„ seroit attaché dans la place publique, & qu'à l'égard de toutes les
„ autres condamnations, elles seroient seulement signifiées au domicile du
„ condamné, si aucun il avoit, dans le lieu de la Jurisdiction. Sinon affi-
„ chées à la porte de l'Auditoire. Mais nous apprenons qu'il y a des
„ Sieges où l'on a cru pouvoir étendre à la peine du pilori & à celle

„ du carcan, ce qui a été prescrit par l'Ordonnance à l'égard des con-
„ damnations qui devoient seulement être écrites dans un tableau exposé
„ à la vue du public : & ils ont fondé leur opinion sur ce que la peine
„ du pilori & du carcan pouvoit être comparée à celle de l'amende ho-
„ norable & du fouet. Quoique la lettre de la Loi soit contraire à une
„ pareille extension, nous avons cependant cru que sans s'éloigner de
„ son esprit, on pourroit y appliquer des motifs presque semblables à
„ ceux qui ont servi de fondement à sa disposition. Nous avons d'ailleurs
„ considéré d'un côté que la peine du pilori étant ordinairement celle
„ que l'on prononce contre les banqueroutiers frauduleux, on ne pouvoit
„ faire un exemple trop public sur un genre de crime si pernicieux à la
„ société, & si contraire au bien général du commerce que nous hono-
„ rons d'une protection particuliere ; & de l'autre qu'il étoit aussi impor-
„ tant que la peine du carcan qui approchoit fort d'une véritable flétris-
„ sure ne fût pas moins notoire dans les lieux où elle doit être exécutée.
„ C'est pour ces considérations que sans approuver une addition à l'Or-
„ donnance de 1670, que les Juges n'avoient pas eu droit de faire d'eux-
„ mêmes ; nous avons jugé à propos de suppléer à ce qui manquoit à
„ leur pouvoir, en autorisant le fond de leur sentiment par une Décla-
„ ration expresse de notre volonté,

„ A CES CAUSES de l'avis de notre Conseil, & de notre certaine Science,
„ pleine Puissance, & Autorité Royale, nous avons par ces présentes
„ signées de notre main dit, statué, & ordonné ; disons, statuons, &
„ ordonnons ; voulons, & nous plaît, en ajoutant à la disposition de l'ar-
„ ticle XVI, du titre XVII, de l'Ordonnance de 1670, que les con-
„ damnations à la peine du pilori & à celle du carcan qui seront à l'ave-
„ nir prononcées contre les accusés contumax soient transcrites dans un
„ tableau, & ledit tableau attaché dans une place publique ; ainsi qu'il
„ est ordonné par ledit article, à l'égard de l'amende honorable, & autres
„ peines comprises dans la même disposition. Si donnons en mandement,
„ &c. Donné à Compiegne, le 11 Juillet 1749. *Signé*, LOUIS. Ré-
„ gistré au Parlement de Paris, le 11 Août suivant. „

Cette Déclaration du Roi ne se trouve pas dans le recueil des Edits,
régistrés au Parlement de Dijon, ce qui fait croire qu'elle n'y a pas été
envoyée. Elle est dans le recueil de M. Jousse, tome 3, p. 660.

2. Les condamnations aux galeres doivent être attachées à la place publique,
sans distinction de celles qui sont prononcées perpétuelles, & de celles à temps.

L'amende honorable est dans le même cas ; mais il ne faut pas confondre l'amende honorable à Justice, dont il a été parlé sur l'article XXI,
du titre XIV, des interrogatoires, n. 7, avec l'amende honorable seche
dont il sera parlé sur l'article XXII, du titre XXV, des Sentences, cette
derniere n'est pas dans le cas d'être attachée à la place publique.

Le bannissement perpétuel est aussi dans le cas d'être attaché à un tableau ;
mais notre article ne comprend pas le bannissement à temps.

La condamnation à la flétriſſure & au fouet eſt auſſi dans le même cas ; ces deux peines ſont cependant quelquefois prononcées l'une ſans l'autre ; mais de quelque maniere qu'elles le ſoient, ſéparément ou conjointement ; elles doivent être attachées à un tableau dans la place publique, ſuivant cet article.

3. Toutes les autres peines, non énoncées dans cet article de l'Ordonnance & dans la Déclaration du Roi ci-deſſus doivent ſeulement, lorſqu'elles ſont prononcées par contumace, être ſignifiées au domicile ou réſidence du condamné. Surquoi il faut diſtinguer les mots domicile & réſidence, qui ne ſont pas ſynonymes, ainſi qu'il a été expliqué ſur l'article II, de ce titre, après la Déclaration du Roi de 1680. Ces peines dont les condamnations doivent ſeulement être ſignifiées au domicile du condamné, ſi aucun il a, dans le lieu de la Juriſdiction, ſont par exemple le banniſſement à temps, l'amende envers le Roi, lorſqu'elle eſt infamante, & dans les cas expliqués ſur l'article VII du titre XXV, n. 11 ; & autres peines infamantes, ſuivant qu'elles ſeront détaillées ſur l'article XIII du même titre XXV.

4. Quand il y a partie civile qui néglige de faire faire les effigies, ou de faire attacher les condamnations à un tableau dans la place publique, ou même de faire ſignifier celles qui doivent l'être ; la partie publique doit le faire faire, & pour cela obtenir exécutoire des frais néceſſaires contre la partie civile.

On appelle effigie la repréſentation en peinture du genre de mort prononcée par Arrêt ou Sentence ; on figure ſur du papier, ou du carton le ſupplice ordonné & on l'attache à un poteau ſur la place publique. L'Ordonnance ne dit pas ſi cette opération ſera faite par l'Exécuteur de la Haute-Juſtice ; ce qui ſemble permettre de le faire faire par un autre, lorſqu'il n'y a pas d'Exécuteur ſur les lieux. Voyez cependant ci-après au même nombre.

On fait mention, au bas de l'effigie, des nom, ſurnom, & autres qualités du condamné, & du Jugement, ou Arrêt qui a prononcé la peine de mort par contumace ; car il n'y a ſuivant cet article que la peine de mort qui doive être effigiée. L'Ordonnance ſe ſert du terme *mort naturelle* ; quoique ce ſoit par figure ſeulement ; mais c'eſt pour la diſtinguer de celle qui nous appellons *mort civile*, qui eſt l'effet de la mort figurée.

Les autres condamnations aux galeres, banniſſement perpétuel, amende honorable, flétriſſure, du fouet, du carcan, & du pilori doivent être attachées à un poteau ſur la place publique. Il ſemble comme il vient d'être déjà obſervé qu'il ne faut pas d'Exécuteur de la Haute-Juſtice pour effigier ; parce que l'Ordonnance ne l'exige pas. Et ce qui paroît autoriſer ce ſentiment, c'eſt que dans le projet de l'Ordonnance, il étoit expreſſément dit que les effigies ſeroient attachées par l'Exécuteur à une potence. Mais ſur ce que Monſieur le premier Préſident remontra que l'on pouvoit s'abstenir de mettre dans une Ordonnance les mots d'Exécuteur & de potence, ils furent retranchés ; & l'article rédigé de maniere qu'il ne paroît pas par qui l'exécution doit être faite : mais cependant l'usage est de faire faire toutes sortes d'effigies par l'Exécuteur de la Haute-Justice. Sur-tout celle de condamnation à mort qui doit être attachée à une espece de gibet.

5. Les Jugements s'exécutent par effigie, sans être confirmés par Arrêts ; à moins qu'il n'y en ait appel par la partie civile, ou par la partie publique ; c'est du jour de cette effigie que commence à courir la mort civile encourue par les Jugements de condamnation.

On trouve dans le recueil de la Maréchaussée, page 1056, un Arrêt du 22 Octobre 1658, rendu par la Chambre Souveraine séante à Limoges, par lequel, sur ce qui fut remontré par M. le Procureur Général qu'il y avoit plusieurs Sentences & Jugements rendus par contumace, tant par les Juges royaux & subalternes, que par les Prévôts des Maréchaussées, lesquels n'avoient pas été exécutés, soit par la négligence des Juges, soit par le crédit des personnes condamnées, & même que les Officiers de Justice du ressort du Parlement de Guienne, prétendoient excuser leur négligence sur l'usage où ils disoient être de ne pas faire exécuter les Sentences de contumace, sans permission du Parlement, lequel prétendu usage étoit un abus qu'il falloit réprimer ; pourquoi ce Magistrat requit qu'il fût ordonné à tous Juges, & aux Prévôts de faire mettre à exécution les Sentences de contumace par eux rendues incessamment & sans délais, nonobstant tous usages à ce contraires, & qu'ils fussent tenus de lui envoyer au plus tard dans quinzaine les procès verbaux d'exécution : conformément à ces conclusions la Chambre Souveraine ordonna que tous Juges royaux subalternes, & Prévôts, qui avoient rendu des Jugements & Sentences de contumace, seroient tenus de faire remettre à exécution lesdits Jugements & Sentences incessamment & sans délais, nonobstant tous usages à ce contraires, & d'envoyer dans quinzaine au Greffe de ladite Chambre, les procès verbaux d'exécutions. Voyez le n. 7, de cet article, *in fine*.

Il survient souvent de grandes questions de droit en exécution des Jugements de contumace ; voici les principales.

6. *Prescription du Crime.* C'étoit l'ancienne Jurisprudence que le crime, la peine, & les intérêts civils se prescrivoient par vingt ans. Chenu, *in folio*, partie 4, question 83, cite plusieurs anciens Auteurs suivant lesquels après vingt ans, *nihil amplius superest, nequidem actio civilis.* On peut encore voir *ibidem* Fileau, question 138 : cela a encore lieu pour la peine, quand il n'y a point eu de Jugement exécuté. Mais comme l'effigie ou tableau attachés à la place publique tiennent lieu d'exécution, ils prorogent jusqu'à trente ans la prescription du crime qui sans cette exécution par effigie auroit eu lieu après vingt ans. Le Jugement de contumace ne pouvant être prononcé à un condamné absent, la Justice

prend les précautions nécessaires pour qu'il en ait connoissance comme s'il étoit prononcé à lui-même. L'exécution figurée est non-seulement un exemple au public, mais encore une espece de prononciation à celui qui est condamné, & auquel on le notifie par un acte public; comme sont notifiées les autres peines plus légeres par l'affiche à la porte de l'Auditoire.

Les Arrêts & Jugements ne pouvant avoir d'effet que lorsqu'ils sont signifiés & exécutés; on les exécute figurativement afin que toute la société, & même le condamné soient instruits de la condamnation, qui au moyen de cette exécution, dure trente ans : en sorte que s'il étoit arrêté avant l'expiration des trente ans, à compter du jour de l'exécution par effigie, il seroit jugé comme il auroit pu l'être la même année que le Jugement de contumace a été rendu contre lui. Il faut donc nécessairement une exécution figurée, l'Arrêt ou Jugement n'auroient pas le même effet; un Jugement rendu dans le secret d'une compagnie ne peut faire connoître au public, ni même au condamné, sa proscription. Ainsi qu'il a été jugé au Parlement de Paris, par Arrêt du 29 Mars 1642, quoiqu'il y eût trente & un an que le crime avoit été commis; mais il n'y avoit que 28 ans que l'exécution avoit été faite par effigie. Voyez Brodeau sur Louet, lettre C, chap. 20.

S'il n'y avoit qu'une plainte, informations, & autres procédures, même un Jugement non exécuté par effigie, le crime seroit prescrit par vingt ans, à compter du jour qu'il auroit été commis. Ainsi jugé par autre Arrêt du Parlement de Paris, du 6 Juillet 1703, rapporté au Journal des Audiences; cet Arrêt fut rendu sur les conclusions de M. Joly de Fleury, qui dit qu'il étoit constant que la prescription de vingt ans devoit se compter du jour du crime commis, nonobstant les informations, decrets & même le Jugement *non exécuté*.

La difficulté est de savoir s'il faut que les vingt ou trente ans soient complets, pour que la prescription ait lieu. *In favorabilibus annus inceptus pro completo habetur.* C'est ce qui a été la matiere d'une observation sur Catellan, tome 2, liv. 7, chap. 1, où il est dit que comme la prescription des crimes est favorable, le premier jour de la vingtieme ou trentieme année étant commencé, il est réputé fini, & la prescription acquise. *Idem*, Brillon, au mot *prescription*, n. 30. Cependant Raviot dans son recueil d'Arrêts du Parlement de Dijon, question 256, n. 30, tome 2, p. 332 : dit que cette Cour en jugea autrement à l'Audience Criminelle du 25 Juin 1670, entre Philibert Bacon appellant, & Guillaume Bacon intimé, qui étoit accusé d'un vol domestique commis depuis dix-neuf ans & quelques mois, l'Arrêt n'eut aucun égard à cette exception. Au nombre 27, *ibidem*, notre Auteur dit pour appuyer le bien jugé de cet Arrêt de 1670, que la Coutume de Bretagne, article 160, porte que si quelqu'un qui a été blessé vit plus de quarante jours, & décéde après ce temps, celui qui l'a blessé ne sera pas puni de mort :

sur quoi il cite encore M. d'Argentré, qui, sur l'ancienne Coutume de la même province, article 576, dit que les 40 jours se comptent *de momento ad momentum*. Suivant Boérius, décision 223, n. 11; & Mornac sur la Loi, *ita vulneratus. D. ad Legem aquiliam*. Mais ces autorités semblent ne décider que le cas des quarante jours, & ne pouvoir être appliqués à celui d'une prescription de vingt ans. L'horreur du supplice qui se présente continuellement à l'esprit d'un condamné fugitif, & les reproches de sa conscience pendant vingt ou trente ans, lui font expier son crime d'une maniere si cruelle, qu'il semble qu'après un aussi long exil, il doit être traité plus favorablement que celui qui n'attend que quarante jours. Cependant Jul. Clar. question 52, n. 3, soutient aussi que les vingt ans doivent être complets *de momento ad momentum*. Et c'est effectivement la Jurisprudence des Arrêts nouveaux.

7. *Prescription des intérêts civils.* On distingue la vengeance publique de l'intérêt particulier. La premiere est confiée au ministere public, l'autre n'intéresse que les parties offensées qui ont une action personnelle à laquelle les héritiers du condamné sont sujets, comme à toutes les autres obligations du défunt. Il ne seroit effectivement pas juste que les héritiers de celui qui a porté préjudice, fussent exempts de les réparer; il a éteint le crime par une prescription de vingt ans, c'est une grace de la Loi; mais elle ne l'a pas dispensé ou ses héritiers de la restitution des choses volées, ou du paiement du dommage qu'il a occasionné; cette action est civile, elle doit donc comme toutes les autres actions civiles durer trente ans. Si les intérêts civils prescrivoient par vingt ans, un voleur ou ses héritiers seroient à couvert, après ce temps, de toutes recherches, privileges dont ne jouit pas celui qui de bonne foi est en possession d'un héritage depuis 20 ans.

Notre Coutume de Bourgogne a réduit toutes prescriptions à trente ans, suivant cette Loi le Parlement de Dijon juge que quoique le crime soit prescrit par vingt ans, les reparations civiles ne le peuvent être que par trente ans. Cette Cour le jugea ainsi par Arrêt du 8 Janvier 1673, en faveur d'Etienne Pidey contre Romelet. Raviot qui rapporte cet Arrêt, question 210, n. 9 & 10, après avoir cité les autorités contraires, dit qu'il ne voit pas la raison de différence entre les Jugements exécutés & ceux qui ne l'ont pas été; parce que quand il s'agit de l'intérêt civil, l'exécution n'y fait rien; l'action civile dure trente ans, comme toutes les autres actions ordinaires.

Il est vrai qu'il n'en seroit pas de même pour les amendes & confiscations, ce sont des actions pénales qui suivent le crime, & qui se prescrivent avec lui par vingt ans, lorsqu'il n'y a point eu de Jugement exécuté.

Malgré ce qui vient d'être dit, la Jurisprudence des Parlements est différente, les uns comme celui de Dijon n'admettent la prescription que de trente ans pour les reparations civiles, les autres jugent qu'elles prescrivent avec le

crime par vingt ans. Ceux de Grenoble & Befançon ont une Jurifprudence pareille à celle de Dijon. Le Parlement de Paris & plufieurs
autres au contraire ne mettent aucune différence entre la peine & la réparation civile; parce que l'une eft une fuite de l'autre, & que l'on ne
peut en obtenir la réparation fans convaincre l'accufé du crime; ce qui
néceffiteroit de le punir. On foutient que la prefcription de vingt ans fait
préfumer l'innocence en matiere criminelle, comme celle de trente ans
fait préfumer la bonne foi au Civil; que cette Jurifprudence comme la
plus favorable à l'accufé eft la plus fuivie; que l'on trouve dans les obfervations de M. Leprêtre un Arrêt du 22 Janvier 1600, lors duquel
M. le premier Préfident avertit les Avocats de ne plus douter de cette
maxime qui a depuis été confirmée par plufieurs Arrêts, & entr'autres
par celui du 6 Juillet 1603. Muyart de Vouglans p. 92, ajoute qu'après
ces Arrêts il faut regarder comme une Jurifprudence conftante au Parlement de Paris la prefcription de vingt ans, lorfqu'il n'y a pas eu de
Sentence de contumace exécutée, & celle de trente ans, lorfqu'il y a eu
exécution par effigie ou autrement, & qu'elles operent la décharge de
l'accufé, foit pour la peine corporelle, foit par rapport à la peine pécuniaire.

Les mêmes principes fe trouvent établis par Richer dans fon traité de
la mort civile imprimé en 1755, p. 164. On a prétendu, dit cet Auteur,
que trente ans étoient le terme ordinaire des actions civiles, & que
loin de devoir être reftrainte, parce qu'elle provient d'un délit, c'étoit
au contraire une raifon de plus pour lui laiffer fon étendue ordinaire.
Mais tous les Auteurs, & entr'autres Louet, Expilly, Imbert, Papon &
Chenu atteftent que ce fyftême a été généralement profcrit par deux
raifons; la premiere, parce que l'on ne peut condamner un homme aux
intérêts civils réfultants d'un crime, fans le punir; & que comme le
crime & la peine font éteints, il ne faut plus s'occuper de ce qui s'eft
paffé, crainte de découvrir la vérité, & d'en être convaincu. La feconde
raifon, fuivant cet Auteur, eft que la peine & le crime étant éteints,
tout ce qui fuit le crime, comme l'infamie, eft pareillement effacé; que
fi l'on admettoit après vingt ans la preuve du crime, cela noteroit
celui qui en feroit convaincu d'une infamie; puifque ce n'eft pas la peine qui
fait l'infamie, mais le crime qui donne lieu à la peine; qu'il faut que la prefcription opere autant en matiere criminelle qu'au civil où la prefcription
faifant préfumer la bonne foi, elle fait de même au Criminel faire préfumer l'innocence de l'accufé: d'où il fuit que l'action civile tendante à
révéler le crime, elle ne doit pas être admife après vingt ans; qu'enfin
cette maxime appuyée par une foule d'Arrêts prouve jufqu'à l'évidence
que l'effet de la prefcription de vingt ans eft de laver & d'innocenter pleinement l'accufé.

M. Jouffe a mis à la tête de fon commentaire criminel un traité intitulé *idée de la Juftice*; il y foutient page XXXI, les mêmes principes;

il convient auſſi que l'ancienne Juriſprudence du Parlement de Paris étoit différente, mais il dit que les nouveaux Arrêts ont décidé que l'action civile ſe preſcrit en même temps que l'action criminelle. Cet Auteur eſt cependant obligé de convenir, que, lorſque ſur la demande à fins d'intérêt civil, il eſt intervenu un Jugement qui en a prononcé l'adjudication au profit de l'offenſé, ou de ſes héritiers, ſoit que le Jugement ait été rendu par contumace ou non, l'action pour les dommages & intérêts eſt prorogée juſqu'à trente ans, à compter du jour du Jugement : parce que l'Arrêt ou Sentence de condamnation porte une nouvelle obligation contre la partie condamnée, & que de cette obligation, il naît une action perſonnelle qui dure trente ans. Et effectivement la peine peut être preſcrite par vingt ans, faute d'avoir fait exécuter la condamnation par effigie, ſans que pour cela le Jugement ſoit preſcrit, quant aux réparations civiles qui ne dépendent pas de l'exécution par effigie : mais on peut dire dans cette hypotheſe que tous les inconvénients que trouvent les Auteurs dans la Juriſprudence de Bourgogne ſubſiſtent, puiſque la peine ſe trouve éteinte, ſans que l'intérêt civil le ſoit, quoique ſelon eux ils ne puiſſent s'éteindre l'un ſans l'autre.

Il n'eſt pas étonnant que dans une queſtion auſſi problématique, la Juriſprudence des Parlements ſoit différente. Mais on peut dire à l'avantage de celle de Bourgogne, de Grenoble & Beſançon, que le Parlement de Paris l'a lui même ſuivie anciennement, & qu'elle eſt fondée ſur le droit romain : & nous en particulier nous nous conformons à notre coutume, qui ſans aucune diſtinction a réduit toutes preſcriptions à trente ans. Il faut cependant avouer que Taiſand ſur notre coutume p. 774, diſtingue le cas où l'intérêt civil peut être ſéparé du crime, comme dans le cas de vol; le profit en reſtant aux héritiers, l'action dure parmi nous trente ans ſuivant la Loi 6, D. *de publicis judiciis*, & les Arrêts rapportés par M. Louet, lettre C, ſom. 47; mais dans le cas de meurtre où le crime ne peut être ſéparé des réparations civiles, Taiſand convient que cet intérêt civil eſt preſcriptible par le même temps que le crime; il en rapporte même un Arrêt du Parlement de Dijon du 16 Janvier 1666, qui mit les parties hors de Cour, quoique la veuve de celui qui avoit été tué ſoutint que la preſcription de vingt ans n'avoit pu courir contre ſes enfants mineurs. Les parties furent miſes hors de Cour, parce qu'il y avoit plus de vingt ans que le crime avoit été commis.

Reſte à obſerver que dans le reſſort du Parlement de Paris & autres, qui jugent que tout preſcrit par vingt ans, peine & intérêts civils, la preſcription court contre les mineurs à cet égard, comme contre les majeurs; c'eſt le ſentiment des Auteurs cités, & entr'autres de Du Rouſſeau de la Combe partie 3, chap. 1, ſection 3.

Si le Jugement par contumace n'étoit exécuté par effigie que dix neuf ans après qu'il auroit été rendu, la preſcription de trente ans ne courant

que

que du jour de l'exécution & de l'effigie, il y en arriveroit un grand inconvénient qui feroit que la prescription ne pourroit être éteinte que trente ans après; c'est pourquoi il est fort intéressant que les parties publiques, faffent faire les exécutions par effigie le plutôt qu'elles le peuvent, après que les condamnations font intervenues; fuivant l'Arrêt de la Chambre Souveraine de Limoges rapporté au nombre 5 de cet article XVI.

8. *L'absolution a un effet rétroactif.* Si celui qui est condamné par contumace à une peine qui emporte mort civile, fe représente pour purger la contumace, il rentre dans tous fes droits, au cas qu'il foit abfous; fa représentation volontaire ou forcée anéantit la condamnation prononcée contre lui; enforte que quoiqu'il ne fût pas capable de recueillir les fucceffions qui lui étoient arrivées pendant fa contumace, il peut les répéter. *Cessante causâ, cessat effectus.* C'est ce qui a été décidé par Arrêt du Parlement de Toulouse du 14 Février 1681, qui jugea auffi que la prescription de trente ans, n'avoit pas le même effet: parce qu'elle ne fait pas comme l'abfolution, qui est une preuve de l'innocence, rentrer le condamné dans tous fes droits, elle ne l'exempte que de la peine.

9. Il n'y a plus que le crime de lefe Majesté & le duel qui foient imprescriptibles. La Loi 19, D. *ad Legem Corneliam de falsis*, & autres pareilles ne font pas fuivies en France. C'est l'obfervation de Catellan édition de 1723, tome 2, liv. 7, chap. 1, p. 456.

10. La prescription n'a pas un effet rétroactif. Elle emporte feulement pour l'avenir le rétablissement du condamné dans fon premier état. Il rentre dans fa qualité de citoyen *jure postliminii.* Il devient capable des effets civils. Voyez Cujas dans fes obfervations liv. 4, chap. 14, & Lapeyrere lettre S, n. 212. Cependant Rocher dans fon traité de la mort civile imprimé en 1755, dit que la mort civile ayant une fois été encourue, elle ne peut plus s'effacer; à moins qu'il n'y eût une Loi précife qui contînt une difposition contraire; que fi la peine corporelle & la peine pécuniaire font prefcrites par la négligence de la partie publique & de la partie civile, la prescription ne tombe pas fur la mort civile, en faveur d'un fcélérat qui a été retranché de la fociété dont il a troublé le bon ordre; que la mort civile est une fiction qui doit imiter la nature, que par conféquent un homme mort naturellement ne prefcrivant pas par trente ans contre la mort, il en doit être de même de la mort civile, dans les liens de laquelle un homme ayant été pendant trente ans, il n'en peut fortir; que d'ailleurs on ne prefcrit pas contre le droit public, d'où il conclut que nous devons tenir pour maxime certaine, que quand il n'y a point eu de condamnation, tout est prefcrit par vingt ans; qu'il en est de même quand il y a eu condamnation fans exécution: mais que s'il y a eu exécution, la mort civile une fois imprimée ne peut cesser que par l'abfolution ou rémission. Enfin cet Auteur après avoir rapporté avec fon exactitude ordinaire, les fentiments différents fur cette question,

dit qu'elle a été décidée contre le sieur d'Ascheux par un Arrêt du Parlement de Paris, du 6 Mars 1738, rendu en la Grand'Chambre au rapport de M. Sévert, par lequel il a été jugé que la mort civile est irrévocable, même après trente ans expirés; & il ajoute que cet Arrêt récent peut être regardé comme ayant fixé la Jurisprudence au Parlement de Paris. Il convient cependant que celle du Parlement de Toulouse est contraire, & rapporte plusieurs Arrêts de cette Cour qui en fixent la Jurisprudence; sans pour cela changer de sentiment; car il persiste à dire que celle du Parlement de Paris est la seule qui doive être suivie, comme plus conforme aux principes.

Muyart de Vouglans, partie 3, chap. 4, p. 93, dit que la même question a été balancée long-temps en faveur de l'accusé, & qu'elle a été enfin jugée contre lui; par les derniers Arrêts, qui ont décidé que l'effet de la prescription de vingt ou trente ans se bornoit uniquement à la décharge du crime, quant à la peine, & aux dommages & intérêts; mais qu'elle ne peut servir de titre à un accusé contumax pour recouvrer les successions qui seroient échues pendant le cours de la prescription. Il cite un Arrêt du Parlement de Paris du 2 Septembre 1737, qui a déclaré non recevable un particulier qui demandoit après trente ans à purger la contumace, & à proposer des moyens de nullité contre les informations qui n'étoient pas signées par le Juge. Il rapporte encore un Arrêt de la même Cour du 4 Mars 1738, qui a porté la sévérité jusqu'à déclarer le condamné qui avoit préscrit la peine de mort, incapable des successions ouvertes dans sa famille, même depuis la prescription acquise. *Idem* Denisard, au mot *préscription*, où il rapporte plusieurs Arrêts modernes qui l'ont ainsi décidé.

Du Rousseau de la Combe, partie 3, chap. 16, n. 3, dit de même que l'on tient à présent que celui qui a été condamné à mort par Sentence exécutée, a préscrit la peine après trente ans; mais que du jour de l'échéance des trente ans, il est mort à jamais civilement; qu'il ne peut plus se mettre en état, ni succéder, & qu'il n'a plus d'état civil. Ainsi cette question n'est plus problématique, elle se trouve décidée par tant de nouveaux Arrêts, qu'il faut tenir la Jurisprudence comme fixée, à cet égard. Un pareil condamné est si fort rejeté de la société, qu'il est privé pour toujours des effets civils : il ne peut tester ni succéder, & on ne peut hériter de lui pour les biens qu'il a pu acquérir depuis sa condamnation; ainsi qu'il va être prouvé n. 19 : en un mot il a préscrit contre la société, & la société a préscrit contre lui; il a préscrit la peine de son crime, & son droit de retour dans la société est aussi préscrit. Il est mort civilement, & retranché du nombre des citoyens, sans espérance d'y être rétabli. Voyez encore Soefve, partie 2, cent. 3, p. 288, où il rapporte un Arrêt du 15 Mai 1665, qui l'a ainsi jugé, & même que l'enfant de la femme complice du parricide ne peut rien prétendre dans les biens du pere assassiné.

XI. *Mariage.* La mort civile ne peut empêcher le condamné de contracter mariage : mais il n'y a que le Sacrement qui soit valable ; les
clauses ordinaires dans ces actes pour régler les droits des mariés & de
leurs enfants, dérivent du droit civil ; ainsi ceux qui sont morts civilement ne peuvent faire des conventions suivant le droit civil. La Déclaration du Roi du 26 Novembre 1639, déclare incapables de toutes successions, les enfants de ceux qui se marient après avoir été condamnés à
mort, si avant leur mort naturelle, ils n'ont été restitués en leur premier état par les voies prescrites par les Ordonnances. Ce qu'il y a de
plus remarquable pour notre question dans cette Loi, c'est qu'elle exclut
de toutes successions les enfants du condamné, marié après sa mort civile,
ce qui comprend même les successions collatérales. Il est cependant vrai
que l'on trouve au Journal des Audiences, un Arrêt du 25 Mars 1709,
qui paroît avoir décidé le contraire ; mais il ne fut rendu en faveur des
enfants, qu'à cause de la bonne foi de la mere, qui lors de son mariage,
avoit ignoré la condamnation prononcée contre celui qu'elle épousoit ;
& même malgré cela, Richer dans son traité de la mort civile, p. 248,
dit qu'il faut qu'il y eût encore lors de cet Arrêt, d'autres circonstances :
puisque l'Ordonnance ne fait aucune exception ; il dit qu'il faut que la
bonne foi de la femme fût fondée sur l'impossibilité d'avoir eu connoissance de l'exécution par effigie faite contre son mari ; sans quoi cet Arrêt
seroit regardé comme contraire aux principes, & à la déclaration de
1630 ; parce que si l'on excusoit l'ignorance d'un acte annoncé juridique-
ment au public, & avec les précautions prescrites par les Ordonnances ;
ceux qui sont morts civilement jouiroient des avantages de la vie civile ;
il leur suffiroit pour cela de s'éloigner du lieu où ils auroient été condamnés, & sous prétexte de bonne foi de ceux qui auroient contracté
avec eux, on seroit obligé de regarder comme bons & valables les
actes qu'ils passeroient ; ce qui rendroit les Loix inutiles, ainsi pour que
la bonne foi puisse dans cette occasion servir de moyen valable, il faut
que celui en qui on la suppose, se soit trouvé dans des circonstances
qui rendent son ignorance invincible.

M. Louet lettre E, som. 8, rapporte plusieurs Arrêts conformes à
ces maximes qui sont constantes. Bardet, tome, 1, chap. 29, cite un
Arrêt de 1618, qui quoiqu'antérieur à la Déclaration de 1639, jugea
que les enfants d'un Gentilhomme nés depuis une condamnation au bannissement perpétuel hors du Royaume, étoient incapables de lui succéder.
Il faut pour que ces peines aient lieu, que la mort civile soit encourue
par un Jugement exécuté par effigie, & il faut que la peine prononcée
soit de mort, ou des galeres perpétuelles, ou de bannissement perpétuel
hors du Royaume. Les autres peines n'emportent pas celle de mort
civile.

Brodeau sur Louet *ibidem*, parle des enfants issus d'un mariage contracté après une condamnation emportant mort civile, lesquels par cou-

séquent ne peuvent succéder à leurs pere & mere, & il observe qu'il ne laisse pas d'y avoir entre ces enfants & ceux d'un précédent mariage droit de parenté & de cité ; ensorte qu'ils peuvent succéder les uns aux autres, même aux biens du pere échus par son décès à l'enfant du premier lit qui décede sans enfants : parce que ses biens ne sont plus paternels ayant changé de qualité par la mutation des personnes, & que l'incapacité qui les a exclus de la succession ne regardoit que le premier degré de succéder dans les biens du pere ; ainsi qu'il dit avoir été jugé par Arrêt du 6 Juillet 1637.

Henrys, liv. 6, chap. 1, quest. 1, p. 883, édition de 1708, rapporte aussi des Arrêts qui ont décidé que le mariage de ceux qui sont morts civilement, est valable ; mais que leurs enfants ne peuvent leur succéder. Et Bretonier ajoute que suivant la nouvelle Jurisprudence & l'Ordonnance de 1639, ces mêmes enfants, & leur postérité sont aussi incapables de toutes autres successions : & effectivement cette Ordonnance prononce une incapacité générale contre les enfants issus de pareils mariages ; ils ne sont pas regardés comme membres de la famille.

12. *Communauté conjugale.* Voici le cas qui se présente le plus souvent. Un mari est condamné par contumace à mort, ou aux galeres perpétuelles, ou au bannissement perpétuel hors du Royaume ; ces peines emportent mort civile. Il s'agit de savoir si par une pareille condamnation la communauté cesse, si la femme peut gérer sans autorité, en quoi consistent ses droits & avantages.

La Communauté entre mari & femme dérive de la Loi civile, dès que cette Loi abandonne l'un des conjoints, la communauté doit cesser. Tous les droits qui sont une suite de la communauté, commencent à avoir lieu. Cette dissolution opere l'ouverture de toutes les reprises ; parce que le mari étant devenu par la mort civile, incapable des effets civils, il est considéré dans la société comme s'il étoit mort naturellement, & la femme est réputée lui avoir survécu. *Amplius non habet caput* : dit de Renusson, traité de la communauté, partie 1, chap. 9, n. 67 ; il n'a plus de puissance, ni d'autorité, la femme est en toute liberté de disposer de ses biens, contracter, s'obliger, &c. Mais lorsqu'une femme est condamnée à une peine qui emporte mort civile, la confiscation qui en est une suite, n'a pas d'effet sur les biens de la communauté, ils appartiennent au mari, à l'exclusion du fisc ; ainsi qu'il a été jugé par un Arrêt célebre du Parlement de Paris en la premiere des Enquêtes du 14 Mai 1703. Le même Arrêt adjugea les revenus des propres au mari, à compter du jour de la condamnation. Voyez Denisard, au mot *confiscation*, tome 1, p. 264.

Le droit de survie & celui de bague & joyaux sont réglés suivant les différentes coutumes, & les pays. Dans ceux où ils sont dus par la coutume, il n'y a que la mort naturelle qui puisse y donner lieu, la convention stipulée par un contrat de mariage, s'entend de la mort naturelle. Il n'est pas à présumer que dans un pareil acte l'on ait entendu parler de la mort civile. *In ea enim conventione, si quis prius decesserit, mors naturalis, non civilis venit.* Cette question est décidé par tant d'Arrêts rapportés par nos Auteurs, & entr'autres par M. Louet, lettre C, n. 26, qu'elle ne peut passer pour problématique. Il en est de même des droits conventionnels. Un avantage stipulé au profit du survivant n'auroit pas lieu par la mort civile.

En Bourgogne, & dans les autres pays où le droit de deuil est réciproque, la mort civile n'y peut aussi donner lieu. Il ne peut être demandé qu'après la mort naturelle, on ne porte pas le deuil d'un vivant. Il ne seroit d'ailleurs pas juste d'adjuger un deuil à cause de la mort civile d'un homme condamné à une peine ignominieuse, un pareil sujet n'est pas digne de regrets. Voyez au sujet des autres droits de la femme & des enfants ci-après, n. 24 de cet article.

La puissance maritale cesse par la mort civile du mari, la femme est considérée comme veuve rentrée dans tous ses droits. Par conséquent elle est capable de vendre, aliéner, tester, ester en Jugement, & faire tous autres actes que peuvent faire les personnes libres. Le mari tenoit de la Loi civile sa puissance de gérer les biens de la communauté, il a perdu le bénéfice de cette Loi par sa mort civile, il avoit l'autorité sur sa femme, il ne peut lui donner une autorité & un pouvoir qu'il n'a plus. Voyez ci-après le n. 24 de cet article.

13. *Condamné à mort pendant l'appel.* Celui qui a été condamné à mort, ou aux galeres perpétuelles, ou au banissement perpétuel hors du Royaume n'est pas censé mort civilement, s'il décede pendant l'appel de la Sentence de condamnation ; on juge en faveur de la liberté, qu'il est mort *integri statûs.* Par conséquent il a pu recueillir les successions qui lui sont arrivées pendant l'instruction de son procès, & pendant l'appel qui a l'effet de suspendre celui de la condamnation. Plusieurs Arrêts ont même décidé que les condamnés ont pu succéder lorsqu'ils décedent pendant les cinq ans après la condamnation ; parce que pendant ce temps que l'Ordonnance leur accorde pour purger la contumace, ils ne sont pas encore privés des droits de la société. Voyez Lebrun des successions, édition de 1743, liv. 1, chap. 2, section 3 ; & Brodeau sur Louet, lettre S, n. 15.

14. *Testament des accusés.* Par les mêmes raisons qui viennent d'être rapportées, ceux qui sont condamnés aux peines emportant mort civile & qui meurent pendant les cinq ans après les condamnations par contumace, ou pendant l'appel, ont pu faire des testaments valables. La mort pendant ce temps a éteint non-seulement la condamnation, mais encore le crime & l'accusation. Ainsi ils ont pu tester & même succéder. *Habebant testamenti factionem activam & passivam.* Suivant la Loi 9, D. *qui testamenta facere possunt.*

Il n'en seroit pas de même si le condamné mouroit cinq ans après la condamnation, exécutée par effigie. Les testaments qu'il auroit faits, même pendant les cinq années, seroient nuls ; parce qu'il faut avoir lors de la mort la faculté de tester : ce que l'on ne peut dire de celui qui est mort cinq ans après une condamnation qui emporte mort civile. Ceux qui ne se représentent pas dans les cinq années de l'exécution de la Sentence par effigie, sont réputés morts civilement, suivant l'article XXVIII de ce titre : ils sont incapables de donner, même de recevoir par testament ou autres actes. Voyez Lapeyrere lettre S, n. 212. Lebrun des successions édition de 1743, livre 1, chap. 2. Louet lettre G, n. 25. Dolive liv. 5, chap. 7. Richer p. 217. Bourjon titre XII, section 3. Ferriere sur la Coutume de Paris, article CLXXXIII, & autres Auteurs. Pour faire un testament, & pour être capable de recevoir, il faut être du nombre des Citoyens ; celui qui est mort civilement en est retranché.

La question de savoir si ceux qui sont morts civilement sont capables de recevoir des legs est plus difficile. On fait une distinction. Ceux qui sont condamnés par contumace à mort, sont regardés comme morts naturellement. Suivant cette fiction, ils n'ont pas besoin de legs ni d'aliments. Mais ceux qui ne sont condamnés qu'aux galeres perpétuelles ou au bannissement perpétuel hors du Royaume, quoique censés morts civilement, sont traités plus favorablement ; la Justice leur a conservé la vie ; il est juste de leur permettre de recevoir des legs pour leur fournir les choses nécessaires à la vie. Le Droit Romain leur avoit laissé la faculté de recevoir des aliments, même par testament. Loi 16, D. *de interdictis & relegatis*. Nous la suivons, pourvu que la somme léguée n'excede pas le nécessaire pour aliments, sinon elle est réduite.

Il y en a même qui prétendent que celui qui est condamné à mort par Sentence exécutée par effigie, est aussi capable de recevoir des legs pour aliments, suivant la Loi D. *de bonis damnat*. Raviot question 256, n. 28, tome 2, p. 332 ; rapporte que le dernier Duc du Pontdevaux avoit légué à Louis de Gorrevod son fils naturel, une terre dont le revenu étoit de quinze ou seize mille livres. Il institua son héritier universel le Marquis de Tiange ; le testament fut impugné & contesté au Parlement de Dijon par ses heritiers *ab intestat*. Le procès fut ensuite porté au Parlement de Paris. Le Chevalier de Gorrevod s'y pourvut, & demanda que le sieur Joliot receveur des revenus de cette succession, fût condamné à lui payer pendant le procès, douze ou quinze cents livres, pour sa subsistance. Le Parlement lui adjugea six cents livres. Ce Chevalier de Gorrevod vint à Dijon, où il fut accusé & convaincu de plusieurs vols nocturnes, condamné par contumace à être rompu vif, & en sept cents livres d'amende au profit de la Ville de Dijon. Le Jugement fut exécuté en figure. Le Syndic de la Ville fit saisir entre les mains de Joliot la pension alimentaire. Il répondit que le Chevalier de Gorrevod ayant été condamné à mort, & son Jugement ayant été exécuté par effigie, sa pension alimentaire avoit cessé : parce qu'il étoit censé mort naturellement, aussi-bien que civilement. Le Syndic répliqua qu'il y avoit grande différence entre la mort civile & la mort naturelle ; que le Parlement avoit condamné le Chevalier à mourir ; mais qu'il ne l'avoit pas condamné à mourir de faim. La contestation portée à l'Audience, elle fut appointée, & depuis par Arrêt du 20 Mars 1696, le Procureur Syndic de la Ville de Dijon gagna son procès.

Il semble que cet Arrêt n'est pas contraire aux maximes qui viennent d'être établies ; parce que la pension du Chevalier de Gorrevod pour aliments lui avoit été léguée long-temps avant sa condamnation à mort, & même, suivant les apparences, avant ses crimes commis. Malgré cela il est à présumer que si le Chevalier avoit lui-même demandé cette pension, elle lui auroit été refusée ; parce que la Loi abandonne totalement les condamnés à mort, sans s'embarrasser s'ils ont des aliments, ou non. Il est vrai que l'on pourroit dire que les créanciers n'ont pas plus de droit que le débiteur, & par conséquent que le Syndic de Dijon représentant le condamné, sur lequel il saisissoit, il n'avoit pas plus de droit que lui à la pension. Ce qui pourroit faire croire que la Cour voulut favoriser ce créancier, sur-tout à cause que la succession étoit opulente ; mais on peut répondre que dans une pareille occasion, les créanciers légitimes sont beaucoup plus favorables que le condamné, qui n'est traité durement qu'à cause de son incapacité personnelle qui ne mérite aucun égard ni secours.

Il y a cependant des Auteurs qui soutiennent que les condamnés à mort peuvent recevoir des legs pour aliments. Taisand sur notre Coutume de Bourgogne, titre II, article I, note 7, p. 51 ; convient que la perpétuité de la peine, fait perdre le droit de cité & la liberté. Il cite la Coutume de Nivernois, chap. 2 des confiscations, article VIII ; où Coquille dit que ce qui est légué à celui qui est condamné à une peine perpétuelle est nul ; mais qu'il en faut excepter les legs faits pour aliments & vêtements, suivant la Loi 3, D. *de his quæ pro non script. L. legatum D. de cap. minut ;* parce que tels legs sont pour les choses nécessaires à la nature qui n'est pas sujette aux raisons du droit civil. Taisand continue en disant que si l'on fait un legs au profit d'un condamné à la mort civile pour ses aliments & vêtements, il en peut demander le paiement ; parce qu'il y auroit une extrême dureté à priver ces malheureux condamnés, & ces serfs de la peine, des choses absolument nécessaires à la nature qui n'a point d'autres loix que les siennes, lorsqu'il s'agit de sa conservation. Il cite entr'autres autorités la Loi 8, *D. de cap. minut.* Mais il en faut toujours revenir à la distinction ci-dessus, que les condamnés à mort ne méritent aucune compassion, & qu'ils sont totalement abandonnés par la Justice, au lieu que les condamnés aux galeres perpétuelles, ou au bannissement perpétuel hors du Royaume, quoique morts civilement, ne sont pas indignes des secours absolument nécessaires pour soutenir une vie que la Justice leur a conservée.

Une autre question est de savoir si la simple accusation d'un crime capital empêche l'accusé de faire un testament. Le plus grand nombre des Auteurs soutient l'affirmative. Cependant tous conviennent que la validité du testament dépend de l'événement de l'accusation. Si l'accusé est jugé coupable d'un crime qui emporte confiscation, le testament est nul. Voyez Ricard des donations, part. 1, chap. 3, section 4, n. 240: il appuie son sentiment sur la Loi 9. *Si quis post accusationem. D. Qui testamenta facere possunt* : suivant laquelle il faut que le testateur décede avant la condamnation pour que son testament soit valable ; parce qu'il est à présumer que celui qui est accusé d'un crime capital, & qui est condamné, n'a eu d'autre vue en faisant un testament que d'éviter les suites d'une condamnation qu'il savoit infaillible.

M. l'Avocat Général Servin lors de l'Arrêt du 25 Juin 1619, rapporté par Bardet, tome 1, chap. 63 : dit que c'étoit une maxime qui s'observoit étroitement en pays de droit écrit, que *reus, à die commissi criminis, perdit bonorum suorum administrationem & dispositionem*. Que cette question avoit été controversée entre les anciens Jurisconsultes ; mais qu'elle a été enfin terminée par une distinction tirée de la légéreté ou de l'énormité des crimes ; que suivant ce principe, il fut jugé que le parricide contumace ne pouvoit avoir succédé à son pere, & qu'il avoit perdu la disposition de ses biens du jour de son crime. Au moyen de quoi la Cour confirma une Sentence de la Sénéchaussée de Lyon, qui avoit annullé des ventes faites par le parricide, même avant qu'il eût été accusé & poursuivi.

Cependant par autre Arrêt du premier Juillet 1632, rapporté au Journal des Audiences, tom. 1, p. 165 ; il a été jugé que celui qui a commis un crime capital pour lequel il a depuis été condamné à mort & exécuté, n'avoit pas été interdit de tester avant le décret. Pour concilier ces décisions & en revenir aux véritables maximes, il faut lire les deux nombres suivants ; tout dépend des circonstances.

15. *Donations entre vifs*. Les donations entre vifs semblent être dans un cas différent de celui des testaments des accusés dont on vient de parler : parce que celui qui fait une donation entre vifs n'a pas ordinairement la mort en vue, il est censé n'être guidé que par la libéralité, ou par la reconnoissance dont il veut voir l'effet de son vivant. Il y a cependant des Auteurs qui prétendent que suivant la Loi *post contractum* 15. *D. de donationibus*. Toutes donations sont nulles lorsqu'elles sont suivies de la condamnation du donateur, sans entrer dans la considération, si elles sont faites *suspicione pœna*, ou non. Guerrin sur l'article 272 de la Coutume de Paris, & Ricard des donations par une addition, partie 1, chap. 3, sommaire 4, n. 247, disent qu'il y a de la Justice d'annuller toutes les dispositions qui ont été faites depuis le crime, quand même l'accusé seroit absous : parce que l'on doit présumer qu'il n'a donné que dans la crainte de la mort.

Richer dans son traité de la mort civile soutient au contraire p. 115, qu'une donation faite par un accusé, quoique suivie d'une condamnation

est

est valable; lorsqu'il est prouvé qu'elle n'a pas été suggérée par la crainte de la mort, ou par le desir de frauder. Ensorte que lorsqu'une donation faite par un accusé est déclarée nulle; c'est par rapport à la fraude dont l'acte est infecté, & non par rapport à la situation du donateur, qui, jusqu'à la condamnation, conserve la faculté de faire toutes sortes d'actes. Et s'il est absous, il conserve son état, comme s'il n'avoit jamais été accusé; tous les actes qu'il a faits sont bons. Ce qui prouve que les donations par lui faites ne peuvent être annullées que pour des raisons & des moyens communs à toutes les donations ordinaires.

Bourjon, titre II, section 3, prétend que celui qui est accusé d'un crime capital ne peut donner entre vif, par les mêmes raisons, qui sont; qu'il y a soupçon violent, qu'il n'a fait la donation qu'en fraude de la confiscation qu'il craignoit; ce qui la rend nulle s'il est condamné. C'est effectivement l'événement qui doit décider de la validité ou invalidité de pareils actes, & c'est aussi le sentiment du plus grand nombre des Auteurs. Du Rousseau dans sa Jurisprudence Civile, titre XVI, article I, p. 336, est de cet avis. Legrand sur la Coutume de Troyes, titre VII, article CXX, glose 2, n. 15, dit que toutes donations faites après avoir commis un crime, peuvent être cassées & révoquées, pourvu que la condamnation ait suivi. Devédel sur Carellan, tom. 1, liv. 3, chap. 23; Ferriere sur l'article CLXXXIII de la Coutume de Paris, & autres sont de même sentiment. Il n'y a que la condamnation qui puisse manifester le crime, & par conséquent l'intention de la disposition faite par celui qui l'a commis. Les ventes & aliénations sont presque dans le même cas. Voyez le nombre suivant.

16. *Ventes, aliénations.* A l'égard des ventes ou aliénations à titre onéreux faites par un accusé, même des échanges; ces actes sont aussi valables, s'il ne paroît point de mauvaise foi. Il peut arriver que l'acquéreur ignore le crime du vendeur. Ce n'est que le décret de prise de corps rendu public qui forme l'accusation; jusques-là quoique le coupable contracte dans la vue de mettre son bien à couvert, il n'est pas juste que l'acquéreur de bonne foi perde le prix de son acquisition, à moins que l'on ne prouve son intelligence & sa mauvaise foi par les circonstances; comme si la vente étoit universelle, ou si elle étoit faite à un proche parent, ou si l'on avoit pris des mesures pour rendre secrette l'aliénation. Voyez Cujas sur la Loi *post contractum*, n. 8; Dargentré sur l'article CLXXXVIII de la Coutume de Bretagne; Basnage sur l'article CXLIII de celle de Normandie, Lebret dans ses décisions livre des matieres criminelles, décision 4, & dans son traité de la Souveraineté, liv. 3, chap. 15; Ricard des donations, partie 1, chap. 3, tom. 4, n. 44; Leprêtre cent. 1, question 85; Henrys tome 2, liv. 4, question 36; Papon dans ses notes, titre I, liv. 5, des donations; & Richer dans son traité de la mort civile, p. 147; où ce dernier de toutes ces autorités conclut que les circonstances seules décident dans cette matiere: parce qu'en général

un homme qui n'eſt ſimplement que dans les liens de l'accuſation, con-
ſerve tous les droits de la vie civile ; mais comme ſa ſituation peut lui
faire chercher les moyens de frauder, on examine de plus près les actes
qu'il fait ; on ne les annulle pas pour raiſon d'incapacité de ſa part, mais
ſeulement à cauſe de la fraude qui eſt toujours préſumée dans ce cas,
lorſqu'il n'y a pas de preuve contraire.

Legrand, ſur l'article CXX, de la Coutume de Troyes, n. 17, croit
que l'accuſé peut vendre, pourvu que l'aliénation n'excede pas ce qui lui
eſt néceſſaire pour ſes aliments, & pour fournir aux frais de ſa juſtifica-
tion, & autres néceſſités ; car, quoique l'accuſé ait encore l'adminiſtra-
tion de ſon bien, & qu'il puiſſe en recevoir les revenus, & même que
ſes débiteurs puiſſent le payer valablement ; il a beſoin d'argent pour la
néceſſité de ſes affaires ; par conſéquent, il peut vendre pour y ſubvenir ;
autrement, les accuſés, quoiqu'innocents, ſeroient expoſés à être condamnés, faute de pouvoir fournir aux frais de leur défenſe. Ce qui s'entend, continue Legrand, quoique l'acheteur ait connoiſſance de l'accuſation, & même que l'accuſé ſe ſoit abſenté, & que ſes biens ſoient
annotés ; à condition néanmoins, que les intérêts Civils, & les dépens,
pourront être payés ſur le ſurplus des biens ; car, s'ils n'étoient pas ſuffi-
ſants, les aliénations ſeroient révoquées juſqu'à concurrence des réparations
civiles, & des dépens qui, ſuivant les Arrêts, ſont hypothéqués ſur les
biens des condamnés, du jour du délit, principalement pour les crimes
atroces ; & même ſi l'accuſé avoit vendu des fonds d'un prix conſidérable,
qui excéderoit ſes beſoins néceſſaires, la vente ſeroit révoquée juſqu'à
concurrence de l'intérêt civil, & des dépens.

Legrand ajoute que l'accuſé peut préſenter requête pour avoir permiſſion de vendre juſqu'à une certaine ſomme, & que ſur cette permiſſion,
il peut vendre ; ainſi qu'il a été jugé par Arrêt du 3 Juillet 1567 ; mais
que lorſque la partie civile eſt ſatisfaite, & qu'il ne reſte plus que l'intérêt du fiſc pour la confiſcation, la vente ſubſiſte ; à moins que l'acquéreur ne ſoit de mauvaiſe foi, laquelle eſt préſumée lorſqu'après un crime
atroce, connu dans le pays, l'accuſé vend la meilleure partie de ſon
bien, excédant le beſoin de ſes affaires. Voyez à ce ſujet, un Arrêt de
1708, rapporté ſur l'article XIX, du titre XXV, n. 3.

Toutes ces autorités différentes, tant au ſujet des teſtaments, que des
donations, ou aliénations, ne peuvent déterminer une concluſion certaine :
ce ſont les circonſtances de bonne ou mauvaiſe foi, de la part des con-
tractants, la néceſſité & les beſoins de l'accuſé, l'objet de la vente, avec
la qualité du crime, qui peuvent faire annuller les actes comme frauduleux ; il eſt ſouvent difficile de prouver la fraude : pour voir cette
matiere bien traitée, il faut recourir aux concluſions de M. l'Avocat
Général Talon, au Journal des Audiences, tome 3, liv. 3, chap. 4 ;
& à M. le Préſident Bouhier, chap. 55, n. 300, tome 2, p. 182.

17. *Eſter en Jugement.* Juſqu'à la condamnation, un accuſé jouit des

droits de la société ; mais après la condamnation rendue & prononcée, ou exécutée par effigie, le condamné eſt cenſé mort civilement ; il eſt incapable de vendre, d'acquérir, d'aliéner, & de faire aucun acte de la vie civile : cependant cela n'a lieu que lorſqu'il s'agit de la peine de mort, les condamnés à cette peine, ſont totalement privés de la faculté de faire aucuns actes ; la Loi les regarde comme morts naturellement : au lieu que ceux qui ne ſont condamnés qu'à une autre peine, emportant mort civile, conſervent encore des droits ; ils peuvent acquérir, & même exiger les arrérages de leurs rentes ou penſions viageres : mais comme ils ne peuvent eſter en Jugement, ſoit en demandant ou en défendant, puiſque par la mort civile, ils ſont bannis de la ſociété ; il faut qu'ils aient un curateur, pour paroître en Juſtice, ſoit au Civil, ſoit au Criminel, dans le cas où ils voudroient ſe rendre accuſateurs ; car s'ils étoient accuſés de quelque nouveau crime, on pourroit les pourſuivre ſans aucune formalité, comme toutes autres perſonnes ; parce que ſi la Juſtice leur a conſervé la vie naturelle, ce n'a été qu'à condition qu'ils n'en abuſeroient pas ; s'ils commettent de nouveaux crimes, ils n'en ſont punis que plus ſévérement. Voyez ci-après, les obſervations ſur l'article XIII, du titre XXV, n. 8.

On demande ſi après que la confiscation des biens a été prononcée, le Seigneur à qui la confiscation appartient, eſt partie capable pour défendre aux actions des créanciers, & ſouffrir la vente des biens. Quelques Auteurs prétendent qu'il faut dans ce cas, créer un curateur aux biens confiſqués, ſuivant un Arrêt du Parlement de Paris, du 7 Août 1624 ; & c'eſt effectivement l'uſage : il en eſt de même que des biens vacants, pour la vente deſquels il faut un curateur, lorſqu'il y a des créanciers du défunt. Becquet, au Traité du Droit de déshérence, chap. 8, n. 4, dit que les créanciers doivent faire créer un curateur aux biens du défunt, avec le Procureur du Roi ou du Seigneur ; & au nombre 8, il ajoute qu'il eſt abſolument néceſſaire de créer un curateur, parce que l'on ne peut ſaiſir, ni adjuger par décret ſur le Roi, ni ſur un Procureur du Roi.

Lapeyrere, lettre C, n. 107, édition de 1717, p. 66, dit auſſi que ſi les créanciers veulent faire vendre les biens d'un condamné à mort, par décret ou autrement, il faut lui faire créer un curateur en cauſe ; ainſi qu'il a été jugé par Arrêt du Parlement de Bordeaux, du 8 Août 1672 ; il en cite un autre de la même Cour, du 7 Septembre 1709, n. 1, p. 149 : ce dernier Arrêt a jugé au contraire, que les biens d'un condamné aux galeres perpétuelles, pouvoient être décrétés ſur la tête de ſes enfants, comme propriétaires des biens de leur pere ; & c'eſt à ce dernier que Lapeyrere prétend qu'il faut s'en tenir, comme ayant fixé la derniere Juriſprudence ; mais ce ſentiment ne paroît pas devoir être ſuivi ; parce que l'Arrêt de 1672, eſt plus conforme aux regles & à l'opinion des Auteurs, qui conviennent preſque tous, qu'il faut créer un curateur aux biens d'un condamné, mort civilement. On ne peut décréter des biens sur des enfants qui ne peuvent être regardés comme propriétaires des biens confisqués de leur pere ; ils ont le plus souvent besoin eux-mêmes de curateur : c'est ce qui a été jugé par les Arrêts de 1624, & 1672, qui viennent d'être rapportés. On trouve au Journal des Audiences, tome 7, liv. 2, chap. 1, p. 201, un autre Arrêt du 4 Janvier 1719, qui a décidé la question, puisqu'il a ordonné la vente des biens confisqués avec un curateur au condamné. Voyez aussi M. le Président Bouhier, chap. 55, n. 451, tome 2, p. 203, où la même maxime est établie.

18. *Emprunt.* On vient de voir aux nombres précédents, les cas dans lesquels un accusé de crime capital, ne peut faire des donations ou aliénations ; il s'agit ici de savoir s'il peut faire des emprunts qui sont des especes d'aliénations aussi suspectes de fraude, que les ventes, quand l'accusé est dans la suite condamné : cependant si l'emprunt étoit médiocre, il seroit valable : il y auroit de l'injustice à priver un accusé de la liberté de se procurer sur son propre bien les secours nécessaires pour la défense, & donner à sa famille, aussi-bien qu'à lui-même, des aliments. Celui qui prête dans cette occasion, ne peut être accusé de mauvaise foi, ni de fraude, puisqu'il rend un service d'amitié ; & pour ainsi dire, de charité, pourvu que le prêt ne soit pas excessif : car s'il l'étoit, pour faire perdre aux créanciers, & aux Seigneurs, leurs droits : l'emprunt seroit déclaré nul, suivant la Loi 44, *de jure fisci*, qui condamne toutes aliénations faites en fraude du fisc ; ainsi l'on peut dire des emprunts comme des ventes dont il a été parlé au n. 16 : tout dépend des circonstances qui peuvent faire soupçonner de la fraude, & de l'événement de l'accusation.

19. *Acquisition de l'accusé depuis sa condamnation.* Si un condamné par contumace à mort, s'étoit retiré dans les pays étrangers, ou même s'il s'étoit tenu caché dans le royaume, & avoit acquis des biens depuis sa condamnation, ses héritiers naturels ne pourroient prétendre y succéder ; parce qu'étant mort civilement, ses biens ne peuvent passer à ses parents, par droit de consanguinité ; il est mort dans sa famille, comme dans la société civile : les successions sont un effet de la Loi qui l'a proscrit, en le déclarant incapable de tous effets civils ; ainsi les acquisitions qu'il a faites, restent vacantes après son décès, & appartiennent au fisc, à titre de déshérence.

Quant aux bannis à perpétuité hors du Royaume, ils perdent aussi le droit de cité ; mais comme il vient d'être observé au n. 14, la Justice leur ayant conservé la vie, ils peuvent acquérir, vendre, & échanger ce qu'ils ont acquis depuis leur condamnation, quoique morts civilement : ils ne peuvent cependant avoir d'héritiers, si ce n'est qu'ils soient restitués par le Prince. *L. Deportatus D. de interd. & relegat* ;. Legrand, sur la coutume de Troyes, article CXXXIII, n. 33 & 34, observe de même que les bannis à perpétuité hors du Royaume, ne peuvent avoir des héritiers de leurs biens acquis depuis leur condamnation, & que le fisc s'en empare après leur mort, en cas qu'ils n'en aient pas disposé de leur vivant, comme ils le peuvent, pourvu que ce ne soit pas par testament ; car ils ne peuvent tester ; ainsi qu'il a été prouvé, n. 14, de cet article, & qu'il le sera sur l'article XIII du titre XXV, n. 11.

Il en est de même de celui qui est condamné aux galeres perpétuelles ; mêmes raisons, mêmes principes ; il est aussi mort civilement, & ne peut avoir d'héritiers.

20. *Substitution.* La mort civile ne donne pas ouverture à la substitution ; parce que lorsque dans un contrat de mariage, ou autre acte, on parle de la mort, on entend parler de la mort naturelle ; par conséquent le substitut ne peut demander le fidéi-commis avant la mort naturelle du condamné qui peut même obtenir des lettres du Prince : il se peut aussi que le substitué decede avant l'échéance de la substitution ; ainsi c'est le fisc qui en jouit, en vertu de la confiscation prononcée à son profit : c'est le sentiment du plus grand nombre des Auteurs, sur cette question qui a été fort controversée : mais elle vient d'être décidée par l'article XXIV, de l'Ordonnance de 1747, qui porte au contraire, que dans tous les cas où la condamnation pour crime, emporte mort civile, elle donnera lieu à l'ouverture du fidéi-commis, comme la mort naturelle, & la profession Religieuse : il ne faut donc plus douter qu'il n'y ait ouverture de la substitution dans les cas où il y a condamnation à mort par contumace, ou aux galeres perpétuelles, ou au bannissement perpétuel hors du Royaume, parce que ces condamnations emportent mort civile. Le Législateur a considéré que celui qui a fait la substitution, n'a entendu gratifier que la personne qu'il appelloit à la jouissance de son bien, & non pas le fisc qui en profiteroit jusqu'à la mort naturelle du condamné : ainsi du jour de la condamnation, celui qui est appellé à la substitution en second ordre, entre en jouissance, au défaut du premier substitué, mort civilement. Voyez les observations sur les articles VII, & XIII du titre XXV.

L'usufruit finit aussi par la condamnation à une peine, qui emporte mort civile ; le condamné usufruitier devenant incapable de posséder aucuns biens, ses héritiers, ni ses créanciers, ne peuvent le représenter dans l'exercice d'un droit qui ne réside plus sur sa tête. On trouve dans les Institutes de Justinien, un texte précis à ce sujet, *de usufructu,* parag. 3 : il semble que l'on peut tirer une comparaison du cas d'usufruit, à celui de substitution, décidé par l'Ordonnance de 1747, qui vient d'être citée.

Les pensions viageres sont traitées plus favorablement ; on a prouvé au nombre 14, de cet article, que ceux qui sont morts civilement, peuvent recevoir des legs pour alimens ; il en est de même des pensions viageres, faites aux condamnés avant le Jugement ; les Loix sont précises à ce sujet,

& entr'autres, la Loi 10, D. *de cap. minut.* & la Loi 8. D. *de ann. legat.* Ces Loix ont été adoptées par notre Jurisprudence; il y en a un Arrêt rendu à la Tournelle du Parlement de Paris, le 5 Septembre 1699, rapporté par Du Rousseau, partie 1, chap. 1, n. 18: il en rend la raison, qui est qu'il n'y a que la mort naturelle qui puisse éteindre une pension viagere: il est cependant vrai que si cette pension excédoit ce qui est nécessaire pour les aliments & les vêtements, elle seroit sujette à réduction, suivant les principes qui viennent d'être établis au même nombre 14: & même si la pension viagere étoit créée à un homme condamné à mort, par Jugement exécuté par effigie, elle ne pourroit être exigée, parce qu'il est regardé comme mort naturellement, & abandonné par la Loi.

21. *Noblesse perdue par la mort civile.* Ceux qui par rapport à leurs crimes, sont retranchés de la société, perdent toutes leurs prérogatives dont la noblesse fait la principale partie; personne ne doute de cette maxime; mais la question est de savoir si le condamné fait perdre la noblesse à ses enfants & à sa postérité: on distingue la noblesse de race, de la noblesse acquise: & on distingue encore, par rapport à la noblesse d'extraction, les enfants nés avant la condamnation de ceux dont la naissance est postérieure; quant aux premiers, le pere étant noble lors de la naissance des enfants, ils sont nés nobles: ce privilege de leur état étoit acquis aux enfants, avant que le pere se fût degradé par son crime; il n'étoit donc pas en son pouvoir, d'enlever la noblesse à ses enfants: il n'en est pas de même de ceux qui sont nés après que le pere par une condamnation, emportant mort civile, a perdu tous ses privileges; il n'a pu transmettre ce qu'il n'avoit pas lui-même. Il faut cependant observer à ce sujet, comme il l'a déja été plusieurs fois, que tout cela n'a lieu que dans le cas où la mort civile est encourue irrévocablement; car si le pere mouroit dans les cinq années du Jugement de contumace, à compter du jour de l'exécution par effigie, il décéderoit *integri statûs*; & par conséquent, ses enfants, même ceux nés après la condamnation, conserveroient le privilege de leur pere; c'est-à-dire, leur noblesse.

Un enfant conçu avant la condamnation de son pere, conserveroit aussi sa noblesse, quoique né depuis la condamnation: il y a une exception à tous ces principes, pour les cas de lese-Majesté, & de duel.

A l'égard des enfants dont le pere a été annobli par une charge, Loiseau fait la même distinction qui vient d'être faite par rapport à la naissance; mais Richer, dans son traité de la mort civile, p. 263, dit qu'il ne peut être du sentiment de Loiseau, & il en rapporte de très bonnes raisons; il dit que si la charge du pere condamné, a le privilege de la noblesse, c'est à cause des services qu'elle le met en état de rendre à la société; la noblesse, dans ce cas, est une récompense de ses services, tant pour lui que pour sa postérité; mais si le pere se rend indigne de recevoir aucune gratification, il doit perdre les privileges attachés à la

charge qu'il exerçoit ; & par conséquent, ce pere ayant été condamné à
une peine qui le prive personnellement de ses privileges ; il ne peut les
transmettre à ses enfants, qui ne les auroient tenus que de lui, à la différence de ceux qui ont la noblesse d'extraction, & qui la tiennent, pour
ainsi dire, de la nature : les uns étoient nés nobles, & les autres n'a-
voient que l'espérance de la noblesse, au cas que leur pere n'eût pas
perdu par son crime, les privileges de la charge qu'il exerçoit ; effectivement, la noblesse des enfants de ceux qui ont une charge, n'est pas
irrévocable ; elle dépend du décès de leur pere, dans cette charge, ou
de ses lettres de vétérance ; & surtout de la condition qu'il n'y déro-
gera pas.

22. *Offices, charges, ou emplois, possédés lors de la condamnation.* La
condamnation à une peine qui emporte mort civile, fait vaquer toutes
les charges ; mais pendant l'instruction, le titulaire peut résigner : il est
vrai que Loiseau, dans son traité des Offices, liv. 1, chap. 13, n. 17,
dit qu'il tient avec Dumoulin, que pendant l'instruction du procès, la
résignation devroit demeurer en suspens ; parce qu'elle dépend de l'absolution ou de la condamnation du résignant : il estime même que si le
résignataire étoit instalé, l'appel qui seroit interjeté du Jugement d'absolution, ne pourroit annuller la résignation, quand même la Sentence
seroit réformée, & que le résignant seroit en cause d'appel, déclaré
convaincu du crime ; parce que le résignataire ne pourroit perdre l'Office
dont il auroit reçu le caractere, & fait publiquement les fonctions, en
conséquence d'une résignation faite dans un temps où il n'y avoit pas
d'appel de la Sentence d'absolution de son résignant : il en seroit de même,
si ce dernier décédoit pendant l'instruction du procès, ou pendant l'appel,
parce qu'il seroit présumé mort, *integri status* : il en seroit de même
encore, si le résignant mouroit pendant les cinq ans, après une Sentence de contumace, même exécutée par effigie, parce que suivant l'article XXVIII, de ce titre, la mort civile n'est encourue irrévocablement,
qu'après l'expiration de ce délai de cinq ans, pendant lequel le condamné
peut par sa représentation, anéantir la condamnation prononcée contre
lui. Il y a un Arrêt rendu en la Chambre de l'Edit, le 18 Septembre
1618, rapporté par M. Leprêtre, cent. 1, chap. 84, par lequel la
résignation faite par le titulaire de l'Office de Sénéchal de Castres, après
le crime d'assassinat commis, & avant la Sentence prévôtale contre lui
rendue, fut déclarée valable, parce que le résignant étoit mort dans les
cinq ans de la condamnation. Voyez Ferrieres, sur la Coutume de Paris,
article CLXXXIII, n. 109 : on présume qu'il se seroit représenté dans
les cinq années que l'Ordonnance lui accordoit, pour anéantir le Jugement de contumace rendu contre lui.

23. *Résignation des bénéfices.* Dumoulin, sur la regle *de infirmis*, tient
que la résignation d'un bénéfice n'est pas valable pendant l'accusation
formée contre le résignant ; & Loiseau, liv. 1, chap. 13, des Offices,

n. 14, dit qu'il y a des crimes qui font vaquer les bénéfices, *ipso jure*, comme l'héréfie, le fchifme, le crime de lefe-Majefté, la fimonie, & la confidence ; mais que réguliérement aux autres crimes, le bénéfice ne vaque pas fans condamnation : & au nombre fuivant, il ajoute qu'à fon avis, la validité de la réfignation d'un bénéfice, ou d'un Office, faite après l'accufation, eft fufpendue, & ne devient nulle qu'au cas qu'il y ait condamnation à une peine, emportant forfaiture ou dévolut. Voyez les obfervations fur le nombre précédent de cet article, au fujet de la réfignation des Offices.

24. *Droits de la femme, & des enfants du condamné.* Outre les obfervations qui viennent d'être faites au n. 12, de cet article, il eft à remarquer que quoique le mari foit maître de la communauté, il ne peut par fon délit, priver fa femme du droit qui lui appartient dans cette communauté. Suivant un Arrêt du 24 Mai 1733, rapporté par Bardet, tome 2, liv. 2, chap. 30 : quand le mari eft condamné à mort naturelle, ou civile, la communauté eft diffolue ; fa condamnation ne peut donc priver fa femme de fa portion, dans les acquêts, & les lui faire perdre par la confifcation prononcée contre lui ; mais s'il n'étoit condamné qu'à une amende, elle fe prendroit fur la communauté : par la même raifon, la confifcation ne nuit pas auffi aux héritiers auxquels la Loi veut qu'il foit laiffé une partie des propres ; par exemple, dans les coutumes où l'on ne peut difpofer que de la cinquieme partie de fes anciens, ou dans celles qui n'obligent qu'à laiffer la légitime, ces droits font dûs fur les biens confifqués. La raifon de décider, c'eft que la légitime eft due aux enfants, fuivant le droit naturel & le droit Civil : elle eft fi facrée, que dans les pays où les fubftitutions font les plus favorables, on ne peut fubftituer la portion d'hérédité, qui compofe la légitime : c'eft ce qui a été jugé par une infinité d'Arrêts ; & entr'autres, par celui du 30 Juin 1678, rapporté au Journal du Palais : la légitime ne peut être grevée par teftament, ou même par donation entre vifs ; ce droit eft acquis aux enfants, dès leur naiffance : à plus forte raifon, ils ne peuvent en être privés par une confifcation prononcée au profit du Seigneur confifcataire, qui par là, fait une acquifition purement gratuite, le fifc eft défavorable : il eft vrai que les Coutumes prononcent la confifcation du corps & des biens, fans diftinction ; mais on ne peut comprendre dans les confifcations que les biens dont le condamné pouvoit difpofer ; le droit des enfants leur étoit acquis avant la condamnation : ce principe eft prouvé folidement par M. le Préfident Bouhier, chap. 55, n. 402, & fuivants ; les enfants ne font pas même obligés de demander leur légitime, à titre d'héritiers. Voyez auffi Bretonier, fur Henrys, tome 4, p. 128, édition de 1738.

On trouve au Journal des Audiences, tome 4, liv. 3, chap. 17, p. 790, un Arrêt du 30 Décembre 1683, par lequel il a été jugé que lorfque le bien confifqué eft un acquêt de la communauté, la moitié de cet acquêt

appartenant

appartenant à la femme , ne doit pas être comprise dans la confiscation prononcée à cause du délit du mari, auquel la femme n'a point eu de part.

La confiscation ne fait aussi point de tort au douaire , pas même à celui qui selon la coutume de Paris, est propre aux enfans; c'est l'article CCXLIX , de cette Coutume, sur lequel Tournet prouve que le douaire est une dette qui doit être prise sur les biens confisqués , aussi-bien que la légitime qui est, *debitum naturæ*. Voyez les observations sur l'article XXVIII, de ce titre; & sur l'article I, du titre III, n. 18.

Il a été prouvé sur l'article XXVII, du titre XVI, n. 4 , que si les biens confisqués étoient remis par le Seigneur confiscataire , ou par un don du Roi auquel la confiscation en appartiendroit; ils seroient partagés comme anciens , & comme s'il n'étoit point survenu de condamnation : cette question fut traitée lors de l'Arrêt du Parlement de Paris, du 6 Septembre 1673. M. Beaufort, Baron de la Roche , ayant été condamné à mort, & ses biens déclarés confisqués, Sa Majesté fit don de la terre de la Motte, au sieur de Barthillac, Garde du Trésor royal, qui , huit mois après ce don , en disposa au profit de la Demoiselle de Beaufort, fille du condamné, laquelle fit ensuite un testament par lequel elle donna à la Dame, sa mere, tout ce qu'il lui étoit permis de donner. Après le décès de cette testatrice , il fut question de savoir si la terre de la Motte , confisquée au profit du Roi qui en avoit fait don à un tiers, qui l'avoit ensuite remise à la Demoiselle , fille du condamné, étoit un acquêt, ou un ancien. L'Arrêt adjugea la terre de la Motte, à la mere de la Demoiselle de Beaufort ; elle fut regardée comme un acquêt , parce que M. Talon fit valoir dans ses conclusions, le moyen décisif , qui étoit que ce n'étoit pas le Roi qui avoit remis à la famille , les biens confisqués , que c'étoit le sieur de Barthillac, auquel ils appartenoient en propriété, qui les avoit donnés à la Demoiselle de Beaufort ; que cette donation ne pouvoit passer que comme un acquêt , quoique le sieur de Barthillac eût déclaré qu'il n'avoit accepté les biens confisqués, que pour faire plaisir à la mere & à la fille ; qu'il en falloit toujours revenir à la vérité, que cette donation étant faite par un étranger de la famille , elle ne pouvoit être considérée que comme un acquêt en la personne de la donataire ; que si la Demoiselle de Beaufort avoit tenu la terre de la libéralité du Roi , sans qu'elle eût passé par les mains d'un tiers, elle auroit été regardée comme un ancien qui n'auroit pas changé de nature ; suivant qu'il avoit été jugé par les Arrêts que ce Magistrat cita.

On trouve cependant au Journal des Audiences , tome 4 , p. 445. liv. 6, chap. 3, l'Arrêt du 26 Janvier 1683 , par lequel il fut jugé qu'en ligne directe, le bien d'un pere-condamné qui avoit été remis au fils, étoit un acquêt. On y cite plusieurs autres Arrêts qui ont décidé la même chose; & tome 5, livre 7, chap. 6, p. 460 , on trouve un autre Arrêt du 29 Janvier 1691, qui a aussi décidé que les biens confisqués remis par le Roi aux enfants du condamné, font acquêts en leurs perfonnes. Par la confifcation, fuivant ces derniers Arrêts, les biens perdent ce qui les rendoit affectés à la famille; la libéralité du Roi qui veut bien les remettre, les rend acquêts pour ceux qui en font gratifiés : il faut cependant convenir que les décifions contraires, rapportées fur l'article XXVII, du titre XVI, n. 4, doivent prévaloir; & que lorfque la remife eft faite par le Roi ou par le Seigneur, aux enfants du condamné; il paroît plus conforme aux regles que les biens dont la confifcation eft remife, foient regardés comme anciens.

25. *Mourir deux fois*. On a douté fi un homme qui a été condamné à mort, & exécuté par effigie, ayant commis un nouveau crime pour lequel il feroit encore condamné à mort, pouvoit être effigié une féconde fois; la mort civile étant regardée comme la mort naturelle, il femble qu'elle ne peut être réitérée : cependant, par Arrêt du Parlement de Dijon, du 4 Mai 1656, rapporté par Raviot, queftion 256, n. 29, tome 2, p. 332; il fut dit que l'Arrêt de mort, rendu contre le Baron de D..., fils; & Labroffe, fils, pour homicide commis en la perfonne du fieur de Saumaife, feroit exécuté en figure, quoique le Baron de D.... eût déjà été exécuté par effigie, pour crime de rapt, depuis deux ou trois ans; ainfi il fut jugé que l'on peut mourir deux fois civilement : malgré la fiction, un homme qui n'a pas perdu la vie naturelle, eft capable de nouveaux crimes; par conféquent, il doit être fujet à de nouvelles peines.

26. *Ouverture des droits féodaux par la mort civile*. Cette ouverture peut avoir lieu dans le cas de la mort civile du vaffal, ou dans le cas de la mort de l'homme vivant & mourant, fourni par les mainmortables, ou autrement. A l'égard du vaffal, il n'y a point de difficulté, puifqu'en perdant la propriété de fes biens, il y a une véritable mutation qui met le Seigneur en droit d'exiger fes droits utiles & honorifiques, comme fi le vaffal étoit mort naturellement.

Quant à l'homme vivant & mourant, on peut dire que le vaffal eft feul connu du Seigneur; lorfqu'il meurt naturellement, ceux qui l'ont fourni font obligés d'en préfenter un autre, par lequel les droits de relief, de foi & hommage, & autres droits, font dûs : cependant les Auteurs font d'avis que la mort civile de l'homme vivant & mourant, ne donne pas ouverture aux droits féodaux. Voyez Dumoulin, fur la Coutume de Paris, article LI, n. 63. Dupleffis, traité des Fiefs, liv. 4, chap. 4. Brodeau fur Louet, lettre C, fommaire 26. Ce dernier rapporte un Arrêt du 6 Février 1642, qui l'a ainfi jugé, & qui fixe à cet égard la Jurifprudence du Parlement de Paris; ainfi que l'obferve Richer, dans fon traité de la mort civile, p. 471.

27. Un parricide condamné par contumace à mort & effigié, eft mort civilement, même pendant les cinq ans après la condamnation, quoique pendant ce temps, il ait la faculté de fe repréfenter, & d'anéantir le Juge-

ment rendu contre lui : cependant ses enfants ne peuvent demander pendant ces cinq années, la succession de leur aïeul, comme représentant leur pere ; mais on ordonne un séquestre & une pension aux enfants. Arrêt du 17 Mars 1716, Journal des Audiences, tome 6, partie 2, p. 162.

ARTICLE XVII.

Le procès verbal d'exécution, sera mis au pied du Jugement, signé du Greffier seulement.

1. Cet article se contente de la signature du Greffier, au bas du verbal qui doit être dressé de l'effigie faite à la place publique, suivant l'article précédent : ce verbal est cependant d'une grande importance, parce que c'est du jour de cette exécution, que commence à courir la prescription de trente ans, en faveur du condamné ; si cette exécution étoit retardée pendant plusieurs années, le condamné en souffriroit un préjudice considérable ; ainsi qu'il a été expliqué sur l'article précédent, n. 5.

Richer, dans son traité de la mort civile, p. 172, dit qu'en 1745, on agita la question de savoir si une simple note, écrite de la main du Greffier, sans date, & sans signature, peut suppléer au procès verbal, requis par l'Ordonnance. Le nommé Bourbonne fut condamné par le Prevôt de l'Isle de France, par contumace à mort : malgré la disposition de cet article de l'Ordonnance, il s'étoit introduit au Châtelet de Paris, un usage, suivant lequel, le Greffier se contentoit de mettre au pied du Jugement, *prononcé & exécuté par effigie*, sans dater, ni signer : on n'en avoit pas mis d'avantage au pied de la Sentence rendue contre Bourbonne ; mais le tableau de l'effigie avoit été porté au Greffe de la géole du Châtelet, & mis ès mains de l'Exécuteur, pour être attaché au bout du pont neuf ; il en étoit fait mention sur le régistre de la géole, en forme de verbal, signé du Greffier de la géole. Le condamné avoir vécu cinquante ans après sa condamnation ; il avoit rempli publiquement un emploi à Silleron, en Provence, & s'étoit marié trente ans après son Jugement : les parents reconnurent les enfants de ce mariage, & même les plus proches les tinrent sur les fonds de Baptême ; après sa mort, ses enfants partagerent avec leurs oncles, plusieurs successions ; ils furent même reconnus héritiers en collatérale, par Arrêt de 1742 ; ce ne fut qu'en 1744, que leur état fut attaqué à l'occasion du partage de la succession d'un de leurs cousins paternels ; un autre cousin paternel les fit assigner au Châtelet de Paris, pour être déclarés incapables de participer à la succession.

Pour prouver cette incapacité, il ne craignit pas de révéler la honte de sa famille ; il soutint que son oncle paternel avoit été retranché de

la société civile, & que la Justice l'ayant privé de tous les droits de
cité & de famille, ses enfants étoient proscrits : cette contestation donna
lieu à examiner deux questions. 1°. Si la seule prononciation du Jugement, suffit pour opérer la mort civile ; 2°. si la note du Greffier suffit
pour prouver l'exécution, il ne s'agit ici que de celle de savoir si la
note du Greffier suffisoit : on disoit pour l'affirmative, que cet article se
contente de la signature du Greffier, sans exiger de date, parce que
l'exécution se fait presque toujours aussitôt que le Jugement est rendu ;
en un mot, qu'il suffit que l'Ordonnance n'ait pas prescrit la date, pour
qu'elle ne puisse être regardée comme une formalité essentielle : & à l'é-
gard de la signature, on disoit que l'Ordonnance ne prononce pas la
nullité ; que la mention faite par le Greffier dont l'écriture étoit connue,
suffisoit ; que tous les Greffes du Châtelet, même de la Cour, étoient
pleins de pareilles omissions, sur-tout sur les verbaux d'effigie, & que
l'on ne pouvoit déclarer nulle une mention que l'on étoit forcé de reconnoître, écrite de la main du Greffier ; que pour parvenir à l'exécution,
il falloit écrouer le tableau du condamné dans les prisons, au défaut de
la personne du condamné ; que lorsque le tableau est écroué, l'Exécuteur
se transporte à la prison, avec tout l'appareil du supplice, & avec l'escorte
qui doit accompagner & conduire un Criminel ; qu'au lieu du condamné
fugitif, on lui remet le tableau, qu'il transporte de la prison, au lieu
préparé pour le supplice, de la même maniere que le Criminel l'auroit
été ; en sorte que le tout est constaté dans un régistre, en bonne forme,
qui est le régistre du Greffier de la géole, où il y en a ; que tout cela
avoit été observé suivant l'extrait, qui étoit une piece décisive, qui ne
permettoit pas de douter de la vérité de la note du Greffier ; qu'à tout
cela, il falloit ajouter que Bourbonne n'avoit pas plutôt été condamné,
qu'il avoit disparu & cessé de défendre à un procés de famille, parce
qu'il ne pouvoit plus ester en Jugement, & que l'on avoit créé un curateur à ses biens confisqués.

Le fils de Bourbonne répondoit que l'écrou du tableau ne prouvoit
qu'une disposition à l'effigie, & non le supplice ; qu'il falloit un verbal,
signé du Greffier, que toute autre preuve n'étoit pas recevable ; & qu'à
l'égard du régistre de la géole, ce n'étoit pas celui que la Loi exige,
signé du Greffier de la Jurisdiction ; qu'elle n'a pas donné la confiance
au Greffier de la géole ; que ce n'est que sur des preuves légales, que
les Juges se portent dans une matiere aussi importante, à priver des
citoyens de leur état ; qu'en vain on diroit que l'usage étoit de ne pas
suivre l'Ordonnance à la rigueur, & que ce seroit anéantir une infinité
d'Arrêts & de Jugements où les Greffiers n'avoient mis que des notes
pareilles, parce qu'il étoit absurde de combattre un état par un usage
contraire à la Loi : sur ces moyens, les parties firent une transaction qui
fut homologuée par Arrêt du 23 Février 1745 ; en sorte que la question
ne fut pas décidée ; mais on peut dire que sous prétexte d'un aussi mau-

vais usage, on ne pouvoit effectivement combattre l'état des enfants qui d'ailleurs en étoient en bonne possession : au reste, il ne faut pas s'embarrasser de l'appareil de l'effigie qui, à Paris, est écroué au Greffe de la géole, & des autres formalités dont il vient d'être parlé : l'Ordonnance n'exige qu'un procès verbal, signé du Greffier : ce verbal suffit pour toute formalité, après que l'Exécuteur a attaché l'effigie à la place publique. Il n'y a pas par-tout des Greffiers de la géole.

2. Les Jugements de contumace, sont exécutés par effigie, sans qu'il soit besoin de les faire confirmer par Arrêts ; mais il y a une exception à cette regle, c'est lorsque le même Jugement prononce contre d'autres accusés présents, des peines qui ne peuvent être exécutées sans être confirmées par Arrêt ; ces peines sont énoncées dans l'article VI, du titre XXVI.

Il en seroit de même, s'il y avoit appel de la part de l'un, condamné présent, ou de la partie civile, même de la partie publique ; les matieres criminelles étant indivisibles, il faudroit attendre que la Cour eût prononcé sur le tout.

ARTICLE XVIII.

Si le contumax est arrêté prisonnier, ou se représente après le Jugement, ou même après les cinq années, dans les prisons du Juge qui l'aura condamné, les défauts & contumaces, seront mis à néant, en vertu de notre présente Ordonnance, sans qu'il soit besoin de Jugement, ou d'intérjeter appel de la Sentence.

1. On doutoit anciennement si la représentation d'un condamné à mort anéantissoit la contumace, *ipso jure*. Ce fut la matiere d'une contestation qui fut décidée par Arrêt du mois de Juin 1633, rapporté au Journal des Audiences, & par Bardet, tome 2, liv. 2, chap. 44, pour l'affirmative : cet article a confirmé la Jurisprudence ; la représentation du condamné, forcée ou volontaire, anéantit tous les Jugements de contumace, même celui qui avoit ordonné que le récollement vaudroit confrontation : il ne faut plus le regarder comme condamné, il faut instruire, comme contre un accusé qui n'a pas été contumacé, ni jugé.

Si le procès étoit dans un Présidial, Maréchaussée, ou autre Siege en dernier ressort, il faudroit faire juger de nouveau la compétence : la représentation anéantit tous les Jugements. Voyez l'article V, de l'Edit de Décembre 1680, rapporté sur l'article II, de ce titre.

Si un accusé avant le Jugement de contumace, même pendant les cinq ans après sa condamnation, se représentoit ou étoit arrêté, il faudroit le juger de nouveau dans la Justice où il a été décrété ; & même s'il étoit envoyé à la Cour, elle seroit obligée de le renvoyer au premier Juge : c'est ce qui donna occasion à la Grand'Chambre, & à la Tournelle du Parlement de Toulouse, de s'assembler, & de convenir en 1709, de ne pas écouter les accusés, qu'ils n'eussent auparavant purgé la contumace devant les premiers Juges ; ce qui fit un Réglement auquel on s'est tenu depuis ce temps ; ainsi que l'atteste Boutaric, sur l'article XIX de ce titre.

2. Les termes dont se sert cet article de l'Ordonnance, semblent prouver que la contumace peut être purgée en tout temps, puisqu'il porte que même après les cinq années, elle le sera ; si le condamné se représente, ce terme est indéfini : cependant, comme il a été observé sur l'article XVI de ce titre, n. 10, après trente ans, à compter du jour de l'exécution par effigie, la mort civile est encourue irrévocablement.

3. La représentation du condamné dans les cinq ans, du jour de l'effigie, lui rend la vie civile ; mais il s'agit de savoir s'il rentre si fort dans ses droits, que tous les actes qu'il a faits, & qu'il peut faire après sa représentation, sont valables ; on répond que cela dépend de l'evenement : s'il est absous par le Jugement contradictoire, il est censé n'avoir jamais été privé de la vie civile : mais s'il est condamné à une peine emportant mort civile, cette nouvelle condamnation a un effet rétroactif, qui prouve qu'il étoit coupable, & que le Jugement de contumace étoit juste.

Il en seroit autrement, si le condamné par contumace mouroit après sa représentation, & avant un nouveau Jugement, ou pendant l'appel, s'il y en avoit eu un : dans ce cas, il seroit censé mort, *integri statûs*.

4. La représentation d'un condamné, forcée ou volontaire, est si favorisée, que quand même il s'évaderoit des prisons, la Sentence de contumace n'en seroit pas moins anéantie, *ipso jure* : c'est ce qui fut jugé par l'Arrêt de 1633, qui vient d'être cité au n. 1 de cet article. Un accusé avoit obtenu des lettres de rémission, adressées à un Juge incompétent, pour les entériner ; c'étoit le Prévôt de l'hôtel, il avoit élargi l'accusé ; & depuis l'exécution de la Sentence par effigie, on n'avoit fait aucune procédure ; il s'étoit écoulé vingt-huit ans, depuis cette exécution : l'accusé avoit fait un testament qui étoit contesté. M. l'Avocat Géneral Bignon conclut, à ce que le testament fût déclaré valable ; ce qui fut ordonné : ainsi il fut jugé que la Sentence de contumace, exécutée par effigie, avoit été anéantie par la seule représentation de l'accusé, quoique pardevant un Juge incompétent ; ne se trouvant plus de Sentence, la prescription de vingt ans eut lieu.

Par autre Arrêt du Grand Conseil de Juillet 1707, rapporté par Brillon, au mot *contumax* ; il a été jugé que le condamné a le choix de se représenter pardevant les Juges qui l'ont condamné en dernier ressort, ou de se pourvoir au Grand Conseil.

Enfin par Arrêt du Parlement de Paris du 14 Octobre 1733; il a été jugé que l'année commencée étoit présumée accomplie pour acquérir la prescription. Voyez Denisard, au mot *crime*, tome 1, p. 306.

ARTICLE XIX.

Les frais de contumace seront payés par l'accusé, après avoir été taxés en vertu de notre présente Ordonnance; sans néanmoins que par faute de paiement, il puisse être sursis à l'instruction & Jugement du procès.

1. *Contumax non potest audiri, nec contumacia purgatur, nisi sumptuum refusione*: loi *properandum. Cod. de Judic.* Code Favre, livre 7, titre XVI, définition 18. On trouve dans la Rocheflavin, au mot *lettres*, livre 2, Arrêt 1. Un Arrêt du 15 Décembre 1575, par lequel un certain Seigneur ne fut reçu à présenter ses lettres, qu'après avoir payé les frais de la contumace. Voyez Despeisses, tome 2, titre XIII, section 1, n. 7. Lebrun, tome 2, en rapporte deux Arrêts de 1548 & 1581, fondés sur l'article X, de l'Edit d'Amboise de 1572, & sur les Ordonnances de Roussillon, article XVIII & XX; & de Moulins, article XXVIII. Denisard, au mot *contumace*, tome 1, page 297, rapporte un Arrêt du Parlement de Paris du 20 Juin 1731, qui en conséquence de cet article a jugé que l'accusé quoique absous, n'en doit pas moins les frais de contumace.

2. L'article IV, du titre XXVII, porte, comme celui-ci que les frais de Justice seront acquittés avant de faire aucune procédure pour purger la mémoire d'un défunt; *idem*, l'article IV, du titre XXII. Il est juste que l'accusé qui a occasionné à une partie civile des frais de perquisition, saisies, & annotation de biens & autres, pour faire rendre un Jugement de contumace les rembourse, avant d'être écouté. Mais d'un autre côté cela ne doit pas retarder l'instruction, ni le Jugement.

ARTICLE XX.

Il sera ensuite interrogé, & procédé à la confrontation des témoins, encore qu'il ait été ordonné que le récollement vaudroit confrontation.

Quand l'accusé a été arrêté, ou s'est représenté volontairement, il faut commencer par l'interroger dans les vingt-quatre heures; l'information subsiste, aussi-bien que le récollement des témoins, s'il a été fait pendant la contumace. On rend ensuite un Jugement portant que les témoins feront récollés, s'ils ne l'ont pas été, & confrontés, fi befoin, à l'accufé ; auffi-bien que tous autres témoins qui pourroient de nouveau être entendus ; & s'il y a d'autres accufés préfents, le même Jugement ordonne qu'ils feront auffi confrontés les uns aux autres, fi befoin eft.

Boutaric, fur cet article agite la queftion de favoir, fi les témoins peuvent être confrontés à l'accufé qui a été en contumace, fans qu'il y ait un nouveau Jugement qui l'ordonne ; il prétend que ce Jugement n'eft pas néceffaire, & cependant il cite un Arrêt rendu à la Tournelle de Touloufe, qui jugea le contraire au mois de Juillet 1716 ; cet Arrêt caffa la confrontation faite & non ordonnée par un nouveau Jugement, il caffa auffi tout ce qui avoit été fait en conféquence. En forte que quand même il y auroit eu à ce fujet un Jugement à l'égard des autres accufés, il en faudroit rendre un nouveau pour ce qui concerneroit l'accufé contumax qui fe feroit repréfenté : c'eft la regle.

ARTICLE XXI.

La dépofition des témoins décédés avant le récollement fera rejetée, & ne fera point lue lors de la vifite du procès : fi ce n'eft qu'ils aillent à la décharge ; auquel cas leur dépofition fera lue.

1. A la lecture de cet article lors de la conférence de Meffieurs les Commiffaires. Monfieur le premier Préfident obferva que l'article étoit bon ; parce qu'en aucun cas la dépofition d'un témoin ne peut charger un accufé, quand elle n'a pas été fuivie de récollement ; mais que ce pourroit être une queftion de favoir, fi la dépofition d'un témoin qui va à la décharge, doit être lue, quoique le récollement n'ait pas été fait. M. Puffort répondit qu'il y avoit égale raifon de ne pas lire la dépofition d'un témoin lorfqu'il n'a pas été récollé, foit qu'elle aille à charge ou à décharge. Cependant on ajouta à cet article ces derniers termes qui n'étoient pas dans le projet de l'Ordonnance : *Si ce n'eft qu'ils aillent à la décharge, auquel cas leur dépofition fera lue ;* ... ce qui change le fens de l'article ; parce que, fuivant le projet, la dépofition du témoin non récollé ne devoit jamais être lue, foit qu'elle fît charge ou décharge. Au lieu qu'au moyen de l'addition elle doit l'être, lorfqu'elle fait décharge. Grande faveur pour les accufés.

Si l'on n'avoit pas fait ce changement, cet article auroit une difpofition contraire à celle de l'article X, du titre XV, des récollements qui porte que lors de la vifite du procès, fera fait lecture de la dépofition des témoins qui vont à décharge quoiqu'ils n'aient été ni récollés ni confrontés ; *pour y avoir égard par les Juges.*

2. Cet

2. Cet article de l'Ordonnance parle des témoins décédés ; ce qui s'entend de ceux qui sont morts naturellement, & non de ceux qui seroient morts civilement avant le récollement. Voyez l'article suivant.

ARTICLE XXII.

Si le témoin qui a été récollé est décédé ou mort civilement pendant la contumace, sa déposition subsistera, & en sera faite confrontation littérale à l'accusé dans les formes prescrites pour la confrontation des témoins. Et n'auront en ce cas les Juges aucun égard aux reproches, s'ils ne sont justifiés par pieces.

1. L'article précédent concerne les témoins décédés avant d'avoir été récollés, & celui-ci parle des témoins qui après avoir été récollés sont morts civilement pendant la contumace de l'accusé. Les dépositions de ces derniers subsistent, quoiqu'elles fassent charge ; mais comme leur décès, ou leur mort civile empêchent qu'ils ne soient confrontés personnellement, l'Ordonnance y supplée par une confrontation littérale ; c'est-à-dire, par la lecture des dépositions de ces témoins morts civilement. C'est une premiere peine qui fait perdre aux accusés contumax l'avantage qu'ils auroient pu tirer d'une confrontation contradictoire, lors de laquelle ils auroient pu faire expliquer les témoins sur les circonstances de leurs dépositions, & les atténuer par quelques aveux, ou autrement. La seconde peine de la contumace en cette occasion est que les accusés auroient pu faire convenir les témoins de la vérité des reproches ; au lieu que lors d'une confrontation littérale, on ne reçoit que les reproches que l'accusé est en état de prouver par écrit. Ces peines sont justes ; sans quoi un accusé contumax auroit plus d'avantage qu'un accusé présent.

2. Il semble que suivant cet article la confrontation littérale doive être faite, sans qu'il y ait aucun Jugement qui l'ordonne ; les termes de l'Ordonnance sont impératifs ; elle n'exige aucun Jugement ni conclusions ; ensorte qu'elle est de droit. Il est cependant vrai qu'il est d'usage de rendre à ce sujet un Jugement ; mais on pourroit s'en passer, & la faire en vertu de l'Ordonnance seulement.

3. Pour constater le décès des témoins dont on ne peut faire la confrontation que littéralement, il faut justifier de leurs extraits mortuaires ; sinon l'Huissier en assignant les autres témoins doit dresser un procès verbal de leur décès, attesté par quelques parents ou voisins du témoin décédé ; il y a même des Juges qui lorsqu'ils reçoivent les récollemens, ont attention de faire déclarer aux témoins qu'ils entendent que tels autres témoins leurs voisins sont décédés depuis leurs dépositions.

Lors de la lecture de l'article suivant, dans l'Assemblée de Messieurs les Commissaires, M. Talon remontra qu'il ne seroit pas inutile de déterminer de quelle maniere on justifieroit de l'absence d'un témoin à l'effet de le confronter figurativement. Ce grand Magistrat ajouta que l'usage qui s'étoit pratiqué jusqu'alors étoit de dresser un procès verbal de perquisition attesté par les principaux habitants du lieu de sa demeure, sans qu'il soit nécessaire de faire à ce sujet un nouveau procès par information, & que l'on en avoit usé ainsi aux grands jours. M. Pussort répondit que l'on en useroit de même dans la suite ; ainsi voila la regle qui doit être suivie : on ne peut toujours avoir dans cette occasion des extraits mortuaires. La mort comme l'absence peut se justifier par un procès verbal de l'Huissier qui assigne les témoins ; ce verbal attesté par les principaux habitants ou parents, met le Juge en droit de faire à l'accusé la confrontation littérale de la déposition du témoin décédé.

4. Le cas de la mort civile, dont parle cet article, est celui d'un témoin qui, après avoir été récollé dans sa déposition, est condamné à une peine qui emporte mort civile. Ce témoin proscrit de la société depuis sa déposition & son récollement ne peut plus paroître en Jugement ; par conséquent il ne peut être confronté personnellement : on se contente de faire une confrontation littérale de sa déposition.

Cet article ne parle que de ceux qui sont morts civilement, c'est-à-dire, qui sont condamnés à mort par contumace, ou aux galeres perpétuelles, ou au bannissement perpétuel hors du Royaume. Mais il n'est pas moins certain que quoique ceux qui ne sont condamnés qu'aux galeres à temps ou au bannissement à temps ne soient pas morts civilement, ils sont également infames, & par conséquent reprochables. Ce fut le sujet d'une observation de Monsieur le premier Président Delamoignon, qui lors de la lecture de cet article, dit, que lorsqu'il arriveroit qu'un témoin depuis son récollement auroit été condamné à quelque peine afflictive, & que l'accusé en feroit le reproche, il seroit difficile que le Juge n'en fît une considération : cependant il ne fut fait aucun changement dans l'article, parce qu'il réserve les reproches justifiés par pieces : & que d'ailleurs un pareil témoin, quand même il n'auroit délinqué que depuis son récollement n'est jamais *omni exceptione major* ; celui qui a été capable de commettre un crime, a pu faire une fausse déposition. Cependant l'article suivant semble encore légitimer ces sortes de dépositions ; c'est une peine de la contumace.

Il faut que les témoins, suivant cet article, soient décédés *pendant la contumace*, & qu'ils aient été récollés. Par Arrêt du Parlement de Paris du 3 Mai 1689, il fut permis à la Dame de Lauraire de faire faire la confrontation littérale d'un témoin récollé & décédé avant l'Arrêt de contumace ; François Vidal accusé s'opposa à l'Arrêt & en fut débouté par autre du 10 Juin suivant ; il se pourvut au Conseil contre ces deux Arrêts, sous prétexte que l'Ordonnance ne se devoit entendre que lorsqu'il y avoit eu Jugement de contumace : il en fut débouté par Arrêt du 10 Mars 1690. Voyez le Supplément à la quatrieme édition de Du Rousseau, page 62.

ARTICLE XXIII.

Le même aura lieu à l'égard des témoins qui ne pourront être confrontés à cause d'une longue absence, d'une condamnation aux galeres, ou au bannissement à temps, ou autre empêchement légitime pendant le temps de la contumace.

1. La longue absence d'un témoin se prouve par un procès verbal d'un Huissier, attesté par des parents & voisins, ainsi qu'il vient d'être expliqué au n. 3, de l'article précédent, dans le cas du décès d'un témoin. Il suffit d'observer ici que la longue absence, dont parle cet article, est une absence assez longue pour qu'il y ait lieu de croire qu'il ne reviendra de long-temps ; il faut qu'elle soit légitime, c'est-à-dire, que le témoin ne se soit pas absenté à dessein de favoriser l'accusé : ce qui n'arrive que trop souvent lorsque les accusés sont puissants : ainsi qu'il a été observé sur l'article II, du titre XV, des récollements, où l'on a expliqué les formalités à observer en pareil cas. Voyez encore les notes sur l'article VIII, du même titre XV.

A l'égard des témoins qui ne peuvent être confrontés à cause d'une condamnation aux galeres, ou d'un bannissement à temps. Voyez les observations sur l'article précédent, n. 4.

2. Les confrontations littérales n'ont lieu que dans le cas de contumace anéantie par la représentation de l'accusé : car s'il n'avoit pas été contumax, quand même le témoin seroit absent légitimement depuis long-temps, ou qu'il seroit condamné aux galeres ou au bannissement à temps, il ne seroit pas permis de le confronter littéralement à l'accusé ; parce que la confrontation littérale est une peine de la contumace. Les derniers termes de cet article XXIII, ne permettent pas d'en douter. Je m'y trompai, les premieres années que je fus en charge, à l'occasion d'un nommé Morin accusé de vol & prisonnier : deux des principaux témoins étoient au service du Roi à Haguenau. J'envoyai sur les lieux une commission rogatoire ; ils furent entendus & récollés. Mais à cause de l'absence de ces témoins longue & légitime, je crus devoir faire à l'accusé une confrontation littérale de leurs dépositions. Par Arrêt du Parlement de Dijon du 17 Décembre 1734, Morin fut renvoyé jusqu'à rappel, l'Arrêt porte *sans avoir égard à la confrontation littérale*. C'est l'usage en pareil cas d'absence d'élargir les accusés à la charge de se représenter, si le crime n'est pas capital, ou de les renvoyer jusqu'à rappel : afin de donner le temps aux témoins de revenir. Voyez cependant les observations sur l'article III du titre VI, n. 9.

ARTICLE XXIV.

*Si l'accusé s'évade des prisons depuis son interrogatoire, il ne
sera ni ajourné, ni proclamé à cri public, & le Juge ordonnera que les témoins seront ouis, & ceux qui l'auront été,
récollés ; & que le récollement vaudra confrontation.*

1. Cet article n'entend parler que de la simple évasion d'un accusé qui
sans bris de prisons ni violence, trouve le moyen de se sauver. Quand
il s'évade avant d'avoir été interrogé, on le regarde comme s'il n'avoit
pas été arrêté : & c'est effectivement la même chose, puisqu'il n'a pas
satisfait à son décret par ses réponses. Mais lorsque sur le décret l'accusé
a été constitué prisonnier, & qu'il a été interrogé, il n'y a plus de contumace à instruire contre lui ; c'est le cas dont parle cet article, il ne
doit être ni ajourné, ni proclamé.

2. Il y a cependant une précaution à prendre lors du Jugement, il n'est
pas à présumer que l'accusé qui s'évade après l'interrogatoire, doive être
privé du secours accordé aux autres accusés, d'être avertis du temps que
l'on doit rendre contre lui un Jugement définitif, pour qu'il puisse se
représenter & se faire entendre par ses Juges. Cet article ne parle pas
de cette formalité ; parce que c'est postérieurement qu'elle a été ordonnée
par la Déclaration du Roi du 13 Avril 1703, rapportée sur l'article XXI
du titre XIV, n. 15 ; elle veut que lorsqu'il y a eu récollement & confrontation les accusés soient assignés pour être entendus derrière le Barreau, il paroît que l'accusé qui s'évade après son interrogatoire est dans
le même cas ; il y a eu après son évasion un récollement, & un Jugement
qui a ordonné qu'il vaudroit confrontation ; ce qui semble être la même
chose qu'une confrontation réelle. Il est vrai que cette Déclaration n'a
pas entendu parler des accusés contumax ; & que cet article dit que l'accusé ne sera ni ajourné, ni proclamé. Cependant on pourroit pour plus
grande sûreté lui donner cet avertissement : à quoi l'on pourroit objecter
que si sur cet avertissement il comparoissoit en se mettant en état, les Jugements de contumace seroient anéantis ; par conséquent il faudroit lui confronter les témoins avant de juger ; & il resteroit en prison jusqu'au Jugement. Voyez les observations sur l'article XXI du titre XIV, qui vient
d'être cité, & un Arrêt de 1673, rapporté au nombre 5, du présent
article.

3. La simple évasion des prisons faite sans violence, ni effraction, n'est
pas regardée comme un crime. Un prisonnier qui trouve la porte ouverte
& qui se sauve ne peut être blâmé. C'est l'observation que fit Monsieur
le premier Président, lors des conférences sur l'article suivant, en disant
qu'elle est de Droit naturel ; & que cependant il y avoit des Parlements,

comme celui de Bretagne où elle étoit punie ; mais qu'au Parlement de
Paris elle ne l'étoit pas.

Il faut cependant en informer, afin de constater l'évasion ; c'est ce que
cet article veut, en ordonnant que les témoins seront ouïs. On commence
par dresser un procès verbal ; la partie publique donne sa plainte ; s'il
n'y a point de partie civile, le Juge en informe, il récolle les témoins de
cette nouvelle information, & sur les conclusions de la partie publique il
ordonne que les témoins ouïs, même que ceux qui pourront encore être
entendus seront récollés, & que le récollement vaudra confrontation. C'est
la seule procédure que cet article exige ; à moins que l'accusé ne soit
réintégré ; car alors il faudroit faire toute l'instruction comme s'il ne s'étoit
pas évadé.

Quand l'accusé s'est évadé depuis son interrogatoire, il ne faut pas en
le jugeant déclarer la contumace bien acquise, & en adjuger le profit ;
puisque suivant cet article on ne doit dans ce cas instruire aucune contumace, ni même ajourner & proclamer l'accusé évadé. On se contente de
donner contre lui défaut, & d'en adjuger le profit, en le déclarant convaincu du crime, &c.

4. Cet article de l'Ordonnance en défendant d'instruire la contumace
contre ceux qui se sont évadés depuis leur interrogatoire, suppose qu'il
la faut instruire, lorsque l'évasion a précédé l'interrogatoire ; ils sont regardés comme s'ils n'avoient pas été arrêtés ; par conséquent il faut instruire contre eux une contumace complette, même saisir & annoter leurs
biens, après avoir fait perquisition de leurs personnes, &c.

5. Il vient d'être observé sur la fin du n. 1, de cet article, qu'il paroissoit nécessaire d'assigner l'accusé qui s'étoit évadé, pour qu'il pût se
représenter lors du Jugement ; mais que l'Ordonnance ne l'exige pas. Cependant M. Jousse, sur cet article prétend qu'il faut assigner l'accusé pour
comparoître en la Chambre du Conseil pour subir le dernier interrogatoire, & que faute de comparoître, il faudroit le proclamer à huitaine,
par un seul cri public à la porte du Palais, & y afficher le verbal, que
s'il ne se représente pas dans la huitaine après cette proclamation, il faut
juger. Il cite même un Arrêt du Parlement de Paris de l'année 1673,
qu'il dit, l'avoir ainsi décidé dans le procès de la Dame Sidonia de Lé-
noncourt. Mais cet Auteur ne paroît pas certain de l'Arrêt qu'il cite,
puisqu'il n'en rapporte ni le mois, ni le jour.

Cependant Du Rousseau de la Combe, partie 3, chap. 16, n. 18,
édition de 1744, dit aussi que si le prisonnier s'évade après toute l'instruction, même après son interrogatoire sur la sellette, comme cela arriva en
1739, à la Tournelle de Paris, l'usage est d'instruire la contumace contre lui sur son évasion, s'il y a des coaccusés, avant de le juger. Parce
que l'évasion peut donner lieu à augmenter la peine. Malgré ces sentimens
il paroît que l'Ordonnance ayant décidé que celui qui s'évade après ses
réponses ne doit être ni ajourné ni proclamé ; il est inutile d'instruire une

contumace contre celui qui s'évade après l'instruction finie. Il est dans des termes encore plus forts que celui qui s'évade aussi-tôt après son interrogatoire, puisqu'il a satisfait à toute l'instruction.

Il est vrai que cet article XXIV, veut que l'on entende les témoins concernant l'évasion. Si elle est simple & sans violence, elle ne peut être imputée à crime; mais si par l'information il étoit prouvé qu'il y a eu de la violence & du crime, il est certain que dans ce cas, il faudroit de nouveau décréter l'accusé de prise de corps, & par conséquent instruire à ce sujet une contumace complette pour ce nouveau crime.

6. Les mêmes Auteurs prétendent que c'est pour le premier crime qu'il faut instruire la contumace, sous prétexte que cet article ne parle pas du second, mais seulement de l'évasion. Effectivement si on le lit attentivement, on trouvera qu'il entend parler du crime principal, sur lequel étoit intervenu le décret en vertu duquel l'accusé avoit été constitué prisonnier. Cet article veut que les témoins qui auront été entendus soient récollés; cela ne peut concerner que les témoins qui ont déposé du crime principal avant l'évasion. C'est décider assez clairement qu'il ne faut aucune contumace, ajournement ni proclamat, soit sur la premiere information, soit sur la nouvelle, concernant l'évasion lorsqu'elle est arrivée après l'interrogatoire: il faut donc s'y conformer, & faire seulement ce qu'il prescrit sans aucune instruction de contumace, lorsqu'il s'agit d'une simple évasion sans violence qui n'est pas un crime. A moins que comme il a déjà été observé, on ne fasse une sommation à l'accusé de se représenter lors du Jugement, suivant la Déclaration de 1703, postérieure à l'Ordonnance. Elle n'est cependant pas trop applicable au cas dont il s'agit; s'il n'y a pas d'autres accusés avec lesquels on auroit procédé par confrontation. Dans ce cas la sommation pour venir répondre lors du Jugement & se mettre en état, paroît nécessaire, parce qu'il y a eu récollement & confrontation; & qu'il peut y avoir lieu à confronter les accusés les uns aux autres.

7. Ce qui pourroit avoir donné lieu de croire qu'il faut instruire une contumace contre ceux qui s'évadent après leurs interrogatoires, c'est l'article suivant, qui porte, que le procès sera aussi fait à l'accusé pour crime de bris de prisons par défaut & contumace. Ce mot *aussi* semble effectivement exiger une contumace pour les deux cas, contenus dans ces deux articles XXIV & XXV; mais il faut remarquer que l'art. XXV, qualifie de crime le bris de prisons. Au lieu que celui-ci qui est le XXIVe, parle de la simple évasion qui n'est pas regardée comme un crime, ce fut l'observation de M. Pussort, sur l'art. XXV, qui est le suivant; ce Magistrat dit qu'il y avoit une grande différence entre ceux qui se sont évadés sans avoir commis aucune violence, & ceux dont parle l'article XXV, qui ont brisé les prisons. Il ne faut donc pas sous prétexte du terme *aussi*, peut être mal placé, confondre la disposition de ces deux articles, dont l'un ne parle que d'un cas où il n'y a point de nouveau crime, & l'autre du cas

où il survient un bris de prisons qui est un crime qui mérite punition ; & qui par conséquent exige une instruction complette par contumace, une information, récollement, &c.

8. On ne regarderoit pas comme une évasion simple le crime de celui qui se seroit sauvé des prisons par complot ou composition faite avec le Géolier, ou autre chargé de la garde des prisons qui dans ce cas seroient décrétés de prise de corps, parce qu'ils seroient regardés comme des prévaricateurs ; par conséquent il faudroit instruire la contumace tant contre le Géolier que contre celui qui se seroit évadé, comme si les prisons avoient été brisées. Il est même toujours présumé que les évasions proviennent de la faute & négligence du Géolier. *Fuga carcerati gravat commentariensem quia præsumitur curam custodiæ necessariam non adhibuisse.* Voyez Mathieu Erlanz, controv. 18, n. 100 ; *idem L. ultima D. de custod. reor.* C'est pourquoi selon Legrand, sur la Coutume de Troyes, titre VII, article CXXIII, n. 7 ; le Géolier est tenu de prouver qu'il n'y a pas de sa faute, sinon il est responsable de l'évasion. Voyez les observations sur l'article suivant, n. 3.

9. Le Juge d'Eglise ne peut connoître des fautes commises par le Géolier de ses prisons, parce qu'il n'a aucune Jurisdiction criminelle sur les laïcs. Fevret, Traité de l'abus, livre 4, chap. 10, n. 3, dit : que si une persone laïque avoit été commise par l'Evêque, ou son Official à la garde des prisons, & que le prisonnier se fût évadé, il faudroit se pourvoir pardevant le Juge royal. Voyez Brillon, au mot *Géolier*, n. 1. La Bibliotheque canonique, tome 1, p. 764. Imbert, livre 1, chap. 25. Si le Géolier étoit un Ecclésiastique, il faudroit une instruction conjointe des deux Juges ; parce que tout bris de prison est un cas royal. Les prisons de toutes les Jurisdictions sont sous la protection du Roi & de ses Officiers, suivant les Réglemens ; d'ailleurs ce crime ne pouvant être suffisamment puni par les peines canoniques, & méritant une punition publique, ce seroit un cas privilégié qui exigeroit le concours des deux Juges.

ARTICLE XXV.

Le procès sera aussi fait à l'accusé, pour crime de bris de prison, par défaut & contumace.

1. Le bris de prisons, dont parle cet article, est celui qui a été fait par force & violence, ou avec échelles de la part d'un accusé. C'est pourquoi cet article le qualifie crime, & ordonne qu'il soit poursuivi par une instruction complette de contumace comme les plus grands crimes. Par Arrêt du Parlement de Paris du 14 Août 1736, la procédure du Juge de la ville d'Eu fut déclarée nulle, pour n'avoir pas été instruite

par récollement & confrontation contre un prisonnier qui ayant brisé les
prisons, avoit été réintégré. Ce Juge s'étoit contenté de l'interroger sur
le bris de prisons, sans l'avoir décrété ni fait aucune autre procédure
pour ce nouveau crime, ce qui étoit très irrégulier, parce que dès qu'il
y a une nouvelle accusation, il faut un nouveau décret. Il n'est pas permis de juger un accusé au sujet d'un crime, pour lequel il n'a pas été
décrété. C'est par cette raison que l'on voit quelquefois un accusé dans la
même procédure décrété deux ou trois fois, & autant de fois écroué,
à mesure qu'il survient contre lui de nouvelles accusations. Voyez les
observations sur l'article II, du titre X, des décrets, n. 2.

Quand même on supposeroit que l'accusé qui a brisé les prisons est
suffisamment convaincu d'un crime qui mérite la mort, il faudroit nécessairement informer pour le bris de prisons, décréter & instruire la contumace pour être prononcé sur le tout par un même Jugement.

2. Plusieurs Ordonnances ont prononcé anciennement la peine de mort
contre ceux qui brisent les prisons, & ceux qui y contribuent : celle de
François I, du mois d'Octobre 1535, porte : "S'il avient que quelque per-
,, sonne ait baillé ou apporté serrement par la porte, ou autrement, avec
,, lequel on aura fait quelque rupture, ou démolition. Celui qui aura
,, baillé ledit serrement, sera tenu tout autant que s'il avoit rompu les
,, prisons & ôté les prisonniers des mains de la Justice. ,,

Les derniers termes de cet article de l'Ordonnance de 1535, prouvent
que le crime de bris de prisons n'est pas graciable ; parce qu'aucunes
lettres de grace suivant l'article IV du titre XVI, ne peuvent être accordées à ceux qui tirent les coupables des mains de la Justice, leur fournir des outils pour briser les prisons & s'évader, c'est la même chose
que de les tirer de la main des Ministres de la Justice. La peine à cet
égard est ordinairement la même que celle qui auroit été prononcée contre le prisonnier évadé, s'il avoit été convaincu du crime pour lequel
il avoit été constitué prisonnier ; & quand même il seroit renvoyé absous
faute des preuves suffisantes, celui qui auroit contribué au bris de prisons
ne laisseroit pas, suivant les circonstances, d'être puni sévèrement, parce que
c'est une rebellion à Justice. *L. in eos 15. D. de custodia reorum.*

Par Arrêt du Parlement de Paris du 4 Mars 1608, rapporté dans le
recueil de M. Jousse, tome 1, p. 28. La Cour fit défenses à tous prisonniers d'attenter de sortir des prisons par escalade, effraction, ou autre
voie illicite, en quelque sorte que ce soit, & à toutes personnes de leur
donner & porter aucun serrement & instrument propre à faire effraction,
leur aider & assister à évader des prisons ; sur peine d'être atteints & convaincus de crime capital : il fut enjoint aux Géoliers de faire exacte recherche chaque jour dans les lits, paillasses, & coffres des prisonniers, &
aux prisonniers de souffrir ladite recherche, sans faire aucune résistance,
ni entreprendre sur le Concierge, ses gens & Guichetiers. Le même Arrêt
porte qu'en cas qu'un prisonnier soit surpris en faisant effraction aux mu-
railles

railles ou portes, il sera pendu, sans aucune forme ni figure de procès, à une potence qui sera plantée au milieu du préau de la Conciergerie. Sévérité qui n'auroit pas lieu à présent.

Les Seigneurs sont garants de l'évasion des prisonniers pour les réparations civiles, aussi-bien que pour les dettes envers les créanciers, lorsque leurs prisons ne sont pas sûres. Les parties civiles & les créanciers peuvent prendre la précaution de leur dénoncer cet inconvénient, & en cas de bris de prisons, ou d'évasion occasionnée par le défaut de sûreté des prisons, faute par eux de les avoir mises en bon état, ils en sont garants : les Seigneurs engagistes sont dans le même cas ; ils sont présumés être chargés de l'entretien & de la sûreté des prisons, dès qu'ils ont le droit de Justice ; c'est à eux à justifier du contraire par leurs titres d'engagement. Voyez les observations sur l'article I, du titre XIII, des prisons n. 1, & 2. Lapeyrere, lettre P, n. 134, dit aussi que les prisons étant une dépendance de la Justice, les Seigneurs en sont garants, si les prisonniers s'évadent faute d'entretien des prisons.

3. Le Géolier, comme il a déjà été observé, est aussi garant de l'évasion des prisonniers, lorsqu'il y a de sa part une faute ou négligence qui est toujours présumée, s'il ne prouve le contraire. Il peut y avoir une négligence affectée pour donner occasion à l'accusé de se sauver ; il y a souvent du complot & de la connivence ; ce seroit de la part du Géolier un crime qui tomberoit dans le cas de l'Ordonnance de 1535, & de l'arrêt de 1608, qui viennent d'être rapportés au nombre précédent. Favoriser une évasion, ou fournir des instruments pour y parvenir c'est à peu près la même chose. Le crime est même plus grand à l'égard d'un Géolier, Guichetier ou autre, parce que c'est une prévarication dans leurs emplois ; ce qui fait qu'ils sont punis plus sévérement que tous autres.

4. Il s'est trouvé des brigands attroupés qui se sont emparés des prisons & en ont fait sortir les prisonniers. Suivant notre Jurisprudence c'est un crime de lese Majesté ; c'est un attroupement & une violence publique qui seroient punis de mort, quand même les prisonniers évadés ne seroient pas accusés de crimes capitaux, ou qu'ils ne seroient detenus que civilement : il n'appartient qu'au Souverain de donner la liberté aux criminels, & de faire ouvrir les prisons.

5. Malgré le sentiment de Jul. Clar. de *Boërius* & autres anciens Auteurs, nous ne tenons pas en France pour convaincus les prisonniers qui brisent les prisons ; on se contente de leur faire leur procès pour le bris de prisons ; mais s'il ne se trouve pas des preuves suffisantes du crime pour lequel ils ont été arrêtés, on les absout, & même dans ce cas on ne les punit pas pour le bris de prisons ; parce que l'absolution prouve que leur emprisonnement étoit injuste. L'innocence a de grands privileges. Celui qui l'a en partage ne peut être blâmé de s'être procuré la liberté qui lui a été injustement ravie, pourvu qu'il n'ait fait aucune violence au Géolier & à ses gens ; & qu'il n'ait pas en même temps procuré l'évasion des autres prisonniers.

6. Les Prévôts de Maréchaussée ne peuvent connoître du bris de prisons, parce que ce n'est pas un cas prévôtal ; à moins qu'il ne le devienne par la qualité de l'accusé, vagabond, soldat, ou ayant déjà été repris de Justice. Si quelqu'autre prisonnier, ou le Géolier se trouvoient complices, le Prévôt en pourroit encore moins connoître, le Lieutenant Criminel seroit seul compétent pour en prendre connoissance, suivant l'article XX, de la Déclaration de 1731, commentée à la suite du titre II, ci-devant. D'ailleurs si un seul des accusés étoit domicilié, le Prévôt seroit encore exclus. Brillon, au mot *bris de prisons*, tome 1, p. 422, n. 15, dit, que c'est un cas royal qui appartient au Lieutenant Criminel. Il rapporte que le Prévôt de Semur en Auxois avoit arrêté des voleurs de grand-chemins, qui s'évaderent des prisons ; que le Géolier fut soupçonné de complicité ; ce qui fit que le Prévôt le décréta, & même il se fit adjuger la compétence ; mais le Géolier s'étant pourvu au Grand Conseil, quoique le Procureur du Roi dit pour défenses que les accusés étant gibier de Prévôt, la nouvelle accusation devenoit cas prévôtal ; la Sentence de compétence fut cassée & l'affaire renvoyée au Lieutenant Criminel de Semur, sauf l'appel au Parlement de Dijon. La Déclaration de 1731, intervenue depuis cet Arrêt décide encore cette question plus précisément contre les Prévôts.

7. Les Réglemens avoient attribué la police des prisons, les uns aux Lieutenans Civils, les autres aux Lieutenans Criminels ; mais il est intervenu une Déclaration du Roi du 6 Février 1753, qui l'a attribuée aux Lieutenans Civils, & en leur absence aux Lieutenans Criminels ; elle est rapportée sur l'article XXXIV du titre XIII, des prisons, avec plusieurs observations.

ARTICLE XXVI.

Si le condamné se représente ou est mis prisonnier dans l'année de l'exécution du Jugement de contumace, main-levée lui sera faite de ses meubles & immeubles ; & le prix provenant de la vente de ses meubles lui sera rendu, les frais déduits, en consignant l'amende à laquelle il aura été condamné.

1. On avoit inséré dans le projet de l'Ordonnance un autre article à la suite de celui-ci, portant : " ne pourra néanmoins prendre les fruits de „ ses immeubles, s'il ne se représente ou n'est arrêté prisonnier qu'après „ l'année de l'exécution. „ Monsieur le premier Président remontra que cet article étoit nouveau, & contraire à l'usage, en ce qu'il ordonnoit que les accusés qui ne se représenteroient pas dans l'année, perdroient les

fruits de leurs immeubles dont par les Ordonnances, ils n'étoient privés qu'après les cinq ans expirés; que l'Ordonnance de Moulins le portoit expressément & déclaroit que c'étoit en confirmant les anciennes Ordonnances, & qu'il n'y en avoit aucune qui eût dérogé à cet article; puisqu'au contraire l'article X, de l'Edit d'Amboise l'avoit aussi confirmé.

M. Pussort soutint que l'article étoit conforme aux Ordonnances; que le XXe, de celle de Roussillon, portoit que si les accusés ne se représentoient pas ou n'étoient pas emprisonnés dans l'année après la saisie, ils perdroient les fruits de leurs héritages saisis & annotés; que l'Ordonnance de Moulins avoit été plus avant, puisqu'elle avoit voulu que les condamnés par contumace, perdissent non seulement les fruits de leurs immeubles, mais encore la propriété après les cinq ans; & qu'il n'y avoit que l'Ordonnance de Roussillon qui en eût parlé: que comme l'intention de celle de Moulins étoit d'en fortifier & non pas d'en affoiblir la disposition, on pouvoit dire que son esprit n'avoit pas été d'y déroger, ni d'ordonner que les fruits de même que les immeubles ne seroient acquis qu'après les cinq ans. Qu'à l'égard de l'Edit d'Amboise, il ne faisoit aucune mention du temps auquel le condamné perdroit ses fruits; mais qu'il régloit seulement la forme de la consignation d'amende & de fournir aux frais du procès: qu'ainsi il ne voyoit pas de raison à l'indulgence de l'usage; que l'article paroissoit bon, & qu'il ne falloit pas favoriser la contumace.

Monsieur le premier Président répliqua que l'Ordonnance de Roussillon n'avoit pas été observée, & que l'usage présent étoit fondé, sur ce que l'on avoit cru que l'Ordonnance de Moulins y avoit dérogé; parce qu'aux termes dans lesquels elle est conçue, elle semble n'ordonner la perte des fruits qu'après les cinq ans de la condamnation, n'y étant pas fait mention de la saisie & annotation.

M. Talon, ayant été de même sentiment, l'article fut entièrement retranché, ensorte que quand le condamné par contumace se représente, ou est constitué prisonnier dans l'année, à compter du jour de l'exécution par effigie, tous ses meubles & immeubles, même les fruits de ses immeubles lui sont restitués.

2. Cet article semble impliquer contradiction avec lui-même: il porte d'un côté que l'accusé aura main-levée de ses meubles, ce qui suppose qu'ils n'ont pas été vendus, & de l'autre il dit que le prix de la vente de ses meubles lui sera rendu. Cette contradiction disparoît, si l'on fait attention que quand on annote les biens d'un contumax, ou vent les meubles sujets à dépérir, & on conserve les autres. Ceux-ci sont rendus, & les prix de ceux qui ont été vendus est restitué. A la déduction des frais de contumace & de l'amende: la même distinction sert de solution entre les termes de cet article, & ceux de l'article XXVIII, qui paroîtroient aussi, sans cela, impliquer contradiction.

3. Il n'est pas douteux, & tous les Auteurs en conviennent que si le

M m 2

condamné mouroit dans la premiere année, à compter du jour de l'exécution par effigie, ses héritiers auroient main-levée de tous ses meubles immeubles, & des revenus, comme s'il s'étoit représenté & mis en état; parce que l'on présume toujours en faveur du condamné, qu'il se seroit représenté dans l'année; ce qui le fait regarder comme mort *integri status.* Ce n'est qu'après les cinq années que les condamnations passent pour contradictoires suivant l'article XXVIII de ce titre. Voyez Lebrun des successions liv. 1, chap. 2, section 3.

4. Cet Article de l'Ordonnance veut que les frais soient déduits. Ce ne sont que les frais de saisie, annotation, vente, ceux des Séquestres, Commissaires, & autres de contumace, qui doivent être prélevés sur le prix des meubles s'il y en a eu de vendus, & sur les fruits des immeubles. Même les frais du Jugement qui avoit ordonné que le récollement vaudroit confrontation, ce qui est juste, dit Coquille, article XXIII, du titre des Justices; parce que les frais de contumace ne sont pas faits directement pour acquérir la preuve du crime. La pure malice de l'accusé les a, dit-il, occasionnés par sa contumace. Si cependant il n'y avoit pas de quoi payer ces frais, on ne pourroit retarder l'instruction ni le Jugement; ainsi que le porte l'article XIX de ce titre. Et même s'il n'y avoit que le Procureur du Roi pour partie, ou le Procureur d'Office, il ne seroit pas en droit de retenir ces frais; à moins que le Receveur du Domaine ou le Seigneur ne les répétassent. Il en seroit de même de l'amende; le défaut de consignations ne pourroit retarder l'instruction ni le Jugement.

ARTICLE XXVII.

Défendons à tous Juges, Greffiers, Huissiers, Archers, ou autres Officiers de Justice de prendre ou faire transporter à leurs logis, ni même au Greffe, aucuns deniers, meubles, hardes, ou fruits appartenants aux condamnés, ou à ceux contre lesquels il n'y auroit que décret, ni de s'en rendre adjudicataires sous leurs noms, ou sous noms interposés : sous quelque prétexte que ce soit; à peine d'interdiction & du double de la valeur.

1. Cet article en défendant de transporter les effets au Greffe, n'entend pas empêcher que l'on y dépose les effets qui peuvent servir à conviction; il ne parle que des meubles, effets, fruits & revenus des accusés ou condamnés, inutiles au procès, & dont il défend aux Officiers de Justice de s'emparer; ils doivent rester en la puissance des Séquestres & Commissaires.

2. Les Officiers, Greffiers, & autres ministres de Justice ne doivent pas se mêler de la régie des biens, c'est aux Gardiens & Commissaires établis par les exploits de saisies & annotation à les gouverner pendant l'instruction, même pendant les cinq ans après le Jugement de contumace. La partie publique peut seulement obliger les Séquestres ou Commissaires à faire vendre les meubles, effets, & fruits sujets à dépérir, elle doit veiller à ce que les immeubles soient amodiés. Mais le prix doit rester entre les mains des Séquestres ou Commissaires pour après les cinq ans en rendre compte aux Seigneurs confiscataires. Voyez les observations sur l'article V de ce titre.

Il faut cependant remarquer que suivant l'article XXX ci-après, les Receveurs du Domaine, & ceux auxquels la confiscation appartient, sont en droit de percevoir pendant les cinq ans, les revenus des biens des condamnés, des mains des Fermiers, Commissaires, ou Séquestres. Ce fut le sujet d'une observation de M. Pussort sur le même article XXX. Mais cela n'a lieu qu'après le Jugement de condamnation.

3. Les Officiers du Bureau des Finances & Chambre du Domaine à Dijon présenterent requête au Conseil en 1705, & exposerent, que par les Edits de 1627 1663, par la Déclaration du mois d'Octobre 1703 ; & par les Arrêts du Conseil des 20 Mai, 5 Juin & 13 Novembre de la même année, ils avoient droit de connoître des confiscations prononcées au profit de sa Majesté ; ils demanderent la cassation des Jugements rendus par les Officiers du Bailliage de Dijon au sujet de la vente des meubles de deux particuliers dont les biens avoient été confisqués au profit du Roi, & que le Procureur du Roi, pour avoir rompu les sceaux apposés par l'un des Trésoriers, fut condamné en telle peine qu'il écherroit, sinon qu'il en seroit informé ; que lesdits Officiers du Bailliage, pour avoir procédé à la vente desdits biens malgré les Ordonnances des Trésoriers de France, fussent aussi condamnés en des peines ; qu'il fût ordonné que les deniers de la vente seroient remis entre les mains du Receveur du Domaine, avec défenses aux Officiers du Bailliage de connoître à l'avenir d'aucune demande & action concernant les biens confisqués au profit du Roi, sous prétexte de créance, frais de Justice, & autrement, conformément à l'Arrêt du Conseil du 13 Novembre 1703 ; vu lequel Arrêt de 1703, par lequel il a été ordonné que lorsqu'il écherroit à sa Majesté quelque succession par droit d'aubaine, batardise, déshérence, autrement, le scellé seroit mis par les Commissaires aux inventaires créés par Edit de Mars 1702, avec défenses aux Procureurs du Roi de s'y immiscer. L'Arrêt du Conseil du 5 Juin suivant, par lequel sa Majesté a ordonné que lorsqu'il écherroit à son profit une succession par droit d'aubaine déshérence, ou batardise, les scellés seroient apposés & levés, & les inventaires faits par les Commissaires aux inventaires & leurs Greffiers ; & ce en vertu des Ordonnances des Trésoriers de France rendues à la requête des Procureurs du Roi, au Bureau, & en présence du

Trésorier de France qui auroit été pour cet effet commis, & qui en cas de contestation, ordonneroit ce qu'il appartiendroit pour en référer au Bureau. LE ROI EN SON CONSEIL conformément auxdits Edits, Déclarations, & Arrêts, a ordonné que les Trésoriers de France du Bureau des Finances à Dijon, connoîtront de toutes les contestations qui pourront être formées au sujet des biens confisqués ; & qu'à l'égard de l'inventaire des meubles dont il s'agissoit, & de tous autres qui écherront à sa Majesté par droit d'aubaine, confiscation, ou autrement, il sera fait par les Officiers du Bailliage de Dijon, *comme ayant réunis à leurs corps les Offices de Commissaires aux inventaires*, ou par telle autre personne capable qui sera par eux commise pour faire les fonctions desdits Offices ; & ce en vertu des Ordonnances des Trésoriers de France rendue à la requête du Procureur du Roi audit Bureau, & en présence du Trésorier qui aura, pour ce, été commis, lequel en cas de contestation ordonnera ce qu'il appartiendra, & sera au Bureau le référé, pour y être statué suivant lesdits Arrêts des 20 Mars, & 5 Juin 1703. Veut sa Majesté qu'il soit ensuite pourvu par lesdits Trésoriers de France sur la distribution des deniers qui proviendront de la vente desdits meubles, lesquels seront remis au Receveur des Domaines, & sera le Greffier dudit Bailliage tenu de lui remettre ceux qu'il a reçus. Lui fait défenses de recevoir à l'avenir aucuns desdits deniers, ni de troubler le Receveur Général des Domaines dans l'exercice de sa charge ; à peine de tous dépens, dommages, & intérêts : casse & annulle la procédure faite, & les Jugements & Ordonnances rendus par les Officiers dudit Bailliage, au sujet de la vente desdits effets. Déclare le scellé apposé dans la maison dont il s'agit, mal & indûment brisé, & fait défenses au Procureur du Roi d'user de pareilles voies de fait. Fait aussi défenses sous pareilles peines aux Officiers dudit Bailliage de connoître à l'avenir d'aucunes demandes & actions concernant les biens acquis à sa Majesté par confiscation, aubaine, batardise, ou déshérences, sous prétexte de créance, frais ou autrement ; à peine de nullité, & de tous dépens, dommages & intérêts des parties. Fait au Conseil d'Etat du Roi, tenu à Versailles, le 11ᵉ jour d'Août 1705, *signé* RANCHIN.

M. Jousse dans un nouveau traité des Commissaires enquêteurs *in-12*, imprimé en 1759, page 27, parle du même droit fondé sur l'Edit de Mars 1693. Cependant il rapporte un grand nombre d'Arrêts dont le dernier a été rendu au Parlement de Paris le 21 Mai 1746 par lequel il a été défendu aux Notaires d'Issoudun de faire les inventaires en cas d'aubaine, déshérence, batardise, confiscation, & autres cas royaux, au préjudice des Officiers de la Prévôté de la même ville, qui apparemment avoient réunis à leur corps les Offices de Commissaires aux inventaires.

La Déclaration du Roi du 4 Janvier 1734, porte que toutes les poursuites contre les parties civiles, les engagistes, les Seigneurs, & sur les

biens des condamnés, seront faites par les Receveurs des Domaines du
Roi, qui ne plaident qu'en la Chambre du Domaine & Bureau des
Finances.

ARTICLE XXVIII.

*Si ceux qui auront été condamnés ne se représentent, ou ne
sont constitués prisonniers dans les cinq années de l'exécution de la Sentence de contumace, les condamnations pécuniaires, amendes & confiscations seront réputées contradictoires, & vaudront comme ordonnées par Arrêt. Nous
réservant néanmoins la faculté de les recevoir à ester à
droit, & leur accorder nos lettres pour se purger. Et si
le Jugement qui interviendra porte absolution, ou n'emporte
point de confiscation, les meubles & immeubles sur eux
confisqués leur seront rendus en l'état qu'ils se trouveront;
sans pouvoir néanmoins prétendre aucune restitution des
amendes, intérêts civils, & des fruits des immeubles.*

1. Celui qui se représente, ou qui est constitué prisonnier dans les
cinq ans, à compter du jour de l'exécution par effigie, éteint la
condamnation prononcée contre lui, tant à l'égard de la peine, que des
condamnations pécuniaires; au lieu que celui qui laisse écouler les cinq
ans, est obligé de prendre des lettres pour ester à droit, c'est-à-dire
pour être reçu à se justifier, moyennant quoi la condamnation, quant à
la peine, est anéantie; mais quoiqu'il obtienne dans la suite son renvoi
de l'accusation, il ne peut se faire rendre les amendes & intérêts civils,
ni même les fruits de ses immeubles. Ces peines contre la contumace
sont sévères; puisqu'elles sont prononcées même contre ceux qui se
trouvent innocents, & qui par conséquent n'ont pris la fuite que parce
que la crainte est naturelle; mais ils ne devoient pas laisser écouler les
cinq ans.

2. Les condamnations prononcées par contumace sont, après les cinq
années, réputées contradictoires comme par Arrêt: suivant cet article,
les condamnés n'ont de ressources que la clémence du Prince pour obtenir
des lettres à ester à droit, qui les relèvent de ce laps de temps. Le Roi
n'est pas présumé s'être dépouillé du droit de Justice en faveur des
Seigneurs, sans s'être réservé le pouvoir de faire grace entière à ses
sujets, en leur remettant la peine, de leur remettre en même temps la
confiscation qui auroit appartenu à sa Majesté, si elle avoit conservé le
droit de Justice. C'est par cette raison que plusieurs Arrêts ont débouté

des Seigneurs des oppositions qu'ils avoient formées à l'entérinement des lettres de grace pour se conserver les confiscations prononcées à leur profit. Voyez cependant les observations sur l'article I de ce titre, n. 1.

3. Il semble que cet article contient contradiction avec le XVIII de ce titre, qui porte que si le contumax se représente après le Jugement, *même après les cinq années*, les défauts & contumaces seront mis à néant, il ne fait aucune distinction de la peine & des réparations civiles. Cependant celui-ci veut que si ceux qui sont condamnés par contumace ne se représentent pas dans les cinq ans, les condamnations pécuniaires soient reputées contradictoires & irrévocables, quand même en vertu des lettres à ester à droit, ils obtiendroient leur absolution Mais on peut dire que l'article XVIII, n'a entendu parler que de la peine publique. Et en cela il n'est pas contraire à celui-ci, qui à cet égard prononce la même chose tacitement. Il ne faut pas perdre de vue que les cinq ans ne courent que du jour de l'exécution de la Sentence par effigie ou autrement, suivant les distinctions de l'article XVI du titre XVII.

Suivant la Jurisprudence du Parlement de Paris, la partie civile doit donner caution pour recevoir les adjudications pécuniaires ; mais la caution n'est que pour le temps des cinq années, pendant lesquelles le condamné peut anéantir, par sa représentation, les condamnations qui n'étant réputées contradictoires qu'après les cinq ans, il seroit dangereux de les payer sans précaution. Voyez la Jurisprudence de Du Rousseau de la Combe, partie 3, chap. 16, n. 11. Cette question fut agitée à la Cour des Aides à Paris le 7 Août 1683. L'Arrêt se trouve au Journal du Palais *in-fol.* au nombre des Arrêts omis, tome 2, p. 699. On fit voir que si les condamnés par contumace se représentoient dans les cinq ans, toutes condamnations pécuniaires étoient mises à néant, & qu'il pourroit arriver qu'ils seroient renvoyés, même avec dommages & intérêts. Que c'étoit la Jurisprudence du Parlement de Paris comme on pouvoit le voir par un Arrêt rendu en vacations le 20 Septembre 1680. On répondoit que la partie civile ne devoit pas donner caution, parce que l'Arrêt de condamnation ne le portoit pas, & qu'aucune Ordonnance ne l'exigeoit ; que le public avoit intérêt que les condamnations fussent exécutées sans caution, en haine des crimes ; & enfin que les crimes resteroient sans poursuites & sans réparation faute de caution, particuliérement à l'égard des misérables sans biens & sans crédit. Malgré ces moyens il fut ordonné que la partie civile donneroit caution, qui demeureroit déchargée après les cinq années.

4. Les lettres pour ester à droit, dont parle cet article de l'Ordonnance, ne peuvent être accordées qu'en la grande Chancellerie de France ; suivant qu'il a été observé sur l'article V du titre XVI, n. 1 ; où l'on peut voir les questions qui peuvent naître à ce sujet. Elles ne sont nécessaires qu'aux condamnés par contumace qui ont laissé écouler cinq années à compter du jour de l'exécution par effigie, sans se représenter. Ces

lettres

lettres les relevent du laps de ce temps, & les mettent en état de poursuivre leur absolution. La partie civile ne doit pas être appellée à la
présentation de ces lettres, elle n'a plus d'intérêt pour s'y opposer; les
réparations qu'elle a obtenues sont réputées contradictoires, comme si
elles avoient été prononcées par Arrêt. Les lettres pour ester à droit ne
concernent que la peine & la partie publique. Voyez le nombre précédent

5. Les héritiers ou parents du condamné par contumace qui est décédé
pendant les cinq années, à compter du jour de l'exécution par effigie,
peuvent appeller de la sentence; & si c'est un Arrêt ou Jugement en
dernier ressort, ils doivent se pourvoir à la Cour, ou pardevant les
mêmes Juges pour purger la mémoire du condamné; si au contraire il
est décédé après les cinq années, ils doivent se pourvoir en la grande
Chancellerie, pour y obtenir à cet effet des lettres. Voyez les articles I &
II du titre XXVII.

6. Les lettres pour ester à droit sont accordées dans des termes qui
ne laissent au Juge que l'examen des moyens dont l'impétrant s'est servi
pour les obtenir. Si ces moyens sont vrais & légitimes, le Juge doit les
entériner, suivant les observations sur l'article V du titre XVI, n. 1.

Ces lettres n'ont d'autre effet que celui de donner au condamné qui
étoit mort civilement, le pouvoir de se présenter à Justice pour se laver
du crime pour lequel il avoit été condamné par contumace. Elles ne lui
rendent aucune autre faculté civile; suivant un Arrêt du Parlement de
Paris du 26 Juillet 1626, un contumax s'étoit représenté après les cinq
ans avec des lettres pour ester à droit, par le Jugement intervenu sur
sa représentation; il avoit encore été condamné à mort. Il fut dit qu'il
avoit été incapable de recueillir une succession échue depuis sa condamnation par contumace. Cet Arrêt se trouve au Journal des Audiences,
& il est fondé sur ce que la restitution contre les défauts & contumaces,
ne rend capable d'aucun effet civil. Il faut cependant convenir, dit Richer
dans son traité de la mort civile, p. 533 qu'à proprement parler, l'état
d'un homme qui s'est représenté à la faveur des lettres pour ester à droit,
dépend de l'événement du procès. S'il est condamné de nouveau à une
peine emportant mort civile, cette condamnation a un effet rétroactif
au jour du premier Jugement; parce qu'il ne seroit pas juste que sa contumace lui fût avantageuse; ce qui arriveroit, s'il recouvroit la vie
civile pendant l'instruction du procès. Si au contraire il est absous, ou s'il
meurt avant d'avoir obtenu un Jugement, il est censé rétabli dans tous
les droits. C'est sur ces motifs que fut encore rendu un Arrêt de Juin
1633, qui se trouve aussi au Journal des Audiences, par lequel il fut
jugé qu'un homme condamné à mort par contumace, & exécuté par
effigie, s'étant représenté, & ayant été élargi à sa caution juratoire, il
avoit fait un testament valable, quoique mort pendant son élargissement
avant le Jugement; parce que lors de son décès, il avoit la faculté de
tester.

7. Quoique cet article de l'Ordonnance porte que si le condamné qui a obtenu des lettres pour ester à droit, obtient son absolution, ses meubles & ses immeubles lui seront rendus: les Auteurs prétendent que si le Seigneur qui a eu la confiscation avoit vendu les immeubles, ou en avoit fait don, l'impétrant de ces lettres renvoyé absous ne pourroit les réparer; parce que le Seigneur a eu lieu de croire après les cinq ans qu'il en étoit le propriétaire incommutable. & ce qui favorise cette opinion, c'est que cet article XXVIII, porte que les meubles & immeubles seront rendus *en l'état où ils se trouveront*. Voyez cependant les observations sur l'article XXXI de ce titre, n. I.

8. Par Arrêt du Parlement de Paris du 1 premier Septembre 1704, rapporté au Journal des Audiences, & dans le traité des matieres criminelles, anonyme, imprimé en 1732, & dont on croit M. de Merville Auteur p. 297, il a été jugé qu'un Seigneur confiscataire n'étoit pas recevable à interjeter appel d'une Sentence qui adjugeoit vingt mille livres de dommages & intérêts à la partie civile. Il prétendoit que cette somme absorboit presque toute la confiscation; mais on lui soutint qu'il ne pouvoit prétendre que les biens confisqués dans l'état où ils se trouvoient lors de la Sentence de condamnation qui ne pouvoit être divisée; & que de droit, les condamnations civiles, intérêts & dépens devoient être payés préférablement au fisc, qui est défavorable. Voyez Bourjon, tome 1, p. 215; Henrys, édition de 1708, tome 2, p. 298, septieme consultation posthume, question 3, & ci-devant les observations sur l'article I du titre XVI.

9. Les biens substitués sont exempts de la confiscation, suivant Charondas qui remarque deux Arrêts qui l'ont ainsi jugé. Ferriere sur Paris titre VIII, article CLXXXIII, n. 70; & autres Auteurs qu'il cite, sont de même avis; & par Arrêt du 25 Mai 1660, rapporté au Journal des Audiences, il fut jugé que la mort civile avoit le même effet que la mort naturelle. Ce qui a été confirmé par l'article XXIV de l'Ordonnance de 1747, qui porte que dans tous les cas où la condamnation pour crime emporte mort civile, elle donnera lieu à l'ouverture du fidéicommis comme la mort naturelle. Voyez l'article XVI de ce titre, n. 20. Il y a cependant une exception dans le cas de crime de lese-Majesté au premier chef; suivant un Arrêt de 1613, rapporté par Troncon sur la Coutume de Paris article CLXXXIII. Cet Arrêt est fondé sur une Ordonnance particuliere de 1539. Il y a encore un Arrêt du Parlement de Grenoble du 8 Juillet 1631. Voyez Taisand sur notre Coutume de Bourgogne titre II, article I, n. 19, où il cite des autorités pour prouver qu'également les créanciers n'ont rien à prétendre sur les biens confisqués pour crime de lese-Majesté divine. Il cite Bacquet *des Justices*, chap. 11, n. 19. La Coutume de Chaumont, la conférence des Ordonnances de Louis XI, de Décembre 1477, & la note marginale de Guenois livre 9, titre V.

10. On peut dire de même de l'usufruit; il finit par la mort civile de l'usufruitier. Voyez les observations *ibidem*, article XVI de ce titre.

11. La confiscation dans les pays où elle a lieu, comprend tous les biens du condamné, en payant les dettes. Il ne seroit pas juste que des créanciers légitimes souffrissent d'un crime auquel ils n'ont eu aucune part. Il y a cependant quatre cas où la confiscation a lieu au préjudice des créanciers: 1°. dans celui de crime de lese-Majesté au premier chef, où le Roi prend tous les biens du condamné, sans aucune charge des dettes, ni substitution ou fidéicommis. C'est une regle de notre droit françois, attestée par Loisel dans ses Institutes. liv. 6, titre II, maxime 21. 2° Lorsqu'un Office est confisqué pour le crime de l'Officier, à l'occasion de la charge. Cette exception qui est fondée sur notre Jurisprudence, a servi de regle à deux Arrêts du Conseil du 23 Décembre 1676, & 27 Juillet 1680, rapportés au Journal des Audiences. Ils ont jugé que si le Roi rendoit l'Office ainsi confisqué, à la veuve ou aux enfants, il n'étoit pas sujet aux dettes, & il étoit réputé acquêt en leurs personnes. 3°. En fait de fausseté commise au sceau des lettres de Chancellerie, ou suivant les Loix du Royaume la confiscation appartient à Monseigneur le Chancelier. 4°. Dans le cas de félonie où le Seigneur réunit le fief de son vassal au sien, & en jouit franc, & quitte de toutes charges. C'est encore une regle de notre Droit françois attestée par Loisel liv. 4, titre III, max. 97 & 98. Voyez Brodeau sur l'article CLXXXIII de la Coutume de Paris, & Muyart de Vouglans dans ses Institutes criminelles, partie 8, chap. 11, p. 420.

Dans le nombre des créanciers, sont compris les héritiers fidéicommissaires, ou substitués, la femme & les enfants pour le douaire & autres biens dotaux, & pour la part dans les meubles & acquêts du mari, qui réciproquement a le même droit, quand la confiscation est prononcée contre la femme. Voyez Loisel titre *des peines*; les observations sur l'article XVI de ce titre, n. 24, & le nombre suivant *hic*.

12. Les biens de la communauté suivant l'ancienne Jurisprudence étoient confisqués par la mort civile du mari. On disoit qu'étant le maître de ces sortes de biens, & pouvant en disposer, il les perdoit par son délit. Mais on est revenu de cette maxime. Il n'y a à présent que la part du mari qui soit confisquée. On juge que la mort civile n'a pas plus d'effet que les dispositions testamentaires qui n'ont d'exécution qu'après la mort naturelle, & que les conventions matrimoniales de la femme ne peuvent souffrir d'atteinte par la confiscation; parce qu'elles ont hypotheque avant le crime. Plusieurs Coutumes en ont des dispositions expresses. Celle de Bourgogne titre; *des confiscations*, article II, porte que l'homme qui confisque corps & biens, confisque seulement les siens; sans confisquer ceux de sa femme qui lui appartiennent par traité de mariage, ou par coutume. L'article CCCXCVIII de nos anciennes Coutumes de cette Province, porte: *la femme de celui qui a forfait, ne perd pas sa part des meubles, de l'acquêt, ne de son douhaire; & demourera chargée de la moitié des dettes, de telle portion qu'elle prendra ès meubles & acquêts.*

Si cependant le mari étoit convaincu de vol, concussion, péculat, ou autres crimes par lesquels il auroit augmenté les biens de la communauté, la femme n'en profiteroit pas, de même que ses héritiers, s'il étoit mort avant la condamnation. *Quia turpia lucra hæredibus auferenda.* Ce qui a injustement augmenté la communauté en doit être retiré avant tout partage, pour le surplus être ensuite divisé entre la femme & le Seigneur.

Taisand sur notre Coutume cite les Ordonnances de Philippe-le-bel de 1303 & 1304, suivant lesquels fut rendu l'Arrêt rapporté par M. Louet lettre C, som. 52, n. 2; le 5 Mars 1605, qui, nonobstant la confiscation prononcée pour le délit du mari, adjugea à la femme la moitié des fiefs acquis pendant la communauté; parce que la moitié lui appartenoit en vertu de la Coutume. Il cite plusieurs autres Arrêts des Parlements de Paris, & de Dijon, qui l'ont ainsi jugé.

Quant aux héritages de la femme bannie *à perpétuité* hors du Royaume, & qui par conséquent est morte civilement, il semble que dans ce cas, le mariage n'étant pas dissous, le mari doit avoir les fruits & revenus tant que sa femme conservera la vie naturelle. Taisand, *ibidem*, cite un Arrêt du 4 Août 1571, qui l'a ainsi jugé au Parlement de Paris, & cela est conforme à nos observations sur l'article XVI de ce titre, n. 14. Il est cependant vrai que l'on ne bannit plus les femmes hors du Royaume; à cause de la décence du sexe, on les enferme dans les hôpitaux, ce qui équivaut au bannissement. Voyez les observations sur l'article XIII du titre XXV, n. 12.

Ceux qui sont condamnés par contumace à mort, ont perdu la capacité de recevoir des legs pour aliments; ainsi qu'il a été expliqué sur l'article XVI du titre XVII, n. 14; mais ceux qui ne sont que bannis à perpétuité en sont capables; & même dans le cas d'une femme condamnée par contumace à mort, il seroit difficile de se refuser à la nécessité, où le mari est de droit naturel & civil, de fournir des aliments à sa femme, ce qu'il ne peut faire que difficilement, sans jouir des biens de sa dot qui n'a été donnée qu'à cette condition par le contrat de mariage; & par conséquent les biens dotaux ne peuvent être compris dans la confiscation qu'après que le mari aura prélevé les aliments nécessaires à sa femme dont les biens sont confisqués.

Coquille dans ses Instituts p. 17, cite plusieurs Coutumes qui ont décidé que la femme ne confisquoit pas sa part des meubles & conquêts qui doivent demeurer au mari comme Seigneur d'iceux. Voyez la septième consultation d'Henrys, édition de 1708, tome 2, p. 905.

Lorsque les peres & meres donnent à leurs enfants des biens, à condition que s'ils décedent avant eux sans enfants, les biens leur retourneront, ils ne sont pas sujets à la confiscation. C'est le sentiment de Dumoulin sur l'article IX du titre des successions de la Coutume de Montargis: & suivant Coquille question 10, cela est fort raisonnable; car quand l'ascendant donne au descendant, il est censé donner par anticipation de succession.

Il n'a pas intention de se dépouiller pour se mettre dans le péril de tomber dans la nécessité, il cherche à conserver ses biens dans la famille; rien ne seroit plus opposé à son intention que de faire passer au fisc les biens qu'il a donné à ses enfants à condition de retour.

Non-seulement la légitime est due aux enfants sur les biens de celui qui est condamné à une peine qui emporte mort civile; mais encore le condamné est regardé comme exclus de la famille. Il n'est plus lui-même compté pour fixer la légitime dans les biens de ses peres & meres: c'est ce qui se trouve prouvé par un Avocat célebre de cette Province dans les nouvelles observations qu'il vient de donner sur notre droit coutumier tome 5, p. 219.

13. Un Juge étranger, c'est-à-dire qui exerce hors du Royaume une Jurisdiction, & qui auroit rendu une Sentence contre un françois portant confiscation, ne seroit pas regardé comme compétent pour déclarer confisqués les biens situés en France: & quand même le condamné auroit été exécuté, il seroit regardé comme mort naturéllement sans condamnation. Il n'y a que les Juges qui administrent la Justice sous l'autorité du Roi qui puissent prononcer la confiscation des biens de ses sujets. Chasseneux notre célebre compatriote, qui a été Avocat du Roi de notre siege, & qui par son mérite parvint à la place de Président unique au Parlement de Provence; dans son commentaire sur notre Coutume titre des confiscations, article I, au mot *& appartient la confiscation*: s'en explique ainsi. *Sed iterum quæro: quidam Burgundus habens bona in Burgundia, commisit delictum in Ducatu Mediolani, ex eo fuit condemnatus ad mortem in civitate Mediolani. Quæritur an bona debeant confiscari secundùm hanc consuetudinem, an verò debeant hæredibus applicari secundùm jus commune? Fui interrogatas in contingentia facti. Dixi quòd ex quo in civitate Mediolani servatur Jus commune, quòd non intelligitur contra condemnatum pro delicto ibi commisso pœna hujus statuti, sed solum Juris communis, & nihil allegavi, si tamen casus iterum tibi eveniat. Vide Barthole, in lege cunctos populos 14ª. & 15ª. columna. &c.*

Au Journal des Audiences tom. 1 p. 61, liv. 1, chap. 83, se trouve une observation par laquelle il est prouvé que les Jugements étrangers n'ont point d'execution en France. Voyez ci-devant les observations sur l'article VI du titre VI, n. 3, à la fin; & sur l'article XII du titre X, n. 6. Quand un étranger condamné en France, même pour crime de lese-Majesté a des biens hors du Royaume, la confiscation ne s'y etend pas. De même si un étranger condamné hors du Royaume a des biens en France, ils appartiennent à ses héritiers naturels. Voyez M. le Président Bouhier chap. 24, n. 32 & 36; le Journal des Audiences tit. I, liv. 1, chap. 82; Brodeau & Ferriere sur l'article CLXXXIII de la Coutume de Paris.

14 Si l'homme qui a confisqué corps & biens, a des héritages taillables ou de main-morte dans la Justice d'autrui, lesdits héritages sont au Seigneur de qui ils sont taillables ou main-mortables; & non au Seigneur

de la Haute Justice. Ce sont les termes de l'article III du titre II des confiscations de notre Coutume de Bourgogne. Cette disposition est fondée principalement sur la condition sous laquelle ces biens ont été donnés dans l'origine. L'aliénation en est défendue aux main-mortables ; par conséquent ils ne peuvent être confisqués.

La servitude de main-morte emporte la condition de l'échute & de retour des biens au profit du Seigneur, à l'exclusion des héritiers. A plus forte raison ils doivent appartenir au Seigneur de la main-morte à l'exclusion du Seigneur confiscataire, qui ne pourroit les posséder en main-morte.

ARTICLE XXIX.

Celui qui aura été condamné à mort, aux galeres perpétuelles, ou qui aura été banni à perpétuité hors du Royaume, qui décédera après les cinq années, sans s'être représenté ou avoir été constitué prisonnier, sera réputé mort civilement, du jour de l'exécution de la Sentence.

1. Les termes de cet article prouvent tacitement que celui qui est condamné à une des peines y énoncées n'est pas mort civilement, s'il décede dans les cinq ans du jour de l'exécution de la Sentence, il est censé mort *integri statûs*. Son état étoit suspendu ; la Loi lui avoit accordé cinq ans pour se justifier ; il est mort pendant ce délai de grace ; on présume en sa faveur qu'il ne l'auroit pas laissé écouler, sans se représenter : ainsi la Sentence de contumace contre lui rendue, est regardée comme non avenue. Il a été capable de tous les effets civils. Il a pu tester, vendre, recueillir des successions, &c.

2. Le Seigneur qui a la confiscation ne peut prétendre que les biens qui appartenoient au condamné lorsque la Sentence de contumace a été rendue ; il n'a pas droit de prendre ceux qui lui sont arrivés depuis par succession ou autrement. C'est ce qui a été jugé par Arrêt du Parlement de Paris du 31 Mars 1678, rapporté au Journal du Palais, tome 1, p. 898, & par plusieurs autres, cités par M. Louet lettre C, som. 25. Voyez Dolive liv. 5, chap. 7.

3. C'est une question importante de savoir si la puissance paternelle subsiste malgré la condamnation à une des peines énoncées dans cet article. Richer dans son Traité de la mort civile p. 256, dit que c'est un principe du Droit Romain, que les enfants n'ont besoin pour se marier que du consentement de ceux sous la puissance desquels ils sont : Instit. *de nuptiis in principio.* D'où il conclut que les enfants ne sont pas obligés de demander le consentement de ceux dans la puissance des-

quels ils ne se trouvent plus lors de leur mariage ; & par conséquent qu'ils ne sont pas obligés de demander celui de leur pere mort civilement ; puisqu'ils ne sont plus sous sa puissance. Ce qui est si vrai que la Loi en donne un exemple en rapportant celui d'un pere devenu fou, & dont le consentement n'est pas requis. *Institutes, ibidem.* On peut voir au sujet des peres en démence une savante dissertation dans un petit *in-*12 imprimé à Paris en 1694, chez Coignard, & intitulé *Essais de Jurisprudence.* L'Auteur anonyme y prouve solidement, p. 275 & suivantes, que les enfants de l'un & de l'autre sexe, peuvent contracter mariage dans le cas de folie de leurs peres, du consentement de leurs autres parents.

Il y a cependant, suivant Richer, des Parlements qui n'admettent pas cette disposition du Droit Romain. Il cite la Rocheflavin qui rapporte un Arrêt du Parlement de Toulouse, les Chambres assemblées du 14 Août 1673, qui a déclaré nul le mariage d'une fille, contracté sans le consentement de son pere condamné à mort par contumace. Graverol sur cet Arrêt, liv. 2, titre IV, Arrêt 36, p. 119 ; dit que la mort civile n'ôte rien du caractere qui fait considérer les personnes à qui l'on doit la naissance. Catellan, liv. 4, chap. 8, L. 16. *de nuptiis,* soutient qu'un mariage seroit cassé par le seul défaut de consentement du pere, même dans le cas où la mere & les autres parents y auroient consenti. Malgré cela Richer dit qu'il est vrai que la mort civile ne fait pas perdre la qualité de pere, & que ses enfants lui doivent toujours le respect ; mais qu'il est difficile de croire que les Loix interposent leur autorité pour conserver ce droit à celui qu'elles ont banni de la société, & même de sa famille ; que d'ailleurs il est de principe, ainsi qu'il l'a vu juger plusieurs fois au Parlement de Paris ; qu'il n'y a que les peres & meres qui puissent se plaindre des mariages contractés sans leur consentement ; d'où il suit que ceux qui sont morts civilement, ne pouvant ester en Jugement, ils ne peuvent par conséquent intenter aucune action pour se plaindre de ce que leurs enfants se sont mariés sans qu'ils y aient consenti.

On pourroit répondre, que quoique le pere soit mort civilement, il peut ester en Jugement par un curateur. Cette exception à la regle générale, n'a lieu que lorsqu'il s'agit de défendre, ou intenter action pour faire payer ce que l'on a bien voulu leur laisser pour aliments, mais cela ne regarde pas ceux qui sont condamnés à mort ; parce qu'ils sont totalement abandonnés. Ils ne sont pas regardés comme ceux à qui la Justice a laissé la vie en ne les condamnant qu'aux galeres perpétuelles, ou au bannissement hors du Royaume à perpétuité. Ainsi qu'il a été expliqué sur l'article XVI de ce titre, n. 14.

Exiger le consentement d'un homme condamné à mort, c'est demander presque l'impossible. Il se cache, & s'éloigne autant qu'il peut du lieu où le supplice l'attend. La Loi ne peut regarder comme jouissant de quelque droit, celui qu'elle a condamné à mort, & qu'elle cherche pour lui faire subir cette peine : ces moyens persuadent que les enfants ne sont pas obligés de demander ou d'attendre le consentement d'un pere mort civilement ; ils seroient pour ainsi dire, exclus de recevoir le Sacrement de Mariage, qui cependant, mérite beaucoup de faveur : on peut dire la même chose, de la puissance paternelle, que de la puissance maritale dont il est parlé sur l'article XVI de ce titre, n. 12, à la fin.

On peut ajouter à ces réflexions, l'autorité d'une nouvelle Loi, qui paroit précise à cet égard : c'est l'article XXIV, de l'Ordonnance de 1747, des substitutions ; il porte que dans tous les cas où la condamnation pour crime emporte mort civile, elle donnera lieu à l'ouverture du fidéicommis, comme la mort naturelle : cette comparaison d'une espece de mort, à l'autre, semble prouver que dans les autres cas, le pere mort civilement, ne doit pas plus être consulté, que s'il étoit mort naturellement.

Cette question a même été jugée au Parlement de Paris, dans des termes plus forts, le 12 Février 1718. Un mariage contracté par un fils de famille, de vingt-cinq ans, malgré l'opposition de son pere, Laboureur, qui n'étoit condamné à aucune peine, & qui n'avoit pas même été accusé de crime, fut déclaré valable : les peres, suivant les Ordonnances, n'ont que la voie d'exhérédation ; un majeur est libre de se marier sans autorité, & même sans assemblée de parents. Voyez le Journal des Audiences, liv. 1, chap. 19, tome 7, p. 18.

4. Le partage des biens confisqués fait ordinairement naître des difficultés entre les Seigneurs. Loisel qui nous a donné de si savantes maximes, sur notre Droit François, dit dans les Instirutes coutumieres, liv. 6, titre II, que la confiscation des meubles appartient au Seigneur duquel le confisqué étoit couchant & levant, & les immeubles aux Seigneurs Hauts-Justiciers des lieux où ils sont assis ; c'est-à-dire, que comme les meubles suivent la personne, ils appartiennent au Seigneur du domicile, quand même ils se trouveroient ailleurs, & hors de son territoire ; & que les immeubles appartiennent aux Seigneurs Hauts-Justiciers des lieux où ils sont situés : enforte, ajoute Loisel, qu'il peut se trouver plusieurs confiscataires, l'un des meubles, & les autres des immeubles ; & chacun est obligé de contribuer au paiement des dettes, à proportion de ce qu'il en retire, même dans les Coutumes où les dettes passives suivent les meubles, & sont payables en totalité par celui qui prend toute la succession mobiliaire, parce que les Seigneurs ne prennent pas les biens confisqués à titre de succession, mais seulement par réunion à leur domaine.

Il y a une grande différence entre les héritiers & le fisc ; les actions contre les héritiers sont personnelles, leurs propres biens sont affectés & sujets à ces actions, même à celles qui proviennent de la succession qu'ils ont acceptée ; au lieu que le fisc ne peut être tenu d'aucune action personnelle ; & par conséquent, ses autres biens ne sont pas sujets aux actions résultantes des biens confisqués. Si la confiscation se partage entre plusieurs

Seigneurs,

Seigneurs, elle est inégale & incertaine ; d'où il résulte, suivant Loiseau, Traité des Seigneuries, chap. 12, n. 99, que les créanciers, quoique purement chirographaires, peuvent s'adresser, pour leurs créances entières, contre chaque partie du bien confisqué, & actionner un seul confiscataire ; sauf son recours contre les autres, parce que *æs alienum patrimonium totum imminuit, non certi loci facultates. Loi 50, parag. 1, D. de judiciis ; & ubi quisque agere vel conveniri debeat.* Le paiement des dettes est une charge universelle qui s'étend sur tout le bien ; elle est par conséquent solidaire, quoiqu'il n'y ait point d'hypothèque expresse. Voyez encore Loiseau, Traité du déguerpissement, liv. 2, chap. dernier : & Richer, p. 406.

Bourjon, tome 1, p. 215, dit aussi que la confiscation est un droit réel, qui n'a lieu que pour les biens qui se trouvent dans chaque Seigneurie, & que les billets, obligations, & autres effets mobiliaires, appartiennent au Seigneur du domicile.

Quant aux immeubles, il n'y a point de difficulté, suivant Coquille, article II, des confiscations ; mais pour les meubles, la Coutume de Nivernois portant que les meubles ou immeubles appartiennent au Seigneur, en la Justice desquels lesdits biens se trouvent au temps de la prononciation de la Sentence ; il semble qu'elle ne veut pas que l'on s'informe de la destination, & qu'elle se contente qu'ils soient trouvés dans un lieu ; en sorte qu'elle ne remarque que le fait : cependant cet Auteur convient que la commune opinion est que les meubles suivent la personne : il ajoute qu'il lui paroît que les meubles qui sont destinés à l'usage perpétuel d'un domaine, sont censés en faire portion ; & c'est la regle générale.

Une autre question est de savoir à quel Seigneur appartiennent les dettes actives : c'est-à-dire, suivant Bacquet, des droits de Justice, chap. 13, n. 5 & 6, les cédules & les sommes de deniers, dues par obligations, ou autres créances mobiliaires ; elles demeurent au Seigneur du domicile qui a le mobilier. Loiseau, Titre des Seigneuries, chap. 12, n. 91, dit qu'à l'égard des dettes actives qui sont droits incorporels, qui n'occupent point de place, & n'ont point de situation, elles doivent suivre le domicile du créancier, & non pas le lieu où les obligations, cédules, & autres papiers justificatifs de ce qui est dû, sont trouvés ; parce que les papiers ne sont pas la dette, mais seulement la preuve de la dette, outre qu'il y a des dettes dont il n'y a rien d'écrit ; & d'autres au contraire dont il peut y avoir des papiers en plusieurs lieux : en un mot, ces dettes sont une action personnelle & inhérente à la personne du créancier condamné ; il a offensé par son crime, le Seigneur dont il est justiciable ; il est juste qu'il en reçoive la réparation, plutôt que le Haut-Justicier des débiteurs.

5. Le Fermier de la Seigneurie, suivant la commune opinion, qui doit profiter de la confiscation, est celui qui étoit Fermier lors de la Sentence du premier Juge qui a prononcé la confiscation ; quand même

il y auroit appel forcé ou volontaire : c'est la date de la Sentence, &
non celle de l'Arrêt qui sert de regle en cette occasion ; mais si le Fermier
du temps du délit a fait des frais, il les repete contre le Fermier du
temps de la Sentence. Voyez Dumoulin, Conseil septieme.

Legrand, sur l'article CXX, de la Coutume de Troyes, glose 2, n. 8,
dit aussi que la confiscation & l'amende appartiennent au Fermier, du
temps de la condamnation, & que s'il y avoit appel de la Sentence qui
auroit été confirmée, on doit avoir égard au temps de la premiere Sen-
tence : il fonde son opinion sur celle de plusieurs autres Auteurs ; & cependant il convient qu'un grand nombre d'Auteurs graves ont tenu le contraire, & soutenu que la confiscation appartient au Seigneur ou au
Fermier, du temps du délit.

Taisand, sur l'article I, du titre II, de notre Coutume de Bourgogne,
note 12, après avoir rapporté le sentiment de Dumoulin, Conseil 7,
volume 3, *Alexandri*, soutient que la peine du crime n'est pas due avant
le Jugement de condamnation ; il dit que sur ce fondement il y eut Arrêt
en 1570, au Parlement de Dijon, par lequel les amendes furent adjugées
aux Fermiers, du temps de la condamnation ; il y a cependant des Arrêts
plus récents de la même Cour, qui ont jugé le contraire.

Il faut convenir que les meilleurs Auteurs sont partagés sur cette question ; mais en Bourgogne, elle a été décidée par des Arrêts qui ont
fixé à cet égard notre Jurisprudence, le 7 Décembre 1706 ; à grande
connoissance de cause, elle fut décidée en faveur du Fermier, du temps
du délit, dans l'espece suivante. Au mois de Septembre 1694, la terre
d'Oigny n'étant pas amodiée, il y eut un homicide commis en la personne
d'un étranger, dans l'étendue de cette Seigneurie. Au mois de Janvier
suivant, Morisot amodia de M. l'Evêque de Troyes, Abbé d'Oigny, les
revenus de cette Abbaye ; pendant ce bail, le procès pour la punition
de ce crime, fut jugé ; & les accusés furent renvoyés jusqu'à rappel :
le Procureur d'Office ayant demandé exécutoire pour les frais de cette
procédure, il fut décerné contre Morisot, qui prétendit n'y être pas
tenu, parce que le crime avoit été commis avant son bail : il mit en
cause M. l'Evêque de Troyes ; par l'Arrêt de 1706, il fut déchargé,
& M. l'Evêque de Troyes qui jouissoit lors du délit, fut condamné à
payer les frais de la procédure.

M. le Conseiller Bretagne, qui rapporte cet Arrêt sur l'article I, du
titre II, de notre Coutume de Bourgogne, dit que tous les Juges furent
d'avis que les confiscations & les amendes appartiennent aux Fermiers,
du temps que les crimes ont été commis. 1°. Parce que dès ce moment,
l'action est née : & par conséquent, elle ne peut l'être qu'en faveur de
celui qui est alors Fermier ; que le titre I, du livre 4, des Institutes,
est conçu en ces termes : *de obligationibus quæ ex delicto nascuntur* ; ce qui
prouve que l'action naît du délit, & non pas de la Sentence qui ne
fait que la déclarer : l'Empereur Justinien dit : *Hæ verò næus generis sunt,*

nam omnes ex re nascuntur, id est ex ipso maleficio, veluti ex furto, rapina, damno, injuria. 2°. Cela empêche que les crimes ne restent impunis ; car si le Fermier du temps du délit, n'a pas les confiscations & les amendes en cas de crime commis pendant son bail, il négligera d'en faire les poursuites ; son bail devant expirer avant qu'il puisse se faire adjuger les profits, il laissera dépérir les preuves. Mainard, dans ses questions notables, livre 6, chap. 25, rapporte des Arrêts des Parlements de Paris, & de Toulouse, qui sur les mêmes motifs, ont décidé cette question, comme le Parlement de Dijon, par son Arrêt de 1706 : le public est intéressé à ce que cette Jurisprudence soit suivie, il seroit injuste de priver des confiscations le Fermier du temps du crime ; il fait les premiers frais, & les plus considérables de la procédure ; il risque de les perdre, si l'accusé meurt avant la condamnation, ou pendant l'appel ; des Juges de Seigneurs pourroient affecter de retarder de quelque mois leurs Sentences, dans le cas des baux prêts à expirer ; le Fermier auroit fait toutes les avances, avec péril de les perdre, & celui qui lui succéderoit dans la forme, prendroit les profits. Voyez le n. 3, de l'article suivant. Monsieur le Président Bouhier, chapitre 56, nombre 63, tome 2, page 214, est de même avis, & le prouve par des raisons très solides.

Les intérêts & réparations civiles, sont préférables à l'amende, les Seigneurs sont obligés de les payer sur les biens confisqués ; ce sont des dettes qui viennent par hypotheque, du jour du Jugement ; & même chaque Seigneur, comme il vient d'être expliqué, n. 4, est solidaire ; on peut ne s'adresser qu'à l'un d'eux.

6. Le fisc est défavorable, *fiscus post omnes*, sur-tout quand il s'agit de l'intérêt des familles ; les héritiers du sang, méritent toute la faveur : on suit étroitement les regles contre le fisc, sans leur donner jamais d'étendue, parce que les confiscations sont odieuses ; ce qui est si vrai, que plusieurs Coutumes n'admettent aucune confiscation ; par conséquent, tous créanciers, même les chirographaires, sont préférés au fisc, pourvu qu'il n'y ait point de fraude : il y a même une Déclaration du Roi, du 13 Juillet 1700, qui porte que par une précédente du 21 Mars 1671, il avoit été ordonné que les amendes seroient payées au Roi par préférence à tous créanciers. La même chose avoit été ordonnée par Arrêt du Conseil, du 11 Août 1684, par un Édit de Février 1691, & par Arrêt du Conseil, du 13 Septembre 1695. Malgré tout cela, les Cours rendoient des Arrêts contraires en conséquence de l'Ordonnance de Moulins, article LIII : ce qui ayant donné lieu d'examiner cette question, Sa Majesté par sa Déclaration de 1700, a déclaré n'avoir hypotheque sur les biens de ses sujets, pour le paiement des amendes auxquelles ils pourroient être condamnés à son profit, que du jour du Jugement de condamnation ; dérogeant à cet effet à toutes Loix contraires ; elles étoient effectivement opposées à la disposition du Droit Civil, & entr'autres, aux Loix 11,

& 17, D. *de jure fisci* ; & à la Loi unique , Cod. *de pænis fiscalibus.* Imbert , liv. 3 , chap. 1 , n. 10 , dit que de son temps , on mettoit dans les Sentences , que l'amende au Roi ne seroit payée qu'après les parties satisfaites. Bacquet , des Droits de Justice , chap. 17 , n. 28 , rapporte un Arrêt du Parlement de Paris , du 2 Mars 1667 , qui l'a ainsi jugé conformément à d'autres Arrêts de la même Cour. Voyez les observations sur l'article VII , du titre XXV , n. 10 , & sur l'article XI , du titre I , n. 22 , à la fin , au mot *péculat.* Nous avons un petit essai de Jurisprudence , imprimé à Paris , chez Coignard , *in*-12 , en 1694 , dans lequel l'Auteur anonyme prouve que dans le doute , on doit juger contre le fisc ; cette question y est traitée avec érudition.

Puisque les amendes au profit du Roi , n'ont point de privilege au préjudice des créanciers ; il est inutile de parler de celles prononcées au profit des Seigneurs , qui , à plus forte raison , ont encore moins de privilege.

7. Quant à l'action solidaire , nous ne suivons pas ce que dit Ulpien , sur la Loi *si duobus D. si mensor fals. mod. dixer.* ; & la Loi 1 , parag. *plané* 14 , *de tutela & ration. distrahend.* que l'un des condamnés en matiere criminelle étant contraint à payer par la force de la solidité , il n'a pas de recours contre les autres : cette opinion est contraire à l'usage : le délit de l'autre condamné resteroit impuni par la connivence de l'instigant qui auroit la liberté de choisir entre plusieurs condamnés celui qu'il voudroit vexer ; ce que la Justice ne doit pas souffrir : c'est assez que l'un puisse être poursuivi pour le tout , les autres n'en doivent pas être quittes , sous prétexte que celui qui a payé , n'a point d'action contre eux : c'est pourquoi , suivant Bacquet , Traité des Droits de Justice , il faut que celui qui paie pour les autres , soit par eux dédommagé : il a droit d'agir contre chacun pour sa quotité , sans attendre de subrogation , & le Juge doit les y condamner ; mais l'action n'est pas solidaire sur la tête de l'un des condamnés , contre les autres : il peut cependant se conserver la solidité en payant sous le nom d'un parent ou d'un ami qui prend cession de tous les droits , & ensuite il poursuit par la voie de la solidité , celui qu'il juge à propos , en qualité de cessionnaire ; & pour éviter que partie des frais ne tombe sur celui qui a tout payé , l'ami cessionnaire declare dans ses poursuites contre les autres , qu'il a reçu sa portion , tant en principal que dépens , sans déroger à la solidité , ou qu'il la tient pour reçue.

Lorsque plusieurs accusés sont condamnés aux dépens envers la partie civile , il n'y a point de solidité , si elle n'est pas prononcée : à la différence des amendes , aumônes , ou réparations civiles , qui sont de droit solidaire. Voyez Sallé , sur l'article XX , du titre XXV ; il a même été jugé par Arrêts du Parlement de Paris , des 5 Avril 1686 , & 22 Janvier 1687 , qu'un particulier condamné solidairement , peut demander permission au Juge , de rembourser le tout , & se faire subroger aux droits de la partie civile. Voyez le supplément à la quatrieme édition de Du Rousseau, p. 66, où il a mis des modeles de prononciations d'Arrêts, qu'il a aussi ajoutés à la fin de sa cinquieme édition.

ARTICLE XXX.

Les Receveurs de notre Domaine, ou autres, à qui la confis- cation appartient, pourront pendant les cinq ans, percevoir les fruits & revenus des biens des condamnés, des mains des Fermiers redevables, & Commissaires ; leur défendons de s'en mettre en possession, ni d'en jouir par leurs mains ; à peine du quadruple, applicable moitié à nous, moitié aux pauvres du lieu ; & des dépens, dommages & intérêts des parties.

1. Ce n'est qu'après les cinq ans, à compter du jour de l'exécution de la Sentence par effigie, que les Seigneurs peuvent s'emparer des biens confisqués : jusqu'à ce terme, les condamnés conservent la propriété de leurs biens, qui restent entre les mains de la Justice ; ensorte que s'ils décédoient pendant les cinq ans, il n'y auroit plus lieu à la confiscation : ce n'est qu'après ces cinq années expirées, que la mort civile qui avoit été en suspens, est encourue, & la confiscation assurée ; à moins que le condamné n'obtienne des lettres pour ester à droit, & ne se fasse absoudre, ou qu'il n'ait des lettres par lesquelles le Roi lui remet la peine & la confiscation ; ainsi qu'il est expliqué sur l'article XVIII, de ce titre, nombre 6.

2. Cet article permet aux Receveurs du Domaine du Roi, & aux Seigneurs, de recevoir pendant les cinq ans, les revenus des biens des condamnés ; mais ils ne peuvent les régir par eux-mêmes, ou par personnes par eux commises. Voyez les observations sur l'article V, de ce titre.

3. L'usufruitier d'une Seigneurie, au profit de laquelle la confiscation a été prononcée, acquiert la propriété des meubles du condamné domicilié, dans le territoire de cette Seigneurie : à l'égard des fonds, les sentimens sont différens ; les uns ont cru que l'usufruitier n'en pouvoit jouir que pendant le temps que devoit durer son usufruit, parce que la propriété doit suivre la Justice ; & que s'il en étoit autrement, on violeroit une des principales regles de la matiere d'usufruit, qui est que quand il est expiré, le territoire qui y étoit sujet, doit retourner en entier à celui qui a la propriété : les autres au contraire, qui sont en plus grand nombre, soutiennent que toute confiscation acquise à une Justice, de quelque nature que soient les biens, appartient en toute propriété à l'usufruitier ; que la regle n'est pas violée, puisque le territoire qui avoit été en usufruit,

retourne au propriétaire en son entier, au profit de l'usufruitier qui les doit tenir, comme les tenoit le confisqué : les confiscations, selon eux, sont des fruits de la Justice.

C'est le sentiment de Dumoulin, qui a été adopté par tous les Auteurs qui en ont parlé après lui ; & entr'autres, par Brodeau, sur l'article CLXXXIII, de la Coutume de Paris ; & par Duplessis, des Fiefs, liv. 8, chap. 1. Ce dernier dit que la confiscation passe en pleine propriété, au profit de l'usufruitier, parce que c'est un fruit de la Justice : & cela, quoique la Sentence ne soit pas rendue du temps de l'usufruit, pendant lequel il suffit que le crime ait été commis, parce que la Sentence ne fait que déclarer le droit acquis. Voyez le n. 5, de cet article.

Cette maxime certaine a aussi lieu à l'égard d'une douairiere, qui acquiert en propriété, & au préjudice de ses enfants, les biens confisqués au profit de la Justice, faisant partie de son douaire.

Par la même raison, la confiscation appartient au mari dont la femme s'est constituée en dot, une terre à laquelle est attachée la Haute-Justice ; parce que la confiscation est un fruit de la Justice. Richer, dans son Traité de la mort civile, p. 310, dit que le mari, dans ce cas, ou ceux qui ont ses droits, ne sont pas tenus après la dissolution du mariage, de rendre les biens acquis par la confiscation, parce que le mari pendant le mariage, fait siens les revenus de la dot de sa femme ; ce qui a lieu, suivant cet Auteur, dans toute la France, tant coutumiere que de droit écrit ; mais c'est un acquêt dont la moitié seulement appartient au mari, ou à ses héritiers.

Si l'usufruitier ou la douairiere, confisquoient leurs biens, ils seroient réunis à la propriété, parce que l'usufruit ne tombe jamais dans une confiscation, il retourne à la propriété : il faut cependant distinguer, suivant Legrand, sur l'article CXXXIII, de la Coutume de Troyes, n. 19, si l'usufruitier est banni à perpétuité hors du Royaume, ou condamné aux galeres perpétuelles, qui emportent mort civile, & confiscation ; il conserve son usufruit, pourvu qu'il n'excede pas son nécessaire pour sa nourriture & son vêtement ; parce que, comme il a déjà été observé plusieurs fois, tels condamnés sont capables de recevoir des legs ou pensions alimentaires. Voyez les observations sur l'article XVI de ce titre, n. 14.

4. Chaque Seigneur qui prend part à la confiscation, doit contribuer aux frais que l'un d'eux a faits pour faire instruire le procès au confisqué ; c'est le sentiment de Coquille, dans ses Institutes, au chapitre des Droits de Justice, p. 17, fondé sur l'article II, des confiscations de la Coutume de Nivernois ; ce qui est, dit-il, raisonnable, car de tels frais résulte le profit que les autres Seigneurs prennent par la confiscation qui n'auroit pas été prononcée, si le procès n'avoit pas été poursuivi, & par la raison de la Loi : *Quantitas D. ad legem falcidiam ; & L. quod privilegium D. depos.* Voyez l'Arrêt du Parlement de Dijon, du 16 Juillet 1747, rendu contre M.

le Comte de Vichy, qui fut condamné à me payer les frais d'une
procédure en entier, sauf son recours contre les autres Seigneurs : cet
Arrêt est rapporté sur l'article VI, du titre I, n. 2, presque à la fin.
Voyez aussi Loiseau, des Seigneuries, chap. 12, n. 96.

5. Une autre question controversée, est de savoir à qui appartient la
confiscation d'une terre de Haute Justice, quand elle est confisquée sur
le Seigneur qui en est propriétaire ; si c'est au Seigneur féodal dont releve
la terre, ou au Seigneur supérieur qui a la Justice, dont releve la terre
confisquée : cette question se présenta en 1683, au Parlement de Paris,
dans une espece rapportée avec tous les moyens, au Journal des Audiences. Richer, dans son Traité de la mort civile, p. 316, après avoir
aussi discuté les moyens pour & contre, conclut que la regle générale
est, que le fief doit être confisqué au profit de celui à qui appartient
la Justice, à laquelle ressortit celle qui est dans le cas de la confiscation, soit le Roi, soit tout autre Seigneur ; & effectivement, la confiscation est un profit de la Justice, & non du Fief. Voyez Lapeyrere,
lettre C, n. 91.

6. Il y a plusieurs Provinces où la confiscation n'a pas lieu de droit ;
si dans ces Provinces, le Jugement ne porte pas expressément confiscation, le Seigneur ne peut prendre au préjudice des héritiers, les biens,
quoique situés dans une Province où la confiscation a lieu, comme dans
celle de Bourgogne ; c'est ce qui fut jugé au Parlement de Dijon, par
Arrêt du 23 Janvier 1680. La raison est, que la confiscation faisant
partie de la peine, & n'ayant pas été prononcée par le Jugement de
condamnation, la peine ne peut être augmentée par un second Jugement, *non bis in idem.* M. le Président Bouhier, chap. 24, n. 18,
tome 1, p. 590, fait une distinction : si celui qui est condamné dans
une Coutume de confiscation, a des immeubles situés dans une pareille
Coutume, ils sont confisqués au profit des Seigneurs où ils sont situés :
si au contraire, ces immeubles sont dans une Coutume où la confiscation
n'a pas lieu, ils appartiennent aux parents, suivant la Jurisprudence cons-
tante des Cours.

ARTICLE XXXI.

DES
CONTUMACES.

Nous ne ferons aucun don des confiscations qui nous appar-
tiendront pendant les cinq années de la contumace ; ce que
nous défendons pareillement aux Seigneurs Hauts-Justiciers :
déclarons nuls, tous ceux qui pourroient être obtenus de nous,
ou faits par les Seigneurs ; sinon pour les fruits des immeubles
seulement.

1. Les articles XXVIII, de l'Ordonnance de Moulins, & CCIV, de celle de Blois, contiennent les mêmes dispositions ; la raison est, que pendant les cinq années, la confiscation est en suspens, le condamné en se représentant, peut anéantir le Jugement qui l'a prononcée ; ce n'est qu'après ce terme, que le Roi ou les Seigneurs sont en possession des biens confisqués, qui alors leur appartiennent en toute propriété ; ainsi il n'y a que les fruits des immeubles, qui puissent être donnés par les Seigneurs, pendant les cinq ans, parce qu'ils leur appartiennent : ce fut l'observation de M. Pussort, lors de la lecture de cet article.

2. Par Arrêt du Grand Conseil, du mois de Mars 1671, le Marquis de Montgoger fut condamné par contumace, pour crime de fausse monnoie, à avoir la tête tranchée, ses biens furent déclarés confisqués au profit du Roi ; il ne fut effigié qu'au mois d'Avril suivant. Le sieur Marquis de la Hiliere, cousin germain du condamné, obtint du Roi le don des biens confisqués, pour en jouir pendant les cinq ans de la contumace par usufruit, & après les cinq ans en propriété : en conséquence, Arrêt de la Chambre des Comptes, qui donna acte à l'impétrant, de la présentation de son brevet de don, & ordonna qu'il en jouiroit pendant les cinq années de la contumace par usufruit, pour après le temps de la contumace expiré, être passé outre à la vérification du don.

La Dame Maréchale de la Mothe, impétra du Roi un second don en 1676. M. le Marquis de la Hiliere, s'opposa à l'enrégistrement. Pour la Dame, on soutenoit le premier Brevet nul, suivant l'Ordonnance de Moulins, article XXVIII, conforme à celui-ci : ces Ordonnances sont fondées sur ce que les donataires pourroient être les parties secrettes des condamnés, pour les empécher de se purger pendant les cinq années de contumace ; on soutenoit au contraire, que l'usage de la Chambre des Comptes, étoit d'enrégistrer ces sortes de dons, faits pendant les cinq ans, pour jouir des fruits pendant ce temps, & ensuite de la propriété : c'est ce qui fut décidé par l'Arrêt de la Chambre des Comptes, à Paris, du 19 Juin 1677, qui enrégistra le premier Brevet : les moyens réciproques sont plus au long détaillés au Journal du Palais, *in-folio*, tome 1, p. 812.

Quand

Quand les Seigneurs, après les cinq années, à compter du jour de l'exécution par effigie, ont disposé par vente, aliénation, don, ou autrement des biens confisqués ; les condamnés n'y peuvent rentrer, quand même ils obtiendroient des lettres de rémission qui en leur pardonnant le crime, les renverroient en la possession de leurs biens : c'est ce qui a été prouvé sur l'article XXVII, du titre XVI, n. 6, parce qu'il ne seroit pas juste de troubler des acquéreurs de bonne foi. Voyez aussi Legrand, sur la Coutume de Troyes, titre VII, article CXX, glose 2, n. 3. Bacquet, Traité des Justices, chap. 16, conseille par cette raison aux Seigneurs, de disposer promptement des biens confisqués à leur profit.

3. Le retrait lignager peut-il avoir lieu dans le cas où les biens sont vendus en Justice, pour le paiement des réparations civiles ; cette question s'est présentée à l'Audience de la Grand'Chambre du Parlement de Paris, le 11 Août 1665. Une Demoiselle avoit été condamnée à mort par contumace, par Sentence du Présidial de Tours, sans prononcer sur la confiscation ; & en une amende, avec des intérêts civils, pour le paiement de ces adjudications ; un curateur fut créé en Justice, & une terre située en la Coutume de Blois, fut vendue ; c'étoit un propre ancien de la condamnée : un parent fit assigner l'adjudicataire, pour relâcher la terre par la force du retrait ; l'adjudicataire disoit que le retrait n'appartient qu'à ceux qui peuvent être héritiers du vendeur ; que la condamnée étant morte civilement, elle ne pouvoit avoir d'héritiers ; qu'à la vérité, il suffisoit d'être parent du côté & ligne, mais que la Demoiselle n'avoit & ne pouvoit plus avoir de parents lignagers, dont le droit étoit éteint par la mort civile. Voyez Lapeyrere, lettre C, n. 91 : on se servoit du sentiment de Chopin, sur la Coutume de Paris, titre du retrait, n. 22, & de son Traité du Domaine, liv. 3, titre XXIII, n. 7, où il cite un Arrêt de 1563, qui l'a ainsi jugé : on citoit aussi Bacquet, *de la deshérence*, chap. 8, n. 12 ; l'adjudicataire ajoutoit que les biens vendus sur un curateur, ne sont plus au condamné ; que le curateur est créé à la chose abandonnée, & déguerpie ; que la propriété ne résidoit plus en la personne de celui qui avoit souffert la mort civile ; & par conséquent, qu'il n'y avoit plus de retrait.

Le parent disoit au contraire, que la Sentence n'ayant pas prononcé la confiscation, elle n'avoit pas lieu ; que la Coutume de Blois où la chose étoit située, étoit à la vérité une Coutume de confiscation ; mais que ne contenant pas la même disposition que celle de Paris, & n'ordonnant pas que la confiscation de biens, seroit une suite de celle du corps, il falloit que la confiscation fût ordonnée par le Juge, sinon qu'elle n'avoit pas lieu.

La cause fut appointée. Ferriere qui rapporte plus au long cette question sur l'article CLXXXIII, de la Coutume de Paris, n. 132, ne dit pas s'il y eut Arrêt ; mais il dit qu'il croit que le retrayant n'étoit pas recevable ; il paroît que le Seigneur ne s'en mêloit pas, parce que la confiscation n'étoit pas prononcée: on peut dire contre le fentiment de Ferrière, que l'on ne voit pas pourquoi un parent n'auroit pas droit de retrait, en conféquence d'une vente faite fur une perfonne de fa famille, pour paiement des adjudications prononcées contre elle; les biens n'avoient encore appartenu à aucun autre, aucun Seigneur ne s'en étoit emparé; quand il feroit vrai, de dire que ces biens étoient devenus vacants, il n'en feroit pas moins certain qu'ils étoient de la famille de celui qui vouloit les retirer: c'eſt un mauvais principe, de dire qu'il faut être, ou pouvoir être héritier du vendeur; ce n'eſt pas de lui, mais de la coutume que les parents tiennent leur droit; ainfi, dès qu'ils n'étoient pas fortis de la famille avant la vente, il paroit que le retrayant étoit recevable dans fon action en retrait: il en eſt autrement, quand le Seigneur s'eſt emparé des biens, lorfque la confiscation eſt prononcée à fon profit. Bafnage, fur l'article CCCCLII, de la Coutume de Normandie, rapporte un Arrêt du Parlement de Rouen, du 17 Mai 1657, qui l'a ainfi décidé, parce qu'alors ils font hors de la famille du condamné.

Le Seigneur qui a la confiscation, acquiert les biens du condamné à titre gratuit. C'eſt un acquêt pour lui. S'il les vend les parents du Seigneur n'ont pas droit de retrait.

ARTICLE XXXII.

Après les cinq ans expirés les receveurs de notre domaine, les donataires, & les Seigneurs à qui la confiscation appartiendra, feront tenus de fe pourvoir en Juſtice pour avoir permiſſion de s'en mettre en poſſeſſion, & avant d'y entrer, faire faire procès verbal de la qualité & valeur des meubles & effets mobiliaires, & de l'état des immeubles, dont ils jouiront enfuite en pleine propriété: à peine contre les donataires & les Seigneurs d'être déchus de leur droit qui fera adjugé aux pauvres du lieu, & contre les receveurs de notre domaine de dix mille livres d'amende, moitié à notre profit, moitié aux pauvres du lieu.

1. Lorfque la Sentence a prononcé la confiscation au profit du Roi, les Juges qui l'ont rendue font dépouillés. Ils ne doivent plus fe mêler de la régie des biens confifqués, c'eſt au receveur du domaine à faire pour cela fes pourfuites en la Chambre du Domaine, fuivant les Arrêts rapportés fur l'article XXVII, de ce titre, n. 3.

2. Les donataires dont parle cet article font ordinairement les veuves, enfants ou héritiers des condamnés, ou même quelquefois des pa-

rents plus éloignés, auxquels le Roi fait la grace de remettre les biens confifqués à son profit. Ces donataires font obligés de faire enrégiftrer dans fix mois en la Chambre des Comptes dans le reffort de laquelle font les biens, les brevets contenant ces fortes de dons ; à peine de nullité, & comme il arrive quelquefois que par furprife ou autrement on obtient le don des biens qui ont déjà été donnés. Le premier enrégiftré a la préférence. Voyez l'article précédent, n. 2.

3. Les créanciers ne peuvent rien prétendre fur les fiefs réunis par confifcation à la couronne. Taifand, fur l'article I, du titre II, des confifcations de notre Coutume de Bourgogne, note 19, agite cette queftion & convient du principe ; mais il en excepte les fiefs confifqués au profit du Roi qui font mouvants d'autres Seigneurs : il cite cependant M. Lebret, Traité de la Souveraineté, livre 3, chap. 13, qui dit fans diftinction que les hypotheques ne font pas éteintes, même pour crime de lefe Majefté, & que le fifc ne peut rien prétendre, que les créanciers n'aient été payés ; comme il fut jugé pour les créanciers de Charles de Bourbon & de Gafpard de Colligny.

4. Les rentes conftituées doivent fuivre le domicile des condamnés, & non le lieu de la fituation des biens fur lefquelles elles font hypothéquées. C'eft le fentiment de Loifeau, *des Seigneuries*, chap. 12, n. 92, où il dit que les rentes volantes ou conftituées ne dépendent pas des hypotheques fpéciales ou de leurs affignaux, comme l'on penfoit quelque temps auparavant en conféquence de l'Arrêt de Paternay mal entendu, ni du lieu deftiné pour la rente : mais elles dépendent, fuivant le même Auteur, du domicile du créancier & Seigneur defdites rentes ; ainfi qu'il dit avoir été jugé en la cinquieme des Enquêtes, après en avoir demandé l'avis aux autres Chambres en 1597. Lemaître, fur la Coutume de Paris, titre VIII, chap. 5 ; & Richer, Traité de la mort civile, p. 313, font du même fentiment qui eft conforme aux véritables regles.

Cette décifion fouffre une exception, fuivant les mêmes Auteurs ; car il y a grande différence entre les rentes conftituées fur des particuliers & celles qui le font fur l'Hôtel de Ville de Paris ; celles-ci ont une affiette certaine à l'Hôtel de Ville. Il y a un bureau pour en acquitter les arrérages ; elles font réelles, fixes, & permanentes, une infinité d'Arrêts l'ont ainfi décidé. Quelque part que foit le domicile du propriétaire de ces rentes leur affiette eft toujours fixée à Paris ; elles fe reglent fur la Coutume de Paris, foit relativement aux fucceffions, foit aux partages, & autres cas où il s'agit de ces fortes de biens. Ainfi quand les rentes font confifquées, la confifcation en appartient au Roi. Tous les Parlements fuivent cette regle. Voyez Béraut, fur l'article 329, de la Coutume de Normandie. Brodeau fur Louet, lettre R, chap. 31 ; la Jurifprudence du digefte par Ferriere, livre, titre III, tome 1, p. 14, &c.

Par la même raifon les rentes fur le Clergé, ou fur les Etats des Provinces du Royaume font fujettes aux mêmes regles. En cas de confifcation elles appartiennent à celui qui a la Justice dans le lieu ou le bureau du paiement est établi.

5. Cet article de l'Ordonnance veut que les Seigneurs avant de se mettre en possession des biens confisqués, se pourvoient en Justice, pour en faire dresser procès verbal. Mais il ne décide pas pardevant quel Juge ils se pourvoiront : si ce sera au Juge qui a prononcé la confiscation, ou pardevant leurs Juges, c'est ordinairement à son propre Juge que le Seigneur s'adresse ; parce qu'il s'agit des droits de son domaine Seigneurial dont la connoissance est attribuée aux Juges des Seigneurs par l'article XI, du titre XXIV, de l'Ordonnance de 1667. Il est cependant vrai que cela ne paroît pas devoir avoir lieu, lorsqu'il s'agit de l'execution d'une Sentence rendue par un autre Juge, il est même défendu aux Juges des Seigneurs de connoître de leurs actions civiles ou criminelles. Plusieurs Arrêts postérieurs à l'Ordonnance de 1667, l'ont ainsi décidé, à peine de nullité ; ils sont rapportés sur l'article I, du titre I, n. 14. Il ne paroît pas juste dans une occasion aussi importante de confier une pareille opération à un Juge destituable, & aux gages de la partie qui le fait agir ; le Procureur d'Office & le Greffier seroient suspects par les mêmes raisons. Le présent article de l'Ordonnance prouve l'importance de cette prise de possession, par la peine de la privation de toute la confiscation contre les Seigneurs, & de dix mille livres d'amende contre les Receveurs du domaine. Il est d'ailleurs de regle générale que tout Juge doit avoir l'exécution de son Jugement ; à moins qu'il ne soit trop éloigné, auquel cas il a droit de commettre. J'ai cependant vu des Juges de Seigneurs dresser de pareils verbaux, quoique la confiscation eût été prononcée par des Juges royaux, sans que les Juges royaux s'en soient plaints.

6. Les biens confisqués ne sont pas toujours faciles à découvrir ; les Seigneurs peuvent en ignorer une partie, & ne pas s'en mettre en possession : un Seigneur éloigné, peut même ignorer la condamnation. La question est de savoir par quel laps de temps on peut prescrire contre eux. Cela dépend du temps auquel la Sentence a été exécutée par effigie ; parce que s'il n'y avoit point eu d'exécution, le crime, la peine, & la confiscation seroient prescrits par le laps de vingt ans ; mais si la Sentence a été exécutée la prescription est de trente ans.

La seule déclaration de la confiscation ne fait pas que les biens confisqués soient du domaine du Prince ou du Seigneur ; leur possession n'est certaine qu'après les cinq années à compter du jour de l'exécution par effigie. Cependant comme cette possession commence au moment de l'exécution, il paroît que la prescription doit courir du même jour de cette exécution, avec d'autant plus de raison, que suivant l'article XXX de ce titre, les Seigneurs jouissent par provision des revenus des immeubles pendant les cinq années de la contumace.

Suivant le Droit Romain les biens confisqués n'étant pas unis au fisc dans les vingt ans, ils sont perdus pour lui. L. 2 & 3. D. *de requirend.*

reis, *vel absentibus damnatis*. Chasseneux, sur notre Coutume de Bourgogne, du titre des confiscations, rubrique 2, n. 10, aux mots *biens confisqués*, admet cette prescription de vingt ans. *Debent incorporari per officiales ante vigenti annos, alias fiscus illa perdit*. Voyez la Loi 13, *de diversis temporum praescriptionibus*, & la Loi 3, Cod. *de bonis vacantibus*.

Bacquet, *du Droit de Deshérence*, chap 7, n. 19, dit que par la disposition du Droit Romain, le Procureur du Roi n'est plus recevable après vingt ans à rechercher les biens confisqués au profit du Roi, attendu qu'après ce temps le Prince est déchu de son droit : il cite à ce sujet un Arrêt du 8 Juin 1576, qui l'a ainsi jugé. Voyez aussi Ferriere, sur la Coutume de Paris, article CLXXXIII, n. 133. Ces autorités prouvent que la prescription de vingt ans dans ce cas suffit, même dans les pays où, comme dans notre Province de Bourgogne, toutes prescriptions ordinaires sont réduites à trente ans. Ce qui fait qu'en cette occasion on ne suit pas la regle générale, c'est que les héritiers du sang sont toujours favorisés, les confiscations odieuses, & le fisc défavorable ; ainsi qu'il a été expliqué sur l'article XXIX de ce titre, n. 6.

7. La condamnation prononcée par un Jugement militaire, peut-elle emporter confiscation ? Coquille, quest. 16, dit que si c'est délit militaire, comme d'avoir manqué à son devoir de soldat, cela peut faire différence du cas où il seroit puni pour vol ou autre crime non militaire. Il se décide cependant en disant que la confiscation a lieu dans l'un & l'autre cas ; parce que la Sentence de mort a été légitimement donnée par ceux qui ont la puissance de la prononcer suivant les Loix militaires ; il ajoute que la confiscation des biens est une suite de celle du corps. Le même Auteur, sur l'article I, du titre des confiscations, dit encore, que les soldats condamnés à mort même pour délits militaires confisquent corps & biens.

D'autres Auteurs au contraire ont prétendu sur le fondement de la Loi 3. D. *de re militari*, qu'un pareil Jugement n'emportoit pas même infamie ; que ce Jugement ne regarde que le corps, & non l'honneur ni les biens, d'où ils concluent que l'on ne peut suppléer la confiscation. Duplessis, édition de 1754, consultation 27e, p. 160, traite à fond cette question. Il prouve que l'on doit supposer la confiscation dans les Jugements militaires, comme dans les autres Jugements, & que le pouvoir des Juges militaires n'est pas différent de celui des autres Juges. Après avoir cité plusieurs autorités, il se décide comme Coquille, en disant aussi que la confiscation a lieu dans le cas d'un Jugement de mort prononcé militairement, quand même elle seroit intervenue pour délit militaire. Cependant Monsieur le Président Boubier, chapitre 55, nombre 14, & suivant, combat ce sentiment par des raisons très-fortes ; lorsqu'un soldat a commis un délit léger, par exemple, lorsqu'il a volé des choux dans un jardin, ou qu'il s'est écarté du camp, ou qu'il a été pris en marode, & pour cela condamné à mort ; seroit-il juste que ses biens fussent confisqués, dans un cas où la peine a été prononcée moins pour l'atrocité du crime que pour la manutention de la discipline militaire. Ce grand Magiftrat ajoute que ceux qui font du fentiment contraire ne citent aucun Arrêt précis, & qu'il croit que le Parlement de Dijon, fi le cas fe préfentoit, ne prendroit pas un parti fi rigoureux. Nous avions cependant déjà les autorités qui vont être rapportées ; car l'édition de Monfieur le Préfident Bouhier eft de 1746.

Richer, dans fon Traité de la mort civile après avoir auffi agité cette queftion à l'égard des condamnations par contumace prononcées par le Confeil de guerre, cite l'article VI, de l'Ordonnance militaire du 17 Janvier 1730, qui porte que les Jugements rendus contre les déferteurs feront affichés, fur les ordres qui en feront adreffés aux Prévôts de Ma-réchauffée, dans la place ou principal lieu des villes, bourgs, & villa-ges d'où feront les condamnés ; qui du jour de cette affiche *feront réputés morts civilement* : d'où Richer conclut, avec juftice, que le Roi ayant voulu que la condamnation prononcée contre un déferteur par contumace emportât mort civile, les Jugements militaires doivent être regardés comme juridiques & comme prononçant confifcation ; & p. 342, le même Auteur dit encore que les Jugements militaires emportant mort civile, il fuit néceffairement qu'ils emportent confifcation. Et effectivement après une Loi auffi précife que celle de 1730, qui vient d'être rapportée, il ne faut plus faire différence des Jugements des Juftices ordinaires, & de la Juftice militaire, dont les effets font les mêmes. Il eft vrai qu'avant cette Ordonnance on en doutoit ; car on trouve au Journal des Audien-ces, tome 6, p. 256, un Arrêt du Parlement de Paris du 22 Juin 1712, par lequel la Cour en entérinant des lettres de grace obtenues par un foldat condamné par un Jugement militaire ajouta ces mots : *Sans néan-moins que lefdites lettres puiffent être tirées à conféquence pour ce qui regar-de la confifcation en conféquence des Jugements militaires.* Par une note au bas de cet Arrêt, il eft dit, que quand il s'eft préfenté au Parlement des procédures militaires, on ne s'en eft pas fervi. Plufieurs nouveaux Auteurs com-battent encore la confifcation. Voyez Denifart, au mot *confifcation*, p. 263.

8. Refte à obferver que dans plufieurs Provinces la confifcation n'a pas lieu, comme dans l'Auvergne, le Poitou, le Berry, la Bretagne, la Normandie, le Maine, la Touraine, l'Anjou, la Guienne, le Boulo-nois, &c. Dans ces pays les biens des condamnés paffent aux héritiers du fang ; mais il y a dans quelques-unes de ces Provinces des ftatuts particuliers qui reftraignent la regle générale. Ce qu'il y a de commun, c'eft que dans les pays où la confifcation n'a pas lieu, l'ufage eft d'ad-juger au Roi ou aux Seigneurs une amende forte pour les dédommager des frais de la procédure. Il y a d'autres pays, comme le reffort du Par-lement de Touloufe, qui reçoivent la confifcation, mais on y préleve au profit de la veuve & des enfants le tiers exempt de toutes charges ; d'au-tres pays ont admis la confifcation quant aux meubles, d'autres quant aux immeubles, & d'autres quant aux acquêts feulement.

9. L'emphytéose ne tombe pas en confiscation ; parce que quoique ses biens soient dans le commerce, comme les autres patrimoines, & que chacun en puisse disposer, les beaux emphytéotiques se font ordinairement à certaines générations auxquelles les biens doivent être conservés ; comme des peres aux fils & autres descendants : en sorte qu'ils ne les tiennent pas de leurs peres & meres, ou aieux, ni par droit d'hérédité, ce qui les empêche de pouvoir appartenir à des étrangers, & par conséquent aux Seigneurs.

Il en seroit de même si le bail contenoit une prohibition expresse d'aliéner ; parce que les biens qui ne peuvent appartenir à des étrangers ne peuvent passer au fise : *quæ non sunt transitoria ad hæredes extraneos, non transeunt ad fiscum.* Ils retournent au Seigneur direct ; mais s'il n'y avoit dans le bail aucune clause qui pût empêcher la confiscation, le Seigneur ne pourroit les prendre qu'aux mêmes charges, clauses, & conditions que les tenoit le confisqué ; sinon il seroit obligé de les mettre en mains habiles ; c'est-à-dire, à un tiers, sur lequel le Seigneur direct pourroit exercer ses droits.

Fin du Tome second.